سلوك المستهلك

سلـوك المستهـلك

مدخل استراتيجي

تأليف

الأستاذ الدكتور

محمد إبراهيم عبيدات

دكتوراه في التسويق وسلوك المستهلك

جامعة مدينة نيويورك

أستاذ قسم التسويق/ كلية إدارة الأعمال

الجامعة الأردنية

دار وائـــل للنشر

الطبعة الرابعة

٢٠٠٤

رقم الايداع لدى دائرة المكتبة الوطنية : (2000/9/2717)

658,83

عبي عبيدات ، محمد

سلوك المستهلك :مدخل استراتيجي / محمد عبيدات .عمان: دار وائل، ٢٠٠٠.

(٤٥٣) ص

ر.إ. : (2000/9/2717)

الواصفات: ١- التسويق ٢-سلوك المستهلك

* تم إعداد بيانات الفهرسة والتصنيف الأولية من قبل دائرة المكتبة الوطنية

ISBN 9957-11-030-6 (ردمك)

* سلوك المستهلك : مدخل استراتيجي
* الأستاذ الدكتور محمد ابراهيم عبيدات
* الطبعــة الرابعة ٢٠٠٤
* جميع الحقوق محفوظة للناشر

دار وائـل للنشر والتوزيع

شارع الجمعية العلمية الملكية - هاتف : ٥٣٣٥٨٣٧-٦-٠٠٩٦٢
فاكس: ٥٣٣١٦٦١-٦-٠٠٩٦٢ - عمان – الأردن
ص.ب (١٧٤٦ – الجبيهة)
www.darwael.com
E-Mail: Wael@Darwael.Com

بسم الله الرحمن الرحيم

الإهداء

إلى الحلم الذي لم يتحقق
بعد... لكنه سيتحقق بعون الله
وتوفيقه

مقدمة

هذه هي الطبعة الرابعة من كتاب سلوك المستهلك، وهو كما يوحي العنوان كتاب موجه لكافة الأفراد والأسر والمؤسسات الذين يهمهم فهم العوامل الداخلية والخارجية المؤثرة على السلوك الشرائي والاستهلاكي.

يركز هذا الكتاب على تزويد المهتمين من الدارسين والممارسين بالركائز الأساسية لتطور حقل سلوك المستهلك كممثل شرعي ووحيد للمفهوم الحديث للتسويق، بالإضافة إلى، إمداد من يهمهم الأمر بالمعلومات والبيانات التي تساعدهم على فهم الأبعاد أو العوامل المختلفة المؤثرة على السلوك الشرائي والاستهلاكي، والتي بدورها ستساعد على تطوير وتنفيذ ومتابعة تلك الاستراتيجيات التسويقية الواقعية للمؤسسات العامة أو الخاصة، وضمن المتغيرات البيئية المحيطة، وعلى ضوء الموارد المالية والبشرية المتاحة لكل منها.

يقع هذا الكتاب في أربعة عشر فصلا غطت موضوعاتها مقدمة في سلوك المستهلك، تجزئة السوق والإحلال السلعي، حاجات ودوافع المستهلك، التعلم وسلوك المستهلك، الإدراك الحسي وسلوك المستهلك، الشخصية وسلوك المستهلك، تشكيل الاتجاهات وسلوك المستهلك، الاتصالات وسلوك المستهلك، الأسرة وسلوك المستهلك، الجماعات المرجعية وسلوك المستهلك، الطبقة الاجتماعية وسلوك المستهلك، الثقافات الأصلية والفرعية وسلوك المستهلك، التأثير الشخصي ـ وقيادة الرأي، نشر الابتكارات السلعية وسلوك المستهلك.

إن هذا الكتاب هو محاولة جادة، هدف منها المؤلف تقديم أول مرجع أردني علمي عن سلوك المستهلك، يحتوي على بعض نتائج الدراسات الميدانية لسلوك المستهلك الأردني من خلال سرد نتائج بعض الرسائل الجامعية لطلبة الماجستير

من تخصص التسويق الذي أشرفت على رسائلهم، إضافة إلى دراسات أخـرى قمـت بها.

وبعون الله، سيتبع هذه المحاولـة محـاولات أخـرى لتطويـر محتـوى هـذا الكتاب، وذلك من خلال تضمينه في المستقبل نتائج الدراسات التـي سـأقوم بها وغيري من الباحثين في حقل التسويق وسلوك المستهلك. إن غاية ما أرجوه كمؤلف لهـذا الكتـاب هـو الحصـول عـلى تعليقـات المهتمـين بموضوعات هـذا الكتـاب واقتراحاتهم لكي يتسنى أخذ الممكن منها عند إصدار الطبعات القادمة منـه بعـون الله.

ويود المؤلـف أن يشـيد بتشـجيع بعـض الـزملاء والأصدقاء لإخـراج هـذا الكتاب ونشره لإغناء المكتبة العربية والأردنية منها بشكل مخصوص.

المؤلف

المحتويات

****

الفصل الأول

مقدمة في سلوك المستهلك

* تمهيد

* تعريف سلوك المستهلك

* أهمية وفوائد دراسة سلوك المستهلك.

* تطور حقل سلوك المستهلك.

* علاقة سلوك المستهلك بالعلوم الأخرى.

* نطاق وأساليب بحوث سلوك المستهلك.

* المضامين الاستراتيجية لدراسة سلوك المستهلك.

* أسئلة المناقشة.

الفصل الأول

مقدمة في سلوك المستهلك

تمهيد

صبغة الشَعر أو القمصان الملونة المزركشة للرجال أصبحت سلعا رائجة في العالم العربي في الوقت الحاضر. ذلك أنه لعشرين أو ثلاثين سنة خلت لم تقم أي شركات صناعية أو تسويقية لمواد التجميل أو الملابس بأية دراسات ميدانية لتحديد أذواق المستهلكين بهدف تسويق هذه السلع في الأسواق المحلية. والسؤال الذي يطرح نفسه الآن، ما هي المتغيرات التي حدثت فعلا لتصبح هذه السلع مقبولة جدا في التسعينات من هذا القرن؟ وهل أصبح الرجال هذه الأيام أقل خشونة أو رجولة؟ أم هل أصبحت الأدوار التقليدية لكل من الجنسين معكوسة أو متشابهة بحيث لم تعد هنالك أية أسواق محددة فعلا لكل جنس من الجنسين؟ أم أن المسوقين يدركون أن الوقت الحالي مناسب لتطوير سلع لزيادة جاذبية الرجال وتغيير شخصياتهم، وبالوقت نفسه تطوير ما هو متوفر الآن من سلع وموضات نسائية؟ كما أن تشابك عوامل البيئة الخارجية أدى ويؤدي إلى صعوبة فهم السلوك الإنساني. الأمر الذي جعل ويجعل من صبغة الشعر أو القمصان المزركشة سلعا مقبولة لرجال هذه الأيام؟ فإن كان الأمر كذلك فما هي الحاجات التي تشبعها هذه السلع؟ وما هو تأثيرها فعلا على كيفية إدراك الرجال لأنفسهم؟ وما هي النماذج التعليمية التي يتعلم من خلالها رجال هذه الأيام؟ بالإضافة إلى تحديد تلك الاستراتيجيات الواجب اتباعها والمناسبة لتعديل أو تغيير اتجاهاتهم (Attitudes) نحو هذه السلع المشار إليها أعلاه. ثم ما هي درجات تأثير الجماعات المرجعية أو

الأسر أو الطبقات الاجتماعية أو قادة الرأي على رغبة بعض الرجال هذه الأيام في تجربة وشراء واستخدام صبغة الشعر أو القمصان المزركشة وسلع أخرى، وهي التي قد يشعرون أنها تحسن من درجة جاذبيتهم أمام أنفسهم والآخرين؟

بسبب هذه المستجدات وغيرها، يحاول الباحثون في حقل سلوك المستهلك الحصول على إجابات لعدد من هذه الأسئلة من خلال فهم الدوافع والعوامل أو المؤثرات على سلوك المستهلك أو المستخدم الفرد أو العائلي أو المؤسسي أو قراراته المتعلقة باتخاذ القرار الشرائي بهذا الاتجاه أو ذاك.

من المعروف، أن العامل المشترك بين البشر ـ كافة هو أنهم جميعا مستهلكين، مهما اختلفت مواقعهم أو مستويات تعليمهم أو اتجاهاتهم أو قدراتهم الشرائية، ذلك أننا جميعا مستهلكين مهما اختلفت مواقعنا أو مستويات تعليمنا أو اتجاهاتنا أو قدراتنا الشرائية، إضافة إلى أننا جميعا نستهلك أو نستخدم بشكل متكرر أو دوري الطعام، الملابس، المساكن، وسائل الاتصال، التعليم والإجازات.... الخ.

وكأفراد أو أسر أو جماعات تعودنا أن نلعب أدوارا مهمة (سلبية أم إيجابية) في الاقتصاد العائلي أو الوطني أو القومي أو حتى العالمي. يضاف إلى ذلك أن الأنشطة أو القرارات التي نتخذها والمرتبطة بسلوكنا الصناعي والشرائي والاستهلاكي تؤثر على الطلب والعرض للسلع أو الخدمات إلى جانب تأثيرها المؤكد على حجم العمالة أو البطالة وتوزيع الموارد بين الطبقات أو الأفراد ونجاح أو فشل الصناعات المحلية.

باختصار، يعتبر سلوك المستهلك الفعلي العامل الأهم في تحديد أو استنتاج العوامل الأكثر تأثيرا في مختلف ميادين الحياة – الإنسانية والاقتصادية والثقافية...الخ – في هذا العصر الاستهلاكي الذي يغلف حياة عشرات الملايين من الأفراد في عالمنا العربي الذاهب إلى أين؟ ومن أين؟ وإلى متى؟ وكيف؟ ولماذا؟ وما هو الحل لهذه المعضلة الاستهلاكية التي على ما يبدو ستستهلك الأفراد أنفسهم

إذا لم يبادروا لعمل شيء نحو إنسانيتهم من خلال ابتكار واتباع مجموعة من الأنماط السلوكية والإنتاجية الكفيلة بالمحافظة على إنسان واع وقادر على تحمل مسؤولياته في القرن القادم.

يهدف هذا الفصل إلى إعطاء الدارسين والممارسين معلومات أولية عن حقل سلوك المستهلك الذي يعتبر عمليا ونظريا القلب المحرك لأية استراتيجيات تسويقية سلعية أو خدمية ناجحة وفي بيئات جزئية أو كلية متغيرة كانت أم مستقرة. كما يهدف هذا الفصل أيضا إلى تعريف سلوك المستهلك وأنواع المستهلكين، بالإضافة إلى أهمية دراسة سلوك المستهلك، والأسباب التي أدت إلى تطوير حقل سلوك المستهلك كحقل أكاديمي وتطبيقي. كما يناقش هذا الفصل أيضا علاقة هذا الحقل بالعلوم الأخرى إلى جانب تحديد نطاق دراسات أو أبحاث سلوك المستهلك وعلاقته الحيوية بالمفهوم الحديث للتسويق ودوره في التخطيط الاستراتيجي التسويقي للمؤسسات العامة والخاصة.

تعريف سلوك المستهلك:

إن المقصود بتعبير سلوك المستهلك "ذلك التصرف الذي يبرزه المستهلك في البحث عن شراء أو استخدام السلع أو الخدمات أو الأفكار أو الخبرات التي يتوقع أنها ستشبع رغباته أو رغباتها أو حاجاته أو حاجاتها وحسب الإمكانات الشرائية المتاحة" [١].

لذا فإن دراسة سلوك المستهلك ترتبط بالكيفية التي يقوم بها فرد ما باتخاذ قراراته المتعلقة بتوزيع وإنفاق الموارد المتاحة لديه (المال، الوقت، الجهد) على سلع أو خدمات مرغوبة ومقبولة لديه، والتي تبدأ في شراء طفل عمره سنوات معدودة لقطعة من الشوكولاته أو الكاندي والتي قد تمتد إلى رجل أعمال يشتري ويستخدم نظام كمبيوتر حديث [٢]. كما تشمل دراسة السلوك الاستهلاكي السلع والخدمات التي يتم شراؤها بالإضافة إلى الإجابة عن أسئلة منها على سبيل المثال

كيف ستتم عملية الشراء؟ ولماذا تم اتخاذ القرار الشرائي بهذا الشكل؟ وكيفية اتخاذ القرار الشرائي؟ ومن أين ولماذا؟. على سبيل المثال، شراء فرد ما لماركة محددة من الشامبو للشعر قد يثير العديد من الأسئلة التي يحاول الباحث السلوكي الإجابة عليها، مثل أي ماركة سيشتري من ماركات الشامبو (جونسون، جليمو، صن سلك، بروتين ٢١...الخ؟). لماذا يتم شراء ماركة معينة من الشامبو دون غيرها؟ (هل لأنها تقضي على قشرة الرأس، أم أنها أفضل للشعر الدهني أو الجاف أم أنها تمنع تساقط الشعر...الخ) وكيف سيتم الشراء (بالنقد، بالشيكات، علبة واحدة أو أكثر...الخ) وما هي مواعيد أو عادات التسوق للشامبو (حسب الحاجة، مرة كل أسبوع، مرة واحدة كل أسبوعين وهكذا) وما هو معدل استخدام سلع الشامبو في السوق المستهدفة؟ (وهل هو كثيف أم متوسط أم أنه منخفض؟) وما هو حجم العبوة المرغوبة من قبل المستهلكين المستهدفين (هل هي صغيرة الحجم أم أنها متوسطة أم كبيرة الحجم؟) بالإضافة إلى تحديد الخصائص الديمغرافية والنفسية للمستهلك الذي يشتري هذه الماركة دون غيرها ولماذا؟. على الجانب الآخر، تبدو عملية دراسة سلوك المستهلك عند شراء سلعة معمرة أو خاصة أكثر تعقيدا لعدة أسباب، منها طول مراحل القرار الشرائي لها، ارتفاع المخاطرة المالية أو النفسية أو الأدائية أو الاجتماعية المرتبطة بها بالإضافة إلى درجة تكرارها، وهل هي منخفضة أو متوسطة أو مرتفعة بالمقارنة مع درجة المخاطرة الكامنة عند شراء السلع الاستهلاكية الميسرة أو التسويقية. كما تجدر الإشارة هنا، إلى أن دراسات السلوك الاستهلاكي تمتد لتشمل استعمالات السلع ومن مختلف الأنواع، تقييم المستهلك لها بعد الاستخدام أو الاستهلاك، بالإضافة إلى التعرف على درجة الرضا أو عدمه التي تحققت والعوامل التي أدت إلى كل حالة منها. على سبيل المثال، قد يحدث بعد استخدام سلعة ما كالسيارة بعض النتائج السلبية بسبب ضعف أداءها الفعلي – كونها أي السيارة – تحتاج إلى بعض الصيانة الدورية وبتكاليف عالية، وبالتالي، فإن النتائج السلبية لاستخدام السيارة المشار إليها أعلاه يتم نقلها إلى

الأصدقاء والأهل والزملاء - على شكل أخبار أو نصائح باعتبارهم من أهم الجماعات المرجعية لهذا النوع من السلع، وبالتالي، فإن النتيجة ستكون، إما إعراض المستهلكين اللاحقين عن شرائها في المستقبل أو تكوين اتجاهات سلبية نحوها بشكل عام.

محليا، من القضايا التي يجب على الباحثين المتخصصين في حقل سلوك المستهلك التعامل معها بإيجابية وعقلانية قضية الاستخدام الأمثل للسلع المطلوبة من خلال تصميم وتوجيه مختلف إرشادات التوعية للمستهلكين المستهدفين، بالإضافة إلى محاولة إيجاد بعض الحلول العملية لقضايا النفايات والعبوات الفارغة للسلع أو المواد التي تم استهلاكها فعلا. الحقيقة أن هناك أسئلة كثيرة لا بد من الإجابة عنها بموضوعية تامة، منها، هل من الأفضل تخزين تلك النفايات وكيف؟ أم التخلص منها، وما هي التكلفة التي تستطيع تحملها؟ أو هل يجب تحويلها إلى سلع أخرى وكيف ولماذا؟ عمليا، يتطلب الحصول على إجابات مقنعة عن هذه الأسئلة وجود قناعة فعلية أو إرادة قوية لدى من يعنيهم الأمر كخطوة أولى، ثم البدء بإجراء الدراسات التسويقية والفنية المعمقة لتحديد أسباب حدوثها كخطوة ثانية واقتراح الحلول العملية والناجحة للتخفيف منها إن أمكن كخطوة نهائية لحل هذه المعضلة.

أنواع المستهلكين:

عمليا، تستخدم كلمة "مستهلك" لوصف نوعين مختلفين من المستهلكين أولهما: المستهلك الفرد، وثانيهما: المستهلك الصناعي أو المؤسسي. أما المستهلك الفرد فهو ذلك الفرد الذي يقوم بالبحث عن سلعة أو خدمة ما وشراؤها لاستخدامه الخاص أو استخدامه العائلي، (Ultimate Consumer). أما النوع الثاني من المستهلكين فهو المستهلك الصناعي الذي يضم كافة المؤسسات الخاصة والعامة، حيث تقوم هذه المؤسسات بالبحث وشراء السلع والمواد أو المعدات التي تمكنها من

تنفيذ أهدافها المقررة في خططها أو استراتيجياتها. كما أن المؤسسات الصناعية تقوم بشراء المواد الخام الأولية ومكونات أخرى نصف مصنعة أو مصنعة وذلك من أجل إنتاج وتسويق سلع نهائية لكل من المستهلك النهائي أو المستهلك الصناعي. أما المشتري الخدماتي فغالبا ما يقوم بشراء مختلف الأدوات والمعدات التي تمكن مؤسسته من تقديم خدماتها لكل من المستهلك الفرد أو المؤسسات التي قد تحتاجها.

وتجدر الإشارة هنا، إلى أن هناك فرقا واضحا بين المشتري والمستخدم، ذلك أن الشخص الذي قد يشتري سلعة ما ليس هو في كل الأحوال الذي سيستخدمها بشكل نهائي. كما أنه ليس من الضروري أن يكون الشخص الذي يتخذ قرار شراء سلعة ما هو نفس الشخص الذي سيستهلكها أو سيستخدمها أو حتى المشتري الفعلي لها، فكيف يتم ذلك؟

على سبيل المثال، الأم التي تشتري ألعابا لأولادها لن تكون المستخدمة لها في أغلب الأحيان. كما أن الوالد يقوم بشراء الكثير من السلع التي قد لا تستخدم أو يستهلك معظمها. كما أن الأم أو الوالد – مع تفاوت تأثير كل منهما – حيث يكون لأحدهما أو كليهما معا التأثير الأكبر عند اتخاذ قرار شراء هذه السلعة أو الخدمة. تسويقيا، على رجال التسويق تخطيط وتنفيذ توجيه حملاتهم الترويجية إلى الأفراد الأكثر تأثيرا في اتخاذ القرار الشرائي. فعلى سبيل المثال، قد يقوم منتجي ألعاب وسلع الأطفال في الأردن بالإعلان عنها باستخدام برامج الأطفال أو المسلسلات المحلية التي تبث من خلال شاشة التلفزيون – حبوب منع الفهم – وذلك لزيادة معدلات الاستخدام لدى المستهلكين الحاليين لها من الأطفال ودفع الذين لا يشترونها لتجربة ما يتم الإعلان عنه من الألعاب أو الماركات المختلفة من الحلوى أو العلكة، كما تفعل بعض الشركات وبأسلوب دعائي رخيص ليس له أي سند شرعي أو أخلاقي مهني ولا يرتبط بأية معايير أو ممارسات تسويقية صحيحة.

عمليا، الهدف من دراسة سلوك المستهلكين هو التعرف على كيفية حدوث السلوك الفعلي بالإضافة إلى تحليل العوامل التي أثرت على السلوك قبل حدوثه وبعد حدوثه فعلا. وكدارسين للسلوك الإنساني يبدو أنه من المهم التعرف على مضمون المؤثرات الداخلية والخارجية التي تدفع المستهلك الفرد أو المستهلك الصناعي للتصرف بهذه الطريقة أو تلك. ومما لا شك فيه، فإن رجال التسويق الذين لديهم معرفة وإلمام وتفهم معقول لطبيعة سلوك المستهلك هم الأقدر على تحديد ما يحتاجه المستهلكون الحاليون والمحتملون من منافع أو فوائد في السلع أو الخدمات المطروحة للتداول في الأسواق المستهدفة وذلك من أجل تصميم المزيج التسويقي السلعي أو الخدمي الملائم.

أهمية وفوائد دراسة سلوك المستهلك: (٣)

تنبع أهمية وفوائد دراسات سلوك المستهلك من أنها تشمل وتفيد كافة أطراف العملية التبادلية بدءا من المستهلك الفرد إلى الأسرة - كوحدة الاستهلاك - إلى المؤسسات والمشروعات الصناعية والتجارية حتى إلى الحكومات نفسها. على سبيل المثال، تفيد دراسات سلوك المستهلك الأفراد والأسر في التعرف على أو التعرض إلى كافة المعلومات والبيانات التي تساعدهم في الاختيار الأمثل للسلع أو الخدمات المطروحة ووفق إمكاناتهم الشرائية وميولهم وأذواقهم. يضاف إلى ذلك أن نتائج الدراسات السلوكية والاستهلاكية تفيدهم في تحديد حاجاتهم ورغباتهم وحسب الأولويات التي تحددها مواردهم المالية والظروف البيئية المحيطة - الأسرة وعادات وتقاليد المجتمع... الخ.

على الجانب الآخر، تبرز الأهمية والفائدة الكبيرة لدراسات سلوك المستهلك على مستوى الأسرة، حيث قد يتمكن المؤثرين على القرار الشرائي في الأسرة من إجراء كافة التحليلات اللازمة لنقاط القوة أو الضعف لمختلف البدائل السلعية أو الخدمية المتاحة واختيار البديل أو الماركة من السلعة أو الخدمة التي تحقق أقصى

إشباع ممكن للأسرة. كما تفيد دراسات سلوك المستهلك في تحديد مواعيد التسويق الأفضل للأسرة وأماكن التسوق الأكثر مرغوبية وحسب الطبقة الاجتماعية للمشتري المستهلك أو المستخدم.

أما المؤسسات الصناعية والتجارية، فتبرز الأهمية الكبيرة لتبني إدارات تلك المؤسسات لنتائج دراسات سلوك المستهلك عند تخطيط ما يجب إنتاجه - كما ونوعا - وبما يرضي ويشبع حاجات ورغبات المستهلكين الحاليين ووفق إمكاناتهم وأذواقهم. يضاف إلى ذلك، إلى أن تبني مفهوم الدراسات السلوكية والاستهلاكية من قبل تلك المؤسسات العامة أو الخاصة يساعدها في تحديد عناصر المزيج التسويقي السلعي أو الخدمي الأكثر ملائمة. كما تفيد دراسات سلوك المستهلك كافة أطراف العملية الإنتاجية والتسويقية في تحديد أولويات الاستثمار المربحة للمنتجين والمسوقين من ناحية، وأولويات الإنفاق وتوزيع الموارد المالية المتاحة لدى تلك المشروعات الإنتاجية والتسويقية من ناحية أخرى، بما يضمن لها الأرباح الكافية التي تمكنها من استمرارية العمل والتوسعات المطلوبة في ظل المتغيرات البيئية المختلفة.

تطور حقل سلوك المستهلك: (٤)

تاريخيا، هناك العديد من الأسباب التي كانت وراء تطور حقل سلوك المستهلك كحقل تسويقي متكامل؛ فقد لاحظ علماء التسويق ومنذ فترة طويلة أن البعض من ممارساتهم العملية لا تتفق مع الكثير من المفاهيم الاقتصادية التي اقترحها علماء الاقتصاد، بدءا من آدم سميث وحتى وقتنا الحاضر. ومن المعروف أن أسواق المستهلك كبيرة وواسعة من ناحية عدد السلع والخدمات المطروحة. ومن منظور الأسواق يتم إنفاق الملايين (من الدنانير والجنيهات وباقي العملات) على السلع والخدمات المطروحة للتداول من قبل فئات وشرائح عديدة من المستهلكين الذين يملكون قدرات شرائية متباينة وتفضيلات مختلفة ويرجع ذلك إلى تباين تأثير

مختلف العوامل البيئية. وقبل اتخاذ قرار الشراء لما يحتاجه أو يرغبه المستهلك بدأ الباحثون التسويقيون دراسة السلوك الشرائي لدى المستهلك، ذلك أنه قد يتوصل الباحثون إلى أن شرائح المستهلكين تختلف ديموغرافيا ونفسيا. ولتلبية حاجات ورغبات المستهلكين بطريقة أفضل، فإن رجال التسويق من ذوي التوجه السلوكي – يقومون عادة بتطوير استراتيجيات تجزئة السوق الفعالة والتي تنادي بتقسيم السوق الكلي إلى أجزاء أو أسواق فرعية تكون حاجات ورغبات وأذواق المستهلكين في كل جزء أو سوق فرعي متشابهة نسبيا ويمكن إشباعها من خلال إنتاج سلع أو تقديم خدمات تكون قادرة على إشباع أذواق المستهلكين وحسب إمكاناتهم. كما أن تقديم ماركات سلعية أو خدمية – منافع أو فوائد – تتفق مع ما يريده أو يرغبه المستهلكون المستهدفون يعتبر من الأمور الاستراتيجية المطلوب إنجازها باستخدام كافة الوسائل.

وتجدر الإشارة هنا، إلى أن التقدم التكنولوجي والمعلوماتي التي بدأت فعلا بعد الحرب العالمية الثانية ولغاية وقتنا الحالي أدى إلى تطوير فئات سلعية عديدة بل مئات الماركات السلعية والتي تم طرحها لأول مرة في الأسواق المستهدفة ولشرائح مختلفة من المستهلكين.

ولمواجهة هذا التحدي حاول البعض من رجال التسويق المتسلحين بالمعرفة الأكاديمية والخبرات العملية فهم أسباب إعراض العديد من فئات المستهلكين على شراء أو الاستفادة من معظم الماركات السلعية أو الخدمية الجديدة. يضاف إلى ذلك، أن القلة من أولئك الأكاديميين والممارسين التسويقيين حاولوا جاهدين فهم حاجات ورغبات ودوافع المستهلكين المستهدفين وتحليل أنماط حياتهم (Life Styles) وذلك من أجل تحقيق نوع من المواءمة بين ما تدّعي السلع أو الخدمات المطروحة من فوائد ومنافع وما يطمح إليه المستهلكون المستهدفون من إشباع لرغباتهم وأذواقهم.

وبشكل عام، فإن هناك مجموعة من العوامل التي ساهمت وما زالت في تطوير حقل سلوك المستهلك، وهي على النحو التالي:

١- قصر دورة حياة السلعة Shorter Product Life Cycle :

دفع التقدم التكنولوجي بالمنتجين إلى تقديم العديد من المجموعات السلعية التي غالبا ما تكون إما معدلة أو محسنة والقليل القليل منها ما كان جديدا، أو أنه يطرح لأول مرة في الأسواق المستهدفة. والذي ينجح فعلا من هذه السلع من أي نوع ما كان معتمدا على نتائج دراسات وافية ودقيقة، وما كان موافقا لحاجات وأذواق المستهلكين المتجددة وإمكاناتهم الشرائية.

أما الأغلبية من السلع المقدمة – سواء أكانت معدلة أو محسنة – فقد واكبها ويواكبها الفشل في المراحل الأولى من مراحل تقديمها للأسواق المستهدفة. كما أن النسبة العالية في فشل السلع قد كان، ويكون سببه الأساسي القصور الكبير في دراسات سلوك المستهلك. ولعل نسبة الفشل العالية للكثير من السلع أو الخدمات المقدمة في الأردن والمراد تسويقه أو تسويقها يمكن إرجاع أسبابه إلى الكثير من العوامل والتي يعتبر أهمها القصور في إجراء دراسات سلوك المستهلك، بالإضافة إلى ضعف وعي وفهم القائمين على الصناعة الأردنية حول أهمية إجراء مختلف دراسات الجدوى الاقتصادية والتسويقية الدقيقة والمتخصصة للمشروعات المراد قيامها وقبل قيامها فعلا ومن قبل متخصصين أو مؤسسات متخصصة في هذا المجال.

٢- الاهتمامات البيئية Environmental Concerns :

كما أدى الاهتمام العالمي المتزايد بقضايا البيئة وتلوثها ومصادر النقص المتزايدة في الطاقة والمواد الخام بالمنتجين والمسوقين وصانعي القرار لإدراك بعض الآثار السلبية لإنتاج بعض السلع وطرق توزيعها – كالمنظفات الكيماوية –

العبوات، المخلفات والنفايات على بيئة الإنسان الداخلية والخارجية على حد سواء. والحقيقة أن أبحاث المستهلك التي تم إنجازها هنا أو هناك كشفت العديد من التجاوزات والممارسات المضرة بحياته. كل هذا أدى إلى الاهتمام الكبير بإجراء دراسات وأبحاث المستهلك حول كل ما يهمه في حياته الحالية والمستقبلية. ولعل الجهود التي تقوم بها الجمعية الأردنية للبيئة هي خير مؤشر على إدراك الأردنيين لأهمية دراسات سلوك المستهلك المرتبطة بإعطاء البعد البيئي الأهمية المطلوبة قبل إنتاج أو تقديم أية سلعة أو خدمة أو أية ممارسات سلبية لهذه الجهة الصناعية.

٣- الاهتمام المتزايد بحركات حماية المستهلك:

Increased Interest in Consumer Protection:

لقد أدى نمو حركات حماية المستهلكين في العالم وخاصة الغربي منه إلى وجود حاجة ملحة لفهم كيف يتخذ المستهلكون قرارات الاستهلاك الخاص بهم؟ بالإضافة إلى تحديد كافة العوامل التي تؤثر في قراراتهم الشرائية والاستهلاكية من هذه الماركة السلعية أو الخدمية تلك. كما أن التطبيق المتزايد للتوجه الاجتماعي للتسويق فرض على الكثيرين من الممارسين والأكاديميين التسويقيين اتباع المنهجية العلمية في تنفيذ دراسات سلوك المستهلك وذلك بهدف إنتاج وتقديم ماركات سلعية وخدمية بالكميات والنوعيات والأسعار المناسبة. ولعل الجهود التي تقوم بها الجمعية الوطنية لحماية المستهلك في الأردن افضل مثال على الاهتمام المتزايد من قبل هذه الجمعية لحماية المستهلك من نفسه عن طريق إرشاده وتوعيته حول أفضل طرق الاستخدام والاستهلاك للمواد والسلع التي يحتاجها، بالإضافة إلى حمايته من غيره عن طريق التصدي لدراسة مشاكله وقضاياه والدفاع عنها من أجل حياة أفضل له، وخلق حالة من حالات التوازن بين حقوقه وحقوق المنتجين والمسوقين وتحت رعاية الأجهزة المركزية التي يقع عليها مسؤوليات تطبيق ووضع قوانين وتشريعات عصرية تعطي كل صاحب حق حقه من منتج أو مستهلك، وتمنع

الاحتكار عند إنتاج أو استيراد ما يحتاجه المستهلكون وتكفل له درجة مقبولة من المساهمة الواعية والقوة لفهم ما يبث له من الإعلانات التجارية أو غيرها، ولتحصينه من أية ممارسات تضليلية أو مخادعة. والمؤمل في الفترة القادمة ان يصار إلى توفير المظلة القانونية التي تنظم علاقات كافة أطراف العملية التبادلية من خلال إقرار قانوني يمنع الاحتكار ويشجع المنافسة ويحمي المستهلك، على غرار ما هو مطبق في دول العالم المتقدم. ولعله من المفيد الإشارة إلى أن تأسيس الاتحاد العربي للمستهلك (١٩٩٨) المكون من كافة جمعيات ومنظمات حماية المستهلك في العالم سيمثل خطوة صحيحة في دعم حركة حماية المستهلك العربي وذلك من خلال توحيد الجهود والأنشطة لتصب في مصلحة كافة أطراف العملية التبادلية وتحت رعاية الأجهزة المركزية.

٤- الاهتمامات الحكومية المركزية:

ومن الأمور الأخرى التي أدت إلى تطور حقل المستهلك أيضا الاهتمامات التي أبدتها وتبديها بعض الأجهزة المركزية وخاصة الوزارات الأكثر التصاقا بمصالح المستهلكين. ولعل التجاوب الإيجابي التي تظهره مختلف الحكومات الأردنية المتعاقبة حول تناول ومعالجة قضايا المستهلكين خير دليل على أهمية العناية بشؤون المستهلكين وقضاياهم عن طريق اتباع المنهجية العملية عند التعامل مع كل ما يمكن أن يخفف عنهم من أعباء أو مشاكل. وللإنصاف فإن تجربة المؤلف مع بعض الأجهزة الحكومية إيجابية تستحق التقدير والتشجيع. بل إن المؤلف يقر بأن روح التفاهم التي يجب أن تسود بين مختلف الجهات الشعبية كالجمعية الوطنية لحماية المستهلك وبعض الأجهزة المركزية، بالرغم من مزاجية وقلة وعي بعض الأفراد في تلك الجهات، خير دليل على ضرورة اهتمام تلك الأجهزة المركزية بقضايا المستهلكين ومشاكلهم. والمأمول أن يمتد التعاون والحوار المعمق والعملي بين الأجهزة المركزية وحركة حماية المستهلك في الأردن باعتباره

السلطة الخامسة، وفي السنوات القادمة كضرورة عملية للوصول إلى صيغة مؤسسية تقوم على التعاون من أجل تعميق سبل التعاون والتنسيق لصالح مختلف أطراف العملية التبادلية من خلال سن أو تعديل كافة التشريعات المرتبطة بالمستهلك لتكون في صالحه باعتبار أن الإنسان أغلى ما نملك، بالإضافة إلى أن كل ما يتم بناؤه من مؤسسات إنتاجية وخدمية وأعمال تطوعية رديفة ومشاركة إنما يتم لصالح الوطن والمواطن وفي كافة القطاعات.

٥- تزايد عدد الخدمات وتنوعها:

كما أدى تزايد عدد الخدمات وتنوعها إلى تحول معظم دول العالم، وخاصة النامية منها إلى اقتصاد السوق، حيث أصبح من الواضح أن لدى مقدمي الخدمات والسلع الكثير من المشاكل والأمور التي يجب التعامل معها بموضوعية، وذلك من خلال إجراء دراسات وافية ودقيقة لإمكانات الشراء من المستهلكين في الأسواق المستهدفة؛ ذلك أن خصائص الخدمات كونها غير ملموسة ولا ترى ولا تسمع ولا يمكن انتاجها أو تخزينها مقدما يقتضي توافر معلومات شبه مؤكدة عن المدركات الحسية للمستهلكين المستهدفين واتجاهاتهم وأذواقهم نحو ما يطرح لهم منها. ولعل الأمل معقود بإدارات مؤسساتنا الخدمية في الأردن - إن أحسن إختيارها - لتدارك ما فاتها من عمل بناء طابعه الإيمان بضرورة إجراء الدراسات والأبحاث بواسطة المختصين المؤهلين في حقل سلوك المستهلك والتسويق لواقع الخدمات التي تقدم الآن كخدمات المياه والكهرباء والهاتف والسفر والتلفزيون... إلخ، وذلك من أجل المساعدة في تصميم وتنفيذ استراتيجيات تسويقية خدمية مناسبة لتلك المؤسسات الخدمية وعلى ضوء ما يستجد من أمور وقضايا وفي كافة المجالات.

٦- أهمية التسويق للمؤسسات غير الهادفة للربح:

أدى تشابك وتأثير العوامل البيئية على أنشطة المؤسسات غير الهادفة للربح إلى الاهتمام الجدي بتطبيق مفاهيم التسويق الحديث؛ ذلك أن المؤسسات غير الهادفة

للربح واجهت وما زالت تواجه ومنذ سنوات عديدة العديد من المشاكل التي ترتبط في نواح كالمواصفات والنفقات والتي تتزايد باستمرار، بالإضافة إلى تركز مدركات حسية سلبية تكونت وتراكمت لدى المستهلكين المستهدفين حول ضعف مستوى الخدمات وأسعارها التي تقدمها تلك المؤسسات غير الهادفة للربحية. لهذه الأسباب وغيرها بدأت بعض إدارات تلك المؤسسات الخدمية بتطبيق بعض مفاهيم التسويق الحديث، وذلك من أجل التعرف إلى حاجات وأذواق وإمكانات المستهلكين في الأسواق المستهدفة منها. على سبيل المثال، من المفضل لبعض الجامعات الخاصة وكليات المجتمع والمستشفيات والأندية والتي ستشهد انخفاضا في الإقبال على خدماتها، في السنوات القادمة المبادرة لتصميم وتنفيذ دراسات تسويقية سلوكية هدفها النهائي تصميم تلك الاستراتيجيات التسويقية لجذب العديد من المستهلكين المستهدفين لخدماتها. الأمر الذي قد يمكنها ولو جزئيا من البقاء أجلا طويلا مع تحقيق هوامش الربح المعقولة جنبا إلى جنب مع تطوير ما تقدمه من خدمات تعليمية وغيرها.

٧- الحاجة المتزايدة لدخول الأسواق الخارجية:

أصبحت أغلبية الشركات الكبيرة والمتوسطة تدرك أهمية الدخول إلى الأسواق الأجنبية، وذلك من خلال تصدير الفائض من انتاجها أو استخدام المستهلكين لسلعها في أكثر من سوق حالية أو جديدة. أما عن عدم تحقيق الهدف المشار إليه سابقا، فكان من أهم أسبابه عدم وجود بيانات كافية ودقيقة عن الأسواق المستهدفة. الأمر الذي يحتم على إدارات المؤسسات المعنية المبادرة إلى إجراء ذلك الحكم والنوع من الدراسات الهادفة لتحديد أولويات وعادات الاستهلاك في الأسواق الخارجية المستهدفة، بالإضافة إلى تحديد تأثير كافة العوامل البيئية في السوق العالمية المستهدفة على قرارات المستهلكين وتفضيلاتهم وعلى نوعية أو مضمون عناصر المزيج التسويقي للاستراتيجية الواجب اتباعها من قبل الشركة المعنية بالتصدير.

٨- تقدم الأساليب الإحصائية والحاسوبية:

كما أدى تقدم الأساليب الإحصائية والتطور المستمر في أساليب جمع ومعالجة المعلومات ومن مختلف الأنواع إلى تسهيل تحليل كافة البيانات المنشورة والأولية والمرتبطة بسلوك المستهلك. على سبيل المثال، مكن الكمبيوتر الباحثين في مجالات سلوك المستهلك في الوقت الحالي من معالجة قضايا تخزين وتحليل كميات كبيرة من المعلومات المرتبطة بظاهرة ومشكلة ما وبتكاليف منخفضة.

٩- انهيار الفكر الشيوعي في الاتحاد السوفياتي ودول أوروبا الشرقية.

كما أدى انهيار الفكر الشيوعي في الاتحاد السوفياتي سابقا ودول أوروبا الشرقية إلى مبادرة تلك الشركات الصناعية والتسويقية العملاقة في العالم إلى إجراء دراسات معمقة للعوامل الديموغرافية والنفسية للمستهلكين المستهدفين في تلك الدول التي تحاول تطبيق اقتصاد السوق وتحرير الأسعار، والذي يمثل فرصة ذهبية لرجال التسويق من أكاديميين وممارسين لتطبيق مفاهيم التوجه الحديث للتسويق في الأجلين القصير أو المتوسط في تلك الدول التي تتجه الآن إلى تبني مفهوم المنافسة الحرة في تبادلاتها المختلفة مع الدول الأخرى.

علاقة سلوك المستهلك بالعلوم الأخرى:

نظريا، يرتبط حقل سلوك المستهلك بالتوجه الحديث للتسويق – الذي يجعل المستهلك محور الاهتمام الأول والقلب المحرك لأي استراتيجية تسويقية فعالة. عموما، بدأ الاهتمام بدراسات سلوك المستهلك في الستينات أثر بروز المفهوم الحديث للتسويق. باختصار، ليس هناك علما واحدا يدعي علماؤه أو الباحثون فيه أنهم فقط من كانوا وراء تطور حقل سلوك المستهلك، ذلك أن سلوك المستهلك ومنذ نشأته الأولى أخذ أو استعار وما يزال يأخذ ويستعير مفاهيمه (Concepts)

ونظرياته (Theories) من علـوم انسـانية واجتماعيـة عديـدة يمكـن إيرادهـا عـلى الشكل التالي:

علم النفس Psychology:

ويتضمن هذا الجانب دراسة تأثير حوافز وحاجات ورغبـات الأفـراد عـلى سلوكهم الشرائي والاستهلاكي، بالإضافة إلى ميكانيكية الإدراك الحسي، وكيفية تكوين الاتجاهات لديه وتغييرها. كما تهتم دراسات علم النفس بدراسة مختلف الـنماذج أو النظريات التي يتعلم وفقها أو بواسطتها الأفراد عن الأشـياء، السـلع والخـدمات وكيفية تكوين الاتجاهات لديهم واستراتجيات التعديل الممكن إتباعها بهذا الاتجاه أو ذاك.

عمليا، استعار حقل سلوك المستهلك وما يزال العديد من المفاهيم والأطـر النظرية التي توصل إليها علماء النفس وذلك بهدف استخدامها في تحليـل وتفسـير الأنماط السلوكية للأفراد في الماضي والحاضر، بالإضافة إلى إمكانيـة التنبـؤ بأنمـاطهم السلوكية مستقبلا، وعلى ضوء ما يحيط بهم من عوامـل بيئيـة مختلفـة. أمـا فـيما يتعلق بسلوك المستهلك فقد تم استخدام نظريات علم الـنفس في تحليـل وتفسـير وفهم الأنماط السلوكية الاستهلاكية للأفراد تجاه ما هـو مطـروح لهـم مـن سـلع أو خدمات أو أفكار في الأسواق المستهدفة.

علم الاجتماع Sociology:

يمكن القول أن علم الاجتماع معني بدراسة درجة تأثير سـلوك الجماعـات بعادات وتقاليد وأعراف المجتمع. كما أن علم الاجـتماع معنـي بسـلوك الجماعـات بالإضافة إلى تأثير العضوية في جماعة ما عـلى سـلوك أفرادهـا جنبـا إلى جنـب مـع دراسة تأثير الأسرة كجماعة صغيرة على سلوك أفرادهـا. كـما تتنـاول دراسـات علـم الاجتماع الكيفيـة التـي تتشـكل مـن خلالهـا الطبقـات الاجتماعيـة في مجتمـع مـا والمحددات الرئيسية للتصنيف الطبقي والحركية الاجتماعية في مجتمع ما

والمحددات الرئيسية للتصنيف الطبقي والحركية الاجتماعية لهذه الطبقات أو الجماعات. أما فيما يتعلق بسلوك المستهلك فدراسة الأسرة كوحدة اجتماعية استهلاكية، والطبقات الاجتماعية وتأثيرها على أنماط الاستهلاك من السلع والخدمات. ومن الأمور المألوفة في هذا الحقل، حيث ركز ويركز باحثون عديدون على دراسة تأثير الزوج أو الزوجة أو الأطفال أو الطبقة أو ودورة حياة الأسرة ومفاهيم أخرى عديدة على أنماط الشراء والاستهلاك للسلع أو الخدمات وحسب فئاتها أو أصنافها في الأسواق المستهدفة.

علم النفس الاجتماعي Social Psychology :

يهتم هذا العلم بدراسة سلوك الفرد في الجماعات وكيف يؤثر بعض الأفراد من قادة الرأي والمبتكرين في جماعة أو مجتمع معين على تكوين اتجاهات الجماعات والأفراد في البيئات التي يعيشون بها، ونحو ما يهمهم من قضايا، وبالتالي، إمكانية التنبؤ بأنماطهم السلوكية والاستهلاكية. يضاف إلى ذلك دراسة تأثير الجماعات المرجعية - الأسرة والجيران والأصدقاء وزملاء العمل... إلخ - على مواقف وأنماط السلوك الشرائي والاستهلاكي لباقي أفراد المجتمع نحو ما هو مطروح من ماركات سلعية أو خدمية.

الانثروبولوجي الثقافية Cultural Anthropology :

إن علم الإنسان الاجتماعي يعنى بدراسة كيفية تطور المجتمعات البشرية، وكيفية تطور معتقداتها الأساسية من حيث قيمها وعاداتها، بالإضافة إلى تحديد ميكانيكية انتقال تلك المعتقدات والقيم والعادات من الآباء والأجداد إلى الأبناء والتي تشكل فيما بعد عاداتهم وأنماطهم الشرائية السلوكية والاستهلاكية. كما يهتم هذا النوع من الدراسات بالثقافات الفرعية والكيفية التي يتم خلالها تفاعل أصحاب

الثقافات النوعية مع معتنقي الثقافات الأصلية وتأثير ذلك على أنماط السلوك الشرائي والاستهلاكي لكل منهما.

علم الاقتصاد Economic:

قدم علم الاقتصاد الكثير من المفاهيم لحقل سلوك المستهلك. على سبيل المثال استخدم الباحثون السلوكيون مفاهيم الطلب والعرض للسلع وتأثيراتها على مستويات الأسعار من حيث صعودها أو هبوطها وحسب الفئات السلعية، وبالنظر للطبقة الاجتماعية التي ينتمي إليها الفرد أو الأسرة. كما اهتم الباحثون في حقل سلوك المستهلك بقضايا مستويات الدخل والكيفية التي يلجأ إليها الأفراد لتوزيع مواردهم المتاحة لتحقيق أقصى إشباع ممكن من السلع والخدمات. وتجدر الإشارة هنا إلى أن الكثير من المفاهيم المتعلقة بسلوك المستهلك من وجهة نظر علماء الاقتصاد كانت مرتكزة على مفهوم الرشد الاقتصادي التي تفترض أن الفرد يتصرف بشكل عقلاني لتعظيم أو تحقيق أقصى الفوائد عند شراء سلعة أو خدمة ما. على الجانب الآخر، تشير الأغلبية الساحقة من دراسات سلوك المستهلك إلى أن الأفراد غالبا ما تكون تصرفاتهم أقل عقلانية أو رشدا على عكس – كما يفترض الاقتصاديون – ذلك أن الأفراد محكومون بعوامل بيئية عديدة – بالإضافة إلى الموارد المالية المتاحة. – على سبيل المثال لا الحصر، من المؤكد أن الأفراد مختلفون من ناحية أنظمة الإدراك الحسي– لديهم وكيفيته، بالإضافة إلى حجم ونوعية المعلومات التي يتلقاها كل منهم، وأهدافهم وخبراتهم السابقة وثقافاتهم الأصلية أو الفرعية ودرجات المخاطرة ... إلخ.

أخيرا، يمكن القول أن اعتماد حقل سلوك المستهلك على هذه العلوم الإنسانية والاجتماعية الأم، إنما يمثل في رأينا مصدر قوة دائمة لهذا الحقل، ذلك أن مجالات تجدد المعرفة التي تحدث في هذه العلوم إنما تشكل الرافد الأساسي

0المستمر لتجدد وتنوع مجالات البحث والدراسة أمام الباحثين السلوكيين في هـذا الحقل.

نطاق وأساليب سلوك المستهلك: (٥)

يمتد نطاق بحوث سـلوك المسـتهلك إلى كـل المراحـل التـي تسـبق عمليـة الإنتاج نفسها وإلى ما بعد عمليـة شراء أو اسـتخدام اسـتهلاك السـلعة أو الخدمـة التي تم إنتاجها أو تقديمها، ذلك أنه وحسب المفهوم الحديث للتسويق، لا بد مـن تحديد الحاجـات والأذواق والإمكانـات أولا، ثـم ترجمـة هـذه الحاجـات والأذواق والإمكانات إلى سلع أو خدمات من قبل المستهلكين المستهدفين، وتعريفهم بأهمية ما تم إنتاجه لإشباع رغباتهم وأذواقهم كخطوة ثالثة وصولا إلى تحديد درجة الرضا أو عدم الرضا التي قد تتحقق بعد عملية الاستهلاك أو الاستخدام الفعـلي كخطوة رابعة وهكذا.

أما أساليب بحوث سلوك المستهلك، فقد تمتد لتشمل تصميم وتنفيذ تلك الدراسات التي قد تستخدم أساليب الملاحظة، أو التجارب – كالمجموعات المخبريـة والحقلية منها على حد سواء – بالإضافة إلى أساليب الاستقصاء، والتي قد تنفذ مـن خلال المقابلات الشخصية أو البريد أو التلفون وهكـذا. وتجـدر الإشـارة هنـا، إلى درجة الاستخدام الكبيرة لبحـوث الدافعيـة وجماعـات التركيـز المتخصصـة (Focus Groups Sessions) خاصـة في الحـالات التـي لا يتـوفر للموضـوع محـل الاهتمام نظرية قوية بالإضافة إلى أن دراسات سـلوك المسـتهلك تسـتخدم بكثافة البحـوث الكميـة (Quantitative Research Tech) جنبـا إلى جنـب مـع البحـوث النوعيـة (Qualitative Research Tech) ذات الفائـدة في تشـكيل الأطـر النظريـة للموضوعات ذات الاهتمام بالإضافة إلى درجة معوليتها المرتفعة.

المضامين الاستراتيجية لدراسات سلوك المستهلك:

تزود دراسات سلوك المستهلك رجال التسويق في المؤسسات المعاصرة بالعديد من المضامين الاستراتيجية التي يجب أن يتم البناء عليها للاستفادة منها عند بناء الاستراتيجيات التسويقية العامة لمؤسساتهم. عموما يمكن إيراد هذه المضامين الاستراتيجية لدراسات سلوك المستهلك على النحو التالي وبإيجاز: (٦)

١- تحديد وتعريف السوق الكلية للفئة السلعية أو الخدمية في بلد ما، فمثلا يمكن تعريف السوق الكلية للملابس بأنه كل الأفراد أو الأشخاص الذين يلبسون الملابس ومن كل الفئات والأجناس في الأردن وفي كل المواسم.

٢- تحديد أجزاء السوق الكلية وذلك من خلال تجزئة السوق باستخدام أسلوب أو أساليب تجزئة السوق المألوفة، وذلك من أجل تحديد خصائص ومواصفات المستهلكين في كل سوق فرعية ومعايير التقسيم الفعالة للسوق.

٣- إنه من خلال دراسة سلوك المستهلك، أيضا، يمكن التعرف على أذواق المستهلكين في كل سوق فرعية، ومن ثم تحديد الميزة أو المزايا التنافسية الواجب اتباعها في الماركة من السلعة أو الخدمة بالمقارنة مع الماركات الأخرى المنافسة.

٤- وعلى أساس ما تم تحديده بواسطة دراسات سلوك المستهلك في النقاط الثلاث المشار إليها أعلاه تقوم المؤسسات المعاصرة بتحديد نطاق عملها (Business Domain) والذي قد يكون موجها حسب الأذواق التي تم تحديدها للمستهلكين في كل أو بعض الأسواق الفرعية التي تم تجزئتها واختيار ما يمكن خدمته بفاعلية وحسب المفهوم الحديث للتسويق - إنتاج ما يمكن تسويقه - وليس على أساس التوجه البيعي الذي يركز على بيع ما تم إنتاجه من ماركات سلعية وبأسلوب مركزي.

٥- التقييم الموقفي أو المواجهة الشاملة لمجمل الخصائص الديموغرافية والنفسية للمستهلكين المستهدفين ونتائج أنشطة وموارد المؤسسات السلعية والخدمية، وذلك لتقدير نقاط القوة والضعف في مجمل أعمال المؤسسات ومن ثم تحديد الفرص المتاحة والتحديات الاستراتيجية التي تواجهها هذه المؤسسات في تعاملها مع مختلف عوامل البيئة التسويقية المحيطة.

٦- وضع الأهداف الممكنة التنفيذ، بالإضافة إلى إجراء التحليل الموقفي الشامل لمختلف أبعاد العملية الإنتاجية والتسويقية، وذلك لتمكين إدارات تلك المؤسسات من وضع أهداف ممكنة التنفيذ وعلى ضوء الإمكانات المتاحة والأولويات المقررة، وحسب رغبات وأذواق المستهلكين المستهدفين.

٧- كما تساعد دراسات سلوك المستهلك أيضا في بناء برنامج إحلالي للماركة من السلعة من خلال تحديد الميزة أو الميزات التنافسية الواجب إيجادها وإيصالها للمستهلكين المستهدفين في الأوقات وبالأساليب والأوضاع المناسبة لهم.

٨- العمل على إعداد استراتيجيات عناصر المزيج التسويقي للماركة من السلعة أو الخدمة بهدف تصميم استراتيجية تسويقية متكاملة تتفق وتتكامل مع الاستراتيجية العامة للمؤسسة والبدء بتنفيذ الاستراتيجية بمختلف أبعادها أو أركانها ضمن الظروف المحيطة والموارد التي تم تخصيصها.

٩- وأخيرا، تساعد دراسات سلوك المستهلك المؤسسات المعاصرة في قياس الأداء التسويقي للاستراتيجية التسويقية ومدى تأثير ذلك على الأداء العام للاستراتيجية الكلية. وذلك بهدف الاستفادة من جوانب النجاح ومسببات الفشل أو القصور عند تصميم وتنفيذ الاستراتيجيات التسويقية والعامة للمؤسسات في السنوات القادمة.

أسئلة المناقشة

١- بين أهمية وفوائد دراسات سلوك المستهلك لكل من المؤسسات التالية:
أ- شركة الاتصالات الأردنية   ب- الملكية الأردنية
ج- شركة الإنتاج   د- شركة النسر للتأمين
هـ- المؤسسة النموذجية للدراسات والاستشارات

٢- بين كيف يمكن للمؤسسات الصناعية الأردنية والتسويقية التالية الاستفادة من دراسات سلوك المستهلك:
أ- غرفة صناعة عمان وكافة القطاعات الصناعية المرتبطة بها.
ب- غرفة تجارة عمان وكافة القطاعات الصناعية المرتبطة بها.
ج- مؤسسة المراكز التجارية الأردنية.
د- مؤسسة تشجيع الاستثمار.

٣- هل تعتقد أن مجمل الظروف البيئية التي تحيط بعمل المشروعات والمؤسسات الأردنية - السلعة والخدمية - تبرر تكلفة الدراسات السلوكية التي يمكن أن يقوم بها باحثون سلوكيون لمساعدة هذه المؤسسات والمشروعات في التعامل مع ما تواجهه من تحديات؟

٤- ناقش علاقة حقل سلوك المستهلك بالعلوم الأخرى.

٥- بين أهمية أساليب البحث التالية في حقل سلوك المستهلك:
أ- بحوث الدافعية   ب- التجارب المعملية
ج- جماعات التركيز المتخصصة   د- الملاحظة المباشرة

٦- بين أهمية دراسات سلوك المستهلك في بناء الاستراتيجية التسويقية للشركات والمناطق التالية:
أ- شركات الأدوية   ب- شركات الألبان الأردنية
ج- الجامعات الأردنية الخاصة   د- إقليم البتراء
هـ- منطقة البحر الميت   و- الأغوار

الفصل الثاني

تجزئة السوق والإحلال السلعي

* تمهيد .

* تعريف تجزئة السوق.

* فوائد واستخدامات تجزئة السوق.

* معايير التجزئة الفعالة.

* أساليب تجزئة السوق.

* أنواع إستراتيجية تجزئة السوق.

* إستراتجيات الاحلال السلعي.

* تحليل الإحلال السلعي.

* إحلال السلع الجديدة.

* تحليل إعادة الإحلال السلعي.

* بدائل إستراتيجية تجزئة السوق.

* أسئلة للمناقشة.

الفصل الثاني

تجزئة السوق والإحلال السلعي

تمهيد

إذا زرت المركز العالمي للمعارض في طريق الجامعة، فإنك ستلاحظ العديد من الألوان والأنماط والأنواع المرتبطة بما يتم عرضه من سلع كالسيارات وغيرها. كذلك لو قمت بزيارة معرض للأجهزة الكهربائية فإنك ستشاهد العديد من الموديلات والماركات والأحجام المختلفة من الثلاجات والتلفزيونات. عمليا، الهدف من هذا التنوع في الموديلات والماركات والأحجام هو تلبية حاجات ورغبات وأذواق مختلف شرائح المستهلكين. ولتأكيد أهمية وفوائد اتباع إستراتيجيات التجزئة للسوق الكلي، فإن رجال التسويق غالباً ما يختارون أسلوبا أو أكثر من الأساليب المستخدمة لتجزئة أسواق سلعهم أو خدماتهم. وقد يتم هذا من خلال تحديد عدد وحجم ونوعية وخصائص المستهلكين في الأسواق الفرعية التي يستطيعون خدمتها بفاعلية وكفاءة مع تصميم مختلف عناصر استراتيجيات المزيج التسويقي السلعي أو الخدمي بصورة تتناسب مع أذواق وإمكانات الشراء لدى المستهلكين في تلك الأسواق المستهدفة.

وفي هذا الفصل سنتناول تعريف تجزئة السوق وإستخدامات وفوائد تجزئة السوق، بالإضافة إلى إستعراض سريع لأساليب تجزئة السوق، كما سيعالج هذا الفصل أنواع إستراتيجيات تجزئة السوق والإحلال السلعي، وسيتطرق هذا الفصل أيضاً إلى تحليل الإحلال السلعي، وإحلال السلع الجديدة والحالية وإعادة الإحلال السلعي. باختصار، يعتبر مفهوم تجزئة السوق من المفاهيم المركزية في حقل التسويق، بالإضافة إلى أهميته الحيوية للتوجه الإجتماعي للتسويق الذي يركز على

المسؤولية الإجتماعية وحماية المستهلك والبيئة مـن كافـة الممارسـات التسويقية السلبية التي ترتكب تحـت دعـاوي وأسمـاء كثـيرة. يضـاف إلى ذلك أن أتبـاع استراتيجيات تجزئة السوق من الأمور الأساسية والتي تستخدم لتخطيط ووضع البرامج التسويقية المناسبة وتحت ظروف اقتصادية مختلفة لماركة سلعية أو خدمية معينة تشبع أذواق المستهلكين وتتفق وإمكاناتهم الشرائية.

تعريف تجزئة السوق:

يمكن تعريف مفهوم تجزئة السوق بأنـه "عمليـة تقسيـم للسـوق الكـلي للسلعة أو الخدمة إلى عـدد من الأجزاء أو الأسواق الفرعية، حيث يفترض أن تكون حاجات وأذواق وخصائص المستهلكين في كل سوق فرعي متشابهة نسبيـاً، الأمـر الـذي يمكـن المؤسسـات التسـويقية المعنيـة مـن اختيـار تلك الأجـزاء أو الأسواق الفرعية التي تستطيع خدمتها بكفاءة وفعالية مـن خـلال تقديم مزيج تسويقي سـلعي أو خـدمي ينسـجم مع المنافـع أو الفوائـد المرجـوة مـن قبـل المستهلكين المستهدفين، وفي كل سوق فرعية يتم اختيارها".

وممـا يؤكد أهميـة اتبـاع سياسـة تجزئة السـوق الكلي للأغلبيـة السـاحقة مـن السلع والخدمات بروز عدد كبـير مـن العوامـل البيئيـة الداخليـة والخارجيـة التـي تحتم على إدارات المؤسسات المعاصرة المبادرة للتعامل معها مـن خـلال تحليـل أبعادها بهدف التعرف على كم ونوعيـة تـأثير كـل عامـل منهـا وذلك عـلى النحـو التالي:-

* إن قياس التغيّر الملمـوس في عوامـل البيئـة الداخليـة للمؤسسـات المعاصرة أدى ويـؤدي إلى قناعـات مبدئيـة في مواقـف إدارات تلك المؤسسـات نحـو أهميـة تطبيق المفهوم الحديث للتسويق وإحـدى أدواتـه التنفيذيـة ألا وهـي تجزئـة السـوق مـع ضرورة وجود إدارات تسـويقية مؤهلـة في الشـركات التجاريـة والصناعية التي تعيش في بيئة متغيرة باستمرار.

* التحاق أعداد لا بأس بها من الأفراد المؤهلين تسويقيا للعمل في تلك الشركات وفي إدارات التسويق أو المبيعات، الأمر الذي قد يدفع هذه الشركات للاستعانة بهم في تنفيذ البحوث والدراسات الضرورية لتزويد شركاتهم بحزم معلوماتية تساعدهم في اتخاذ القرارات اللازمة، وضمن التوقيت المناسب.

* إشتداد حركة المنافسة في مجالات تسويق السلع والخدمات، وخاصة السلع الاستهلاكية الميسرة والتسويقية المعمرة أدى ويؤدي بإدارات الشركات أو المؤسسات المعنية إلى إعطاء المزيد من العناية بأساليب تجزئة السوق، من خلال إختيار تلك الأسواق الفرعية الأكثر ربحية والتي يتوافر فيها معظم عوامل تجزئة السوق الفعالة التي سيجري شرحها لاحقا.

* التطور التكنولوجي في مجالات السلع والخدمات ومن مختلف الفئات أدى إلى اشتداد حركة المنافسة وإلى تغيير مواز نسبياً في أذواق المستهلكين المستهدفين، الأمر الذي حتم على الشركات والمؤسسات المعنية تتبع ذلك التغير في الأذواق والتكنولوجيا، لتحديد تأثيره على الحصص السوقية للمؤسسات واستراتيجيات تجزئة السوق التي تتبعها.

* كما أن التشريعات الجديدة والتغييرات المستمرة في الظروف الاقتصادية والاجتماعية والسياسية المحيطة بالمؤسسات أو الشركات فرض على إدارتها اتباع استراتيجيات تجزئة السوق وذلك للتأكد من ان ما ينتج من سلع يوافق واقع البيئات القانونية والاجتماعية والاقتصادية للمستهلكين المستهدفين.

فوائد تجزئة السوق واستخداماتها:

عمليا، تفيد عملية تجزئة السوق كافة أطراف العملية التبادلية؛ ذلك أن كافة الأطراف من منتجين ومسوقين- تجار تجزئة وجملة- ومستهلكين معنيون بتحقيق أقصى درجات الربح والنجاح والرضا، وحسب الأهداف الموضوعة من قبل كل طرف؛ فعلى مستوى المنتجين يسعى كل طرف منهم لتجنب المنافسة المباشرة عند

تقديمه ماركات سلعية أو خدمية بالمقارنة مع منافسيه الرئيسيين، ذلك أنه لن يتحقق للمنتجين أو المسوقين ما يريدون إلا من خلال تقديم ميزة تنافسية ملموسة في الماركات السلعية أو الخدمية المقدمة منهم بالمقارنة مع ما يقدمه المنافسون. يضاف إلى ذلك أن عملية التجزئة الناجحة تسمح لهم - أي المنتجين او المسوقين- بالمزيد من المرونة في التخطيط الإستراتيجي للجهد التسويقي بعناصره المختلفة لأن نقاط القوة أو الفرص المتاحة أمامهم قد تكون أكبر بكثير من نقاط الضعف. كما أن التحديات موجودة في أي عمل بغض النظر عن حجم الموارد المالية والبشرية المستخدمة طالما أننا نعمل وسط بيئة تسويقية متغيرة وباستمرار.

أما على مستوى المستهلك، فلقد أثبتت الدراسات التسويقية الميدانية أن المستهلكين مستعدين دائماً لتحمل بعض الزيادات المعقولة في الأسعار إذا كانت السلع أو الخدمات المقدمة لهم تشبع بصورة مرضية حاجاتهم ورغباتهم وأذواقهم. يضاف إلى ذلك، أن المستهلكين قد يستفيدون أكثر من تطبيق المؤسسات التسويقية لاستراتيجيات تجزئة السوق التي قد تكشف أن هناك حاجات غير مشبعة بالكامل أو أن هناك بعض الحاجات والرغبات غير المشبعة على الإطلاق. الأمر الذي قد يدفع المسوقين والمنتجين نتيجة لذلك إما إلى تعديل مواصفات وخصائص الماركات السلعية التي قد تعاني من مشاكل ربما لا تشبع بدرجة مرضية حاجات ورغبات المستهلكين، أو اللجوء إلى تقديم سلع أو خدمات جديدة لإشباع تلك الحاجات التي لم يتم إشباعها من قبل. كما قد يلجأ موزعو أو وكلاء شركة الكمبيوتر العالمية في الأردن إلى اتباع استراتيجية تجزئة السوق من أجل تحقيق هدف توسيع سوق الكمبيوتر إلى حجم اكبر من حجمه الحالي أو تحويل أو نقل هذه السلعة(الكمبيوتر) من دورة حياتية إلى دورة حياتية متقدمة تكون ذات جدوى اقتصادية أفضل مع إشباع أفضل للمستهلكين المحتملين منها أو الحاليين معها. كذلك يمكن تطبيق إستراتيجيات تجزئة للخدمات الأخرى في مؤسسات خدمية كخدمات الفنادق والسياحة والمطاعم وصولا إلى البرامج التلفزيونية والتي قد تتراوح ما بين المفيد

جداً للمستهلكين إلى الذي قد لا يفيد إطلاقا(والذي قد يسمى بحبوب منع الفهم وخاصة تلك المسلسلات والتمثيليات، وكما الأصناف الرديئة من الحمص والفول) بسبب سوء التخطيط والتنظيم والتوجيه والإشراف من قبل إداراتها، والتي قد لا يكون لها أية علاقة بالأرض أو بالسماء المحيطة بهذا الجهاز الإعلامي الخطير والهام في عمليات التوعية والتثقيف.

وهكذا يتبين لنا أن دراسات تجزئة السوق تفيد في تحديد الحاجات والرغبات والأذواق أولا- إذا كانت هذه الدراسات تنفذ لأول مرة- أما إذا كانت تنفذ للمرة الثانية- أي الدراسات- فإنها قد تفيد في تحديد حجم ونوع واتجاه التغير الذي حصل في أذواق المستهلكين المستفيدين. وذلك من أجل سد الفجوة بين التوقعات والطموح، ومن خلال إجراء التعديلات اللازمة في المزيج التسويقي للسلعة أو الخدمة موضوع الإهتمام. والتعديلات قد تكون على شكل خفض محدد للسعر أو رفعه، تكبير حجم العبوة أو تصغيرها، تحسين المواصفات المادية للماركة من السلعة أو خفضها، تغيير المزيج الترويجي أو التوزيعي أو الإبقاء عليه. على سبيل المثال قد تكشف دراسات تجزئة السوق عن وجود حاجة كبيرة لدى المستهلك الأردني نحو الاهتمام بالصحة والطعام الطبيعي. الأمر الذي قد يحفز منتجي الخضار للتقليل من كمية ونوعية المبيدات والأسمدة التي توضع على تلك السلع الأساسية والتي بدأت تؤثر كثيراً على صحة المواطن المستهلك ومنذ زمن طويل للأسف. كما قد تكشف الدراسات التسويقية المخبرية (LAP EXP) أنه يجب التخفيف من أكل نوعيات محددة من الفول والحمص والتي تباع حالياً(باعتباره ولكثرة إستهلاكه قد يصبح بالفعل حبوب لمنع الفهم) ولكن بعد اقتراح البدائل الغذائية الصحية الممكنة التي يستطيع تحملها أغلبية المستهلكين المستهدفين من الناحية المادية. يضاف إلى ذلك، فقد تكشف دراسات السوق أن الأساليب الترويجية المستخدمة (التي يتبعها بعض المروجين لسلعهم أو خدماتهم) بأنها مضللة أو ليس

لها أي مصداقية، وبالتالي، فإنهم قد يلجأون إلى اتباع منهجيات غير علمية لترويج ماركاتهم السلعية أو الخدمية.

في الوقت الذي كان يجب عليهم أن يدركوا المضامين الفعلية لمفهوم المسؤولية الإجتماعية الذي يفرض عليهم احترام عقول المستهلكين المستهدفين ومشاعرهم وانسانيتهم وعند الحد الأدنى. كما أن التشريعات - التي نأمل أنها ستكون أكثر احتراما لحقوق المستهلكين عند تحديثها- مع احترام كامل لحقوق باقي أطراف العملية الإنتاجية التسويقية والاستهلاكية.

معايير تجزئة السوق الفعالة:

من اجل ضمان الحد الأدنى من النجاح لاستراتيجية تجزئة السوق المتبعة أو المراد إتباعها لا بد للباحثين المعنيين بالإستراتيجية توفير عدد من المعايير والتي تضمن قدراً معقولاً من النجاح، وعلى الشكل التالي:

١- إمكانية تحديد وقياس خصائص المستهلكين في الأسواق المستهدفة دون صعوبات كبيرة؛ ذلك أنه لا بد أن تتوافر لدى المؤسسات المعنية قدرات تسويقية وتنظيمية تستطيع من خلالها تحديد وقياس خصائص المستهلكين المستهدفين، حيث إنه من المعروف أن استخدام الخصائص الديموغرافية للمستهلكين أسهل بكثير من قياس تحديد خصائصهم النفسية. وذلك لأسباب ترتبط بسهولة تحديد الخصائص الديموغرافية التي يمكن ضبطها وتوثيقها بالمقارنة مع الخصائص النفسية التي يصعب الكشف عنها وعن مكنوناتها بإستخدام الأساليب التقليدية في البحث العلمي. كما أن الكشف عن الخصائص النفسية يحتاج من المؤسسات المعنية استخدام بحوث الدافعية وجماعات التركيز المتخصصة، بالإضافة إلى مختلف أساليب البحوث النوعية وهو مالا يتوفر لتلك المؤسسات بالقدر الذي يمكّنها من اتباعها، بالإضافة إلى عدم

قدرتها المالية لإنفاق أو تخصيص الموارد المالية اللازمة لتنفيذ مثل تلك الأساليب المتخصصة في تجزئة السوق.

٢- إمكانية الوصول للأسواق الفرعية المستهدفة، والتي تم اختيار خدمتها بواسطة مزيج تسويقي وترويجي فعال، فعلى سبيل المثال، تستطيع شركة ألبان هاشم تقسيم سوق الألبان الأردنية واختيار تلك الأسواق الفرعية التي تستطيع خدمتها بفاعلية والوصول إليها من خلال برنامج تسويقي فعال، ذلك أن ألبان هاشم موجودة في محافظة إربد، وبناء عليه، فإنها ستختار أسواقها الفرعية ضمن مدينة إربد وألوية بني كنانة والرمثا والكورة والأغوار الشمالية، وهنا تستطيع بث خدمتها بفاعلية من خلال برنامج تسويقي- رجال بيع لديهم إلمام كبير بالنهج الحياتي والخصائص الديمغرافية لأبناء محافظة إربد- ومن خلال استخدام برنامج ترويجي ينسجم مع عادات الوسيلة الإعلانية للمستهلكين في الأسواق المستهدفة في تلك المحافظة.

٣- وجود عدد كافٍ من المستهلكين في الأسواق الفرعية المستهدفة- محافظة اربد- والذين يفترض أن تكون خصائصهم الديموغرافية والنفسية متشابهة نسبياً الأمر الذي قد يؤدي إلى وجود أذواق متشابهة نسبياً، وهو ما يؤدي أيضاً إلى وجود مشاعر أو مواقف إيجابية نحو ألبان شركة هاشم، كما أن العدد الكافي من المستهلكين المستهدفين قد يمكن الشركة من إنتاج تلك الكميات من الألبان، والتي تتصف بميزة تنافسية أو أكثر، وتكون مطلوبة للمستهلكين المستهدفين من الألبان من هذه الماركة. كما قد يقلل هذا الأسلوب في العمل تكلفة إنتاج وتسويق الوحدة الواحدة، وقد يزيد من مبيعاتها وأرباحها بالمقارنة مع مبيعات وأرباح الماركات الأخرى المنافسة لها.

٤- أن تكون الموارد المالية المتوقعة أكبر من التكاليف الفعلية لخدمة أسواق ألبان هاشم في محافظة إربد. عملياً، تحقيق أو تحقق هذه الخاصية مرتبط إلى حد

كبير بتحقق النقاط الثلاثة- المشار إليها أعلاه- وبنجاح كبير. ولعل هذه النقطة توضح أو تفسر تردد الأغلبية الساحقة من المعنيين بتسويق السلع الأردنية المحلية، ذلك أنهم- أي إدارات المؤسسات الأردنية- تهمل تخطيط النقاط الثلاثة المشار إليها أعلاه ولا تستطيع التفكير إلا في التكاليف التي قد تدفعها إذا ما لجأت إلى تجزئة السوق حسب أو وفق المعايير التي يتم شرحها في هذه الصفحات من هذا الفصل الثاني.

٥- الثبات النسبي: لأن النشاط التسويقي موجه لتجزئة السوق الكلي لماركة سلعية وخدمية ما يتضمن مخاطر مالية وإدارية للمؤسسات والشركات المعنية به. كان لا بد من ضرورة توفر خاصية الثبات النسبي في الأسواق الفرعية، التي تجري خدمتها حتى يمكن تبرير الجهد والتكلفة والوقت المبذول من قبل رجال التسويق. والمقصود بالثبات النسبي هنا هو توفر درجة ثبات نسبي معقول في الخصائص الديموغرافية والنفسية للمستهلكين في الأسواق المستهدفة. وعلى سبيل المثال، يفضل أن يكون هناك نوع أو درجة مقبولة من الثبات النسبي في خصائص المستهلكين في السوق الفرعية أو أكثر والتي يتم خدمتها لفترات زمنية يمكن تحديدها بدرجة ثقة معقولة، لكن ما يجب ملاحظته أن درجة الثبات النسبي في مواصفات وخصائص المستهلكين في الأسواق المستهدفة تعتمد على عاملين أساسيين، أولهما: درجة التطور التكنولوجي السائدة في الفئة السلعية موضع الاهتمام بالإضافة إلى درجة الحركية الاجتماعية- المحكومة باتجاه وقوة ضغط الظروف الإقتصادية والحضارية والسياسية للمستهلكين المستهدفين في السوق الكلي أو الفرعي في بعض الحالات.

هذا بالإضافة إلى أن درجة الثبات النسبي تختلف باختلاف الفئات السلعية ومستهلكيها المستهدفين. على سبيل المثال، سلع الموضة تمتاز بدرجة ثبات نسبي قصيرة لأن انتاجها وتسويقها لا يرتبط، كما هو معروف، بقيم اجتماعية

راسخة، كما أنها ليست قوية أو أصيلة مـن ناحيـة الوجـود في المنظومـات القيميـة للسواد الأعظم مـن المسـتهلكين. ويمكـن القـول إن درجـة الثبـات النسـبي في خصائص المستهلكين للسـلع الخاصة قصيـرة تتراوح مـا بـين سـنة وسـنتين في أحسن الأحوال. ويلاحظ هـذه الأيـام أن درجـة الثبـات النسـبي في خصائص المستهلكين للسلع ذات التطور التكنولوجي والمستمر قصيرة وقصيرة جداً.

على الجانب الآخر، قد تكون درجـة الثبـات النسـبي للسـلع المعمـرة أعـلى قليلاً من السلع الخاصة.

٦- درجة المنافسة: كما يجب إعتبار درجة المنافسة عند إتخاذ قرار تجزئـة السـوق لسلعة أو خدمة ما. على سبيل المثال، قد تكون طبيعـة ودرجـة المنافسـة التـي تواجهها ماركة سلعية جديدة- تطرح لأول مرة- ضعيفة جداً. الأمر الـذي قـد يمكن المؤسسة المعنية بهذه الماركة من توجيـه مـزيج تسـويقي واحد لكافة المسـتهلكين في السـوق الكلي. ولكـن مـا أن تزيـد درجـة المنافسـة وتتحـول الماركات الجديدة من دورة حياتية لأخرى من خلال دخول أو تقديم ماركات أخرى جديدة من السلعة، فإنه يتوجب على كـل منـتج ومسـوق أن يلجـأ إلى اتباع إستراتيجية تجزئة السوق واختيار تلك الأجزاء مـن السـوق الكليـة التـي تسـتطيع خـدمتها بفاعليـة وكفـاءة، وبمـا يـتلائم مـع خصـائص ومواصـفات المستهلكين في كل سوق فرعية، وهكذا.

أساليب تجزئة السوق:

يمكن إيراد أساليب تجزئة السوق كما يلي:

١- تجزئة السوق حسب المناطق الجغرافية Geographic Segmentation :

تقــوم الفرضـية الأسـاسـية لهـذا الأسـلوب فـي التجزئـة عـلى أسـاس أن المستهلكين الـذين يعيشـون في منطقة جغرافية محـددة لهـم حاجـات ورغبـات وأذواق متشابهة نسبيا، بالمقارنة مع أذواق المستهلكين في مناطق جغرافيـة أخرى. على سبيل المثال، خلال السنوات من ١٩٨٠-١٩٩٠ كانت مبيعات اللحوم الأسـترالية المستوردة والطازجة عالية في مناطق أمانـة عمان الكبرى بينـما كانت منخفضة نسبيا في مناطق أخرى كالكرك ومعان والبادية الأردنية والتي ترغب بدرجـة كبيرة اللحوم الطازجة المحلية، وبناء عليه، فإن أذواق المسـتهلكين فيـما يتعلـق بـاللحوم تختلف من الشمال إلى الجنوب إلى الباديـة، وهكـذا. وبالمثل فقد يحتاج سكان المناطق الغورية في الأردن إلى تلك السلع التي تحتوي على كميات أكبر مـن الملح بالمقارنة مع حاجة سكان المناطق المرتفعة في الأردن مثل عجلون والجبيهـة الـذين يحتاجون إلى تدفئة أكثر خاصة في أوقات الشتاء بالمقارنة مع حاجة سكان الأغـوار المعدومة تقريباً لها في الشتاء.

وباختصار، يمكن القـول إن ثـورة الاتصالات الحديثة عملـت وتعمـل باستمرار على تخفيف تأثير الاختلاف فـي النمط الاستهلاكي وأذواق المسـتهلكين بـين المناطق الجغرافية. كـما أن وجود بعض الإختلافات النسبية بـين بعض سكان المناطق الجغرافية والتي قد تكون نتيجـة التمايـز في الظروف المناخيـة أو وجـود ثقافات فرعية أو كلاهما معا ما زال يبرر أهمية استخدام هـذا الأسـلوب وغيره في عملية التجزئة. لأسواق السلع أو الخدمات. ومما تجـدر الإشـارة إليـه هنا، هـو أن الإختلافات النسبية بين معظم سكان مختلف المناطق الجغرافية في العالم العربي

أدت وتؤدي إلى أنماط سلوكية مختلفة، فالأنماط السلوكية للأردنيين تختلف عن تلك الأنماط للسوريين والعراقيين والسعوديين ولكثير من السلع وكيفية استهلاكها والكميات المشتراه منها.

٢- التجزئة حسب العوامل الديموغرافية Demographic Segmentation

تتضمن العوامل الديموغرافية (الجنس، الحالة الإجتماعية، الدخل الشهري، الحالة الوظيفية، المستوى التعليمي، الخلفية العرقية، العمر.. الخ).

يعتبر هذا الأسلوب في تجزئة السوق من أكثر الأساليب استخداما من قبل الشركات، وذلك لأكثر من سبب منها سهولة تحديد الخصائص الديموغرافية وانخفاض تكلفة تحديدها أو استخدامها بالمقارنة مع تكلفة استخدام الأساليب الأخرى كالخصائص النفسية أو النهج الحياتي.

أما أهم سلبيات هذا الأسلوب في التجزئة أنه لا يعطينا الإجابة عن بعض الأسئلة مثل، لماذا؟ وكيف يحدث هذا السلوك؟

٣- التجزئة حسب العوامل الديموغرافية والجغرافية معاً

Segmentation Geodemorgaphic

يرتكز هذا الأسلوب في تجزئة السوق على الفرضية الأساسية التي تقول إن المستهلكين الذين يعيشون في أماكن متجاورة غالباً ما يكون لهم الأذواق نفسها والعادات الإستهلاكية المتشابهة نسبياً، وبناء عليه، فقد تقوم بعض المؤسسات أو الشركات التسويقية بتجزئة السوق لما تقدمه من سلع أو خدمات إلى عدة مناطق، حيث يفترض أن تكون أذواق وأنماط الإستهلاك في المنطقة الواحدة متشابهة نسبياً. الأمر الذي يبرر توجيه استراتيجية تسويقية تتناسب وعادات الإستهلاك والأنماط الحياتية للمستهلكين، كما قد يلجأ مسوقوا الخدمات المصرفية أو المطاعم إلى

تأسيس وإنشاء فروع لبنوكهم أو لمطاعمهم بما يتناسب وأذواق المستهلكين المستهدفين من قبلهم في هذه المنطقة أو تلك.

٤- التجزئة حسب معدل الإستخدام Usage Rate Segmentation:

يقوم هذا الأسلوب في تجزئة السوق الكلي للماركة من السلعة أو الخدمة حسب معدل الإستهلاك للمستهلكين المستهدفين. على سبيل المثال، قد يلجأ مسوقوا البيبسي كولا(Pepsi Cola) إلى تقسيم السوق الكلي لها إلى عدة فئات وكما يلي:

الشاربون بكثافة، الشاربون بشكل متوسط، الشاربون بشكل منخفض وغير الشاربين للبيبسي كولا على الإطلاق. ذلك أن المستهلكين- أي الشاربين- من كل فئة يلزمهم وجود استراتيجية تسويقية وترويجية مختلفة من ناحية الدرجة والتركيز بالمقارنة مع الفئات الأخرى. وربما يرجع ذلك أولا وأخيرا إلى اختلاف الخصائص الديموغرافية والنفسية لكل فئة من الفئات المشار اليها أعلاه، كما تجدر الإشارة هنا، إلى أهمية اعتبار الموقف الشرائي أو الاستهلاكي الذي يكون فيه المستهلكين المستهدفين عند تجزئة سوق الماركة من السلعة أو الخدمة. ذلك أن المستهلكين في هذه الحالة قد يميلون إلى إتباع أنماط سلوكية شرائية واستهلاكية قد يرتبط بعضها بالموقف الذي يواجهونه- كونهم أفراداً في أسرة يقومون في رحلات سياحية داخل بلادهم أو خارجها أو كونهم متزوجين أم مطلقين، أو كونهم راغبين في مشاركة غيرهم في مناسبات وطنية أو دينية أو شخصية أو عائلية.

يضاف إلى ذلك أن درجة ضغط الوقت(Time Pressure) التي قد يواجهها مستهلك ما قد يكون أساسا آخر لتجزئة سوق ماركة سلعية أو خدمية ما. على سبيل المثال، المستهلك الذي يعاني من ضيق في الوقت قد لا يذهب إلى المحلات الكبيرة لكنه قد يذهب إلى محلات ذات سمعة عالية اختصارا للوقت، ولتخفيض درجة المخاطرة من خلال شراء ما يحتاجه من محل له سمعة جيدة وسلعة ذات ماركة مشهورة، كما أن المسافر الذي يود السفر بأقصى سرعة غالبا

ما يدفع لشركة الطيران مبالغ إضافية ثمنا لتذكرته التي قد يشتريها من المطار، وبناء عليه فإنه، يتحمل تكاليف إضافية فوق السعر المألوف للتذكرة.

٥- تجزئة السوق حسب المنافع المرجوة Benefit Segmentation:

الفرضية الأساسية لهذا الأسلوب في تجزئة السوق هو أن المستهلكين يشترون ويستهلكون السلع او الخدمات لدوافع متباينة ولتحقيق منافع أو فوائد مختلفة نسبيا. وذلك أن اختلاف الخصائص الديموغرافية والنفسية للمستهلكين تنشأ أو تنظم لديهم أذواق متباينة، وبالتالي، أنماطا سلوكية واستهلاكية عديدة نسبياً. الأمر الذي يدفع المستهلكين للسلوك باتجاهات مختلفة، وتحقيق منافع أو فوائد متمايزة. على سبيل المثال، قد تكون المنافع أو الفوائد التي يسعى إليها بعض المستهلكين المستهدفين من وراء شرائهم لماركة من معجون الأسنان على شكل تبييض الأسنان أو الحصول على معالجة فعالة لمكافحة أمراض اللثة أو تسوس الأسنان أو حتى الاستفادة من العبوة نفسها بعد الاستخدام أو بسبب اعتدال سعرها وهكذا. أهم ما يميز هذا الأسلوب في تجزئة السوق أنه يساعد المؤسسات التسويقية- تجار التجزئة بشكل محدد - على التعرف إلى تلك الأجزاء من السوق الكلي التي يجب التركيز عليها، وخاصة في سوق شديدة المنافسة، ومن ثم توجيه ذلك المزيج التسويقي السلعي أو الخدمي الذي يشبع تلك المنفعة أو الفائدة المنشودة من هذا الجزء من السوق أو ذاك.

٦- التجزئة حسب العوامل النفسية Psychological Segmentation:

يعتمد هذا الأسلوب في تجزئة السوق على تحديد العلاقة بين الخصائص النفسية للشخصية واختيار المستهلك لماركة ما من سلعة أو خدمة دون غيرها من الماركات المنافسة. وتجدر الإشارة هنا، إلى أن هذا الأسلوب في تجزئة السوق يحاول إيجاد علاقة أو صلة بين ما تمثله الماركة من السلعة أو الخدمة من منافع أو

٤٧

فوائد وبين بعض الخصائص أو الصفات النفسية المرتبطة بالشخصية لدى مستهلك ما حالياً كان أم مستهدفاً.

تعتبر مساهمات هذا الإسلوب محدودة في حقل سلوك المستهلك، ذلك إن نتائج مختلف الدراسات- النوعية كبحوث الدافعية وأساليب الإسقاط النفسي- إلخ- لم تظهر حتى الآن نتائج كبيرة يمكن تعميمها في كل الحالات أو في كل المواقف أو على كافة شرائح المستهلكين من ثقافات أو بيئات مختلفة.

٧- التجزئة حسب العوامل الاجتماعية والثقافية والحضارية

SocioulturaL Segmentation:

يرتكز هذا الأسلوب في تجزئة السوق على أساس وضع المستهلكين في مجموعات محددة حسب ثقافاتهم الأصلية أو الفرعية أو الطبقات الإجتماعية التي ينتمون إليها، إضافة إلى اعتبار تأثير مرحلة دورة حياة الأسرة التي يقعون فيها ودلالاتها الشرائية والاستهلاكية.

على سبيل المثال، قد يقوم رجال التسويق بتجزئة أسواقهم المحلية والأجنبية على أساس الثقافة، حيث تمثل كل مجموعة ثقافية في مجتمع ما قيما ومعتقدات وعادات متشابهة نسبياً، ومن ثم أنماطا سلوكية وإستهلاكية محددة نحو ما هو مطروح من سلع أو خدمات، بالإضافة إلى أن الأفراد من ثقافة أصلية، قد يكون لهم بعض الحرية للاختيار، وحسب النمط الإجتماعي السلوكي والمقبول نحو هذه الماركة من السلعة أو الخدمة. أما على المستوى الدولي، فيقوم رجال التسويق بتجزئة الأسواق الدولية المستهدفة من قبلهم حسب الثقافات الأصلية لكل منها، ففي الأسواق الدولية على سبيل المثال خصائص المستهلكين في السوق التركي تختلف عن خصائص نظرائهم في السوق اليوناني أو الفرنسي- أو الياباني. لذا فإن أسلوب التجزئة الذي يفيد في تركيا قد لا يكون عملياً في فرنسا. كما أن المزيج الترويجي الفعال قد يختلف من أصحاب ثقافة أصلية أو فرعية إلى أخرى. ونفس

الكلام ينطبق على الحجم واللون المناسب والمفضل من عبوات الماركات السلعية للمستهلكين في هذا البلد العربي أو ذاك بالمقارنة مع ما يرغبه المستهلكون الأوروبيون أو الصينيون.

أما بالنسبة للطبقات الإجتماعية، فمن المعروف(وكما سنشرح بالتفصيل في الفصل المعنون بالطبقة الإجتماعية وسلوك المستهلك من هذا الكتاب) أن معظم أفراد طبقة إجتماعية معينة قد يكون لهم نمطا حياتيا(Life Style) مميزا وفريداً بالمقارنة مع أفراد آخرين من طبقة اجتماعية أخرى، ووفقاً للأنشطة التي يمارسونها(Activities) والإهتمامات التي يظهرونها(Interests) والآراء التي يؤمنون بها(Opinions) ونحو مختلف القضايا الاجتماعية والاقتصادية والسياسية المحلية والأجنبية منها على حد سواء.

وتشير الدراسات العديدة وخاصة في الدول المتقدمة صناعيا إلى إختلاف أفراد كل طبقة إجتماعية من ناحية القيم السلوكية والإستهلاكية، والتفضيلات السلعية، بالإضافة إلى اختلافهم في عادات التسوق المرغوبة للسلع بالمقارنة مع نظراتهم في الطبقات الإجتماعية الأخرى.

أما فيما يتعلق بدورة حياة الأسرة(Family Life Cycle) فمن المعروف أن كل فرد يمر بشكل أو بآخر بدورة حياتية يبدأها كطفل في أسرة، يدخل المدرسة ثم الجامعة ويتخرج منها ثم يتزوج وينجب أطفالاً يدخلون ويتخرجون من المدرسة أو الجامعة وصولا إلى تقاعده أو تقاعدها أو موته أو موتها وبعد عمر طويل. وما يهمنا بالنسبة للمراحل التي أشرنا إليها أن الفرد في كل مرحلة تكون لها قدرات وحاجات ورغبات وأذواق وظروف نفسية مختلفة نسبيا عن المراحل الأخرى. الأمر الذي يدعونا إلى القول بأن النمط السلوكي والشرائي والإستهلاكي له- أي الفرد في هذه المرحلة أو تلك- يتأثر ويؤثر بتلك الإستراتيجية التسويقية السلعية والخدمية التي تتفق مع أذواقه وحسب إمكاناته الشرائية. وفي معظم الحالات

تستخدم دراسات وأبحاث النمط الحياتي (Life Style) للكشف عن الإختلافات الكامنة بين المستهلكين في السوق الكلي للسلعة أو الخدمة من ناحية درجة أو كثافة أو موقف الإستخدام أو درجة الاهتمام بالسلعة أم لا؟ ولدى كل مجموعة أو طبقة تضم أفرادا لديهم أذواق وإمكانات شرائية متشابهة نسبيا.

ومن مزايا هذا الأسلوب في تجزئة السوق أنه يزود رجال التسويق بمخزون معلوماتي كبير عن السلع أو الخدمات موضوع الإهتمام. كما يساعدهم أيضا على إنتاج وتسويق تلك الماركات من السلعة- محتوى وشكلا- الأكثر مرغوبية من قبل المستهلكين مع إمكانية فرض السعر- الحد الأدنى والحد الأعلى – الأكثر تحملاً وقبولاً منهم، بالإضافة إلى نظام التوزيع الذي يجب أن يحقق المنافع المكانية والزمانية والإمتلاكية بأقل التكاليف لكافة الأطراف. يضاف إلى ذلك تطوير وتنفيذ الأبحاث أو الدراسات والإيحاءات الترويجية الأكثر مصداقية مع ما تعد به الماركة من السلعة أو الخدمة من فوائد مادية ونفسية من وجهة نظر المستهلكين المستهدفين.

أنماط إستراتيجيات التسويق:-

من الأنماط التي قد تتبعها المؤسسات المعاصرة خدمة الأسواق المستهدفة من خلال تقديم ماركة سلعية أو خدمية محددة (Specific Brand). أو تقديم عدة ماركات قد تمثل خط إنتاجي متكامل (Product Line). على سبيل المثال تطبيق شركة بروكتر إند جمبل (Procter & gamble) إستراتيجية الماركة الواحدة بالتركيز على ماركة القهوة المسماة فولجرز (Folgers) كممثلة لها ووحيدة في سوق القهوة العالمي. في البداية طبقت هذه الشركة (P &G) إستراتيجية تجزئة محددة ضيقة النطاق (Narrow Segmentation) من خلال المستهلكين التقليديين للقهوة اتبعها بعد ذلك بتطبيق استراتيجية تجزئة اكثر إتساعاً مع مخاطبة أسواق

فرعية من المستهلكين من ذوي الأذواق الأخرى. كما قامت شركة جنرال للأغذية (General Foods) بإتباع إستراتيجية الخط الإنتاجي من خلال تقديم أكثر من ماركة للقهوة لإشباع رغبات وأذواق مختلفة من المستهلكين.(Ground roast, instant, decaffeinated and freez dried categories). كما طبقت شركة نستله استراتيجية الخط الإنتاجي ولكن بطريقة إنتقالية. وفيما يلي الجدول رقم(١-٢) لتوضيح الأنماط المألوفة لإستراتيجيات التجزئة في هذه الشركة:-

الجدول رقم (١-٢)

أنماط إستراتيجيات تجزئة السوق المألوفة

نوع الإستراتيجية	تجزئة ضيقة النطاق	تجزئة واسعة النطاق
إستراتيجية الماركة المحددة	تجزئة محددة (ماركة واحدة تجزئة إختيارية	تجزئة ثنائية (ماركتان) خط إنتاجي متكامل
إستراتيجية الخط الإنتاجي	(عدة ماركات)	ماركات تمثل مختلف الفئات والأذواق لدى المستهلكين المستهدفين

تحليل تجزئة السوق:

يهدف تحليل السوق إلى التعرف على الأسواق الفرعية الممكن خدمتها من قبل رجال التسويق في مؤسسة ما. لذا يجب تطوير دليل شامل يتضمن معلومات عن حاجات ومواقف وخصائص المستهلكين الديموغرافية والنفسية في الأسواق الفرعية المستهدفة، وذلك بهدف تطوير الاستراتيجيات التسويقية السلعية أو الخدمية المناسبة.

عموماً، هناك ثلاثـة مجـالات رئيسـية تتطلـب تحديـداً واضحا لخصائص المستهلكين الديموغرافية والنفسية في الأسواق المستهدفة من قبل رجـال التخطيط التسويقي.

على سبيل المثال، يلخص الجدول رقـم (٢-٢) المرتكـزات الأساسـية الثلاثـة لتحديد الأسـواق المسـتهدفة لأسـلوب التجزئـة حسـب المنـافع المرجـوة(Benefits) والسـلوك الفعـلي(The Actual Behavior) ودرجـة مرونـة اسـتجابة المسـتهلك (Consumer Response Elasticity). فبالنسبة للركيزة الأولى يجب أن يقـوم رجـل التسويق بتحديد الفرصة المتاحة من الماركة السلعية التي سيقدمها لأول مـرة مـن خلال التركيز على المنافع التي سيجنيها المستهلك المسـتهدف إذا مـا اسـتهلك هـذه الماركة أو تلك. وبناء عليه يتم تقسيم المسـتهلكين في هـذه الحالـة حسـب المنـافع المرجوة منهم والتي يرغبون في تحقيقها بعد الإستهلاك أو الإستخدام.

على سبيل المثال، يمكن تجزئة سـوق الأغذيـة الخفيفـة(Snack Food) إلى مجموعات المستهلكين الذين يرغبـون في الحصـول عـلى قيمـة بروتينيـة عاليـة، أو الذين يرغبون في طعم معين، أو الذين يهمهم القبول الاجتماعي كثيرا، بالإضافة إلى تلك المجموعة من المستهلكين الذين يهتمون كثيراً بإنقاص أوزانهم تفادياً لأمـراض السمنة التي تتزايد في الأردن كغيره من دول العالم.

كما يمكن تجزئة سوق السلع الجديـدة طبقـاً للحاجـات والرغبـات التـي تشـبعها، وعـلى سـبيل المثـال، قـد تقـوم شركـة زلـوم بتقـديم ماركـة جديـدة مـن البسكويت- فرح- مع محاولة العثور على إجابات تضعها لعدة أسئلة منها:

* من هم المشترون المحتملون للماركة الجديدة؟
* ما هي خصائص المستهلكين المحتملين لها؟
* بالإضـافة إلى تحديـد الأسـباب الكافيـة وراء ضرورة اسـتخدام هـذا الأسـلوب في تجزئة السوق والأسباب الداعية لذلك؟

* وما هي الأسس التي تم اعتمادها في تحديد الاختلافات في الخصائص الديموغرافية بين المستهلكين وغير المستهلكين لها؟

وتجدر الإشارة هنا إلى أن تحديد هذه الأسس يمثل في رأينا دليلاً فعالاً للتخطيط السليم الذي قد يؤدي إلى وضع إستراتيجيات تطوير سلعي ويسعر ويروج ويوزع بفاعلية، لذا يمكن القول بأن أسلوب تجزئة السوق حسب السلوك النهائي يساعد الإدارات في المؤسسات الصناعية والتجارية على تطوير تلك الإستراتيجيات التسويقية التي تركز على السبل الفعالة للتعامل الفعال والايجابي مع الإختلافات التي تم تحديدها بدقة في خصائص المستخدمين وغير المستخدمين لمختلف الماركات السلعية أو الخدمية.

أما الأسلوب الذي يطلق عليه مرونة استجابة المستهلك، فيرتكز على التعرف وتحديد مواقع ومواقف المستهلكين وفقاً لدرجة استجابتهم للاستراتيجيات التسويقية للسلع أو الخدمات المطروحة لهم في الأسواق المستهدفة. وعلى سبيل المثال، قد يرغب رجال التسويق تحديد المستهلكين الأكثر ميلا للتحول عن الماركة التي يستخدمونها أو يشترونها بالمقارنة مع الماركات الأخرى. بالإضافة إلى تحديد خصائص المستهلكين المختلفة الذين يرغبون بالشراء غالبا بواسطة الكوبونات وفيما إذا كانوا يتأثرون بالإعلان أو بوسائل تنشيط أو ترويج المبيعات الأخرى عند الشراء أم لا؟

كما أن تجميع المعلومات عن خصائص المستهلكين في الأسواق المستهدفة ودرجة استجابتهم للإعلانات التجارية المرسلة عن ماركة سلعية ما يساعد رجال التسويق لتوجيه ما ينفق على الإعلان التجاري ووسائل الترويج الأخرى إلى تلك الجماعات من المستهلكين الأكثر تأثيرا على أنماطهم الشرائية ومردود تلك الجهود الترويجية على حجم المبيعات.

كما قد تستخدم المؤسسات الصناعية والتجارية مرتكزات تجزئة أخرى مثل أسلوب تجزئة السوق حسب السلوك الشرائي(الولاء للمحل، درجة تكرارية الشراء من محلات معينة، عادات التسوق والأماكن المفضلة... الخ) قبل تطوير المزيج التسويقي للسلع والخدمات التي يطرحونها للتداول في أسواق المستهلك النهائي سواء أكان ذلك على المستوى المحلي أم الدولي وعلى خلفية ما قد يحدث من تطورات في التشريعات الخاصة بتنفيذ نصوص اتفاقية التجارة الدولية بين الدول الأعضاء.

الجدول رقم(٢-٢)

مرتكزات أساسية وعملية لتجزئة السوق

مرتكز التجزئة	الهدف الاستراتيجي	المعيار
المنافع المرجوة	تطوير ماركات سلعية جديدة وإحلال أو إعادة إحلال الماركة الحالية أو الجديدة.	حاجات المستهلك وأذواقه مع قياس التغير الذي قد يحدث في أذواق المستهلكين نتيجة التغير المستمر في عوامل البيئة الجزئية والكلية لهم.
السلوك النهائي	تطوير استراتيجيات تسويقية هدفها خلق نوايا للشراء تؤدي إلى سلوك فعلي مع ملاحظة أن النية للسلوك قد تختلف باختلاف الخصائص الديموغرافية والنفسية والطبقة الاجتماعية للأفراد.	* مستخدموا الماركة بالمقارنة مع غير المستخدمين. * الموالون للماركة بالمقارنة مع غير الموالين. * مستخدموا السلعة بالمقارنة مع غير المستخدمين. * المستخدمون بكثافة بالمقارنة مع المستخدمين قليلاً.
مرونة استجابة المستهلك	تحديد مستوى الجهد التسويقي الواجب بذله لتوسيع مدى المرونة المتاحة.	* مرونة السرعة. * مرونة الإعلان. * أخرى.

استراتيجيات الإحلال السلعي:

لا يمكن أن يعتمد نجاح استراتيجية التسويق لماركة سلعية ما على إجراءات وأساليب تجزئة السوق التي يتم تنفيذها فقط، وإنما يجب أن تتضمن الاستراتيجية التسويقية المراد تطبيقها كافة العمليات والأنشطة التي تؤدي إلى إحلال أو موائمة الماركة أو الماركات السلعية مع متطلبات وخصائص الأسواق المستهدفة وما تتضمنه من شرائح متنوعة من المستهلكين وتحت ظروف بيئية متغيرة بإستمرار.

لذلك لا بد من تطوير استراتيجيات تجزئة السوق جنبا إلى جنب مع عمليات الإحلال السلعي المدروسة والمناسبة لكافة الماركات من فئة السلعة الواحدة. لذا يمكن القول إنه لا بد من إجراء كافة عمليات الإحلال للماركة بحيث تتوافق الفوائد أو المنافع الكامنة فيها – أي الماركة- مع حاجات وأذواق المستهلكين المستهدفين في الأسواق المستهدفة لها. ومما تجدر الإشارة إليه هنا هو أن رجال التسويق في مؤسسة ما يجب أن يضعوا نصب أعينهم حاجات وأذواق المستهلكين وطبيعة المنافسة السائدة وأثارها المحتملة. وفي كلا الحالتين يجب أن تكون النتيجة هي النجاح في ربط حاجات المستهلكين وأذواقهم مع المنافع والفوائد الكامنة في الماركة من السلعة موضوع الاهتمام.

أما بالنسبة للإحلال التنافسي فيهدف غالباً إلى إيصال منافع وفوائد الماركة من السلعة للمستهلكين المستهدفين عن طريق مقارنتها بتلك الفوائد أو المنافع التي يحاول المنافسون الآخرون إيصالها من خلال مختلف الماركات التي يقدمونها للمستهلكين في الأسواق المستهدفة. وعموماً، يمكن إيراد استراتيجيات الإحلال السلعي على النحو التالي:

أولاً: إستراتيجيات الإحلال الموجهة للمستهلكين المستهدفين:

يمكن إحلال الماركات من فئة سلعية معينة بواسطة تطبيق معيارين أساسيين. الأول ويسمى الإحلال المحدد بمواجهة الإحلال العام. وأهم ما يميز أسلوب الإحلال المحدد(Specific Positioning) أنه يحاول إحلال الماركة في أذهان المستهلكين المستهدفين من خلال ربطها بالفوائد المطلوبة والمحددة فعلا لهم عند شرائهم لها. على سبيل المثال، هناك الكثير من الماركات التي أصبحت ذات وضع قيادي من خلال نجاح المسوقين لها في ربطها إيجابياً في أذهان المستهلكين المستهدفين بفائدة محددة وملموسة لهم(ماركة معجون الإسنان كرست Crest وفائدتها الملموسة لمنع التسوس) (كذلك الورق الصحي ماركة فاين التي ميزت نفسها عن باقي الماركات بالتركيز على نعومة ورقها)(المسكن للآلام ماركة باندول الذي يركز على معالجة الصداع وعدم زيادة نسبة الحموضة المعدية بعد الاستخدام). بالمقابل، قد تؤدي محاولة إحلال ماركة سلعية أخرى من خلال التركيز على فائدة واحدة أو وحيدة فيها إلى تصغير حجم السوق الكلية للماركات الأخرى المنافسة.

ونتيجة لذلك، قد تقوم بعض الشركات التي تنتج أو تسوق بعض الماركات كماركة كرست. على سبيل المثال، بتوسيع حزمة الفوائد التي تقدمها من خلال مزايا تنافسية جديدة وذلك من أجل الحصول أو الدخول إلى أسواق أخرى يتمتع المستهلكون بها بأذواق أخرى. كما يمكن إنجاز إستراتيجية الإحلال العام (General Positioning) من خلال تصميم استراتيجية ترويجية عامة أو غامضة، وذلك من خلال التركيز على منافع مبهمة. على سبيل المثال، قد تقوم شركة ما بتوجيه حملة إعلانية يكون التركيز فيها على منافع عامة من أجل حفز المشترين المحتملين وإثارة إهتمامهم ودفعهم لتجربتها لاحقا.

كما قد تلجأ بعض الشركات إلى تمييز الماركات السلعية أو الخدمية التي تحاول تسويقها من خلال اتباع استراتيجية إحلالية تعتمد بشكل مباشر على إيراد معلومات مباشرة عن الماركة السلعية المراد إحلالها في أذهان المستهلكين المستهدفين أو العمل على تطبيق مدخل غير مباشر هدفه خلق مزاج(Mode) عام إيجابي نحوها لدى المستهلكين من خلال إبراز درجة معينة من التخيل (Imagery) أو الرمز(Symbolism). فالمدخل المعلوماتي المباشر هنا يميل لأن يكون محددا، أما المدخل التخيلي فيميل لأن يكون رمزياً، وقد يكون توسعياً بطريقة مملة أو مبتكرة.

ولكن ما تجدر الإشارة إليه هنا، هو أن رجال التسويق قد يستخدمون أحياناً الخيال أو التخيل وما يحمله من رموز وأوهام أو منبهات غير واضحة في الأسواق المستهدفة من قبلهم. على سبيل المثال، قد يستخدم المعلنون عن الماركات المختلفة من السجائر في الدول المتقدمة صناعياً كلا الأسلوبين (المعلوماتي والتخيلي) لاقناع المستهلكين في الأسواق المستهدفة لشراء ماركة سجائر دون أخرى.

ثانياً: استراتيجيات الإحلال الموجهة للمنافسة:

يعتمد هذا المدخل على إيجاد منفعة محددة من الماركة من السلعة غير موجودة فعلاً في الماركات الأخرى المقدمة من المنافسين. عملياً، تمكن هذه الإستراتيجية المسوق من إيصال هذه الماركة من السلعة أو الخدمة (وما تمثله من فوائد) لتوافق أو تنسجم مع ما في أذهان المستهلكين المستهدفين من رغبات وانطباعات وأذواق. على سبيل المثال، كانت استراتيجية الإحلال التي طبقتها شركة السفن أب تتمثل في أن السفن أب كمشروب غازي لا يشبه الكولا أو البيبسي كولا وخاصة في السبعينات من هذا القرن. الحقيقة أن الجهود التسويقية التي بذلت من قبل إدارة الشركة لتسويق ماركة السفن أب حاولت أن تثبت للمستهلكين المستهدفين من المياه الغازية بأنها هي البديل الأصلي وليس المكمل. وتجدر

الإشارة هنا، إلى أن الإحلال التنافسي يمكن تحقيقه غالبا من خلال الإعلان المقارن- المتمثل بتسمية المنافسين في الإعلان المذاع أو المنشور وعقد مقارنة عملية للماركات المنافسة على ضوء الحقائق والخصائص لكل ماركة. على سبيل المثال، قد يكون الأفضل لشركة أربيلا للباصات أن تعلن عن نفسها على أساس أنها رقم(٢) في نقل الركاب من الأردن بالمقارنة مع شركة باصات حجازي. كما أن أربيلا قد تحاول جاهدة الوصول إلى الرقم(١)- في مجال نقل الركاب في الأردن- عموماً، يمكن القول أن إستخدام الإعلان المقارن(Comparative Advertising) كإطار مرجعي يهدف إلى إحلال الماركة موضوع الإهتمام من خلال توجيه تحدي مباشر من الماركة رقم(٢) إلى القائد- الماركة رقم(١) في السوق-. إلا أن هذا النوع من الإعلان الترويجي قد يتضمن نوعا من المخاطرة الكبيرة التي قد تتحقق نتيجة استخدام هذا الأسلوب في الإعلان المقارن. ذلك أن بعض المستهلكين قد يخلطون بين الماركة رقم(١) والماركة رقم(٢) مع باقي الماركات الأخرى المنافسة وقد لا يؤذيها بل قد يفيد في نشرها، ذلك أن نتيجة الإعلان المقارن قد تزيد درجة إدراك المستهلكين نحو الماركات الأخرى المنافسة، وليس فقط نحو الماركة موضوع الإهتمام، يضاف إلى ذلك أن الإعلان المقارن قد يدفع مقدمي الماركة القائدة في السوق إلى الرد وبقسوة على ادعاءات الماركة رقم (٢) وهو ما فعلته ماركة كوكا كولا نحو ماركة بيبسي كولا في مناسبات عديدة، والعكس صحيح.

استراتيجية إعادة الإحلال السلعي والخدمي:

تطبق إستراتيجية إعادة الإحلال السلعي للسلع الحالية التي تعاني من مشاكل قد تكون على صورة نقص في المبيعات أو وجود مدركات حسية سلبية بنموها من قبل معظم المستهلكين المستهدفين منها. ومن أفضل الأمثلة الإفتراضية ما حاولته شركة عالية (always Late In Arrival) (ALIA) في النصف الأول

من الثمانينات من إعادة إحلال خدماتها المختلفة، وذلك بهدف القضاء على ما في أذهان معظم المسافرين من مدركات سلبية نحو خدماتها. كونها دائما تتأخر في الإقلاع ومن ثم الهبوط. تمت إعادة الإحلال هذه من خلال تغير إسم الشركة إلى الملكية الأردنية (Royal Jordanian) وتغير ديكورات الطائرات نفسها، وتغير زي المضيفين والمضيفات وأمور أخرى، نتيجة اتباع هذه الاستراتيجية التي تبدو وكأنها ناجحة وفعالة في إعادة الإحلال السلعي والخدمي.

عملياً، يمثل هذا المثال حول الملكية الأردنية جملة من الفوائد والمخاطر في آن واحد. ذلك أن إعادة الإحلال السلعي والخدمي ليس من السهولة تطبيقه أو تنفيذه دون تكاليف إضافية قد تكون مبررة أو غير مبررة. وذلك بسبب إمكانية وجود إتجاهات أو معتقدات عميقة الجذور لا يمكن تعديلها، وبالتالي، تغيرها بسهولة وخلال وقت قصير. ومن الأمثلة الأخرى على صعوبة تنفيذ استراتيجيات إعادة الإحلال وبدون تكاليف ومخاطر كثيرة هو ما واجهته شركة فيليب مورس(Philip Morris) عندما قامت بشراء ماركة سفن أب وحاولت إعادة إحلال الماركة كونها لا تشبه أيا من ماركات الكولا الأخرى من حيث إشباع الأذواق وبهدف المنافسة المباشرة معها. كما كان عليها العمل الجاد للتحول من استراتيجية الإحلال التنافسي- تميز الماركة موضوع الإهتمام عن الماركات المنافسة- إلى إستراتيجية أخرى محددة طابعها إن هذه الماركة تقدم فائدة محددة للمستهلكين(Caffeine Free) من خلال تقديم مزيج أو تركيبات أخرى من الكوكا كولا والبيبسي- كولا(Pepesi Free) الأمر الذي أدى بالشركات المقدمة لماركات السفن أب إلى مضاعفة مصاريفها التسويقية وهو ما الحق بها المنطق التسويقي المتبع الكثير من المخاطر نتيجة اتباع إستراتيجية إعادة الإحلال بهذا الشكل غير المدروس مقارنة مع المنافسين الآخرين وما يقدموه من ماركات سلعية أو خدمية.

تحليل الإحلال السلعي:

يهدف التحليل الإحلالي إلى التعرف على المدركات الحسية للمستهلكين نحو الماركات المختلفة من فئة السلعة. ذلك أنه يهدف إلى تحديد المكانة التي يجب ان تحتلها الماركة من السلعة في أذهان المستهلكين(Normative Analysis). كما يحدد التحليل المعياري (Normative Analysis) الأماكن البديلة للسلع أو الماركات الجديدة. بينما يحدد التحليل الوصفي(Descriptive Analysis) الأماكن الحالية للماركات الحالية. وفي كل حالة يتم إحلال الماركات الجديدة أو الماركات الحالية من السلع والخدمات بالمقارنة مع مثيلاتها من الماركات المنافسة وعلى أساس المدركات الحسية للمستهلكين.

الخرائط الإدراكية:

يمكن توضيح المكانة التي قد تحتلها ماركة أو عدة ماركات سلعية باستخدام الخرائط الإدراكية، وعلى الشكل التالي:

الشكل رقم(٢-٣)

الخريطة الإدراكية لإحلال ماركة جديدة من الشيبس

بمواجهة الماركات الحالية من نفس فئة السلعة

سوق عمان الغربية

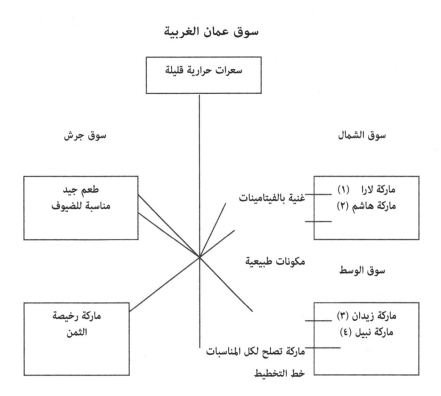

وتفيد الخرائط الإدراكية في إحلال الماركات الجديدة ومقارنتها بالماركات الحالية من نفس فئة السلعة فهي تزود إدارة التسويق بصورة واقعية عن ما يعتقده المستهلكون حول الماركة موضوع الإهتمام بالمقارنة مع الماركات الأخرى المنافسة. كما أنها- أي الخرائط الإدراكية المماثلة لها والمنتجة محلياً لأسباب أهمها وجود مدركات حسية إيجابية نحو كل ما هو مستورد، بالإضافة إلى إمكانية اختلاف مزايا الماركات من كلا المصدرين- المحلي والمستورد. وهو ما يمثل في رأينا عقبة أمام تطور الصناعة المحلية التي لا تستطيع المنافسة بقوة بسبب

إعتمادها شبه الكلي على مواد خام مستورده وعجزها في معظم الأحيان عن مجارات السلع المستوردة ذات المستوى التكنولوجي المرتفع والتي لا تستطيع اقتناءها لأسباب مالية.

إستخدام الأساليب الكمية في الإحلال السلعي:

يعتبر التحليل الإحلالي السلعي مثال جيد للربط بين سلوك المستهلك والتطبيقات الكمية في حقل التسويق. على سبيل المثال، يمكن استخدام الأساليب الإحصائية لتحليل تأثير العديد من المتغيرات على بعضها البعض من خلال استخدام بيانات يتم تجميعها من المستهلكين في الأسواق المستهدفة. كما قد يستخدم أسلوب تحليل المفاضلة لغربلة أعداد كبيرة من المفاهيم والمتغيرات لتحديد ذلك العدد المتغير الذي يحتاج إلى المزيد من الاختبار. بالإضافة إلى استخدام المقاييس ثنائية الأبعاد لتحليل نتائج اختبار مفهوم معين باستخدام أوجه الشبه بين المستهلكين أو تصنيف أو ترتيب الأفضليات لعينة المستهلكين المدروسة نحو هذه الماركة أو تلك. كما قد تستخدم أساليب إحصائية أكثر تقدماً كتحليل التمايز وتحليل العوامل في الإحلال في عملية إعادة الإحلال السلعي والتي يتم تطبيقها من قبل الشركات في الدول المتقدمة والصناعية والتي لا تطبق غالباً من قبل الشركات الأردنية.

إحلال السلع الجديدة:

غالباً ما يتم إستخدام الخرائط الإدراكية لتطوير ماركات سلعية أو خدمية جديدة من خلال غربلة وتقييم مختلف الأفكار المطروحة لتطوير وتحليل الماركات المقترحة الجديدة. هذا بالإضافة إلى إمكانية تحديد نظري للمكانة المراد إيجادها للماركة وإحلالها من وجهة نظر المستهلكين المستهدفين.

على سبيل المثال، قامت شركة هاشم لإنتاج السيارات بتنفيذ دراسة ميدانية على عينة مكونة من(١٠٠٠) من مالكي السيارات تباع في السوق الأردني. كان هدف الدراسة هو تحديد المكانة الواجب إيجادها لماركات أو موديلات جديدة من سياراتها بالمقارنة مع الماركات المنافسة لها. وذلك من أجل تعريف وتحديد الخصائص الديموغرافية والنفسية للسوق المستهدفة لكل ماركة أو موديل. الحقيقة المعروفة أنه ليس من السهل تحليل أسواق السيارات بإستخدام أسلوب الاختبار أو التجربة ذلك أن كميات الأموال المستثمرة في بناء ورشة اختبارية صغيرة لتصنيع موديلات السيارات المراد اختبارها قد تكون كبيرة، ولا يمكن تقدير احتمالات النجاح أو الفشل لها دون تكبد تكاليف ومخاطر مالية عالية.

على سبيل المثال، قامت مؤسسة مالية متخصصة بدراسة إحلالية لسبع ماركات من السيارات الموجودة في السوق الأردني، وتبين أن السيارة ماركة وطن كانت قد صممت للتنافس، وبشكل مباشر، مع السيارة ماركة عاصفة أولاً، ثم مع السيارة ماركة سرعة ثانياً. أما السيارة ماركة سلام فقد صممت للتنافس مع السيارة ماركة عاصفة بينما السيارة ماركة يرموك صممت للتنافس مع السيارة ماركة غربة. كما تضمن التحليل الإحلالي لسيارة ماركة كرامة كسيارة اقتصادية ومن الناحية التشغيلية. عملياً، لقد تم الطلب لعينة مالكي السيارات ترتيب تفضيلاتهم من السيارات السبع التي تمت الإشارة إليها أعلاه ويظهر الشكل رقم(٤) أن سيارة سلام احتلت مكانة مقاربة نسبياً لمكانة السيارة ماركة العاصفة أما السيارة ماركة وطن، فقد تم وضعها وإحلالها في مكان مقارب للسيارة ماركة سرعة. أما السيارة ماركة يرموك لم تكن في المكانة التي كان يجب وضعها فيها، لأنها لم تكن مرغوبة فيها من قبل أولئك المستهلكين الراغبين في السيارة ماركة غربة. ثم كانت الخطوة الثانية التي تمثلت في إحلال المستهلكين على الخريطة الإدراكية من أجل تحديد تلك المجموعات المستهدفة منهم، ولكل نوع من أنواع السيارات السبعة المشار إليها

أعلاه. كما تم وضع المستهلكين بالقرب من السيارات التي يرغبون فيها وبعيداً عن السيارات التي لا يرغبون فيها.

ولحل هذه المشكلة لجأت الشركات المعنية إلى استخدام أساليب أخرى، منها تقييم ومقارنة الإحلال السلعي للشركة موضوع الإهتمام مع مثيلاتها من الإستراتيجيات الإحلالية للشركات المنافسة. على سبيل المثال، قد لجأت شركة أردنية لتسويق السيارات لتقديم ثلاثة نماذج من السيارات إقتصادية التشغيل(ماركة وطن، ماركة يرموك، ماركة سلام) وكما هو مبين في الشكل رقم(٢-٤) بالإضافة إلى الماركات الحالية من السيارات.

الشكل رقم(٢-٤)

الخريطة الإدراكية لإحلال سبع ماركات من السيارات

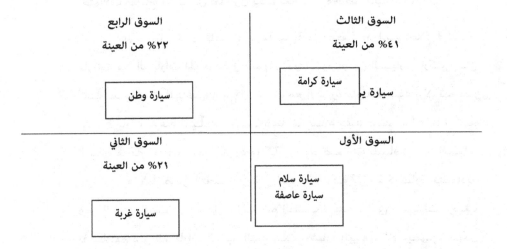

بشكل عـام، يتضح مـن خـلال الخريطـة الإدراكيـة لإحـلال السـيارات أن إحـلال الموديلات السبعة من السيارات الشعبية كان بالاعتماد على أفضليات المستهلك لها، لذلك كانت نسبة السوق الرابع(٢٢%) من مجموع عينة الدراسة الـذين كانوا أكثر

ميلا نحو السيارة ماركة وطن. بينما كانت ماركة سلام وعاصفة أقل إقبالا منهم. أما السيارة ماركة يرموك فقد أظهرت الخريطة الإدراكية مكانتها المعقولة. في حين أن السيارة ماركة سلام لم تلق رغبة من فئات عديدة من المستهلكين. أما السيارة ماركة عاصفة، فكان موقفها يدعو إلى الغرابة ذلك أنها لم تكن مفضلة قبل من المستهلكين ولسنوات طويلة. أما السيارة ماركة وطن فكان موقعها حيوي وهام حيث تم إحلالها بقوة بمواجهة الماركات الأخرى من السيارات- سرعة- ذات المراكز القيادية في السوق. بالإضافة إلى أنها تمثل أشياء مرغوبة ولأسباب إقتصادية وغيرها لأكثر من ٤٣% من مجموع مفردات العينة المدروسة. بالرغم من أن المستهلكين في السوق الثانية كانوا مختلفين من الناحية الديموغرافية والنفسية عن نظائرهم في السوق الرابع (حيث إنهم كانوا أكثر اهتماما بالمسائل الفنية). كما كان المستهلكون في السوق الرابعة فكان كبار السن هم أكثر ميلا نحو سيارة وطن. ومن الإستراتيجيات الإحلالية التي يجب ان تعطى عناية واهتماماً من قبل رجال التسويق لسيارة وطن إعطاء الأمور التكنولوجية والفنية عناية أكبر من أجل التنافس المستقبلي وبقوة مع سيارة سرعة، بالإضافة إلى أن المزيج التسويقي مرغوب بنسبة عالية من قبل فئة الشباب.

أما بالنسبة لتلك المجموعة من المستهلكين الذين يفضلون سيارة وطن، فعلى رجال التسويق إعطاء قضايا الراحة والمثالية عناية أكبر عند إعادة إحلال هذه الماركة من السيارات.

باختصار، يمكن القول إن الشركة الأردنية للسيارات تكون قد حققت نتيجة تطبيقها إستراتيجية الإحلال السلعي ما يلي:

* تحديد المزيج التسويقي المناسب لكل ماركة من ماركات السيارات التي تنتجها أو تسوقها بالمقارنة مع الماركات الأخرى المنافسة للسيارات.

* التعرف على نقاط القوة والضعف في استراتيجية الإحلال للماركات المنافسة من السيارات.

* حجم وخصائص المستهلكين لكل ماركة من الماركات المتنافسة من السيارات.

* المدركات الحسية للمستهلكين في الأسواق المستهدفة ومدى إنسجامها مع الأهداف الموضوعة من قبل الشركة أم لا؟

إعادة إحلال السلع الحالية:

تهدف استراتيجيات إحلال السلع الحالية تحديد أماكنها الحالية في أذهان المستهلكين المستهدفين. كيف يرونها ويدركونها؟ وكيف يدركون مختلف عناصر المزيج التسويقي لها؟ وما هي الرموز والدلالات التي تمثلهم لها او عند إستهلاكهم أو اقتنائهم لها؟ وهكذا؟ تسويقياً، تم تصميم وتنفيذ بعض دراسات الإحلال للسلع الحالية بهدف تقييم وتحديد أماكنها في أذهان المستهلكين المستهدفين حالياً، بالإضافة إلى التعرف على خصائصهم الديموغرافية والنفسية مع تحديد ترتيب الماركات موضوع الإهتمام بالمقارنة مع مثيلاتها المنافسة. ولقد قام المؤلف بتجربة عملية لصحيفة الدستور الأردنية بهدف إعادة إحلالها في أذهان القراء. وذلك من خلال توجيه استمارة لعينة وطنية مقدارها(٢٠٠٠) قارئ من مختلف محافظات المملكة وذلك للتعرف على آراء واتجاهات مفردات العينة المدروسة نحو المزيج التسويقي الصحفي للدستور بالمقارنة مع الصحف اليومية الأخرى(الرأي، الشعب).

عملياً، يوجد أسلوبان يمكن تطبيقهما معاً أو بشكل منفرد لإعادة إحلال السلع الحالية، وعلى الشكل التالي:

١- الإحلال باستخدام أنواع السلع والذي يطلق عليه أحياناً هيكل السوق الذي يزود رجال التسويق بنظرة شاملة حول ظروف السوق الكلية، من خلال التعرف

على المدركات الحسية للمستهلكين نحو السلع من مختلف ماركاتها، فعلى سبيل المثال، يتم تنفيذ تحليل أوضاع مختلف الماركات من فئة سلعية معينة بالاعتماد على حاجات المستهلك- ماركة أخرى تعالج الرائحة من خلال إنتاج معجون أسنان برائحة عطرية... وهكذا. كما يعالج تحليل هيكل السوق التعرف على وجود فرص تسويقية أم لا؟ بالإضافة إلى أنه يعمل على تحديد المشاكل التي تعترض الماركة السلعية أو الخدمية موضوع الإهتمام بالمقارنة مع الماركات الأخرى المنافسة لها. كما أن استراتيجيات إعادة الإحلال للسلع الحالية قد تقسم السوق الكلي لماركة سلعية معينة بناء على الفوائد المرجوة من قبل كل فئة من فئات المستهلكين المستهدفين. على سبيل المثال، قد تشير دراسة ميدانية ما إلى أن المستهلكين في سوق الشمال أكثر ميلا لشراء الماركة التي تعطيهم القيمة البروتينية العالية من البيف برغر إلا أن الأغلبية الساحقة من المستهلكين لهذه الماركة في تلك المنطقة كانوا من الشباب والأطفال من مختلف الأعمار. بينما قد يرغب المستهلكون في منطقة عبدون في الطعم الجيد لماركة البيف برغر. ذلك أن المستهلكين في تلك المنطقة قد يكونون من أبناء الأسر الغنية ذات الدخل العالي والذين يتوافر لهم مصادر معلوماتية وقدرات شرائية كبيرة، بالإضافة إلى أنهم قد يكونون اكثر ميلا لتفضيل ماركات مشهورة ومن محلات ومتاجر ذات سمعة عالية.

باختصار، يتعين على رجال التسويق القيام بعمليات الربط اللازمة ما بين أسماء الماركات من السلع وبين الفوائد والمنافع الأكثر مطلوبية أو مرغوبية من قبل المستهلكين المستهدفين. عملياً، يظهر هذا النوع من الإحلال السلعي أهمية تحديد المدركات الحسية للمستهلكين وربطها بمناسبات أو مواقف الإستهلاك أو الشراء المألوفة لهم، بالإضافة إلى إعادة نظر جذرية في مختلف عناصر استراتيجية المزيج التسويقي للسلعة أو الخدمة أو الماركة لها.

٢- الإحلال بواسطة الماركات من الأساليب الشائعة الاستخدام من قبل رجال التسويق. كما يعتبر هذا الأسلوب ركيزة أساسية لتقييم استراتيجيات الترويج المطبقة، بالإضافة إلى تحديد فيما إذا كانت الماركة السلعية أو الخدمية بحاجة إلى إعادة إحلال أم لا؟ على سبيل المثال، لو فرضنا أن هناك جهة معينة تقوم بتحليل لاستراتيجيات الإحلال المطبقة من قبل منتجي مختلف ماركات الورق الصحي في الأردن، فقد نجد أن المستهلكين الحاليين للورق الصحي أميل لتصنيف أو ترتيب مواقع مختلف ماركات الورق الصحي في الأردن بإستخدام بعض الخصائص أو السمات ذات الأهمية الخاصة من وجهة نظرهم، يضاف إلى ذلك أمما قد نجد المستهلكين الأردنيين للورق الصحي أميل لتفضيل تلك الماركة التي تحتوي على بعض الصفات مثل قوة الورق ونعومته ودرجة الجاذبية المتوفرة في ماركة الورق الصحي، بالمقارنة مع غيرها. ومن الأمور التي تؤخذ بعين الإعتبار عند الترتيب لمختلف الماركات من الورق الصحي والأهمية التي يراها أو يدركها المستهلكون المستهدفون في صفات أو خصائص الماركة وتحديدها أو إحلالها - باستخدام وسائل لإحلال السلع التسويقية والترويجية- دون غيرها.

كما يتم إحلال ماركة من سلعة معينة كونها متكررة الشراء من قبل المستهلكين مقارنة بالماركات المنافسة لها والتي قد تدرك أنها غير متكررة الشراء أو أنها تشترى بمناسبات أو مواقف محددة.

تحليل إعادة الإحلال:

الهدف الأساسي لتحليل إعادة الإحلال هو التأكد من أن نتائج الإحلال كانت بالقدر المطلوب أم لا؟ وهل أحدثت فعلا التغيير أو التعديل المطلوب إيجاده في أذهان المستهلكين المستهدفين أم لا؟ على سبيل المثال كانت المدركات نحو ماركة

سفن أب في أذهان المستهلكين في السابق هو أنه مشروب غازي ضعيف ليس له علاقة قوية بعائلة كوكا كولا وليس أحد الماركات الهامة من عائلة كولا أو انه مشروب غازي يشبه إلى حد كبير ماركتي الكوكا كولا والبيبسي كولا.

بشكل عام، أشارت بعض الدراسات حول إعادة الإحلال السلعي إلى إحداث بعض التعديلات أو التغييرات الملموسة في المدركات الحسية للمستهلكين المستهدفين ولماركات سلعية وخدمية عديدة، وذلك من خلال توضيح منطقي لنقاط الضعف في المزيج التسويقي في الماركة السلعية أو الخدمية ومعالجتها بالتعديل أو التخفيف منها على شكل اضافات شكلية أو موضوعية في المزيج التسويقي للماركة موضوع الإهتمام.

بدائل استراتيجية تجزئة السوق:

احياناً، تفرض المتغيرات البيئية السريعة التي يمر بها عالمنا المعاصر على المؤسسات والأفراد الشعور بأن الأفراد ما داموا مختلفين في الطباع والقدرات، فلا بد وأن يكونوا متشابهين في الأذواق والرغبات. وعليه فإن النظام العالمي الجديد وما يحاول فرضه من أحادية الرأي في كل المجالات قد يدفع بعض المؤسسات الإنتاجية والتسويقية للعمل بشكل أو بآخر إلى إنتاج سلع أو خدمات متشابهة ما دام المطلوب هو تجانس إجباري لرغبات وأذواق المستهلكين ومن مختلف شرائحهم في الأسواق المستهدفة. عموماً، قد تلجأ المؤسسات في هذه الحالة إلى أحد البديلين التاليين:

١- استراتيجية التسويق العام(Mass Marketing Strategy):

الفرضية الأساسية لهذا المدخل هي أن حاجات ورغبات وأذواق المستهلكين في السوق الكلي متشابهة. وبناء عليه، فإنه من الأفضل للمؤسسات الإنتاجية السلعية أو الخدمية توجيه مزيج تسويقي سلعي أو خدمي واحد لمختلف أجزاء السوق الكلي. وتجدر الإشارة هنا، إلى أن هذا المدخل يتطلب من قبل المعنيين بالتسويق

تخصيص مبالغ كبيرة للإنفاق على الحملات الترويجية، وذلك من أجل إقناع كل الشرائح من المستهلكين بمزايا الماركة السلعية أو الخدمية والفوائد أو المنافع التي تعطيها بعد الاستهلاك أو الاستخدام، وعلى سبيل المثال، طرح نوع واحد من الخبز لكافة أسواق المستهلكين، أو نوع واحد من الملح، أو رأي واحد حول موضوع اقتصادي أو اجتماعي معين أو ذوق أو مزاج شخص واحد أو غيره، وفرضه على كافة شرائح المستهلكين على افتراض أن أذواقهم ورغباتهم متشابهة وهذا مستحيل من الناحية العملية، لأن الخالق سبحانه وتعالى خلق الأفراد مختلفين من ناحية النمط الشخصي ـ والأذواق والقدرات والميول ولأسباب بيئية عديدة لا مجال لحصرها هنا.

٢- التسويق المركز (Concentrated Marketing):

بموجب هذا المدخل، تلجأ المؤسسات المعنية بالتركيز على جزء محدد من السوق الكلي وتوجيه المزيج التسويقي السلعي أو الخدمي نحوه- أي الجزء المحدد- جهودها وبكثافة عالية. أهم ما يميز هذا المدخل أنه يتيح للمؤسسة المعنية فرصة كبيرة للتركيز على سوق فرعية واحدة، وبالتالي، فإنها أي المؤسسة قد تخفض من مجموع التكاليف التسويقية، بالإضافة إلى أن ذلك قد يعطيها وضعا تنافسياً أفضل في مواجهة منافسيها، لأنه يؤمن لإدارة المؤسسة فهماً أعمق وأشمل لحاجات الشراء وأذواقه وإمكاناته لدى كل المستهلكين في ذلك الجزء المحدد من السوق الكلي.

دراسات لتجزئة السوق الأردني:

الدراسة الوحيدة التي أجريت في الأردن حول تجزئة السوق كانت حول استخدام استراتيجية تجزئة السوق في توزيع الأجهزة الكهربائية المنزلية بواسطة عواد (١٩٩٤) وكانت أهم نتائجها ما يلي:-

١- إن شركـات الأجهـزة الكهربائيـة المنزليـة في الأردن(٧٦.٣%) تسـتخدم إحـدى أساليب تجزئة السـوق المشار إليها سـابقا وبشـكل محـدد أسـلوب تقسـيم السـوق حسب العوامل الديموغرافية.

٢- إلا أن الدور الذي تلعبه اسـتراتيجية السـوق في تطويـر المـزيج التسـويقي كان متواضعاً، وذلك بسـبب الاسـتخدام غـير الكفـؤ لمـا هـو متـوفر مـن كفـاءات تسـويقية قليلة العدد والخبرة.

٣- ان الشركات تستخدم بشكل كبير متغـيرات التجزئـة العامـة (الجغرافيـة.. إلخ) عند تسويق الأجهزة الكهربائية المنزلية.

٤- كـما أن أغلبيـة إدارات الشـركات الأردنيـة غـير مدركـة لأهميـة مفهـوم تجزئـة السوق باعتباره العامل الحيوي الذي يساعدها في اختيار الأسواق التي يجب أن تستهدفها وضمن خطوات عملية تسـاعد عـلى زيادة المبيعات وتحقيـق حصص سوقية معقولة، بالإضافة إلى إشباع رغبات المستهلكين المستهدفين من قبلها.

وتجدر الإشارة هنا إلى أن مفهوم تجزئة السـوق والأسـاليب المسـتخدمة في التجزئة محلياً تنحصر في عوامل قليلة أهمها الـدخل الـذي يـأتي في المرتبـة الأولى كعامل فرعي للتجزئة، يليه الجنس (ذكر أو انثى) ثم الفئـات العمريـة (الأطفـال، الشباب وهكذا).

خلاصة القول، إن ما يجري على الساحة الدولية لعالمنا الحالي ما هـو إلا عبارة عن محاولة قوية لفرض اسـتراتيجية السـوق الكلي، الذوق أو المزاج أو الهـدف أو طريق الشراء الواحدة أو طريقة الطبخ الواحدة عـلى كافة أبنـاء أو أفراد هـذا العالم العاجز حالياً عن إبراز صفة التنـوع في المنظومـات القيميـة لأفـراده هنا أو هناك. ويرى الباحث أن محاولة البعض لفرض طبق واحد وفي كل المجـالات لـن يكتب لها النجاح، لأن الأصل هو الإختلاف في الخصائص الفردية والشخصية للأفراد وليس العكس.

أسئلة المناقشة

١- المطلوب تعريف واضح للمصطلحات التالية:
أ. تجزئة السوق   ب. استراتيجية التسويق العام.
ج. استراتيجية التسويق المركز.

٢- ناقش ما هو المقصود باستراتيجية الإحلال السلعي للسلع الجديدة مع إعطاء مثال واحد من البيئة المحلية.

٣- بين بالتفصيل ماهية إعادة التحليل السلعي مع إعطاء مثال واقعي عن البيئة الأردنية.

٤- هل تعتقد أن كتابا مقترحا في سلوك المستهلك يمكن أن يكون له سوقا مربحة بالنظر إلى معايير التجزئة الفعالة ومدى انطباقها على السوق الأردني.

٥- ما هي أفضل الأساليب التي يمكن استخدامها في تجزئة أسواق السلع الاستهلاكية الميسرة.

٦- بين بالتفصيل فوائد تقسيم أو تجزئة السوق لكل مما يلي:-
أ. المنتج   ب. المسوق   ج. المستهلك النهائي.

٧- المطلوب وضع خطة لتجزئة أسواق السلع والخدمات التالية:-
- بنك للأطفال.
- محطة خاصة تلفزيونية(الأوائل تكسب)
-محطة إذاعة يديرها القطاع الخاص.
- زيت الزيتون الأردني(الكفاري).
- شركة سلطان للتامين على استمرار علاقة الزوجية بين زوج وزوجته.

٨- هل ما يجري من عمليات الخصخصة لشركات القطاع العام هو إعادة إحلال ام لا؟

الفصل الثالث

حاجات ودوافع المستهلك

* تمهيد.
* تعريف الدوافع.
* الأهداف.
* الجوانب الإيجابية والسلبية للدوافع.
* أنواع الأهداف.
* الحاجات.
* اختيار الأهداف.
* العقلانية والعاطفية.
* توافق الحاجات والأهداف.
* طبيعة الدوافع الديناميكية.
* الإحباط وأساليبه.
* أنواع المنبهات.
* أنظمة الحاجات وأنواعها.
* المضامين التسويقية لهرم الحاجات.
* قياس الدوافع.
* أبحاث الدوافع.
* أسئلة للمناقشة.

الفصل الثالث

حاجات المستهلك ودوافعه

تمهيد

لقد نشأنا ونحن نعلم بأن الأفراد مختلفون في خصائص عديدة، فالبعض قد يبحث لتقديم ما يفيد نفسه والعالم من حوله، بينما البعض الآخر يعمل من أجل إشباع حاجاته الأولية فقط، وما بين هذا وذاك يوجد الكثير من الأفراد التائهين والحالمين بأهداف لا يمكن تحقيقها. وبناء عليه، فإن الأفراد مختلفون في أهدافهم وأحلامهم وطريقة إنفاقهم لأوقاتهم المتاحة، وذلك وفقاً لخصائصهم الموروثة أو المكتسبة. وقد تكون هناك عائلة تنفق أموالها لقضاء إجازة أسبوعين على شاطئ البحر الميت. كما أن أحد الآباء قد يقوم بشراء جهاز أتاري لابنه بينما يقوم أب آخر بشراء مجموعة من قطارات الألعاب لطفلته الصغيرة. كما قد توفر زوجه ما من مصروفها لتشتري مكنسة كهربائية حديثة، بينما توفر جارتها لشراء سيارة. وبناء عليه، فإن الباحث السلوكي قد يكون مهتماً بتحليل كيفية إنفاق الأفراد لأموالهم والأسباب والدوافع الكامنة وراء ذلك الإنفاق. عموماً، هذا الأمر لا يدهشنا كثيرا لأننا نشأنا ونحن نؤمن بأن الإختلاف بين الناس هو الذي يجعل الحياة أكثر متعة وإثارة. بشكل عام، يتفق علماء النفس والاجتماع والسلوك وغيرهم على أنه قد تنشأ مجموعة كبيرة من الأفراد لهم الحاجات نفسها ولكن لا يمكن أن يكون لديهم الدوافع نفسها للتعبير عما يجول بخواطرهم وأنفسهم.

ومن هنا تأتي أهمية فهم وتحليل الدوافع المحركة لسلوك الأفراد بغض النظر عن مواقفهم وقدراتهم. ذلك أنه لا يمكن لرجال التسويق بناء أو تصميم أية استراتيجيات تسويقية فعالة دون وجود فهم معقول لنفسيات وخصائص المستهلكين

المستهدفين مــن قبلهم. كل ذلك مــن أجل التنبـؤ بالأنمـاط السـلوكية الشرائية والاستهلاكية لهم، وبما يحقق أهداف المؤسسات المعنية من حيث إنتاج مـا يمكن تسويقه وبربحية معقولة تضمن البقاء والاستمرار لها، وإشباع رغبـات المستهلكين وحسب أذواقهم.

تعريف الدوافع:

يمكن تعريـف الـدوافـع بأنهـا القـوة المحركة الكامنـة في الأفـراد والتي تدفعهم للسلوك باتجاه معين. وتتولد هذه القوة الدافعة نتيجة تلاقي أو انسجام المنبهات التي يتعرض لها الأفراد مع الحاجات الكامنة لديهم والتي تـؤدي بهم إلى حالات من التوتر تدفعهم إلى محاولة اتباع كل الأنشطة الممكنة الهادفة إلى إشباع حاجات ورغبات الأفـراد التـي تتطلب إشباعا معينـاً. كـما أن الأهـداف التـي يحددونها- أي الأفراد- لأنفسهم يجب أن تتفق مع قدراتهم ومواردهم وقد تكون نتاج تفكير مستمر من قبلهم أو نصائح وإرشادات يتم تقديمها من قبل الجماعات المرجعية المحيطة بهم والمؤثرة عليهم والمقبولة منهم.

الأهداف:

من المعروف أن وراء كل سلوك متحقق هدف تم إنجازه حتى لو لم يكن مقصوداً. فالسلوك الشرائي الإيجابي من قبل مستهلك ما يعتبر هـدفاً تحقـق لرجال التسويق. عمومـاً، يعتبر رجال التسويق الجهة المعنية بتسويق الماركات السـلعية أو الخدمية التي تلبي حاجات ورغبات المستهلكين. وعلى سبيل المثال، عنـدما ترغب شركة معينة أن تقنع الأفراد بأن الشاي المثلج هـو الأمثل لإطفـاء العطش يعتبر هدفاً عاماً لهذه الشركة التي تحاول إقنـاع المسـتهلكين بشراء هذا الصنف مـن الشاي

الملبي لرغبات وحاجات المستهلكين المستهدفين من قبل الشركة المقدمة أو الموزعة لهذا النوع أو الماركة من الشاي.

الجوانب الإيجابية والسلبية للدوافع:-

بداية قد تكون الدوافع ذات مضامين سلبية أو إيجابية، و ذلك لأسباب أهمها تأثير الأهداف الموضوعة والخبرات السابقة للأفراد المعنيين حول ما يتعرضون إليه من منبهات سلعية أو خدمية أو غيرها. فقد ينجذب فرد ما نحو اسم مطعم معين لتلبية حاجاته الفورية لتناول الطعام، وقد ينفر نفس الفرد من ركوب طائرة بسبب الخوف من ركوبها، لذا فإن بعض علماء النفس يفسرون إيجابية الدوافع بالحاجة أو الرغبة المدعومة بكافة وسائل الإشباع، وسلبيتها بالخوف من نتائج الإشباع وبالرغم من الإختلاف الظاهر بين سلبيات وإيجابيات الدوافع من النواحي النفسية والعاطفية ألا أنها متشابهة نسبياً كونها الأداة المحركة لأنماط السلوك الإنساني بشكل عام. ولهذا السبب فإن الباحثين غالباً ما يرجعون كلا النوعين من المحركات أو الدوافع إلى الحاجة والرغبة والإرادة الواضحة أو غير الواضحة القوية أو الضعيفة وبهذه الدرجة أو النوعية أو تلك.

أنواع الأهداف:

كما أن الأهداف قد تكون إيجابية أو سلبية، ومن هنا فإن الهدف الإيجابي قد يعني التوجه أو العمل للسلوك الإيجابي نحو شيء ما وهو ما يوصف عادة بأنه الطريقة المتبعة لبلوغ الهدف. أما الهدف السلبي، فيمكن تصوره بأنه الابتعاد عن سلوك معين، وهو ما يوصف بالهدف المتجنب أو المبتعد. كما أن الانجذاب نحو الهدف أو تجنبه يمكن أن يعتبر في حد ذاته هدفاً محدداً لسلوك مبرر من وجهة نظر الفرد. هذا بالإضافة إلى أن مجموعة كبيرة من الباحثين يعتبرون كلا النوعين

أهدافاً يقوم المعنيون بها على تحقيقها وبأي اتجاه. وعلى سبيل المثال قد ترغب امرأة متوسطة العمر المحافظة على مظهرها بقدر المستطاع أمام نفسها والآخرين، وهدفها الإيجابي هنا يتمثل بظهورها بالمظهر المرغوب فيه أمام نفسها وغيرها ولذا فإنها قد تستعمل عطراً قوياً. أما الهدف السلبي لامرأة تشتري ماركة من كريمات التجميل قد يكون في مشاعرها نحو بشرتها ورغبتها في المحافظة على بشرتها من التجعد، ولذا فهي قد تستعمل أنواعاً من الكريمات التي يتم ترويجها لمنع التجاعيد، ولهذا فهي في حالة استعمال العطر القوي كان دافعها جذب الجنس الآخر (هدف إيجابي) أما في حالة استعمال كريمات منع التجاعيد فقد كان هدفها التخلص من مشاعر سلبية، إذن فالدافع كان الشفاء المؤقت من مشاعر سلبية تؤدي إلى راحة وطمأنينة ولوقت محدد.

وبناء عليه، فإن الطرق المحددة التي يتبعها المستهلك لتلبية الأهداف المحددة تفرضها طريقة التفكير أو المعرفة السابقة، ولذا، فإن المسوق الذي يفهم نظرية الدوافع سيحاول التأثير على طريقة تفكير ومعرفة المستهلكين في الأسواق المستهدفة.

الحاجات:

لكل إنسان حاجاته، منها الفطري ومنها المكتسب. أما الحاجات الفطرية فهي تلك الحاجات النفسية، التي تحتوي على الحاجة للطعام، الماء، الهواء، اللباس، المأوى والجنس. عموماً، لا تستقيم الحياة الإنسانية بدون حد أدنى من إشباع هذه الحاجات الأساسية. وتجدر الإشارة هنا إلى أن أغلبية الأفراد في الدول لا يشبعون، الآن، الحد الأدنى من هذه الحاجات الأساسية.

أما الحاجات المكتسبة فهي التي نتعلمها خلال رحلة الحياة، وقد تشمل الحاجة للاحترام والتقدير، الهيبة، حب السيطرة والتعلم. كما أن الحاجات المكتسبة

غالباً ما تكون نفسية حيث تنتج عن حالة الشخص النفسية وعلاقته بالآخرين. على سبيل المثال، يحتاج الأفراد للمأوى ولذا فإن وجود مكان ما يعيشون فيه يلبي حاجة من الحاجات الأساسية لهم. إلا أن نوع المأوى قد يلبي الحاجة الثانوية لدى البعض منهم إذ من الممكن أن يبحث بعض الأفراد عن بيت حيث يمكن ان يقيم به حفلات لاعداد كبيرة من الناس لتلبية حاجة اجتماعية في مناسبة محددة او من الممكن ان يبحث البعض الآخر عن بيت في منطقة راقية لتلبية حاجة التفوق والمكانة الاجتماعية. ولهذا فان البيت أو المنزل في هذه الحالة قد يلبي حاجة أساسية وثانوية في نفس الوقت.

اختيار الأهداف: من المعروف أن إشباع الحاجات يتم لتحقيق أهداف محددة لدى الأفراد. أما بالنسبة للأهداف التي يتم اختيارها من قبل الأفراد فقد تعتمد على تجاربهم وأذواقهم وإمكاناتهم المادية وغيرها مع تأثير واضح للقيم الاجتماعية والثقافية بهم. على سبيل المثال، الشخص الذي يشعر بالجوع قد يتوق لأكل لحوم كثيرة، وأغذية غنية إذا كان رياضياً أما المسلم فإنه يتوق لأكل لحم مذبوح على الطريقة الإسلامية ليتلائم مع معتقداته. أما إذا كان الشخص كهلا فقد لا يكون لديه القدرة الصحية على استهلاك ما يرغب من الطعام، ولكنه قد يستهلك ذلك الغذاء الذي يتفق وحالته الصحية. وعموماً، يقوم الأفراد باختيار ذلك النوع من الطعام الذي يقع في نطاق قدراتهم وتجاربهم وإمكاناتهم الشخصية. لهذا فإن الهدف الموضوع والمراد تنفيذه يجب أن يكون ممكن التنفيذ من الناحية البيئية.

كما أن طبيعة وكيفية إدراك الفرد لنفسه تؤثر في تحديد نوع وأهمية الهدف الذي يتم اختياره من قبله، كما أن السلع التي قد يملكها الفرد أو يطمع في امتلاكها أو عدم امتلاكها، فقد تكون دائما محددة بقدرتها على عكس صورة هذا الفرد. لذا

فإن أية سلعة يعتقد أنها تعكس صورة الشخص هي التي سيتم اختيارها في هذه الحالة. على سبيل المثال، من يرى نفسه أنه لا زال في ريعان الشباب، فقد يختار سيارة شبابية، بينما قد ترى امرأة أنها غنية ومحافظة قد تقود سيارة مرسيدس. أما أنواع البيوت التي يعيش فيها الأفراد، السيارات التي يقودونها والملابس التي يرتدونها والطعام الذي يتناولونه فهي عبارة عن أهداف يسعى الأفراد لتحقيقها. عملياً، يتم اختيار الأهداف التي تعكس صورة الشخص المعني بها، والتي تتفق وحاجاته ورغباته ونظامه الإدراكي.

المنطق مقابل الدوافع العاطفية:

يميز بعض الباحثين بين الدوافع المنطقية والدوافع العاطفية يستخدم مصطلح العقلانية من قبل علماء الاقتصاد على أساس أن المستهلك يفكر بعقلانية، ويقوم بدراسة كل البدائل المتاحة أمامه بعناية، ويختار ذلك البديل الذي يمنحه أكثر الفوائد أو المنافع، وبالتالي، أقصى درجات الإشباع بعد الاستخدام أو الاستهلاك.

تسويقياً، يقتضي مصطلح العقلانية أن يختار المستهلك أهدافه بموضوعية من حيث الحجم، الوزن، السعر، الكمية المرغوبة من الماركة السلعية. أما الدوافع العاطفية، فهي تقضي بأن يتم اختيار الأهداف استناداً إلى خيار شخصي- أو غير موضوعي مثل الرغبة في العزلة عن الناس، الخوف، الفخر، العاطفة. وتحدد الإشارة هنا إلى أن هذه الفرضية، ايضاً، تفترض أن القرار العاطفي أو غير الموضوعي لا يحقق غالباً الفوائد المرجوة أو يحقق الرغبة المطلوبة من قبل الفرد، لأن ما يبدو الآن غير منطقي لبعض الأفراد قد يكون منطقياً لأفراد آخرين لهم أهداف وتجارب سابقة مختلفة.

على سبيل المثال، إن شراء ماركة سلعية من قبل شخص ما قد يهدف إلى تحسين صورته أمام نفسه أو الآخرين، لكنه- أي القرار الشرائي- من قبل ذلك

الشخص قد يكون غير منطقي من وجهة نظر علماء النفس والاقتصاد الذين لدى كل منهم فرضيته الخاصة حول العقلانية أو العاطفية.

يضاف إلى ذلك، أن بعض الباحثين في علوم أخرى كعلم الاجتماع ذهبوا بعيداً في ادعاءاتهم القائلة بأن التركيز على إشباع الحاجات فقط قد يحقق الراحة النفسية لفرد ما لكنه قد يحقق له التوازن النفسي له في الأجل الطويل.

ورجال التسويق الذين يؤيدون وجهة النظر هذه لا يرون أية ضرورة لهدر المال والوقت للكشف عن حوافز الشراء الدفينة(في منطقة اللاوعي لدى المستهلكين) ذلك أنهم يستعيضون عن ذلك بمحاولة التعرف على المشاكل التي يواجهها المستهلكون عند استهلاكهم السلع الموجودة في الأسواق المستهدفة.

على سبيل المثال، قد يكتشف بعض الباعة أن نوعية الفول أو الحمص المتوفر في المطاعم الشعبية تجعل المستهلكين أكثر كسلاً وخمولاً، لذا فإنهم قد يقومون بتقديم نوعيات لا تؤدي إلى مثل هذه الآثار السلبية. كما قد يقومون بالترويج للأصناف الجديدة باعتبار أنها لا تؤدي أو تنتج مثل هذه الظواهر الغريبة من كسل أو خمول. وفي مثل هذه الحالات يبدو أن رجال التسويق يركزون جل نشاطهم على كشف أو إيجاد حلول عملية لمشاكل المستهلك بدلا من محاولة إيجاد سلع تعكس أو تشبع حاجات يمكن إشباعها بواسطة سلع بديلة ومقبولة ويمكن تحمل أسعارها من قبل المستهلكين.

توافق الحاجات والأهداف:-

تعتمد الحاجات والأهداف كل على الأخرى. إذ لا تتواجد إحداهن دون الأخرى. إلا أن الإنسان لا يشعر بحاجاته كما يشعر بأهدافه. على سبيل المثال، قد لا يدرك بعض الشباب مدى قوة الحاجات الإجتماعية لديهم، بالرغم من ميلهم القوي للالتحاق بنواد شبابية بهدف التعرف على غيرهم من الشباب، بالإضافة إلى تكوين بعض الأصدقاء. كما أن الرجل السياسي قد لا يشعر بحاجته إلى السيطرة والقوة

إلا من خلال التحاقه بإحدى الأحزاب السياسية المرخصة، وذلك للحصول على منصب أو ترقية. والمرأة الأردنية قد لا تشعر بحاجتها إلى تحقيق الذات إلا أنها قد تحاول أقصى جهدها ان تكون وظيفتها التي تشغلها ذات مكانة اجتماعية مرموقة حتى يتحدث الناس عنها كنجمة اجتماعية.

بشكل عام، يشعر الأفراد بحاجاتهم الفسيولوجية أكثر من إحساسهم بحاجاتهم النفسية. ذلك أن معظم الناس أحيانا قد يحسون بالجوع أو العطش قبل إحساسهم بالحاجة لإشباع حاجات ورغبات أخرى. لذلك فانهم قد يتخذون خطوات عملية تؤدي إلى اشباع هذه الحاجات الأكثر إلحاحاً، وعلى سبيل المثال، فقد أشارت إحدى الدراسات الطبية إلى أن أحد الأطفال كان يتناول أطعمة ذات ملوحة عالية بالإضافة إلى ميله المتزايد لتناول كميات أخرى من الملح، وبعد فترة قصيرة تم إدخال هذا الطفل المستشفى بسبب عارض صحي أصابه، وقد تم وضعه تحت المراقبة الدقيقة لملاحظة أسباب ذلك الطارئ الصحي، إلا أن الطفل توفي بعد سبعة أيام من دخوله إلى المستشفى، وبعد تشريح الجثة تبين أن لديه خللاً كبيراً في الغدد وإفرازاتها. الأمر الذي أدى إلى فقدانه كميات كبيرة من الملح بواسطة التبول، إلا أن المدهش في الأمر أن الطفل كان معتاداً على هذا النمط في تناول الطعام المالح منذ ثلاث سنوات ولكنه توفي بعد دخوله المستشفى بسبعة أيام، وذلك بسبب خلل رئيسي حدث في نظامه الغذائي نتيجة منع أو تقليل كمية الملح الموجودة في الطعام الذي كان يقدم له في المستشفى.

طبيعة الحوافز الديناميكية:-

تتصف الحوافز أو الدوافع بديناميكية معينة يمكن إيرادها على الوجه التالي:

١-تغير الحاجات والأهداف بشكل دائم:

تنمو الحاجات والأهداف وتتغير بشكل مستمر وذلك استجابة للمتغيرات البيئية التي تحدث في بيئة الأفراد وتفاعلهم مع الآخرين وحسب خبراتهم السابقة.

ذلك أنه عندما يحقق الأفراد الأهداف التي حققوها أو سعوا لتحقيقها فإنهم يكوّنون أهدافاً أخرى جديدة. وإذا لم يحققوا هذه الأهداف فإنهم يستمرون في محاولة تحقيقها أو الاستعاضة عنها بأهداف جديدة تكون ممكنة التنفيذ على ضوء قدراتهم الكلية ودرجة تأثيرهم أو تكيفهم مع عوامل البيئة الخارجية ومستجداتها.

٢- الحاجات لا يتم إشباعها كليا ومرة واحدة:-

ذلك أن معظم الحاجات الإنسانية لا يتم إشباعها بشكل كلي أو نهائي. على سبيل المثال، قد يشعر الأفراد بالجوع على فترات منتظمة ويقومون بإشباع هذه الحاجة عن طريق تناول الطعام خلال فترات زمنية منتظمة وبكميات معينة.كما يقوم الأفراد بعد ذلك بالبحث لإشباع حاجات أخرى كالحاجات الاجتماعية وحاجة الأمان.. الخ.

٣- تجدد الرغبة لإشباع حاجات جديدة كلما تم إشباع حاجات محددة:

يعتقد العديد من الباحثين السلوكيين أنه إذا أشبع الفرد كل حاجاته الفسيولوجية أو بعضها، فإنه يقوم بممارسة كافة الأنشطة الممكنة لإشباع حاجات أخرى من مستويات أعلى، وكما أشار إلى ذلك هرم ماسلو.

على سبيل المثال، قد يسعى الأفراد وبعد إشباع حاجاتهم الأساسية إلى محاولة إشباع الحاجات الاجتماعية والأمان والتقدير والاحترام وتحقيق الذات.

تسويقياً، يقوم رجال التسويق بتصميم تلك الحملات الترويجية التي تمكنهم من إقناع المستهلكين المستهدفين، وحسب سلم الأفضليات أو أولويات الحاجات لديهم ومن خلال استثارة أو حفز هذه الحاجات وتوجيه طرق إشباعها وبما يتفق وأذواقهم وإمكاناتهم الشرائية.

هذا الأمر يحتم على رجال التسويق أن يكونوا أكثر حرصاً لتتبع أية مستجدات أو تغيرات في الاتجاهات أو الحاجات لدى المستهلكين المستهدفين منهم.

على سبيل المثال، معارض بيع السيارات تركز غالباً في حملاتها الترويجية على المكانة الاجتماعية لمن يشتري هذه الماركة أو تلك من السيارات. كما أنهم قد يفشلون في تحقيق الإقناع المطلوب. ذلك أن بعض المستهلكين قد يضعون أهدافا أخرى تتفق مع إمكاناتهم بدلا من شراء سيارة باهظة الثمن. وذلك من خلال الاكتفاء بشراء سيارة صغيرة اقتصادية التشغيل أو شراء قطعة أرض لبناء مسكن عليها أو الاستثمار بمشروع قد يكون له جدوى اقتصادية واضحة ومعقولة.

النجاح والفشل يؤثران على الأهداف:

يقوم الباحثون السلوكيون ومن وقت لآخر بدراسات هدفها التعرف على طبيعة الأهداف التي يحاول الأفراد إنجازها. وكانت أهم النتائج التي تم التوصل إليها هي أن الأفراد الذين يحققون أهدافهم بنجاح يقومون بوضع أهداف أخرى أعلى مكانة وأهمية لتحقيقها لاحقاً. أي أنهم - أي الأفراد - يقومون برفع مستوى طموحاتهم بعد كل نجاح وقد يخفضون مستواها بعد كل فشل. ولعل هذا الأمر ناجم عن ثقة كبيرة في النفس والقدرات لدى هذا النوع من الأفراد. اما الأفراد الذين لا يتمكنون من تحقيق أهدافهم، فيقومون عادة بإنقاص مستويات أهدافهم. لذلك فإن عملية اختيار الأهداف لديهم في معظم الأحيان تكون نتيجة واقعية لتحليل معاني الخبرات السابقة لهم. على سبيل المثال، فشل طالب ما في الحصول على مقعد في كلية الطب البشري قد يدفعه لمحاولة الإلتحاق بكلية طب الأسنان بدلا عن الطب البشري. وإذا ما فشل في تحقيق ذلك فقد يبادر ليصبح طالباً في كلية الصيدلة أو الآداب أو التربية.

عموماً، تتأثر توقعات الأفراد حول عدد الأهداف ومستواها بخبراتهم السابقة وأهدافهم الحالية والمواقف السلوكية التي قد يواجهونها شدة أو سهولة. عملياً، تأثيرات النجاح والفشل على اختيار الأفراد لأهدافهم تعمل على حفز رجال

التسويق إلى تصميم تلك الماركات السلعية أو الخدمية- منافع وفوائد ورموز- التي تتفق مع أذواق وإمكانات المستهلكين. بالإضافة إلى توجيه حملات ترويجية واقعية لا تعد بإعطاء المستهلك المستهدف أكثر مما تستطيع الماركة السلعية أو الخدمية المعلن عنها أن تعطيه من فوائد أو منافع أو معاني.

الأهداف البديلة:

عندما لا يتمكن الأفراد من تحقيق الأهداف الأصلية التي وضعوها لأنفسهم لأسباب بيئية مختلفة، فإنهم يلجأون إلى وضع أهداف بديلة ممكنة التنفيذ. ومع أن الأهداف البديلة قد تحقق الرضا الكامل كالأهداف الأساسية إلا أنها قد لا تكون كافية لإزالة التوترات وظواهر الإحباط التي نشأت لدى الأفراد بعد فشلهم في تحقيق أهدافهم التي وضعوها أول مرة.

على سبيل المثال، الشخص الذي توقف عن شرب الحليب كامل الدسم بسبب اتباعه لحمية غذائية، قد يبدأ في تفضيل الحليب خالي الدسم. كما أن شخصا آخر لم تمكنه قدراته الشرائية من شراء سيارة كاديلاك، قد يقنع نفسه بأن سيارة فورد هي المفضلة لديه. والهدف البديل في هذه الحالة يعتبر وسيلة من وسائل دفاعه عن نفسه مع التخلص من حالة الإحباط والتوتر التي يعاني منها نتيجة فشله في تحقيق أهداف أخرى سابقة قد تكون أكثر أهمية له من الهدف البديل الذي يحاول تحقيقه.

الإحباط:

من المعروف أن الفشل في تحقيق أحد الأهداف قد يؤدي إلى الشعور بالإحباط. عملياً، يعاني العديد من الأفراد في أوقات مختلفة من مشاعر الإحباط الناجمة عن عدم تمكنهم من تحقيق أهدافهم، وذلك بسبب العديد من الحواجز أو الصعوبات التي قد

تمنعهم من تحقيق أهداف معينة. وهذه الحواجز أو الصعوبات قد تكون شخصية (مالية، جسدية، نفسية) أو قد تكون بيئية اجتماعية.. إلخ. وبغض النظر عن السبب، فإن تعامل الأفراد مع حالات الإحباط قد تكون متفاوتة، ذلك أن البعض قد يتكيف ويضع أهدافا بديلة. بينما البعض الآخر فقد لا يستطيع التكييف مع حالة الفشل التي أصابته، لذلك قد ينتقل من حالة إحباط إلى أخرى، الأمر الذي قد يؤدي به إلى حالة من حالات الكآبة وبشكل تدريجي مع حالة تشبه فقدان الإحساس بالمكان والزمان والموضوع، بالرغم من عدم إعلان وفاته من الناحية الرسمية. وهو ما تمثله حالة اكتئاب نفسية متقدمة ومتطورة ومزمنة أدت إلى أمراض عضوية وعقلية ونفسية.

الترشيد:

في بعض الأحيان، يقوم الفرد بإعادة تحديد وتحليل حالة الإحباط التي يعاني منها. وذلك من خلال تبرير أسباب عدم تمكنه من تحقيق الأهداف التي وضعها لنفسه. وقد يقول لنفسه بأن الهدف الذي حاولت إنجازه لا يستحق هذا الجهد، وعلي أن أسعى لتحقيق أهداف يتفق مع إمكانياتي عملياً، يعتبر الترشيد وسيلة جديدة وإيجابية للتعامل مع الفشل، بالرغم من أن الأفراد المعنيين قد لا يدركون بشكل كامل مقدار التوتر النفسي الذي قد يعانون منه. على سبيل المثال، المدخنون الذين لا يستطيعون الإقلاع عن التدخين قد يحاولون إقناع أنفسهم بأنهم إذا دخنوا كميات أقل قد يخففون من أضرار التدخين مع أنهم يدخنون لفائف أطول من الدخان ومن ماركة جديدة.

الإنسحاب:

مرحلياً، قد تنتهي حالة الإحباط التي يشعر به فرد ما إذا قام بالغاء الهدف أو الأهداف التي أراد تحقيقها بعد فشله التام. على سبيل المثال، قد تفشل سيدة ما في تعلم فنون الحياكة الأمر الذي يؤدي بها إلى التوقف النهائي عن الحياكة محدثة

نفسها أنه لا فائدة من تعلم الخياطة والأفضل لها من ذلك هو القيام بأعمال أخرى منزلية أكثر أهمية. أيضا، قد يفشل شخص ما في تعلم السباحة لذا فقد يقوم بالإنسحاب تماما من دورة تعليم السباحة، بالإضافة إلى أنه قد يلغي فكرة تعلم السباحة نهائياً حتى يتمكن من التخلص من مشاعر الإحباط التي انتابته نتيجة محاولاته المستمرة لتعلم السباحة. أيضا، قد يفشل حامل درجة الدكتوراه في علم السياسة أو الاقتصاد في القيام بواجباته التدريسية على أكمل وجه من خلال الادعاء بأنه أكثر إهتماماً بإجراء البحوث والدراسات ومن خلال عملية الالتحاق بمؤسسات تقوم فقط بتنفيذ الدراسات الميدانية المتخصصة. كما قد يفشل متخصص يعمل في المجال الإعلامي أو الصحفي بإلقاء اللوم في فشله المهني على الآخرين متناسياً تضاءل قدراته العقلية والأخلاقية في فهم مضمون ما يواجهه من مهام أو مواقف مع إمكانية تقمص شخصية أبو العريف في المجالات الاقتصادية والتسويقية والاستهلاكية، بالرغم من فشله الواضح في مجال المهنة التي يمتهنها.

الإسقاط:

وفي حالات تكرار الفشل وعدم التكيف معها بشكل إيجابي يقوم الفرد بإعادة تقييم حالة الإحباط التي يشعر بها، وذلك من خلال إلقاء اللوم - بسبب فشله وعدم مقدرته على تحقيق ما أراد من أهداف - على أشخاص آخرين أو عوامل بيئية أخرى، وهذا ما يسمى بالإسقاط. على سبيل المثال، قد يقوم لاعب الجولف الذي يفشل في إحدى رمياته بوضع اللوم على الكرة أو المضرب. أيضا، قد يلقى أستاذ جامعي باللوم على فشله في إجراء البحوث اللازمة لترقيته على الجو المعادي له في الكلية متعللاً بأن أسباب فشله في الترقية أن الإدارة التي يعمل من خلالها لا تعامله بموضوعية.

كما قد يقوم سائق سيارة ارتكب خطأ ما أدى إلى حادث سير مروع بوضع اللوم على الطريق أو السائق الآخر المواجه له. كما قد تلقى سيدة اتخذت قراراً

سلوكياً أرتبط بحياتها على أسرتها، وعدم فهم أسرتها لرغباتها التي قد تكون أشبه بأحلام الشباب المراهقين. وتجدر الإشارة هنا إلى إعداد الأفراد الذين يعانون من هذه الحالة النفسية تزداد بازدياد الضغوط الاجتماعية والنفسية الموجهة لهم.

الاسترسال في التخيل:

إن الاسترسال في أحلام اليقظة والتخيل قد يمكنان الأفراد المعنيين بالتخيل من تحقيق درجة معينة من الإشباع لحاجاتهم غير المشبعة. على سبيل المثال، اتباع شخص لحمية غذائية أو ريجيم غذائي قد يدفعه لتخيل نفسه من خلال أحلام اليقظة بأنه يلتهم ما هو محرم عليه من الحلويات والأغذية، كما أن موظفاً صغيراً يعمل في مؤسسة ما قد يتخيل نفسه مديراً عاماً لتلك المؤسسة يأمر، ويقول هذا وذاك من الكلام لهذا الموظف أو رئيس القسم، وهكذا. وتجدر الإشارة هنا إلى أن هذه الدرجة المتقدمة من الإحباط النفسي- السائدة الآن لدى معظم الأفراد في الدول النامية هي نتيجة إحساسهم بالظلم وعدم المساواة وفقدان الأمل في تحقيق الحد الأدنى من المتطلبات الأساسية لاستمرار الحياة لديهم، وبالرغم من كل الدعاوى والوعود المتكررة بقرب مجيء العسل والسمن والسيارة والحسابات الكبيرة بالملايين في البنوك المحلية والأجنبية، وهكذا.

الكبت:

من الطرق الأخرى التي يلجأ الأفراد إليها لتجنب التوتر الناجم عن الإحباط هي كبت الحاجات غير المشبعة لديهم والتي لا يستطيعون تحقيقها وإشباعها في منطقة اللاشعور. أي أن الأفراد الذين يفشلون في تحقيق أهدافهم ومنذ فترات طويلة يحاولون تناسي واقعهم المرير من خلال طرد أو إزالة ما فشلوا في تحقيقه خارج دائرة الشعور لديهم. وبالرغم من ان الحاجات المكبوتة لدى الأفراد قد تظهر لديهم بشكل أو بآخر في فترات أو مواقف محددة الا أن هذه الحالة المتقدمة من الإحباط

تعود مرة أخرى بصور عديدة من أهمها الشكوى المريرة والمستمرة من الحياة بالإضافة إلى الميل الكبير للعزلة التامة، بالرغم من التواجد المزعج مع النفس الحائرة دائما. على سبيل المثال، الزوجان اللذان لا يستطيعان الإنجاب فقد يقومان بشراء بعض الحيوانات المنزلية والنباتات مع الميل الكلامي للتبرع للهيئات الخيرية أو التطوع للعمل في إحدى رياض الأطفال، وذلك كوسيلة من وسائل الدفاع عن النفس. ولربما يشعر الأفراد المعنيين بهذه الحالة النفسية بمشاعر القلق، الضياع، الميل إلى قتل الوقت من خلال النوم أو تناول الطعام بكميات كبيرة.

الارتداد (العودة إلى أيام الطفولة):

في بعض الأحيان قد يقوم بعض الأفراد الذين يعانون من درجات أو مستويات عالية من الإحباط بممارسة تصرفات أو سلوكيات طفولية وغير مدروسة، وذلك لمواجهة حالات الإحباط المتقدمة، والتي تكونت لديهم نتيجة الفشل المتكرر أثناء حياتهم. على سبيل المثال، فإن محاولة شخص ما للحصول على مقعد في البرلمان ولمرات عديدة دون جدوى قد يدفعه إلى ممارسة تصرفات طفولية وغير عقلانية لإثبات أنه ما زال موجودا. كما قد تقوم سيدة ما تفشل في شراء فستان أعجبها بتمزيق الفستان الذي لا تستطيع شراءه لحرمان سيدة أخرى منه قد تكون قادرة على شرائه. وتجدر الإشارة هنا إلى أن الارتداد إلى أيام الطفولة يعتبر مرحلة متقدمة من المرض، والذي قد يظهر على صور مختلفة منها اجترار الماضي المجيد جداً مع التوهم والتخيل أنه أو انها قد حققت انتصارات وبطولات تم إنجازها خلال رحلة حياة الأفراد المعنيين.

اختلاف الأهداف والحاجات للأفراد:-

من المعروف أنه لا يمكن التعرف بسهولة على دوافع الأفراد. ذلك أن الأفراد قد يقومون بإشباع حاجاتهم بطرق متباينة ولتحقيق أهداف مختلفة، فعلى

سبيل المثال، قد يكون لاعضاء الجمعية الوطنية لحماية المستهلك أهداف ودوافع متباينة، فمنهم من قد يهتم فعلا بالدفاع عن قضايا المستهلك، بينما قد يميل البعض الآخر إلى المظهرية ومحاولة تحقيق مصالح ذاتية، ومنهم من يسعى إلى التخريب والتشويش على أنشطة الجمعية وأفرادها النشيطين في محاولة يائسة لحل الجمعية أو إيقاعها في المشاكل. كما أن البعض منهم قد يلتحق بالجمعية لتحقيق أهداف منها المصلحة أو قضاء أوقات الفراغ.. الخ، ذلك أن هذا البعض لا يعرف أي شيء عن ماهية العمل فيها وحجم المشاكل والضغوط التي يتعرض لها رواد حركة حماية المستهلك- السلطة الخامسة- في الأردن منذ تأسيسها عام ١٩٨٩.

أنواع المنبهات:

يتعرض الأفراد عادة إلى عدد من المنبهات الداخلية والخارجية نوردها هنا، كما يلي:-

المثيرات الفسيولوجية:

من المعروف أن حاجات الإنسان الفسيولوجية مبنية على وضعه وحالته البدنية في ذلك الوقت. على سبيل المثال هبوط مستوى السكر في الدم أو حدوث تقلصات حادة في الأمعاء قد تنبه الفرد إلى حاجته الملحة إلى الطعام أو الدفء. عملياً، يبدو من الصعب السيطرة على المنبهات أو المثيرات الفسيولوجية على الأفراد لتشابك تلك المؤثرات مع بعضها البعض وتغييرها المفاجئ بسبب شدة تأثير العوامل البيئية الخارجية على الفرد المعني بها، وما يؤدي ذلك من أنماط شرائية واستهلاكية تبعاً لذلك.

المنبهات الإدراكية:

في بعض الأحيان قد يؤدي التفكير أو أحلام اليقظة إلى تنبيه وإثارة حاجات كامنة ومخزونة في منطقة اللاشعور، فالأشخاص الذين لديهم ملل أو إحباط نتيجة محاولاتهم المستمرة لتحقيق أهدافهم غالباً ما ينخرطون في أحلام اليقظة والتي من

خلالها قد يتخيلون ويتصورون أنهم في أوضاع، وكأنهم يحققون ما فشلوا في تحقيقه في الواقع. ومما تجدر الإشارة إليه هنا هو أن قدراً معينا من التخيل الواعي قد يكون صحيا للبعض من الأفراد حيث إنه قد يعتبر نوعا من أنواع الترشيد أو العقلنة!! فيما يعاني منه هؤلاء الأفراد، لكن التطرف والاسترسال في التخيل قد يؤدي بهم إلى ممارسة الإحساس بصور خيالية مدمرة للنفس الإنسانية الخاصة بهم وبمن حولهم.

تستثير المنبهات الإدراكية- بمضمونها الفكري الخيالي- حاجات كامنة لدى الأفراد المعنيين بها. كما أنها قد تزيد من حالات التوتر السائدة والتي يعانون منها، الأمر الذي قد يدفع الأفراد المعنيين بها إلى السلوك بطريقة طابعها التقليد والمحاكاة والتطرف، وعلى سبيل المثال، قد ترغب فتاة ما في أن تصبح كاتبة مشهورة فتجري عملية ربط خيالية مع شخصية كاتبها المفضل من خلال انخراطها في دورات بفن الكتابة. كما قد تقوم بمحاولة تقليد شخصية الكاتب أو الكاتبة التي تعجب بها، لذا فقد تلجأ إلى تقليد نمط كتاباتها من الناحية الشكلية وليس الموضوعية.

المنبهات البيئية:

يتعرض الأفراد من مختلف الأعمار والطبقات الاجتماعية إلى العديد من المنبهات البيئية التي قد تأتي من مصادر عديدة شخصية أو غير شخصية. عديدة وعلى سبيل المثال، عودة الأطفال من مدارسهم بعد الظهيرة قد يعرضهم للعديد من المنبهات الإعلانية الصادرة عن البيئة الخارجية، والتي قد تأتي على شكل سلع أو أغذية معروضة أو موجودة في المحلات أو المطاعم. يضاف إلى ذلك أن بعض الإعلانات أو الإيحاءات الصادرة من البيئة قد ينجم عنها عدم استقرار فسيولوجي لدى بعض الأفراد. كما يؤدي إعلان معين عن مقص جديد لقص الحشائش لشخص

يجب الإعتناء بحديقة منزله إلى توتر قد يدفعه لشراء المقص المعلن عنه بأقرب وقت ممكن.

وتجدر الإشارة هنا إلى أن الفرد الـذي يعيش في بيئـة معقـدة متشابكة قـد تكون الحاجات المستثارة لديه كبيرة. وعلى العكس من ذلك، فان الفـرد الـذي يعيش في بيئة بسيطة تكون الحاجات المستثارة لديه قليلة ولا تستدعي الاهتمام اللازم.

وهذا مـا يفسر- تـأثير التلفزيـون المتنـاقـض عـلى البيئـات الفقـيرة إذ إنه أي التلفاز قد يطلعهم على أسلوب حياة وسلع لا يستطيعون بـأي شكل مـن الأشكال الحصول أو التعرف عليها، لذا يعتبر التلفزيون في هذه الحالة من الأمـور المحببة لهـم آنياً إلا أنه لاحقاً قد يخلق لديهم درجات معينة من الإحباط قد تؤدي بـالبعض منهم إلى تبني بعض الأنماط السـلوكية العدائية للتخلص مـن حالـة الإحباط المستحكمة فيهم. إضاف إلى أن بعض البرامج التلفزيونية، وما ترسله من منبهات قوية، قـد تـؤدي إلى تأثيرات إحباطية شديدة على الطبقات الفقيرة فمن المعروف أن التلفزيون يعكس نمطاً حياتياً أقرب في المواقع إلى النـمط الحيـاتي للطبقـة الوسطى أو العليا في أغلـب الحالات، بالإضافة إلى أنه قد ينتج بعض الأنماط العدوانية لـدى معظـم أفراد الطبقـة الفقيرة نفسها ونحو المجتمع بشكل عام والموسرين منهم بشكل خاص.

أنظمة الحاجات وأنواعها:

تعدد وتنوع أنظمة الحاجات:

حاول بعض المهتمين بدراسة السلوك الإنساني تطوير قـوائم شـاملة ومطولـة للحاجات والدوافع الإنسانية، ومع أنه لا توجد خلافات حول عـدد وماهيـة الحاجـات الفسيولوجية، إلا أن هنالك آراء كثيرة حـول الحاجـات النفسية مـن ناحيـة عـددها وتعريفها وتكوينها. على سبيل المثال، اعد هـنري موريـه (Henry Murray) قائمـة في عام ١٩٣٨ لثمان وعشرين حاجة نفسية اعتبرت أساسا معقولاً لهيكل

الحاجات.حيث يعتقد موريه بأن الأفراد يتساوون في الحاجات إلا أن التفاوت فيما بينهم يعود أصلاً إلى الأهمية النسبية التي يعطيها الأفراد لهذه الحاجات أو تلك. كما أن قوائم حاجات الإنسان طويلة جداً الأمر الذي أدى برجال التسويق إلى إعطاء أهميات متفاوتة لكل نوع من أنواع الحاجات في عمليات التخطيط لاستراتيجيات المزيج التسويقي وخاصة استراتيجيات التطوير والترويج وتجزئة السوق.

هرم الحاجات(تسلسل الحاجات):

قام بوضع أول نظرية في موضوع تسلسل الحاجات أبرهام ماسلو (Abraham Maslow) وتنص هذه النظرية على وجود خمسة مستويات من الحاجات تتسلسل حسب أهميتها من الأسفل (الحاجات البيولوجية) إلى الأعلى (حاجات تحقيق الذات) حيث تقترح هذه النظرية اقتراحا مفاده أن الأفراد يسعون أولا إلى إشباع الحاجات في المستويات الدنيا قبل إشباع الحاجات الموجودة في المستويات العليا من هرم الحاجات. وعندما يتم اشباع الحاجات الدنيا فإن الأفراد ينتقلون إلى إشباع الحاجات في المستويات الأعلى وبالتدرج.

عموماً، يمكن إيراد مستويات الحاجات حسب هرم ماسلو كما يلي:-

١- **الحاجات الفسيولوجية:** وتشكل في نظرية هرم الحاجات أدنى مستوى من الحاجات. ويعتبر هذا النوع من الحاجات مطلوباً للإبقاء على حياة الأفراد كالطعام، الماء، المأوى والجنس. فالأفراد الذين يشعرون بالجوع لا يفكرون في إشباع أية حاجات أخرى قبل أن يشبعوا حاجاتهم من الطعام والشراب وهكذا. وتجدر الإشارة هنا إلى ان أغلبية الأفراد في الدول النامية لا يحققون المستوى المطلوب من الإشباع - كماً ونوعاً - لهذا المستوى من الحاجات الأمر الذي يؤدي إلى إفرازات نفسية واجتماعية سلبية على حياتهم.

٢- الحاجة إلى الأمن والاستقرار (Safety Need): بعد أن يتم إشباع المستوى الأول من الحاجات (الحاجة الفسيولوجية) تصبح الحاجة إلى إشباع وتحقيق حاجة الأمان والاطمئنان القوة الدافعة وراء سلوك الأفراد. عملياً، تشمل الحاجة إلى الأمن الحاجة إلى النظام والاستقرار والروتين والتأكد من أن الفرد سيحصل على طعامه الذي يحتاجه وأسرته، ليس ليومه هذا فقط، بل للأيام والسنين. وعلى سبيل المثال، بررت نقابات العمال بالأردن حاجة العمال للإنضمام إليها من خلال حاجة العمال الملحة إلى الأمن والإستقرار، وذلك من خلال حفز العمال للانتساب للنقابة، ذلك أن انتسابهم للنقابة يعطيهم مشاعر الأمان والاستقرار ولا تجعلهم يخضعون لنزوات أصحاب الأعمال وأمزجتهم، بالاضافة إلى أن بروز الحاجة للتأمينات والضمان الاجتماعي والتأمين الصحي كان استجابة طبيعية للمنتسبين للضمان الاجتماعي، وذلك من أجل توفير حاجة الأفراد إلى الأمن والأمان. إلا أنه في حال قيام الجهات المعنية بخفض قيمة التأمين الصحي والاجتماعي فإن الحاجة إلى الأمن والاستقرار تبرز أكثر في قطاعات المجتمع الفقيرة أو كبار السن أو المحالين على التقاعد، وهكذا. يضاف إلى ذلك أن إلغاء الدعم للسلع الأساسية في الدول النامية وفي سياسات اجتماعية فعالة قد يهدد بصورة كبيرة درجة إشباع الحاجات الفسيولوجية لدى الأفراد والأسر الأمر الذي سيؤدي، لاحقاً لا سمح الله، إلى مشاكل اجتماعية واقتصادية قد تهدد بقطع الأمن والأمان لكافة أفراد المجتمع.

الحاجات الاجتماعية:

وهي المستوى الثالث من هرم الحاجات لماسلو، وتشمل الحاجة إلى المحبة والتقبل من المجتمع والانتماء ... إلخ) The Need to belong to,... to be loved).

الحاجة إلى الاحترام(Self esteem & Self respect):

عندما يتم إشباع الحاجات الاجتماعية يصبح هذا المستوى من الحاجات فاعلا. حيث تكون هذه الحاجة داخلية أو خارجية أو كلاهما معا، فمثلا، تشير بعض الدراسات إلى أن احترام الفرد لذاته أو تقبل هذا الذات، من خلال النظر للإنجازات أو النجاح الذي حققته هذه الذات، يدعم هذه الحاجة. أما الحاجة إلى إثبات الذات خارجياً فتشتمل الحاجة إلى تحقيق مكانة اجتماعية محترمة أو الظهور كشخصية لها مكانتها المرموقة والمحترمة بسبب إنجازها العلمي أو المادي وهكذا.

الحاجة إلى تحقيق الذات(Self- Actualization):

يعتبر هذا النوع من الحاجات أعلى أنواع الحاجات وأرقاها. عملياً، لن يحقق ولن يشبع هذا النوع من الحاجات إلا نسبة ضئيلة جدا من الأفراد في أي مجتمع؛ ذلك أن من يحقق هذه الحاجة يكون غالباً من العلماء أو المخترعين أو من ذوي المساهمات التي لا تنسى على كافة الأصعدة الاجتماعية والوطنية والاقتصادية أو العلمية وهكذا، وهم الذين يقدمون مساهمات أو إنجازات تتعدى حدود الوطن، بحيث يستفيد من الإنجاز الذي يحققه كافة الأفراد في مختلف بلدان العالم. وتجدر الإشارة هنا، إلى أن مفهوم تحقيق الذات يختلف بين الأفراد حسب الطبقة الاجتماعية التي ينتمون إليها من جهة، بالإضافة إلى بعض الظروف والأزمات كالحروب وغيرها، التي قد يدرك أبعادها بعض الأفراد بطريقة مختلفة من ناحية التعامل مع معطياتها. ولكن المحزن في هذا الأمر أن العديد من الأفراد في الدول النامية يحققون ويشبعون هذا النوع من الحاجات، ولكن من خلال الاسترسال والتخيل وربما الاحتيال.

تقييم هرم الحاجات:

بشكل عام، لاقت هذه النظرية تقبلاً واسعاً في العلوم الاجتماعية، لأنها تعكس حاجات ودوافع الأفراد بصورة شبه واقعية. وتجدر الإشارة هنا إلى أن كل مستوى من مستويات الحاجات المشار إليه أعلاه يتم تحقيقه بمستويات مختلفة لدى

الأفراد وحتى بين المجتمعات المختلفة. أما المآخذ المألوفة على هذه النظرية، فتلخص بعمومية فرضياتها(إذ إنها تبين الفروقات الأساسية بين الحاجات، بالإضافة إلى أن مستوى الحاجات الفسيولوجية لا يمكن التحكم بها عند الإشباع بينما مستويات الحاجات الأخرى يمكن التحكم بها عند الإشباع من قبل الأفراد). والمشكلة الأساسية في نظرية هرم الحاجات هو أنه لا يمكن قياسها بالتجربة إذ لا يوجد مقاييس واقعية يمكن استخدامها بكفاءة لمعرفة مدى إشباع حاجة معينة قبل الأخرى، بالإضافة إلى أن أولويات الإشباع لهذا المستوى من الحاجات أو تلك يتوقف أو يعتمد على عوامل بيئية عديدة، منها الاقتصادي والسياسي والحضاري.. إلخ والاختلافات الشائعة بين الأفراد والمجتمعات. ولا ندري كيف سيتم تقييم هذه النظرية بعد خمسين سنة من الآن.

وبالرغم من هذه الانتقادات، إلا أن هرم ماسلو لا زال يعتبر الأداة الفعالة لفهم حوافز المستهلكين في الأسواق المستهدفة من خلال استخدام المستويات المختلفة من الحاجات عند تصميم الاستراتيجيات التسويقية والترويجية والإعلامية الفعالة كعناصر المزيج التسويقي والايحاءات الترويجية المرغوبة. وعلى سبيل المثال، يقوم الأفراد عادة بشراء الطعام والمنازل والملابس لتلبية حاجاتهم الفسيولوجية، كما أنهم قد يقومون بشراء بوالص التأمين من أجل تلبية حاجاتهم إلى الأمان. أما معظم السلع ذات الطابع الشخصي- مثل أدوات المكياج ومعاجين الأسنان، فيتم شراؤها لاشباع الحاجات الصحية والاجتماعية. أما السلع الخاصة مثل الفراء والجواهر والسيارات الفارهة، فقد يتم شراءها لإشباع حاجات الأفراد إلى إثبات الذات. أما الإنخراط في دراسات جامعية عليا كالماجستير والدكتوراه، فقد تلبي حاجة بعض الأفراد إلى تحقيق الذات.

عملياً، يوفر هرم الحاجات إطارا عاما لرجال التسويق حيث يتم استخدامه من قبلهم عند تصميم الحملات الترويجية المناسبة للسلع والخدمات بهدف إقناع

المستهلكين المستهدفين بالفوائد والمنافع أو الرموز التي قد يحصلون عليها في حالة شراءهم لها. عموماً يمكن إيراد المضامين التسويقية لهرم الحاجات الذي اقترحه ابراهام ماسلو على الشكل التالي:

إحلال السلعة:

ترتبط إحدى التطبيقات الهامة لهرم الحاجات في الكيفية التي من خلالها يدرك المستهلكون للسلعة والخدمة موضوع الاهتمام. يتضمن الإحلال السلعي محاولة رجال التسويق إيجاد حيز غير مشغول من قبل الماركات السلعية المنافسة في ذهن المستهلك المستهدف للماركة موضوع الاهتمام. وتفترض هذه المقولة، أيضا، عدم وجود حاجة مشبعة بشكل كامل، لذلك فإنه من اللازم توجيه مختلف الجهود التسويقية الخاصة بالماركة السلعية أو الخدمية موضوع الاهتمام نحو ذلك الجزء غير المشبع لدى الأفراد، فمثلا، قد يقوم بائعو السيارات الفاخرة بالتركيز على مستوى معين من الحاجات لجذب اهتمام واقناع المستهلكين المستهدفين لشرائها. لذا فقد تركز إحدى المصانع في إعلاناتها وجهودها الإحلالية على إثارة حاجة تحقيق الذات من خلال استخدام إعلانات موجهة للشخص وتحت شعار " أنت تستحق الأفضل" لماذا لا تشتري الآن؟" وهكذا.

تعدد استعمالات هرم الحاجات:

من المعروف أنه يمكن لماركة سلعية أو خدمية تلبية عدة مستويات من الحاجات. على سبيل المثال،يمكن أن تشبع أفران الطبخ الكهربائية(Microwwave) مستويات مختلفة من الحاجات للمستهلكين. إذ إن اقتناء تلك الماركة من الأفران قد يشبع حاجات فسيولوجية، بالإضافة إلى أن ربة البيت تستطيع طهي الطعام بسرعة (إشباع حاجة الجوع بسرعة). كما أن هذه الماركة موضع الاهتمام قد تلبي الحاجة إلى الأمان، وذلك من خلال الترويج للماركة من

فئة السلعة كونها آمنة مقارنة مع المنافع التي تعطيها الماركات الأخرى من الأفران.

ومن النظريات الأخرى للحاجات تلك النظرية التي ركزت على وجود ثلاثة حاجات أساسية لدى الأفراد نوردها هنا كما يلي:

الحاجة إلى السيطرة:

تقوم هذه الحاجة على أساس أن هناك بعض الأفراد في المجتمع يحاولون باستمرار السيطرة على البيئة المحيطة بهم- الأشخاص والأشياء.. إلخ. عملياً، هذه الحاجة مرتبطة بقوة الذات لدى الأفراد. يضاف إلى ذلك، أن الأفراد الذين لديهم هذه الحاجة بقوة لا يشعرون بالرضا إلا عندما يسيطرون على محيطهم، فالإعلان عن السيارات ذات السرعة الكبيرة يعتبر مؤثرا على وعود بالحصول على القوة إذا تم الشراء. والحاجة إلى القوة يدفع الأفراد المعنيين إلى المبادرة والبحث الجدي لشراء هذا النوع من السيارات. كما أن ميل بعض الأفراد لتولي المراكز القيادية في مجالات معينة يعتبر تعبيراً فعلياً عن الحاجة للسيطرة والحصول على القوة الموجودة في شخصياتهم أو تكويناتهم النفسية.

الحاجة إلى الإنتساب:

يعتبر الإنتساب لجماعة أو شيء أو وطن حاجة اجتماعية، ومن الأمور المألوفة في حياة الأفراد ولكافة المجتمعات، ذلك أن سلوك الأفراد يتأثر بشكل كبير برغبتهم لتكوين صداقات مع الآخرين والتقبل الاجتماعي لهم والانتماء للجماعات التي يستحقون أن يكونوا فيها. عملياً، من خصائص الأشخاص الذين يوجد لديهم حاجة كبيرة للانتساب مع رغبة جامحة في التفاعل الاجتماعي مع أصدقائهم وأقاربهم وجيرانهم حيث يسعون دائماً للانتساب وبقوة، فالأفراد مثلا الذين يرتادون المعارض كمعارض السيارات قد يقومون بذلك بدافع التواجد مع الآخرين، وليس

بدافع الشراء. ومثل هؤلاء الأفراد قد يطلبون مساعدة البائعين لهم قبل القيام بشراء الملابس أو الأدوات المنزلية إرضاء للبائعين، وهم في كثير من الأحيان يقومون باتخاذ انماط سلوكية واستهلاكية تتوافق غالباً مع مثيلاتها الموجودة لدى الجماعات المرجعية الخاصة بهم.

الحاجة إلى الإنجاز:

عملياً، ركزت العديد من الدراسات والأبحاث على الحاجة إلى الإنجاز؛ فالأفراد الذين لديهم حاجة كبيرة إلى الإنجاز لا ينظرون إلى إنجازاتهم الذاتية كنهاية في حد ذاتها. ومن المعروف أن الحاجة إلى الإنجاز لديهم مرتبطة بشكل كبير بحب الذات. كما إن رضا الفرد عن عمل جيد قام به قد يخدم في تحسين صورته الذاتية أمام نفسه. كما أن الأفراد من ذوي الثقة العالية بأنفسهم قد يستمتعون بأخذ المخاطر المحسوبة كما أنهم يبحثون دائما عن كل ما هو جديد، بالإضافة إلى أنهم يهتمون اهتماما كبيرا بنوعية المعلومات الموجودة لديهم بعد كل إنجاز أو عمل.

وتجدر الإشارة هنا إلى أن رجال التسويق يعتبرون الأفراد من ذوي الإنجازات الكبيرة سوقاً هاماً للعديد من الماركات السلعية والخدمية الجديدة، حيث أشارت بعض الدراسات إلى أن الأفراد الذين تتوافر لديهم حاجات عالية للإنجاز يشكلون سوقاً مستهدفة مربحة لبعض أنواع السلع كالقوارب، الأثاث، السلع الثمينة والرحلات وأدوات التزلج والكمبيوتر. أما الرجال الذين لديهم حاجة منخفضة للإنجاز فغالباً ما يبحثون عن سلع ذات مخاطر بسيطة- معظم السلع سهلة المنال- ويميلون لقضاء أوقاتهم داخل المنازل.

قياس الدوافع:

كيف ، يمكننا أن نتعرف على الدوافع؟ كيف يمكننا قياسها؟ وكيف يتعرف العلماء على الدوافع التي تسبب أنماطا سلوكية من أنواع معينة؟ هذه هي الأسئلة التي يجب إعطاء إجابات وافية عنها، بالرغم من الصعوبة الكبيرة التي تواجه الباحثين المهتمين في قياس الدوافع. ذلك أن الحوافز ما هي إلا عبارة عن بناء فرضي لا يمكن لمسه ولا يمكن ملاحظته بسهولة. كما أنه، لا توجد مقاييس يمكن استخدامها لفهرسة وتصنيف الدوافع إلا أن الباحثين يستخدمون، غالباً، هذه المقاييس التالية أو بعضها:

الملاحظة والإستنتاج:

في كثير من الأحيان يمكننا استنتاج الدوافع من خلال ملاحظة الأنماط السلوكية للمستهلكين. على سبيل المثال إذا قام شخص ما بالبحث بشكل مطول عن ماركة من فئة سلعية معينة واستمر بالبحث عنها، فإنه يمكننا التعرف على الحاجات التي دفعت ذلك الفرد للقيام بذلك السلوك الشرائي، ولحين قيامه بشراء هذه الماركة السلعية. أيضاً قد يقوم زوجان بزيارة إحدى محلات بيع الغسالات لحاجتهم الملحة لشراء غسالة جديدة، وبعد قراءة ومشاهدة إعلانات مطبوعة حول خصائص ومواصفات الماركة الجديدة من الغسالات فإنهما قد يقومان بتحليل المعلومات المؤدية إلى القرار الشرائي المرتبط بالماركة موضوع الإختيار. ومع أننا قد نشعر بإمكانية التعرف على الدافع الأساسي وراء السلوك الشرائي الذي تم بعد ذلك، إلا أن ذلك قد يكون غير صحيح في بعض الحالات، ولدى بعض أفراد من شرائح اجتماعية محددة، فمثلا، قد يقوم شخص بالعمل لساعات طويلة، فنستنتج أن هذا الفرد لديه حافز قوي للإنجاز، بينما قد يكون لديه رغبة في إشباع حاجة أخرى كحاجة الأمان والتي يمكن إشباعها بواسطة جمع المزيد من المال لشراء السلعة التي تحقق له الأمان الذي ينشد. يضاف إلى ذلك، أن هناك إمكانية لملاحظة سلوك

مستهلك ما من خلال مقابلة معمقة معه من قبل باحث متمرس يجري المقابلة من خلال استخدام مختلف وسائل التشجيع والترغيب. وذلك لدفع هذا الشخص الذي تجري مقابلته للحديث عن نشاطاته وآرائه حول مختلف الماركات السلعية ومنها الماركة موضوع الإهتمام وذلك من أجل كشف الدافع الكامن وراء قرار الشراء الذي تم اتخاذه. عملياً، تعتبر مثل هذه الدراسات مفيدة حيث إنها تعطي رجال التسويق فكرة عن الإيحاءات الترويجية والإعلانات الأكثر قبولا أو مرغوبية والتي يمكن استخدامها بفاعلية في الرسائل الترويجية الممكن استخدامها بنجاح لترويج هذه الماركة أو تلك. على سبيل المثال، لو أجريت بعض المقابلات مع رواد محلات البيتزاهت في الأردن فإنه قد تظهر أن الرواد يعتبرون تناول الطعام في تلك المحلات من الأمور التي قد تعطيهم إحساسا بالمشاركة وعدم الخجل وحرية التصرف. وبناء عليه، فإنه يمكن تصميم حملات ترويجية وإعلانية أكثر فعالية لجذب المزيد من المستهلكين إلى تلك المحلات من خلال التركيز الترويجي والإعلاني على الحاجات والدوافع المحركة لهم فعلا. عموماً يعتبر هذا النوع من الدراسات ذا كلفة كبيرة من ناحية المال وليس الوقت في أغلب الأحيان. كما ان تحليل إجابات المستقصى- منهم تتطلب خبرات تسويقية وإدارية كبيرة من جانب الباحثين المتمرسين. وتجدر الإشارة هنا إلى أن هناك أساليب أو مقاييس أخرى مكملة لأسلوب الملاحظة مثل التقرير الذاتي (Self Report) أو المقاييس غير الموضوعية (Subjective Tech) والتي يمكن إيرادها كما يلي:

الإقرار الذاتي (Self Report):

يعتقد بعض الباحثين ان أفضل وسيلة لمعرفة وتحديد حاجات وأهداف المستهلكين، قد تكون من خلال سؤالهم مباشرة عنها. عملياً، هنالك عدة اختبارات يمكن استخدامها من أجل دفع المستهلك للإجابة عنها بحرية. وذلك بهدف الكشف عن دوافعهم وأذواقهم وحاجاتهم. بعدها يقوم الباحثون بتصنيف الإجابات التي تم الحصول عليها من خلال وضع أرقام لها لتمكين الباحثين من تحليلها وتصنيفها.

عملياً، لا بد من الإشارة إلى وجود مشكلتين محتملتين في هذا النوع من الاختبارات، نذكرها هنا كما يلي:

المشكلة الأولى: أن المستهلك قد لا يعي الأسباب أو الحوافز الفعلية وراء سلوكه بهذه الطريقة أو تلك أو بهذا الاتجاه أو ذاك. وبناء عليه فإنه قد يلجأ لوضع أسباب أخرى لتبرير تصرفاته. أي أنه قد يضع أسبابا مقبولة له شخصيا مع أنها في الواقع غير مقبولة من الآخرين. على سبيل المثال، قد تبرر عائلة ما انتقالها للسكن في الضواحي بأنها ترغب في الحصول على بيت أكبر أو أكثر ملاءمة لأطفالها مع أن السبب الحقيقي قد يكون هو الهرب من السكن في المدينة حيث الشقق الضيقة عالية الارتفاع بالإضافة إلى الحياة الاجتماعية غير المريحة.

المشكلة الثانية: أيضا قد يقوم المستهلك بالكذب متعمدا عند الإجابة على بعض أسئلة الاختبار والتي توجه إليه وذلك لإعطاء الباحثين صورة أفضل عن نفسه أو لإرضاء الباحثين أو لتجنب الإحراج. لذلك فإنه من الصعب على الباحثين التمييز بين الإجابات الذاتية الصحيحة وبين تلك الإجابات غير الموضوعية أو المعتمدة. لهذا السبب قام بعض الباحثين وعلماء النفس بتطوير وسائل سيكولوجية للوصول إلى مكونات الأفراد اللاشعورية من خلال استخدام بعض الأساليب الإسقاطية أو المقابلات المعمقة أو تمثيل الأدوار الهادفة لكشف أمور أو حاجات كامنة لديهم.

الأساليب الإسقاطية(Projective Methods):

تهدف هذه الأساليب للتعرف على خبايا النفس وأحاسيس الأفراد الداخلية حيث يشمل استخدام هذه الأساليب تنفيذ اختبارات ذات مؤثرات مخططة كوضع جمل غير كاملة أو صور ذات معانٍ معينة نفسية أو كاريكاتيرات أو اختبارات ربط الكلمات وهكذا. عموماً، يتم الطلب إلى الفرد موضوع الاختبار أن يكمل أو يصف أو يفسر معنى هذه المؤثرات أو المنبهات، أما الفرضية الأساسية لهذه الأساليب فتقوم على أساس أن حاجات وحوافز الأفراد ستؤثر على الكيفية التي يرى بها هؤلاء الأفراد هذه المؤثرات، لذلك فالقصص التي يروونها أو الجمل التي يكملونها

تعكس أحاسيسهم الذاتية مع أنهم ينسبون استجاباتهم إلى أشياء وأشخاص آخرين. يضاف إلى ذلك أن هذا المقياس يفترض أن الأفراد موضوع الاختبار لا يدركون انهم يظهرون أو يكشفون عن أحاسيسهم الذاتية.

من الواضح أن التعرف على مقياس الحوافز الإنسانية عملية معقدة وبعض علماء النفس يشيرون إلى أن معظم المقاييس لا تستوفي شروط الاختبارات العلمية مثل صحة وشرعية المعلومات ودرجة الاعتمادية(Validity & Reliability) التي يجب أن تتوفر في المقياس المستخدم.

عموماً، ترتبط صحة المعلومات بالتأكيد من أن الاختبار المستخدم يقيس ما يجب قياسه، أما درجة الاعتمادية على النتائج التي تم التوصل إليها فتشير إلى تناغم أو انسجام مفردات المقياس المستخدم، ومع ما يجب قياسه فعلاً. وباستخدام مزيد من التقريرات أو الإقرارات الذاتية المبنية على المعلومات السلوكية والأساليب الانعكاسية، فإن كثيراً من الباحثين قد يكون لهم بعض الثقة في أن الأساليب المستخدمة قادرة على كشف دوافع المستهلك من خلال استخدام مزيج من النتائج المبنية على الأبحاث النفسية والمقاييس الإسقاطية.

أبحاث الدافعيةMotivational Research:

تهدف أبحاث الدافعية إلى الكشف عن الدوافع أو الحوافز الكامنة وراء مختلف الأنماط السلوكية للأفراد، ولكن باستخدام أساليب البحث النوعي، كما تهدف أبحاث الدافعية إلى كشف الأسباب الدفينة في منطقة اللاوعي الشعوري والمحركة للسلوك المبرز من قبل بعض الأفراد، أحيانا، هنا وهناك أو في هذا الوقت أو ذاك. ومن الأمثلة على هذه الأساليب المقابلات المعمقة وجماعات التركيز والطرق الإسقاطية الهادفة إلى تحليل وكشف الأبعاد الأساسية لهذا السلوك أو ذاك وأسبابه.

عملياً، تم تطبيق أبحاث الدافعية في التحليل النفسي ـ من خلال دراسة عادات الشراء لدى المستهلكين. كما أن أبحاث التسويق في تلك الحقبة ركزت على ما يفعله المستهلكون، لماذا يفعلون ذلك؟ الأمر الذي جعل رجال التسويق أكثر اقتناعا

بأهمية استخدام هذه الأساليب، والتي ساعدتهم فعلا للوصول إلى تفسيرات أو شروحات معقولة للأنماط السلوكية التي لاحظوها أو استنتجوها. بالإضافة إلى أنها تساعد في كشف الدوافع الكامنة وراء تلك الأنماط الاستهلاكية للأفراد في أسواق السلع والخدمات.

عيوب دراسات الدوافع أو الحوافز:

أدرك رجال التسويق أن أبحاث الدوافع بشكل عام تعاني من عيوب كثيرة. وذلك بسبب كثافة المعلومات التي تتطلبها هذه الأبحاث، بالإضافة إلى أنه لا يمكن استخدام إلا عينات صغيرة العدد وهو ما لا يستطيع الباحثون معه تعميم النتائج التي يتم التوصل إليها على السوق كله. كما أدرك رجال التسويق، أيضا، أن تحليل الاختبارات الاسقاطية(Projective Tests) أو المقابلات المتعمقة يخضع في كثير من الأحيان لاعتبارات شخصية غير موضوعية قد تكون نابعة من تفسيرات محللي تلك المعلومات، إضافة إلى تكلفتها العالية وقتا ومالا.

أبحاث الدوافع:

بالرغم من الانتقادات التي وجهها النقاد إلى أبحاث الدوافع إلا أنها ما زالت تستخدم من قبل المسوقين المهتمين بالحصول على صور أوضح للأسباب التي تدفع المستهلكين إلى السلوك بطرق معينة عند الشراء لمختلف السلع أو الخدمات المطروحة في الأسواق المستهدفة.

عموما، تستخدم أبحاث الدافعية في تطوير بعض الأفكار الواقعية للحملات الترويجية والإعلانية من خلال الدخول إلى منطقة الإحساس الواعي لدى المستهلكين، وذلك من خلال إثارة الحاجات الكامنة إيجابيا وأساليب مختلفة تقتضيها خصائص المستهلكين في الأسواق المستهدفة.

كما تستخدم أبحاث الدوافع أيضاً في تطوير ماركة سلعية جديدة عند التعرف على ردود فعل المستهلكين لأية أفكار جديدة لماركات جديدة أو تصاميم

متنكرة لإعلانات مرئية أو مطبوعة قبل القيام بإنتاج تلك السلع أو القيام بالحملات الترويجية وذلك لتجنب الأخطاء المكلفة. كما أن هذه الأبحاث قد توفر بعض الدلالات والمؤشرات العملية لدراسات وأبحاث كمية تسويقية يمكن إجراؤها على عينات أكبر من المستهلكين تكون ممثلة لسوق المستهلكين المستهدفين ولسلع وخدمات عديدة.

يضاف إلى ذلك، أنه تم استخدام أبحاث الدوافع بشكل مفيد في المؤسسات غير الهادفة للربح حيث وجد العالم ديختر Dichter أن الفرد يقاوم بلا وعي القيام بالتبرع للأعمال الخيرية باستخدام الأساليب التقليدية، لأنه - أي الفرد - يشعر أنه إذا أعطى، فإنه لا يصبح محط الأنظار، لذلك قامت المؤسسات الخيرية بالاستفادة من هذه النتيجة من خلال تخصيص أوقات أطول لشكر المتبرعين بالمقارنة مع الوقت المخصص لإقناعهم بالتبرع. بالإضافة إلى إيجاد مشاعر حسن النية والود لدى المتبرعين السابقين واللاحقين استعداداً لحملات التبرع القادمة وأفضل أمثلة على ذلك في الأردن اليوم الذي خصص لنصرة شعب البوسنة عام ١٩٩٥، والجهد الإعلامي الذي استهدف دعم الرياضة الأردنية بعد فوز الأردن بالبطولة العربية الثامنة لكرة القدم عام ١٩٩٧.

عملياً، تبقى أبحاث الدوافع أداة نافعة للكثير من المسوقين المهتمين في معرفة الأسباب الحقيقية وراء الأنماط السلوكية أو الشرائية أو الاستهلاكية للمستهلكين في الأسواق المستهدفة للسلع أو الخدمات. وتجدر الإشارة هنا إلى أن درجة تطبيق أبحاث الدافعية في الدول النامية ما زالت ضعيفة، وذلك لأسباب أهمها قلة الخبراء المتمرسين بتصميمها وتنفيذها بالشكل العلمي المؤدي إلى نتائج يمكن تعميمها من خلال دراسات وبحوث أخرى لاحقه، بالإضافة إلى قلة الأموال المخصصة لإجراء مثل هذا النوع من البحوث التي تحتاج إلى تكاليف ومجهودات كبيرة ووقت أطول.

أسئلة المناقشة

١- ناقش مع إعطاء أمثلة الدوافع الإيجابية والسلبية.

٢- بين باختصار طبيعة الدوافع وخصائصها.

٣- بين كيف يؤثر النجاح والفشل على وضع الأهداف لدى الأفراد في الدول النامية.

٤- ناقش بالتفصيل الأساليب التي يستخدمها الأفراد في الدفاع عن أنفسهم عند تعرضهم للإحباط.

٥- المطلوب إعطاء أمثلة من واقع السوق المحلي الأردني عن المنبهات التي يتعرض لها الأفراد.

٦- بين المضامين التسويقية والترويجية لهرم الحاجات الذي اقترحه أبراهام ماسلو لسلع ميسرة وتسويقية وخاصة.

٧- المطلوب تقييم موضوعي لهرم الحاجات الذي اقترحه أبراهام ماسلو.

٨- المطلوب إعطاء أمثلة لرسائل إعلانية تلفزيونية تعكس حاجات السيطرة والانتساب والإنجاز لدى الأفراد.

٩- بين كافة الأساليب المستخدمة من قبل الباحثين السلوكيين لقياس الدوافع.

١٠- بين أهمية استخدام الدافعية في الكشف عن الدوافع الكامنة وراء أنماط سلوكية عدوانية لأفراد يملكون مستويات دخل منخفضة أو متوسطة آيلة للسقوط.

١١- الرجاء بيان مدى استخدام أساليب التعرف على مواقف ودوافع المستهلكين في المجالات التالية:

- عند رفع أسعار السلع الأساسية.
- عند اتخاذ قرار تعويم أسعار الخضار والفواكة.
- قبل اتخاذ قرار رفع رسوم الطلبة في الجامعات الحكومية.
- تخفيض أسعار الخبز.
- إلغاء الدعم على السكر والأرز والحليب والكوبونات.

الفصل الرابع

التعلم وسلوك المستهلك

* تمهيد.
* تعريف التعلم.
* المبادئ الأساسية للتعلم.
* نظريات التعلم.
* التعلم العام والموزع.
* هيكل الذاكرة.
* عمليات الذاكرة.
* استرجاع المعلومات.
* معالجة تمرير المعلومات.
* نظرية الارتباط.
* وسائل الإعلان ودرجة الارتباط.
* الولاء للسلعة.
* أسئلة المناقشة.

الفصل الرابع

التعلم وسلوك المستهلك

تمهيد

عملياً، هناك اختلاف واضح وملموس بين علماء السلوك حول ماهية التعلم وتعريفه، فمنهم من يرى أن التعلم هو عبارة عن الاستجابة لما يتعرض له الأفراد من منبهات ترتبط بالبيئة المحيطة بهم. ومنهم من يرى أن التعلم هو عملية نتاج عملية إدراكية عقلية معقدة يتم من خلالها تحليل المعلومات بطريقة موضوعية، كما يتم تحليلها بواسطة الحاسب الآلي.

عموماً، تمثل نظريات التعلم لرجال التسويق الدليل العملي حول كيفية تعلم الأفراد عن الأشياء، الأشخاص، الأماكن... إلخ. لذلك يعتبر التعلم كطبيعة وأنماط من الأمور التي يحرص على فهمها وتحليل آلياتها وأساليبها من أجل تحقيق الهدف العام لها ألا وهو التعرف على كيفية تعلم الأفراد، وأفضل الأساليب المؤدية، إلى ذلك. عموماً، يتعلم الأفراد في المجتمع الواحد من خلال عدة أساليب ونظريات، كذلك فإن الأفراد داخل الأسرة الواحدة قد يتعلمون وفق نظريات وأسس مختلفة وذلك لاختلاف الأنماط العامة لشخصياتهم بالإضافة إلى تباين تأثير مختلف العوامل البيئية عليهم.

ما هو التعلم؟

من وجهة نظر التسويق يمكن تعريف التعلم بأنه" كافة الإجراءات والعمليات المستمرة والمنتظمة والمقصودة وغير المقصودة لإعطاء أو إكساب الأفراد المعرفة والمعلومات التي يحتاجونها عند شراء ما هو مطروح من أفكار،

مفاهيم، سلع أو خدمات. بالإضافة إلى تعديل أفكارهم، معتقداتهم، مواقفهم والأنماط السلوكية نحو هذا الشيء أو ذاك".

من هذا التعريف يمكن ملاحظة أن التعلم يتم من خلال مراحل أو عمليات وأنه يتصف بالاستمرار والتغير، وأنه قد يكون مقصوداً أو عرضياً وأنه قد يحدث من خلال التفكير والملاحظة والخبرة العملية.

كما أن التعلم لا يحدث، فقط، من خلال سعي الأفراد للتعلم، لأنه قد يكون مقصوداً، كما قد يحدث عن طريق المصادفة دون أي جهد من قبل الفرد الذي يتعلم أو يكتسب أو يعدل من سلوكه أو مواقفه نتيجة تعرضه لهذا المنبه او ذاك.

على سبيل المثال، إذا أراد شخص أن يكون لاعبا مشهوراً في كرة المضرب، فهذا يعني أن لديه دافعاً لتعلم كل ما يستطيع تعلمه عن هذه اللعبة من مهارات وأدوات، ومن ثم قيامه بممارسة هذه اللعبة في أي وقت يشاء، لذا فقد يكون عليه أن يبحث عن معلومات وبيانات إضافية تتعلق بأسعار ونوعية المضرب الذي يريد والجهة أو الشخص الذي يمكن أن يعلمه هذه اللعبة. إذ أنه قد يتعلم أن مضرب التنس الجيد ما هو إلا عامل هام أو إجرائي من أجل لعب مباراة ممتازة ومن ثم نيل شهرة واسعة في هذا المجال، وعلى العكس، قد يقوم شخص آخر ليس لديه اهتمام بلعب كرة التنس بتجاهل أية معلومات أو إيحاءات تتعلق باللعبة لعدم وجود أية دوافع لديه لتعلم هذه اللعبة.

عملياً، يعتبر الكشف عن دوافع المستهلكين من المهام الرئيسية لرجال التسويق الذين يجب أن يقوموا بدور فعال لتعليم ودفع قطاعات المستهلكين نحو ما يريدون تصريفه من سلع أو خدمات أو أفكار أو مفاهيم. وبناء عليه، يقع على رجال التسويق مهمة فهم طبيعة وأركان كافة نظريات التعلم السائدة، وذلك من أجل المساعدة في تصميم تلك الاستراتيجيات التسويقية المرتبطة بالسعر، التوزيع، الترويج والسلعة وكيفية توقيت تطويرها.

المبادئ الأساسية للتعلم:-

يتفق العلماء على أنه حتى يحدث التعلم لا بد أن تتوافر المبادئ الأساسية التالية:-

١- الدوافع Motivation:

تشكل الدوافع نقطة الإنطلاق الأولى لحدوث التعلم حيث تلعب الحاجات والأهداف دور المنبه. كما أن كشف دوافع المستهلك يعتبر من أهم المهام التي يجب أن يقوم بها المسوق لتحديد الدافع الأساسي. ومن المعروف أن وراء كل سلوك شرائي أو استهلاكي من قبل المستهلك نحو الماركات من السلع أو الخدمات والتي تشبع حاجاته أو رغبته دافع أو أكثر مع اعتبار ان دوافع الشراء او الاستهلاك لدى الأفراد تختلف باختلاف أهدافهم وأنماطهم الشخصية وإمكاناتهم الشرائية.

٢- الإيحاءات Cues:

تقوم الإيحاءات بدور الموجه للدوافع كونها تعمل كقوة رئيسة لاستمالة الأفراد للتعلم. وقد تتمثل الإيحاءات في أمور ترتبط بالماركة السلعية أو الخدمية من خلال منبهات مثل السعر، نوعية الإعلان، طريقة العرض.. إلخ، ويكمن دور الإيحاءات بشكل عام في مساعدة الأفراد على الانتباه والاهتمام من قبلهم لإشباع حاجاتهم. وحتى تكون الإيحاءات قادرة على توجيه أو حفز دوافع المستهلكين يجب أن تتناسب مع توقعاتهم لذا يقوم رجال التسويق وتطوير ذلك المزيج التسويقي السلعي أو الخدمي الذي يتناسب مع دوافع المستهلكين المستهدفين وحسب شرائحهم وأذواقهم.

عموماً، تستخدم الإيحاءات في توجيه دوافع المستهلكين خاصة إذا كان هناك توافق بين هذه الدوافع وتوقعات المستهلكين. لذا يتحتم على رجال التسويق أن

يكونوا أكثر حرصاً عند تقديم تلك الإيحاءات، والتي قد تأتي بصور عديدة أهمها الحملات الترويجية والتي لا تتعارض مع التوقعات التي تم ترتيبها لدى الأفراد من مستوياتها المختلفة.

على سبيل المثال، قد يتوقع المستهلكون من بعض المحلات ذات الأسماء المشهورة أن تعرض تلك النوعية من الملابس ذات النوعيات الجيدة والموضات العصرية. لذلك فقد تقوم هذه المحلات بتصميم حملات ترويجية وإعلانية باستخدام مؤسسات متخصصة في الرقابة على الجودة أو الموضة. كما تجدر الإشارة هنا إلى أن الترويج في المجلات المتخصصة يجب أن يعزز باقي عناصر المزيج التسويقي للسلعة أو الخدمة. ذلك أن الإيحاءات التي يتم إرسالها كمنبهات- من خلال قصر بيع الملابس على محلات محددة وباستخدام أدوات ترويجية مميزة- يجب أن يعزز هدف دفع المستهلكين المستهدفين في الاتجاه المرغوب والمؤدي إلى شراء المستهلكين لما يتم طرحه من ماركات سلعية.

٣- الإستجابة Response:

تحدد كيفية تصرف الفرد نحو المنبه الذي تعرض إليه نوع الاستجابة التي حدثت لديه، والحاجة التي يتم إشباعها. وقد يتم التعلم لدى فرد ما حتى ولو كانت استجابته غير ملموسة أو ظاهرة للعيان. فعلى سبيل المثال، قد يقدم مصنع للسجاد إيحاءات مستمرة للمستهلكين، لكنه قد لا ينجح في دفع المستهلكين المستهدفين لشراء ما يعرضه من سجاد. وهذه الحالة تنطبق على مسوقي السجاد وسلع أردنية أخرى.

عموماً، الاستجابة لا ترتبط بحاجة ما في شكل واحد لواحد ولكن حاجة ما أو دافعاً ما يمكن أن يثير عدة إستجابات فمثلا، هناك عدة طرق للإستجابة لحاجة شخص ما للتمارين الرياضية بجانب لعب التنس مثل المشي على الأقدام أو عدم ركوب السيارة دائماً والسباحة من وقت لآخر وهكذا. عملياً، يتعرض الأفراد يومياً

للعديد من الإيحاءات التي تتنافس لجذب انتباههم أما الإستجابات التي يقومون بها نتيجة المنبهات التي يتعرضون لها، فإنها تعتمد وبشكل كبير على أنماط التعلم المألوفة لديهم من ناحية، وأهدافهم الحالية والمواقف التي كونوها أو يكونوها ونوعياتها وكثافتها أو قوتها أو غرابتها من ناحية أخرى.

٤- التعزيز Reinforcment:

من المعروف أن التعزيز يزيد من احتمال حدوث إستجابة معينة في المستقبل كنتيجة لإيحاء أو منبه مثير أيقظ أو أنتج أو أظهر دافعاً معيناً، فإذا وجد طالب كلية الصيدلة أن ماركة دوائية يتم الإعلان عنها وتحتوي على فيتامين C استطاعت أن توقف الرشح لديه في وقت قصير. فقد يكون احتمال تكرار شرائه لهذه الماركة المحتوية على هذا الفيتامين كبيراً في المرة القادمة خاصة عند الإحساس الأولي بالرشح أو ظهور إشارة اولية للرشح. والعكس قد يكون صحيحاً على مستوى نفس الفرد وعلى مستوى فرد آخر من طبقة أخرى.

ويتبين من خلال المثال السابق، أن التعزيز قد تم وأن التعلم قد حدث، وذلك بالنظر إلى أن حبوب الفيتامين التي تم الإشارة إليها أعلاه توافقت مع توقعات الشخص أو طالب الكلية الذي أصيب بالرشح سابقاً.

على الجانب الآخر، إذا كانت نتيجة إستخدام فيتامين C سلبية لأول مرة لذا فقد لا يكون الطالب راغباً في إستخدام فيتامين C المرة القادمة على الرغم من الإعلان المكثف عنه(حيث يمثل هذا الإعلان منبهاً ومؤشراً على خبرات سلبية).

عملياً، لا بد من القول بأن مفهوم التعزيز ما زال مفهوماً غامضاً بالنسبة للنتائج الموثقة للتعلم. حيث يعتقد بعض أصحاب النظريات بأن التعزيز الضعيف لا يحدث الاستجابة المرغوبة. ولكن كثيراً من رجال التسويق يجدون، وعن طريق الملاحظة أو الحدس، بأن التعزيز قد يخدم في تعليم المستهلكين السلوك المرغوب

نحو سلعهم أو خدماتهم في الأسواق المستهدفة حتى ولو كانت مواقف معظم المستهلكين المستهدفين نحوها سلبية أو غير مرضية.

نظريات التعلم السلوكية:

أولاً: نظرية التعلم الكلاسيكي المشروط:-

بشكل عام، أصبحت كلمة مشروط تعني الإستجابة الأوتوماتيكية لموقف محدد تكون عن طريق التعرض المتكرر لمنبه ما. يعتبر العالم الروسي إيفان بافلوف أول من وصف وتناول الاستجابة الشرطية. حيث قدمها كنموذج عام لكيفية حدوث التعلم. وتبعاً لنظرية بافلوف يحدث التعلم الإشراطي عندما يظهر منبه يؤدي إلى الإستجابة مع منبه آخر في الأصل لا يؤدي إلى الاستجابة، ومع التكرار سيسبب المنبه الثاني- الذي لا يحدث استجابة- نفس الاستجابة التي يحدثها المنبه الأول لأنه أصبح يرتبط به حتى لو استخدم لوحده.

أوضح بافلوف هدفه بعملية التعلم الترابطي أو الشرطي من خلال تجاربه الخاصة بتكوين الاستجابات الشرطية، حيث لاحظ بافلوف أثناء دراسة الأعمال اللاارادية المنعكسة والخاصة بعملية الهضم عند الكلاب أن سيلان اللعاب من فم الكلب لا يتم في حالة وضع الطعام على لسان الكلب فقط، بمجرد رؤيته للطعام. ويعتقد بافلوف أن سيلان اللعاب في حالة وضع الطعام على لسان الكلب على أنها استجابة غير شرطية لأنها تحدث بشكل طبيعي دون أي تأثير خارجي. كما يرى أن سيلان اللعاب لمجرد رؤية منظر الطعام شيء لا يأتي إلا عن طريق التعلم وهو ما يسمى بالاستجابة الشرطية.

كما قام بافلوف بتجارب أخرى هدفها التعرف على كيفية تكوين الاستجابات الشرطية حيث قام بتجربة أخرى مع الكلاب بعد أن جعل الكلاب جائعة حيث وجد أن الكلاب لديها دوافع كبيرة لتناول الطعام بعدها قام بقرع الجرس كلما وضع

قطعة من اللحم على لسان الكلاب مما سبب سيلان اللعاب. عموماً، يرتبط بهذه النظرية من الناحية التسويقية المفاهيم الرئيسية التالية:-

١- التكرار:

كما تتعلم الكلاب الشعور بالجوع كلما سمعت صوت الجرس عدة مرات كذلك يتعلم المستهلكون الرسالة التي يريد رجال التسويق إرسالها عدة مرات في مختلف وسائل المتاحة عن سلعة أو خدمة يراد تسويقها.

على سبيل المثال، الإعلانات التلفازية التي تحاول ربط ماركة من سلعة أو خدمة بشعار معين بحيث أنه كلما سمع المستهلك أو رأى هذا الشعار يقوم بربطه بالماركة المعلن عنها. أيضاً الإعلان الذي يقوم به شركة(AVIS) لتأجير السيارات والذي يحمل شعار نحن فقط في المركز الثاني ونحاول عمل أقصى- ما يمكن عمله (We Try Harder) لنيل رضاك وإشباع حاجاتك أفضل دليل على استخدام مبدأ التكرار لتحقيق عملية الربط المستهدفة.

كما أن بعض الباحثين يعتقد أن التكرار قد يزيد من درجة الارتباط، وقد يعمل على إبطاء عملية النسيان لدى الأفراد المعنيين، ولكن ما يجب ملاحظته هو أن التكرار يجب أن يكون لحد معين وتجاوز ذلك الحد قد يؤدي إلى الملل مع إمكانية تناقص ملحوظ في الانتباه للمنبه نفسه وهذا ما يسمى(Advertising Wear- out) أي أن الإعلان يبدأ بالتآكل أو النسيان مع شعور بالملل من قبل معظم المستهلكين المشاهدين المستهدفين منه.

عموماً، يكثر استخدام مفهوم التكرار في مجال الإعلان ولكن بحدود معينة، حيث يرى البعض من رجال التسويق والإعلان أن التكرار يجب ألا يزيد عن ثلاث مرات: مرة لجذب انتباه المستهلك، ومرة أخرى لإظهار أهمية الماركة السلعية أو الخدمية له، ومرة أخيرة لتذكيره بفوائدها. وهو ما يسمى بنظرية الثلاث خطوات أو

طلقات (Three- Hit Theory) وما زاد على ذلك يعتبر إضاعة للمال والوقت والجهد.

بينما يرى البعض الآخر بأن العدد المناسب أو المثالي للتكرار لرسالة إعلانية عن سلعة ميسرة أو تسوقية قد يكون من ١٠-١٢ مرة، وذلك لزيادة احتمالية قبول وتذكر المستهلك بثلاثة أو أربعة منبهات منها على الأقل. ولكن ما يجب ملاحظته هنا هو عدد مرات الإعلان المعتمد على فئة السلعة ومدى أهميتها ودورة حياتها وخصائص مستهلكيها ومزاجهم العام والأنماط الشخصية العامة، بالإضافة إلى النهج الحياتي لهم.

وإذا أصبح الإعلان غير فعال ولا يجذب الانتباه، فمن الممكن التغلب على ذلك إلى حد ما عن طريق تغيير الطريقة التي ترسل أو تؤدي بها الرسالة الإعلانية. وهو ما تفعله الآن العديد من وكالات الإعلان التي تروج للماركات التي تنتجها شركتا جبري وعبد القادر الحلواني، ولكن بنجاح ضئيل جداً، وذلك لأسباب منها التقليد الأعمى لمحتوى الإعلانات الأجنبية عن ماركات سلعية مشابهة لها في السوق المحلي، بالإضافة إلى ضعف التكنيك الإعلاني المستخدم في وسائل الإعلان المتاحة، ومنها على الأقل عدم وجود معادلة واضحة للصورة والخلفية عن الإعلان المرسل مع اعتبار الفئة السلعية والخدمية لما هو معلن عنه بهذه الطريقة.

٢- تعميم المنبه:-

حسب رأي المهتمين بنظرية التعلم الشرطي فإن التعلم لا يتوقف فقط على التكرار بل على قدرة الأفراد على تعميم المنبه، فقد لاحظ بافلوف أن الكلب يستطيع التعلم(ويسيل لعابه) ليس فقط لسماع صوت الجرس بل وأيضاً نتيجة سماعه أصوات أخرى مشابهة مثل خشخشة مفاتيح. ومن هنا فإذا لم يكن لدى الأفراد القدرة على التعميم والاستجابة لمنبهات مشابهة نسبياً لن يحدث لديهم أي تعلم لدرجات مقبولة. وتجدر الإشارة هنا إلى أن معظم الأفراد في المجتمعات النامية

يفتقرون إلى الحد الأدنى من مهارة تعميم المنبه. ولربما يرجع هـذا إلى وجـود نمـط تعليمـي ليس له علاقة بالعلم أو المنطق المألوف في مجتمعات أخرى.

عموماً، تفسر عملية تعميم المنبه نجاح تسويق وترويج للماركات المقلدة والمفاهيم غير المرتبطة أو المستندة لأي منطق حيث يختلط علـى المسـتهلكين الأمـر ولا يسـتطيعون في أغلب الحالات التمييز بين كون الماركة المعلن عنها أصلية أو مقلدة أو المفهوم الـذي يـتم الترويـج له منطقي أم أنـه نـوع مـن الجنون والتزييـف المخطط لتحقيـق أهـداف محـددة يعلمها الله وحده.

كما يفيد المنبه بعـض رجـال الصناعة مـن حيـث تقديم تلك الماركات السـلعية المشابهة نسبياً في الأمور الشكلية- كأن يكون اسم الماركة قريب من ناحية اللفظ مـن اسـم الماركة أو من خلال صنع عبوة مشابهة لعبوة الماركات الأصلية. وهو ما يحدث، أحيانـا، مـن بعـض المقلديـن للماركات السـلعية ذات السـمعة الحسـنة المطروحـة في الأسـواق المحليـة. وتجدر الإشارة هنا إلى أن ازديـاد نسبة السلع المقلدة في الأسواق المحلية بـدأت تـدق نـاقوس الخطر، وهو ما يتطلب تظافر جهود كافة الأطراف لاحتوائها.

تسويقياً، يطبق رجال التسويق مفهوم تعميم المنبه في مجـالات ومناسبات عديـدة هدفها توسيع الخط السلعي. كما يمكن تطبيقـه أيضا عـن طريق إضافة ماركات جديـدة مرتبطة بالخط السلعي الحالي وكمحاولة لتعميم ونشر الأثر الإيجابي المتحقق لماركات جيـدة على الماركات الأخرى والتي تنتجها الشركة الأم.

وما تجدر الإشارة إليه هو أن نجاح استراتيجية التعميم يعتمد علـى سـمعة الشركة الأم وفاعلية برامجها الترويجية المرتبطة بما يراد الترويج له وفق هذا المفهوم.

وقد أثبتت التجارب المختبرية بأنه كلـما زاد التشـابه بـين الماركـة الأصلية الحاليـة والماركة الجديدة مـن قبـل نفس الشـركة زاد تحـول التقـدير الإيجـابي أو السـلبي للماركـة الجديدة. كما وجد كذلك أن سمعة الماركة الجديدة في مجال سلعي معين يمكن أن يكون لها أثر سلبي على تقديرات المستهلك على الماركـات الأخـرى. فمفتـاح النجـاح لهـذا النـوع مـن الاستراتيجيات هو البقاء ضمن حدود قدرة المستهلك على التعميم وتوقعاته بالنسبة للماركـة الجديدة من السلعة مقارنة بالماركة الحالية، وما تمثله من مدركات لدى المستهلكين الحاليين لها.

كما يمكن تطبيق مفهـوم تعميم المنبه عنـد اتبـاع سياسـة المركنة العائلية والتي تتلخص في عملية تسويق خط سـلعي كامـل تحـت مظلـة أو إسـم واحـد أو ماركـة واحـدة. عموماً، تعتبر هذه الاستراتيجية من الإستراتيجيات التي تختبر قدرة المستهلك المستهدف علـى تعميم الانطباعات الإيجابية لماركة معينة على ماركات أخرى تحمل نفس الاسم مثل ماركة(National) والتي يوجد منها مكيفات، تلفزيونات، مسجلات، تلفونات، وهكذا.

ومن الطبيعي ان يميـل المسـتهلكون المسـتهدفون إلى القـول بـأن كـل السـلع التـي تحمـل إسـم الماركـة(National) ذات سـمعة جيـدة لأن أدائهـا ممتـاز. ومـن الإستراتيجيات المستخدمة، أيضا، في التعميم اسـتراتيجية الترخيص والإجـازة، حيـث تقـوم وكـالات الإعـلان باستخدام المصممين ونجوم المجتمع أو الشخصيات الكرتوينة بكتابة اسـمائهم علـى عبـوات الماركة مقابل أجر. على الجانب الآخر، تقوم بعض الشركات بالسماح لشركات أخـرى في دول أجنبية باستخدام أسماء ماركاتها او اسمائها على السلع التي تنتجها. بشكل عام، كلـما كانـت فترة التعلم أطـول - ربـط اسـم ماركة بسـلعة معينـة- كلـما زاد احـتمال التمييـز مـن قبـل المستهلكين بالنسبة للماركات المطروحة للتداول وقل احـتمال التعميم للمنبـه الواحـد علـى كافة الماركات.

ومن هنا فإن المفتاح لعملية التمييز بين المنبهات المرتبطة بالماركات السلعية أو الخدمية هو محاولة الحصول على مركز مقبول ومحدد في أذهان المستهلكين، وهو ما يسمى باستراتيجيات الإحلال السلعية الهادفة لإيجاد حيز ومكانة محددة للماركة موضع الاهتمام في أذهان المستهلكين المستهدفين.

تقييم نظرية التعلم الاشتراطي (الاستجابة الشرطية):-

عملياً، تقدم مبادئ نظرية الاشراط الكلاسيكي أو التعلم الشرطي الأساسي النظري للكثير من التطبيقات التسويقية والترويجية التي يتم الاستفادة منها في مجالات تسويق السلع والخدمات. فمفهوم التكرار والتعميم أو التمييز من الأمور التي يستخدمها رجال التسويق لإحداث تعلم أكبر لدى المستهلكين المستهدفين، بالإضافة إلى تحديد واضح للكيفية التي تفسر مراحل تعلمهم. لكن هذه النظرية لم تقدم عملياً تفسيراً كاملاً لكل النشاطات المتبعة والمتعلقة بتعلم المستهلكين في الأسواق المستهدفة للسلع والخدمات.

كما تفترض هذه النظرية أن المستهلك سلبي وأن ردود فعله تجاه المنبهات عبارة عن استجابات يمكن التنبؤ بها بعد عدة محاولات. ولكن هذه الفرضية على ما يبدو غير دقيقة في ظل ما يتعرض له المستهلك من عوامل بيئية معقدة نسبياً، وبالتالي، فإنه لا يمكن تحديد العامل أو العوامل التي أثرت على سلوكه النهائي نحو هذه الماركة أو تلك. كما قد تتجه بعض أنماط السلوك الشرائي نحو الروتينية فمن الممكن أن يتشكل السلوك كنتيجة طبيعية للرسائل الإعلانية المتكررة. أما بعض الأنماط السلوكية الشرائية الأخرى، فقد تكون نتيجة تقييم المستهلك وخبراته السابقة مع ما يتوفر من بدائل سلعية أو خدمية يحتاجها لإشباع حاجاته.

أخيراً، أغفلت هذه النظرية إمكانية وجود بعض أنماط السلوك الفردي التي قد تكون مفاجئة أو موقفية حيث يحدث التعلم بالنسبة لها بعد حدوث السلوك فعلا أو أثناء مواجهة الموقف وربما بعده.

ثانياً: نظرية الإشراط الإجرائي:-

يرتبط اسم هذه النظرية باسم العالم سـكنر حيث يقول إن أغلـب الأفراد يحدث تعلمهم في بيئة يتم السيطرة عليها ويتم فيها مكافـأة الأفراد لاختيـارهم السـلوك الصـحيح. وينالوا العقاب في حالات السلوك الخاطئ. ويمكن تعريف هذه النظرية بأنها" ذلك السـلوك الناتج عن توقع الحصول على مردود معين أو ثواب نتيجة القيام بعمل مـا أو تجنب الأمـور التي تؤدي إلى مخرجات سلبية سلوكية". كما أن هذه النظريـة تقـترح بـأن المسـتهلك يتعلم عن طريق التجربة والخطأ والذي ينتج من خلال اتباع أنماط سلوكية شرائيـة ذات مخرجـات أكثر تفضيلاً. وتبعا لذلك فإن التجربة السابقة التي كانت مفضلة تكون إجرائية لتعليم الفـرد بأن يكرر سلوك استهلاكي أو شرائي مرة تلو الأخرى.

تسويقياً، قيام أحد المستهلكين بتجربة عدة ماركات من سلعة كالجينز قبل الوصـول إلى الماركة التي تناسبه يكون قد دخل في عملية تعليم اجـرائي وتكـون الماركة التـي أعجبتـه اكثر من غيرها هي المرشحة للشراء وللاستخدام.

ويحدث العقاب عندما يلي الاستجابة حدث غير سعيد، حيث يتعلم المسـتهلك بـأن يمنع نفسه من الاستجابة التي تؤدي إلى العقاب. على سبيل المثال، وضع سـيدة عطـراً معينـاً تظن بأنه جيد ويعطيها قبولاً أكبر ولكن بعد اسـتعمال العطـر لا تجد السـيدة المعنيـة أي تغيير ايجابي في مواقف المحيطين بها قد يدفعها في المستقبل إلى عـدم شراء تلـك الماركة مـن العطر.

عموماً، يمكن ملاحظة عدة اختلافات بين هذه النظريـة ونظريـة التـعلم الكلاسـيكي المشروط، وكما يلي:-

* في هذه النظرية تكون استجابة الفرد للمنبهات هي التي تؤدي إلى حصول المكافأة، أمـا في النظرية الكلاسيكية السابق الإشارة إليها فتكون استجابة الفرد غـير مسـيطر عليهـا.* كـما تكون استجابة الفرد حسب هذه النظرية نتيجة التجربة والخطأ أي بعد محاولاته لعـدة بدائل أكثر من كونها استجابة مترادفة مع منبه معين حيث يجرب الفرد في الغالب عـدة بدائل، وقد يتعلم من المنبه الذي يعطيه أكبر مكافأة ممكنة.

* وأخيراً، تساعد نظرية التعلم الكلاسيكي المشروط في فهم وتفسير كيفية التعلم بينما تسـاعد هذه النظرية في فهم النشاطات الأكثر تعقيداً.

خصائص نظرية التعلم الإشراطي:-

من الخصائص المميزة لنظرية التعلم الإشراطي ما يلي:-

أ- التعزيز الإيجابي والسلبي positive & Negative Reinforcemen

وهنا لا بد من التمييز بين نوعين من التعزيز المؤثر على احتمالات تكرار الاستجابة:-

* **التعزيز الإيجابي**: ويحدث في الحالات التي تعزز احتمال استجابة معينة. على سبيل المثال، استخدام ماركة من شامبو ينعم الشعر وينظفه قد يزيد من احتماليـة تكـرار شراء نفـس الماركة مستقبلا.

* **التعزيز السلبي**: ويرتبط بنتيجة سلبية تستخدم في تشجيع سلوك معين . على سبيل المثال، الشعور بأن الموت قـد يحـدث في أي لحظـة يشـجع بعض المشـترين المحتملـين لبـوالص التأمين على الحياة على شراء بوليصة تأمين من شركة العرب للتأمين.

كما يمكن استخدام كل من التعزيز السلبي والإيجابي لاستمالة استجابة مرغوبة كما يجب أن تتعزز الاستجابة باستمرار حتى لا ينقطع التأثير بشكل كامل.

عموماً، ميز سكنر بين نوعين من التعزيز الذي يؤثر على فرضية إعادة الاستجابة مرات أخرى، فالتعزيز الإيجابي مثلاً يتألف من كل الأحداث المؤيدة لاحتمال تكرار أو حصول استجابة محددة(Positive Reinforcement) مثل استخدام شامبو يترك الشعر ناعماً كالحرير سيؤدي غالباً إلى إعادة شرائه مرات ومرات.

التعليم دفعه واحدة Massed أو على دفعات Distributed:

يعتبر التوقيت من العوامل الهامة لتعليم المستهلكين من حيث تقرير يتم تعليم المستهلك دفعة واحدة(Massed) أو على دفعات (Distributed):

عموماً، يمكن توضيح الفرق بين التعليم على دفعة واحدة أو على دفعات من خلال الجدول التالي:-

الجدول رقم (٤-١)

مزايا التعلم على دفعة واحدة أو دفعات

التعلم دفعة واحدة	التعلم على دفعات
* يتم تقدير كافة المعلومات المراد تعلمها مرة واحدة وبقوة.	* ينتج عنه فترات أطول للتعليم، مشتت زمنياً حيث يتم إعطاء بعض المعلومات في كل مرة وبشكل متدرج.
* يستخدم عندما يريد المعلن ردة فعل فورية وسريعة على الرسالة الإعلانية المرتبطة بالسلعة، الخدمة.	* ضروري لابقاء المستهلك متذكراً لكافة خصائص ومواصفات ما تم طرحه.
* مفيد للمستهلكين من الطبقة الاجتماعية العليا وقد يفيد في حالات وجود درجة تعلم سريعة لدى الأفراد.	* مفيد للمستهلكين من أصحاب الدخل المتوسط أو ما دون والذين لديهم ميل للتعلم التدريجي.
* هام للسلع الجديدة ولمواجهة المنافسين.	* هام للسلع القديمة والمعدلة وفي بيئات يكون فيها المستهلكين من ذوي الخصائص الديمغرافية المتوسطة.

ومن العوامل المؤثرة على تعلم المستهلك الوقت الذي يحدث به التعلم، ذلك أن التعلم المقصود قد يحدث في فترة زمنية طويلة وقد يحدث كله في مرة واحدة وخلال فترة زمنية قصيرة وقد يحدث في أوقات محددة ولا يحدث في أوقات أخرى قد يكون المستهلك في مزاج غير طبيعي.

ويمكن استخدام أسلوب التعلم عند تقديم ماركة جديدة، خاصة في الحالات التي يرغب رجال التسويق إحداث تعلم فوري من خلال إتاحة فرصة معقولة للتجربة. أما عندما يكون الهدف هو إحداث تعلم ولفترات طويلة (تكرار الشراء) فقد يستخدم أسلوب التعلم الموزع.

تقييم نظرية الاشراط الإجرائي:-

المزايا:

تؤمن هذه النظرية بأن التعلم يحدث عن طريق التجربـة والخطـأ وصـولاً لتكـوين العادات كنتيجة للثواب الناجم عن السلوك أو الاستجابة في الاتجاه المرغوب.

يمكن تطبيق هذا النموذج من التعلم على عدد من الحالات التي يـتم مـن خلالهـا إعلام المستهلكين بالسلع والخدمات وكذلك المحلات التي تبيـع مـا يرغبـون مـن سـلع أو خدمات. على سبيل المثال، نحن عادة نتعلم أماكن تواجد المحـلات التي تبيـع هـذه السـلع وماركاتها، كما نتعلم عن نوعية وأسعار الملابس المطروحة في هذا المحل أو ذاك.

الانتقادات:-

بشكل عام، تواجه هذه النظرية عددا من الانتقادات، أهمهـا أن هنـاك قـدراً كبيراً من التعلم قد يأخذ مكانه في ظل غياب التعزيز المباشر سواء أكـان ذلك التعزيـز إيجابيـاً أم سلبياً. كما يدعي بعض المهتمين بنظرية التعلم الإجرائي بأن الأولاد يتعلمـون حسـب هـذه النظرية، لأنهم يستطيعون أن يحصلوا على الثواب، ولـذلك فقـد يقومـون بتقليـد التصرفـات التي تؤدي إلى ذلك الثواب، حتى ينالوه مقابل ما قاموا بتقليده.

وما تجدر الإشارة إليه هنا، هو أن الأطفال والكبار قد يتعلمون أشياء كثيرة تشكل لديهم مواقف نحو الإشباع، ولكنها قد لا تـنعكس في أنمـاطهم السـلوكية. كمـا يـرى بـاحثون آخرون أن نظرية التعلم الإجرائي تنظر إلى السلوك على أنه يتجه للتفسـير البيئـي أكـثر مـن كونه عملية عقلية قابلة للتطبيق على السلع أو الخدمات التي

لها صلة قوية أو ضعيفة بالمستهلكين. وفيما يلي مقارنة مركزة بـين نظريتي الـتعلم السابق الاشارة إليهما وكما يلي:-

الجدول رقم(٤-٢)

مقارنة بين نظريتي التعلم الشرطي والإجرائي

العامل	نظرية التعلم الشرطي	نظرية التعلم الإجرائي
سبب الاستجابة	* ارتبـاط بـين مثـير شرطي وآخر غير شرطي.	* ارتبـاط بين ثواب واستجابة محددة.
نوع الاستجابة	* تلقائية وغير اختيارية	* مقصـودة لنيـل الثـواب (أو العقاب).
نوع التعلم	* بسيط: مواقف ومشاعر	* معقـد نسـبياً: سـلوك هـادف يمكـن تفسيره باستخدام عدة عوامل.

ثالثاً: نظرية التعلم الإدراكي العقلي Congnitive Learning Theory:

تفترض هذه النظرية أن التعلم لا يحدث دائماً نتيجـة للتجـارب المتكـررة لأن جـزءاً كبيراً مما يتعلمه الفرد يحدث نتيجة تفكيره بالمشاكل التي يواجهها ويحاول السيطرة عليها عن طريق ممارسة أنشطة عقلية هـدفها النهـائي إيجاد حل ومن خـلال مراحـل تفكيريـة وتحليلية معقدة تبدأ بالحصول على معلومات، ومن ثـم تحليلها وتقييمها ومن ثم إيجاد الحل واتخاذ القرارات اللازمة بشـأنها وتحـت مختلـف الظروف والمواقـف مـع إسـتبعاد أن التعلم الفجائي حقيقة واقعة قد يحدث من وقت لآخر.

كما تجدر الإشارة هنا إلى أن هناك نسبة ضـئيلة جـداً مـن الأفراد في المجتمعـات النامية يتعلمون حسب أصول هذه النظرية، لأن ميل معظم الأفراد في تلك البلدان قد يكون منصباً نحو تعلم لا شيء أو أي شيء يستحق أو لا يستحق.

استقبال المعلومات:-

وما تجدر الإشارة إليه هنا هو تحديد الكيفية التي يستقبل الأفراد المعلومات المراد إرسالها، والكيفية التي يتم بها تخزين المعلومات الممررة إلى الذاكرة مع توضيح كيفية استرجاعها عند الحاجة وكما يلي:-

هيكل الذاكرة The Structure of Memory:

عملياً، يتكون هيكل الذاكرة من ثلاثة أماكن أو بيوت لاستقبال وتخزين وحفظ المعلومات وكما يلي:-

١- مخزن الحواس Sensory Store:

عادة، تأتي إلينا المعلومات على شكل منبهات من خلال حواسنا، لكنها لا تبقى أكثر من ثوان محدودة في الحواس. يبدو ظاهرياً أنه من السهل على رجال التسويق إيصال المعلومات إلى المستهلكين، ولكن من الصعب إبقاءها في حواسهم أي المستهلكين لأكثر من ثوان محدودة.

٢- الذاكرة قصيرة الأجلShort- Term Memory :-

وهي الذاكرة الفعلية والتي يتم تمرير المعلومات إليها من خلال الحواس الخمس، حيث يتم الاحتفاظ بالمعلومات الممررة فيها لفترة قصيرة. في هذه الذاكرة يحاول الأفراد جاهدين العمل لتحويل المعلومات إلى الذاكرة طويلة الأجل، وقد تستغرق عملية التحويل من ٢- ١٠ ثوان، وإذا لم يتم تحويل المعلومات خلال هذه الفترة الزمنية فقد يتم فقدانها او نسيانها خلال ٣٠ ثانية أو أقل. أما كمية المعلومات التي يتم تخزينها في هذه الذاكرة قليلة حيث إن سعة هذا المخزن حوالي سبعة خانات فقط.

على سبيل المثال، لو قام فرد بأخذ دفتر الهاتف المنزلي وحاول أن يحفظ رقماً معيناً لثوان، ثم حاول استرجاعه لاستخدامه، فقد يجد صعوبة كبيرة للتذكر.

٣- الذاكرة طويلة الأجل Long- Term Memory:

وتقوم بالاحتفاظ بالمعلومات لمدة أطول، لكن قد يتم نسيان بعضها خلال نقلها من الذاكرة قصيرة الأجل. يقوم هذا المخزن بتنظيم المعلومات على شكل مخازن فرعية وحسب نوع المعلومات والبيانات التي يمكن أن تدوم في هذا المخزن لعدة أيام وأسابيع وربما سنوات.

بشكل عام، يتذكر بعض الأفراد مدرسيهم من المراحل الإبتدائية، الاعدادية، الثانوية كما يسردون بعض القصص عنهم كنمط التعامل الذي كان سائداً لديهم.

وتعود أهمية هذا النوع من الذاكرة كونه وسيلة لتعلم بعض المعلومات عن سلوك المستهلك الحالي وربما المقبل ذلك أن اهتمام المسوقين قد يكون منصباً على كيفية تمرير المعلومات عن السلع والأفكار والخدمات إلى أذهان المستهلكين المستهدفين وفي الأوقات المناسبة لهم.

عمليات الذاكرة Memory Processes:

عملياً، يوجد أربع عمليات أساسية في الذاكرة يجب فهمها حتى نعرف كيف يتم حفظ وتحليل المعلومات وكما يلي:-

الإعادة Rehearsal:

تعتمد كمية المعلومات التي سيتم نقلها من المخزن قصير الأجل إلى المخزن طويل الأجل على عدد مرات التكرار التي سيمارسها المستهلك للموضوع المراد إعادته أو استرجاع تذكره.

لهذا يمكن تعريف التكرار بأنه: إعادة صامته للمعلومات التي يتم استقبالها وتخزينها سابقاً. ويمكن أن يحدث التكرار ليس فقط عند تكرار معلومات موجودة ولكن، أيضا، عند ربطها بمعلومات أخرى جديدة(كربط سعر ماركة سلعية جديدة بأخرى قديمة مماثلة). كما تؤدي كثرة المعلومات المدخلة وكثرة التكرار إلى فقدان هذه المعلومات، لهذا يجب على رجال التسويق أن يختاروا إرسال تلك المعلومات البسيطة والقليلة التي ستنقل للمستهلك لتمكنه من إستيعابها بسهولة وعدم فقدان أجزاء كبيرة منها وخاصة عندما تكون الفترة التي ستنقل بها المعلومات قصيرة جداً مثل قصر فترة الاعلانات التلفزيونية كما أن الفشل في إعادة معلومة سلعية أو خدمية أو غيرها قد يؤدي إلى ضياع معلومات أخرى عديدة، بالاضافة إلى أنها، أي المعلومات المطلوب اعادتها، قد تضيع بسبب المنافسة الشديدة من منبهات أخرى أكثر قوة واثارة، فمن المهم ملاحظة أن الذاكرة أو المخزون قصير الأجل محدود المساحة، لذلك يجب على رجال التسويق عند نقل معلومات معينة للمستهلكين ان ينقلوها بشكل سهل يؤدي إلى استيعابها ودون أي إضاعة لأي جزء منها من قبلهم، خصوصاً إذا كان الوقت المتاح لإرسالها قصير. كما يعتقد الباحثون بأن معلومتين أو ثلاثة يتم إرسالها للمستهلك على شكل ما أو بصورة إعلان قد يحقق الهدف خلال ١٥ ثانية بينما اقترح آخرون أن معلومة واحدة قد تكون فعالة إذا أرسلت خلال ٣٠ ثانية من الزمن.

التحويل Encoding:

هدف الإعادة هو المحافظة على المعلومات في الذاكرة قصيرة الأجل لفترة زمنية محددة لنقلها فيما بعد إلى المخزن المخصص لها. ويقصد بالتحويل كل الإجراءات التي بواسطتها نختار منبهات معينة أو صور مرئية من أجل تحديد ما يراد إنجازه أو تحقيقه من وراء تخزين وتحويل ما تم تخزينه إلى المكان المحدد له وهو الذاكرة طويلة الأجل.

على سبيل المثال، يساعد رجال التسويق المستهلكين على تحويل كافة المعلومات عن الماركات من خلال استخدام رموز محددة للماركات المعينة من سلع أو خدمات.

كما أن اسم الماركة(والذي يجب أن يكون سهل التذكر) يساعد كثيراً في عملية التحويل المستهدفة من قبل المستهلك، ذلك أن تعلم صورة ما يأخذ وقتاً أقل من تعلم معلومات شفوية أو لفظية، بالرغم من أن كليهما مهم لتكوين الصورة الذهنية المرغوبة عن السلعة أو الخدمة أو الشخص أو المكان موضوع الاهتمام.

إن التوضيحات الموجودة في إعلان مطبوع والتي قد تكون مصاحبة لمعلومات كلامية أو لفظية عن الماركة موضوع الاهتمام قد تكون ذات احتمالية أكبر للتحويل والتخزين بالمقارنة مع الحالة التي تكون الماركة فيها بدون إيحاءات لفظية. وبالتالي، فإن الإعلان الذي يستخدم النوعين قد يكون أكثر فاعلية لدى المستهلكين المستهدفين بالمقارنة مع الإعلان الذي يستخدم إيحاءات لفظية فقط.

كما وجدت الدراسات بأن الرجال والنساء يظهرون أنماط تحويل مختلفة، فقد وجد أن احتمال تذكر نفس الشيء عند الرجال أكبر بالمقارنة مع النساء، وذلك بسبب يرتبط بالاهتمامات الأوسع للرجال بالمقارنة مع اهتمامات معظم النساء بشكل عام.

الا أن دراسة أخرى أثبتت عدم وجود اختلاف بين الجنسين فيما يتعلق بعدد مرات التذكر، لإعلان يركز على السلعة وحدها بمعزل عن المنبهات الخارجية. كما نستطيع، بالإضافة إلى القدرة على تحويل المعلومات بمساعدة الكلمات والرموز إسترجاع ما قمنا بتحويله مع قدر أكبر من المعلومات. وعموماً، فإن هذه القدرة البشرية على جمع المواضيع والأحداث في خانات تشير إلى إمكانات عظيمة يستطيع رجال التسويق استخدامها بفائدة وفاعلية كبيرة في حملاتهم الترويجية. فحديثي العهد ممن يستخدمون الآلة الطابعة قد يقومون في البداية بالطباعة حرفاً

حرفاً، أما ذوي الخبرة من الأفراد فقد يطبعون بسرعة وينهون عملهم كبيرة. وما يهم هنا هو مدى معرفة رجال التسويق بذلك القدر من المعلومات التي يستطيع المستهلكون إستيعابه وتخزينه كل حسب فئته المختلفة.

وتجدر الإشارة هنا، إلى أن التذكر قد تتم إعاقته، خصوصاً إذا كانت الخانات وكمية المعلومات المعروضة في الإعلان موضوع الإهتمام غير متوافقة مع تلك الموجودة لدى المستهلك المستهدف.

كما أشارات إحدى الدراسات إلى أنه إذا كان لدى المستهلك معلومات تفوق طاقته الإستيعابية فإنه قد يواجه صعوبة في تحويلها وتخزينها، لأن هذا الوضع سيؤدي به إلى الشعور بالتخمة المعلوماتية الأمر الذي سيزعج المستهلك ويؤدي به إلى إتخاذ قرارات ضعيفة بشأن الشراء المستهدف، خصوصاً إذا كانت المعلومات لديه غير دقيقة التعريف ومتعارضة مع بعضها البعض.

التخزين:

وهي العملية التي يتم خلالها تنظيم وإعادة تنظيم المعلومات التي خزنت في الذاكرة أو المخزون قصير الأجل وتم تحويلها إلى المخزون طويل الأجل حيث تم وضعها في أماكن محددة لها منظمة كانت أم فوضوية أم بين هذا وذاك.

عموماً، يتم تخزين المعلومات في الذاكرة باستخدام إحدى الطرق التالية:-

١- تسلسلياً، أي ما يصل أولاً من معلومات أو غيرها يتم تخزينه في الخانات المخصصة له :

على سبيل المثال، قد نتذكر أننا شاهدنا فيلماً سينمائياً يوم السبت الماضي بسبب مقدرتنا على تخزين البيانات تسلسلياً. كما قد نتذكر نجوم هذا الفيلم ومخرجه وذلك بسبب قدرتنا على تخزين البيانات حسب مغزاها أو معناها بالنسبة لنا وحسب أهميتها التاريخية لنا.

تركز معظم الدراسات الموثقة حول هذا الموضوع في أدبيات حقل سـلوك المسـتهلك على تخزين المعلومات حسب تسلسلها. أما الدراسات الحديثة، فتعتمـد عـلى أن المعلومـات تخزن حسب أهميتها، ويتم تنظيمها في إطر بحيث تنتج نوعاً من أنواع التكامـل بـين المـاضي والحاضر. على سبيل المثال، حتى تدخل معلومات محددة عـن ماركـة جديدة مـن معجـون الأسنان إلى الذاكرة لا بد من ربطها مع تجاربنا السـابقة مـع الماركـات الأخـرى مـن معـاجين الأسنان من حيث الطعم، مكافحة التسوس، التبييض، القضاء على رائحة الفم.

كما أن سير المعلومات و تمريرها يرتبط بقدرة المسـتهلك عـلى الإدراك وقدرتـه عـلى التحليل الموضوعي وعلى درجـة التعقيـد في المعلومـات المـراد تمريرهـا، فقـد وجـدت بعـض الدراسات أن المستهلك يمـرر المعلومـات ويعالجهـا عـن طريـق إجـراء مقارنـة الخصائص أو الصفات لنوعين من الماركـات السـلعية أو الخدميـة أو أكـثر أو بـدمج مجموعـة العوامـل أو الخصائص ذات الصلة مع بعضها البعض لتمريرها بعد المعالجة.

كما أشارت دراسات أخرى إلى أن المستهلكين الذين تتوافر لديهم قدرة عاليـة عـلى التفكير تكون لديهم قدرة أعلى على تمرير المعلومات، كما أنهم قد يكونون أكـثر قـدرة عـلى ربط خبرات الماضي مع الحاضر. كل هذا يـدفع رجـال التسـويق لتوقـع بعـض الاختلافات في تمرير المعلومات ومعالجتها بين المستهلكين بعضهم البعض إلى الحد الـذي نسـتطيع القـول معه أنه كلما زادت خبرة المسـتهلك مـع فئـة سـلعية بماركاتهـا المختلفـة زادت قدرتـه عـلى الإستفادة من المعلومات الموجودة عنها عند اتخاذ قراره الشرائي أو إعادة الشراء أو البحـث عن ماركات أخرى أكثر فائدة له.

كما أن زيادة حجم النشاطات العقلية لدى المستهلك عند اتخاذ قرار شرائي جديد يشير إلى مجهودات ضخمة في الإعادة والتمويل والتخزين للمعلومات المتاحة حول الموضوع.

استرجاع المعلومات:

وهي العملية التي يتم بواسطتها استرجاع المعلومات من الذاكرة طويلة الأجل، كما أن أي فشل في عملية الاسترجاع قد يؤدي إلى نسيان وضياع تام لما تم تخزينه.

كما تشير الأدلة والتجارب إلى أن الاسترجاع من الذاكرة قد يكون عملية سهلة أو قد يتذكر المستهلك فوائد السلعة أكثر من صفاتها أو خصائصها.

كما أشارت دراسة أخرى إلى عدم وجود ربط قوي بين فوائد السلعة وصفاتها لدى المستهلك حيث تبين أن ما يهم رجال التسويق هو ذكر فوائد وصفات السلعة خلال رسائلهم الترويجية أو الاعلانية بهدف تزويد المستهلكين المستهدفين بكافة المعلومات التي تساعدهم على ربط خصائصها وأهمية استهلاكها مع درجة الإشباع التي يسعون لتحقيقها.

أسباب فشل نظام استرجاع المعلومات:

عملياً، هناك عدة أسباب وراء فشل نظام استرجاع المعلومات المخزنة في الذاكرة طويلة الأجل وهي على النحو التالي:

١- تعلم معلومات جديدة ومعقدة قد يعوق عملية الاسترجاع لعدم مألوفية هذه المعلومات مع ما هو موجود منها مع ما تعود عليه المستهلك.

٢- شيوع نمط التعلم الفوضوي لدى المستهلك موضوع الاهتمام حيث تؤدي هذه الفوضى في التعلم إلى استقبال وتخزين معلومات كثيرة متباينة النوع

والمحتوى، فيجري وضعها في الذاكرة طويلة الأجل فوق بعضها البعض الأمر الذي قد يؤدي إلى تحطم بعضها واختلاط بعضها الأخر مع أنواع أخرى من المعلومات.

معالجة المعلومات وتمريرها:

يعرض الشكل(٣-٤) العلاقة بين مخزن الذاكرة وعمليات مرور المعلومات، وكما يلي:

شكل رقم(٣-٤)

العلاقة بين مخازن الذاكرة وعمليات تمرير المعلومات

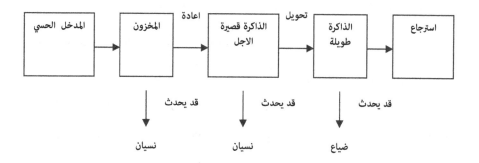

بشكل عام، هناك اعتقاداً كبير لدى بعض الباحثين السلوكين حول وجود ميول عميقة لدى مجموعات واسعة من المستهلكين لتمرير المعلومات من خلال استخدام سلسلة معقدة من المراحل العقلية وصولاً إلى القرار الشرائي المقبول منهم.

كما يعتقد الباحثون في مجال التسويق بأن هذه العمليات التسلسلية الكثيفة والمعقدة قابلة للتطبيق في معظم القرارات الشرائية للمستهلكين.

وتجدر الإشارة هنا إلى أن المستهلك قد يقوم باتخاذ قرار الشراء دون المرور بهذه العمليات والمراحل الطويلة والمعقدة. وإنما تكون المسألة لديه بسيطة،

حيث يتكون لديه الإحساس بالحاجة للسلعة أو الخدمة، ومن ثم يقوم بالشراء الروتيني لها دون الحاجة للحصول على معلومات كثيرة حولها أو إجراء تقييم عقلي قبل شرائها وخاصة في حالات شراء السلع الميسرة والضرورية.

نظرية الارتباط Involvement Theory:

ارتكزت هذه النظرية على أساس نظرية انقسام الدماغ(Split - Brain Theory) حيث يتم تحليل المعلومات في الجهتين اليسرى واليمنى بالدماغ. كما أنه يمكن تقسيم أنواع وسائل الترويج والإعلان والفئات السلعية بل عمليات الشراء نفسها إلى عالية الارتباط ومنخفضة الإرتباط. كما قد يتم تقسيم المستهلكين حسب درجة ارتباطهم بالسلعة موضوع الشراء طبقاً لأهميتها لهم. وفيما يلي شرح مختصر لكيفية تطور هذه النظرية وتطبيقها:

انقسام التفكير Hemispheral Lateralization:

ترتكز نظرية الارتباط على أساس مقولة انقسام العقل والتي تفترض أن كل جزء من العقل(الأيمن أو الأيسر) يحلل معلومات مختلفة عن الجزء الآخر. حيث يتخصص الجزء الأيسر من العقل في النشاطات العقلانية كالقراءة والكتابة وتحليل المعلومات. أما الجزء الأيمن فيختص بالمعلومات غير المكتوبة، كالصور، وبالتالي، فإنه يمكن اعتبار الجزء الأيسر جزءا عقلانيا واقعيا نشيطا، أما الجزء الأيمن فينظر إليه على أنه الجانب العاطفي والعفوي التلقائي.

نظرية الارتباط ووسائل الإعلان High & Low involvement Media :

بناء على مقولات هذه النظرية، فإن الأفراد غالباً ما يميلون لتخزين ما استقبلوه من معلومات، وبشكل تلقائي في الجزء الأيمن من الدماغ وخاصة تلك

المعلومات غير المكتوبة والمصورة حيث تكون درجة الارتباط العقلي منخفضة لضعف النشاط العقلي التحليلي في هذا الجانب من الدماغ.

ولأن التلفزيون وسيلة إعلان مريحة باعتباره نشاط تابع للجزء الأيمن من الدماغ، فإن التلفزيون يعتبر وسيلة إعلام منخفضة الارتباط (Low Involvement Media). أما الوسائل الترويجية الإعلانية المطبوعة والمتخصصة منها بشكل خاص، فيتم تحليل المعلومات ومضامينها في الجانب الأيسر من الدماغ، وبطريقة معقدة وعبر مراحل عديدة، حيث يتم اعتبارها وسائل إعلانية عالية الارتباط (High Involvement Media). وتجدر الإشارة هنا إلى أن التعلم في الجانب الأيمن يحدث تلقائياً وبدون مجهودات عقلية كبيرة. لذا يعتبر التلفزيون من الوسائل الأكثر رواجا من قبل السواد الأعظم من المستهلكين أو المشاهدين. كما أن بث رسائل إعلانية قصيرة يمكن أن يؤثر على المستهلكين الحاليين والمحتملين ودفعهم للشراء من خلال تعريفهم بالماركة السلعية أو الخدمية دونما أي حاجة كبيرة للتقييم لمضمون الرسالة. ومن محددات هذه النظرية أن الجزء الأيمن والأيسر من الدماغ لا يعملان غالباً كشيئين منفصلين بل إنهما يعملان بشكل تكاملي لتكوين الصور الإدراكية الكلية حول ما يتعرض له الفرد من منبهات مقصودة أو عرضية، مباشرة أم غير مباشرة ترتبط بهذه الماركة السلعية، الخدمية، الأشياء، الاشخاص، الموضوعات وغيرها. إلا أن ما يجب تذكره كحقيقة هو أن الترجيح لهذا الجانب من الدماغ أو ذاك قد يكون هو الحقيقة الواضحة للكشف بين الأفراد أو المستهلكين وقدراتهم وأذواقهم وتفضيلاتهم وحسب خبراتهم وأهدافهم وإمكاناتهم.

نظرية الارتباط وأهمية المستهلك:-

وكما تم تقسيم وسائل الإعلان إلى وسائل عالية ومنخفضة الارتباط، يمكن تقسيم كل من المستهلكين وحالات الشراء إلى حالات عالية وأخرى منخفضة

الارتباط، لأن درجة الارتباط هذه تعتمد على الأهمية الشخصية التي تحملها السلعة أو الخدمة للمستهلك. تم تعريف حالات الشراء عالية الارتباط على أنها" حالات الشراء ذات الأهمية الكبيرة للمستهلك من ناحية حجم ونوع المخاطرة المدركة والتي قد تدفعه للقيام بتحليل المعلومات والمشاكل".

على سبيل المثال، قيام مستهلك ما بشراء سيارة أو زجاجة شامبو قد يعتبران حالة شراء عالية الارتباط. لأن في شراء السيارة مخاطرة مالية عالية أما شراء شامبو، فقد يتضمن مخاطرة صحية وأدائية عالية، أيضا، بالرغم من المخاطرة المالية الضعيفة وذلك لأن أي خطأ في القرار الشرائي الخاص بماركة الشامبو يفقد الشخص أو السيدة شعره أو شعرها.

أما حالات الشراء منخفضة الارتباط، فتتضمن شراء ماركات سلعية ميسرة لا يوجد فيها مخاطر أدائية واجتماعية أو مالية عالية، وبالتالي، فإن عملية تحليل المعلومات في هذه الحالة تكون منخفضة أيضا، الأمر الذي يشير إلى درجة ارتباط منخفضة. على سبيل المثال، فرشاة أسنان من هذا النوع أو ذاك لا يؤدي لأية مخاطر جسيمة مالية، كانت أم اجتماعية وهكذا.

عموماً، يمكن معالجة حالات الشراء المنخفضة والمرتفعة الارتباط من خلال النظريتين التاليتين:-

١- نظرية المدخل الرئيسي والخارجي:-

تفترض هذه النظرية أن السلعة أو الخدمة ذات الأهمية الأكبر، من وجهة نظر المستهلك، ستحظى بجهد تحليلي دقيق ومفصل بالمقارنة مع سلعة أو خدمة أخرى لا تشكل إلا أهمية عادية له. كما أنه في حالات الشراء عالية الإرتباط فإن الأسلوب المناسب لإقناع المستهلكين قد يكون من خلال إتباع استراتيجية تسويقية عالية الكفاءة من حيث ضرورة تصميم رسالة إعلانية مقنعة، إضافة إلى احتواء ما

يتم الإعلان عنه من سلع أو خدمة لكل الخصائص المرغوبة من قبل المستهلكين المستهدفين.

أما في حالات الشراء منخفضة الارتباط أو الاهتمام فقد يكون المستهلك أصلاً غير مهتم بإبداء أية أنشطة تحليلية نحو السلعة أو الخدمة المراد شراؤها. الأمر الذي قد يجعله أكثر تأثراً بالتكرار الذي يحدث عادة في الرسائل الإعلانية المتكررة والتي قد يركز المعلن فيها على طريقة تقديم الرسالة الإعلانية وشكلها أكثر من تركيزه على مضمونها.

٢- نظرية التقييم الإجتماعي Social Judgement Theory:

ترتكز هذه النظرية على أن الفرد في تناوله لقضاياه الاجتماعية يبني استراتيجيته التحليلية على مدى ارتباطه بهذه القضايا أو درجة هذا الارتباط، ذلك أنه كلما كان ارتباطه بالقضية موضوع اهتمامه واضحاً وقويا قل تقبله للآراء البديلة لها، لأن مدى رفضه لآراء الآخرين سيكون واسعاً. أما الأشخاص الذين لديهم ارتباط ضعيف حول موضوع أو قضية أو سلعة محددة فسوف يكونون أكثر تقبلاً للتفاوض مع الآخرين حولها وخاصة أولئك الأفراد الذين لديهم آراء موافقة أو معارضة لرأيه حول الشيء موضوع الاهتمام.

تسويقياً، على رجال التسويق الربط بين المستهلكين ذوي الارتباط العالي وأسماء الماركات التي يشترونها، ذلك أن المستهلكين في مثل هذه الحالات يكونون أكثر تشدداً بآرائهم وتجاربهم السابقة. أما المستهلكون من ذوي الارتباط المنخفض فسيكونون أكثر تقبلاً للعديد من الرسائل الإعلانية والترويجية التي تركز، غالباً، على الأمور الشكلية والعاطفية على حساب المضامين الموضوعية لها.

تفترض هذه النظرية أن أسلوب فرد ما في تمرير المعلومات يعتمد على درجة ارتباطه مع الموضوع، السلعة أو الخدمة. فالأفراد الأكثر ارتباطا قد يكون

لديهم آراء قوية حولها، كما أنهم قد يميلون لمناقشة بدائل معينة لما يهمهم من سلع أو خدمات(ذلك أن لديهم مجالاً ضيقاً للقبول ومجالاً واسعاً للرفض). كما أن الأفراد الأكثر ارتباطا قد يميلون لتفسير تلك الرسائل الترويجية التي تنسجم مع مواقفهم الإيجابية نحو ما تم الإعلان أو الترويج له. أما الرسائل الإعلانية التي لا تنسجم مع مواقفهم الفعلية(أي المقارنة)، فقد يميلون إلى تجنبها أو إهمالها وعدم اختيارها او استقبالها.

كما يقترح التطبيق التسويقي لنظرية الحكم الإجتماعي إلى أن الأفراد الأكثر ارتباطاً سيجدون عدداً قليلاً من الماركات المقبولة لهم وسيفسرون الرسائل حول تلك الماركات بطريقة تتفق مع آرائهم وخبراتهم السابقة حولها. أما الأفراد من ذوي الارتباط المنخفض، فسيكونون أكثر إستجابة لأكبر عدد ممكن من الرسائل المرتبطة بالسلعة أو الماركة، حيث سيتم اعتبار اسماء الماركات بدرجة أكبر بالمقارنة مع نظرتهم لخصائص تلك الماركات موضوع الاهتمام.

عملياً، يميل المستهلكون لأن يكونوا أقل انتماء للماركة من السلع الميسرة أو التسويقية مع احتمالية كبيرة لتحولهم من ماركة لأخرى منها - أي تلك الأنواع من السلع- في حال تعرضهم لصور إعلانية جديدة حول ماركات جديدة منها.

تقييم نظرية الارتباط:-

تكمن الصعوبة في تطبيق هذه النظرية أنها ليست من إفرازات حقل التسويق، بالإضافة إلى أنها تتعامل مع تمرير المعلومات وتقيمها حول مختلف القضايا وليس حول السلع أو الخدمات فقط. كما تهتم هذه النظرية بالمستهلك ككل وليس بالسلع أو الخدمات وحدها. يضاف إلى ذلك قناعة رجال التسويق بأن السلع ذات الأسعار المرتفعة هي سلع أكثر إرتباطاً بعقل المستهلك.

على سبيل المثال، فإن اعتبار قرار شراء سيارة - مخاطرة مالية عالية- من قبل المستهلك من القرارات الأكثر إرتباطاً بالمقارنة مع قرار شراء سلعة أخرى منخفضة السعر مثل الشامبو وزجاجة مياه معدنية ماركة غدير.

عملياً، توجد صعوبة كبيرة في قياس الارتباط فالباحث الذي يعتبر الارتباط كحالة عقلية سيركز على قياس الارتباط الذاتي ودرجة المخاطرة كما يراه هو. وتجدر الإشارة هنا إلى ان درجة الارتباط يعتمد على مقدار الأموال المتاحة للأفراد، بالإضافة إلى أذواقهم وأنماطهم الشخصية العامة.

الولاء للسلعة Product Loyalty:

من الأمور التي يسعى رجال التسويق لتحقيقها تلك التي ترتبط بعمليات ترتيب درجات ولاء معينة لدى المستهلكين نحو ما يصنع من سلع أو خدمات أو الماركة منها.

لكن ما تجدر الإشارة إليه هنا، هو أن الباحثين لم يتفقوا كلياً على وضع تعريف واضح للولاء الذي يجب أن ينشأ لدى المستهلكين المستهدفين نحو الماركات السلعية أو الخدمية المطروحة والأسس التي يجب أن يبنى عليها الولاء المطلوب. وهل يجب أن ينظر إليه على أنه هو السلوك الذي تم تحقيقه فعلاً؟ أم يجب الاعتماد على مواقف ومشاعر ونوايا المستهلكين نحو ما يطرح أو يروج له لتحديده وجوده ودرجته، أم ماذا؟.. على سبيل المثال، يرى البعض أن أساس الولاء هو درجة تكرارية الشراء السائدة للماركة. ولكن المشكلة هنا هي أن الفرد قد يكرر الشراء لماركة ما نتيجة عدم وجود بدائل مقنعة وعديدة لديه، وبالتالي، فإن الولاء الموجود قد لا يكون له أي أساس منطقي كبير لعدم توفر بدائل مقنعة من السلعة أو لاعتبارات أخرى قد يكون أهمها مستوى القدرات الشرائية المتوفرة لهذا الفرد أو ذاك.

تطوير الولاء للماركة السلعية Developing Brand Loyalty:

كما اختلف الباحثون في تعريف مفهوم الولاء، اختلفوا أيضاً في الكيفية التي يجب أن يبنى عليها الولاء. فبينما قال العلماء السلوكيون أن الولاء ناجم عن التجربة المعززة بالاقناع، بينما يرى العلماء العقليون أن الولاء ينتج عن انهماك المستهلكين وانشغالهم في عمليات عقلية هدفها حل المشاكل التي تواجههم والتي تتضمن مقارنة بين الماركات السلعية أو الخدمية وخصائصها المختلفة مما يؤدي إلى إقتناء وتفضيل ماركة معينة وتكرار شرائها.

ولهذا، فإن التعرض المتكرر للرسائل التلفزيونية الغنية بالرموز والقصيرة زمنياً مع العرض المكثف لها بالمجلات العامة قد يساعد في حالات شراء الماركات المنخفضة الارتباط أو الأهمية من وجهة نظر المستهلك إلى تطوير درجة معينة من درجات الولاء.

كما لا يقتصر الاهتمام بكيفية تطور الولاء، ولكن يمتد إلى الوقت الذي يتطور به، حيث وجد أن كثيراً من أنواع الولاء تتطور لدى الإنسان في طفولته وتستمر معه حتى يكبر ما لم تحدث متغيرات جذرية(مثل ارتباط الأطفال بقيم ومعتقدات عائلية غريبة... الخ) وتجدر الإشارة هنا إلى أن بعض أنواع الولاء قد تتكون لدى الأفراد نتيجة الإلحاح الكبير لمصالحهم وما أن تتحقق تلك المصالح حتى يزول الولاء المصطنع بشكل كامل.

انخفاض الولاء للسلعة Declining Brand Loyalty:

يتجه الاهتمام الآن إلى تحديد الأسباب التي تؤدي إلى انخفاض الولاء لماركة سلعية ما من قبل المستهلك وتحوله لشراء ماركات أخرى (Brand Switching) ولعل أهم الأسباب وراء انخفاض الولاء للأشياء يكمن في الضغوط الاقتصادية والاجتماعية الهائلة التي تحيط بالأفراد.

بشكل عام، يمكن إيجاز الأسباب المؤدية إلى انخفاض درجة الولاء على النحو التالي:

* الملل من الماركة نتيجة تكرارية شرائها منذ مدة طويلة ووجود ماركات جديدة من السلع أو الخدمة تطرح بشكل أفضل.

* ظهور العديد من الماركات السلعية الجديدة والتي قد تعرض بأسلوب مثير للانتباه والتي قد تتضمن بعض التعديل في مواصفاتها وخصائصها الشكلية والموضوعية.

* عدم الشعور بالإشباع من استخدام الماركة الحالية، الأمر الذي يدفع المشترين الحاليين للماركة للبحث عن الماركة التي تشبع الحاجة المنشود اشباعها.

* الاهتمام بسعر الماركة على حساب الولاء لها وذلك على خلفية الضغوط الاقتصادية التي تعمل على إحداث التغيرات اللازمة لدى المستهلك.

* ارتفاع نسبة الإعلانات المقارنة حولها ومثيلاتها المنافسة.

وبالرغم من أن كثيراً من رجال التسويق يلجأون إلى رفع الحصة السوقية من خلال استخدام وسائل تنشيط مبيعات كالكوبونات والعينات المجانية. إلا أن هذه الوسائل، مع أنها تزيد المبيعات في الأجل القصير، إلا أنها لا تدوم في الأجل الطويل، لأنه لا يمكن استخدام وسائل تنشيط المبيعات لفترات طويلة لأسباب ترتبط بتكلفة استمرارية استخدام هذه الوسائل، بالإضافة إلى أن الاستخدام المطول لوسائل تنشيط المبيعات يؤثر على سمعة الماركة السلعية من وجهة نظر المستهلكين المستهدفين.

بشكل عام، هناك مجموعة كبيرة من الأسباب الكامنة وراء ضعف الولاء للسلع أو الخدمات أو الأشياء، ولربما تكون المصالح الاقتصادية وشدة المنافسة، والتطور التكنولوجي السريع في مجالات سلعية عديدة من الأسباب الرئيسة والمؤثرة على تحول ولاء المستهلكين نحو هذه الماركة من السلعة أو الخدمة.

أسئلة المناقشة

١- ناقش مبادئ التعلم الأساسية؟

٢- قارن بين نظريات التعلم مبيناً درجة التطبيق التسويقية لكل واحدة منها؟

٣- ما هو المقصود بهيكل الذاكرة وبيوت التخزين فيها وعملياتها؟

٤- ناقش نظريات الإرتباط ومضامينها التسويقية؟

٥- إشرح بالتفصيل عمليات الذاكرة مع إعطاء مثال واحد على كل منها؟

٦- ناقش العوامل التي تؤدي إلى استرجاع ناجح للمعلومات التي يتم تخزينها في الذاكرة طويلة الأجل؟

٧- اشرح ما هو المقصود بنظرية الارتباط ومضامينها التسويقية والترويجية؟

٨- اشرح بالتفصيل كيفية ارتباط وسائل الإعلان بنظرية الارتباط مع إعطاء مثالاً مثال واحد على كل منها؟

٩- ناقش العوامل التي تؤدي إلى تطوير الولاء لماركة سلعية من منظفات الغسيل؟

١٠- المطلوب إعطاء أمثلة سلعية وخدمية تتمتع بدرجة ولاء عالية من قبل المستهلك الأردني؟

١١- المطلوب إعطاء أمثلة سلعية وخدمية تتمتع بدرجة ولاء منخفضة من وجهة نظر المستهلك الأردني؟

١٢- اشرح كيف يؤدي ارتفاع نسبة أو حجم الإعلانات عن الماركات السلعية الخاصة بمعاجين الأسنان إلى تغيرات سريعة في ولاء المستهلك نحو هذه الماركة أو تلك؟

الفصل الخامس

الإدراك الحسي وسلوك المستهلك

* تمهيد.

* تعريفات عامة.

* الإدراك اللاشعوري.

* أنواع المدخلات الحسية.

* عناصر الإدراك الحسي والمفاهيم المرتبطة.

* التأثيرات المدمرة على الإدراك الحسي.

* تخيلات المستهلك.

* المجموعة المختارة.

* الجودة المدركة.

* الخطر المدرك وأنواع المخاطر.

* استراتيجيات تخفيض وأنواع المخاطر.

* أسئلة المناقشة.

الفصل الخامس

الإدراك الحسي وسلوك المستهلك

تمهيد

الأفراد... يرون العالم من حولهم بطرق مختلفة، كما أن إدراكهم للأشياء والأحداث يتم بطرق مختلفة أيضا، وذلك لاختلاف حاجاتهم ورغباتهم وأذواقهم وأنماطهم الشخصية، بالإضافة إلى خبراتهم وأهدافهم والمواقف التي يتعرضون لها اختيارياً أو إجباريا.

خلاصة القول، إن ما يدركه الأفراد حول الأشياء من سلع وخدمات هو المهم لرجال التسويق، ولكن ليس كل ما يدرك هو الحقيقي بالنسبة لهم. وذلك لما يحيط بهم من أشياء وأحداث قد تتجاوز قدراتهم الإدراكية والمادية، لذا كان وما يزال موضوع الإدراك الحسي- للمستهلك ومضامينه النفسية وغيرها هو الشغل الشاغل لرجال التسويق باعتباره- أي الإدراك الحسي- القاعدة الأساسية التي يبنى عليها رجال التسويق استراتيجياتهم التسويقية والترويجية. بشكل عام، تهدف الاستراتيجيات التسويقية الموجهة من قبل رجال التسويق أما إلى تثبيت أو التعرف على نوعية المدركات الحسية لدى المستهلكين المستهدفين حول السلع أو الخدمات المطروحة أمامهم، أو تعديلها- إن كانت هناك أية ضرورة للتعديل أو تغيرها إذا كانت تلك المدركات سلبية نحو ما تم طرحه من سلع وخدمات عميقة الجذور.

بشكل عام، يعتبر الإدراك الحسي من المفاهيم المركزية التي لا يمكن لرجال التسويق تجاهل عناصره وأنواعه ومدلولاته ومضامينه المتنوعة عند التفكير في وضع وتنفيذ مختلف الاستراتيجيات التسويقية الفعالة ولمختلف السلع والخدمات وتحت ظروف بيئية متغيرة.

تعريفات عامة:-

باختصار يمكن وصف الإدراك الحسي بأنه: " الكيفية التي نرى بها العالم من حولنا".
ولربما يرجع اختلاف الصور الإدراكية للأفراد إلى اختلاف الأنماط العامة لشخصياتهم، ونوعية
أهدافهم الحالية أو المستقبلية، بالإضافة إلى تباين طرق التعلم السائدة لديهم، تباين نظمهم
المرجعية والاجتماعية بالإضافة إلى تباين خبراتهم السابقة وأهدافهم.

عموماً، يمكن تعريف الإدراك الحسي بأنه" كافة المراحل التي بواسطتها يقوم فرد ما
بعملية اختيار، وتنظيم وتفسير منبه ما ووضعه في صورة واضحة وذات معنى له وللعالم
الخارجي من حوله" وقد يرتبط المنبه بشخص ما ، ماركة سلعية أو خدمية أو موضوع أو
مفهوم ما.

المنبه:

هو وحدة أو مدخل محدد يرتبط بشيء ما ينتقل من خلال الحواس. وقد تكون
هذه المنبهات المدخلة على شكل ماركة سلعية أو خدمية أو أي مفهوم أو فكرة، وقد تكون
نابعة من نفس الشخص أو خارجية صادرة من البيئة المحيطة به.

المستقبل الحسيSensory Respector:

هي كل الأعضاء الإنسانية التي بواسطتها يستقبل الإنسان المدخلات المارة أو
المحررة إليه أو إليها و من خلال الحواس المعروفة كالعين، الأذن، الأنف، الفم، الجلد.

الشعور أو الإحساس:-

هو الاستجابة المباشرة والفورية للمستقبلات الحسية لمنبه ما والذي قد يكون على
شكل إعلانات مرئية أو مطبوعة، عبوات سلعية بأشكال متنوعة، اسم الماركة السلعية أو
الخدمية. تعتمد قوة إحساس فرد ما بالمنبه الذي يتعرض له

بمجموعة من العوامل، منها تجاربه السابقة وأهدافه، بالإضافة إلى أهمية المنبه أو غرابته أو حداثته وهو موضوع الأهتمام.

عموماً، يختلف اتجاه المنبه حسب نوعية المستقبلات الحسية وقوتها، بالإضافة إلى درجة كثافة المنبه موضوع الاهتمام وحداثته. على سبيل المثال، قد تكون حاسة السمع لدى الأعمى أقوى بالمقارنة مع غيرها من الحواس لدى بعض الأفراد، وذلك يكون تعويضاً طبيعياً لحاسة البصر المفقودة لديه.

كما أن الشخص الذي يعمل ويعيش وسط منطقة صناعية وبصحبة ماكينات ومعدات وآلات تصدر أصواتاً عالية معظم الوقت، فقد يحصل على درجة منخفضة من الإحساس. وذلك بسبب التأثير الحاسم للضوضاء العالية والإزعاج والأصوات المستمرة التي تحيط به ولأوقات طويلة والتي تعود عليها على نظامه الإدراكي اختياراً وتنظيماً وتفسيراً.

باختصار، كلما زادت قوة وكثافة وتشابه المدخلات الحسية، فإن قدرتنا على الإحساس بالزيادة تتناقص، وكلما قلت وتنوعت المدخلات الحسية مع درجة غرابة كبيرة لها فإن قدرتنا على معرفة التغيرات في البيئة موضوع الاهتمام تزداد بشكل كبير.

الحد المطلق للإحساس:

الحد الأدنى الذي يستطيع فرد ما الإحساس به نحو شيء ما يسمى الحد المطلق للإحساس. كما أن الحد الذي يستطيع شخص ما تمييز الفرق بين شيئين هو الحد المطلق له عند التعرض لمنبه معين.

على سبيل المثال، تحديد المسافة التي يستطيع فرد ما رؤية وتحديد نوعية إشارة على الطريق العام تسمى الحد المطلق له. وقد يكون الحد المطلق لهذا الفرد مختلفاً عن ذلك الحد المطلق لفرد آخر. وذلك بسبب اختلاف البيئات الداخلية

والخارجية والخبرات السابقة والأهداف الحالية للأفراد في المجتمع الواحد أو حتى بين المجتمعات بعضها البعض.

كما قد يميز شخصان يركبان سيارة واحدة لوحة على مسافة ١كم، ولكن بدرجات مختلفة لأن كليهما له حد للإحساس يختلف عن الآخر، إذ قد يتعرف الشخص على اللوحة ونوعها ومضمونها قبل الشخص الثاني الذي يتقدم أو يتأخر عليه زمنياً.

كما أن المرور على عدد كبير من الإشارات من قبل فرد ما قد يعمل على تناقص الشعور أو الإحساس بها خاصة تلك الإشارات الأخيرة منها.

التكيّف Adaptations:

وهو التعايش مع إحساس معين أو مستوى معين من الإحساس. كما أنه، أي التعايش، قد يؤدي إلى عدم تحقيق أهداف الرسائل الإعلانية المرسلة من قبل الجهة المرسلة لها خاصة إذا تم تكرار بث نفس الرسالة الإعلانية مرات عديدة ومنذ فترات زمنية طويلة دون أي تغيير في مضمونها أو شكلها. لذا تقوم بعض الشركات المسوقه للمياه الغازية بتعديل أو تغيير أشكال ومضامين رسائلها الإعلانية من وقت لآخر.

على سبيل المثال، تتنافس أثناء الألعاب الأولمبية إعلانات تلفازية عديدة خلال فترة زمنية محددة، الأمر الذي قد يؤدي بالمشاهدين إلى عدم تذكر أغلبها وتذكر فقط البعض القليل منها. وهو ذلك النوع الذي يتضمن درجة غموض عالية ومستوى غرابة فريدة تثير الاهتمام والانتباه والاعتبار. وبسبب التكيف والتعود من جانب المستهلكين على ما يتعرفون إليه من إعلانات تلفازية يميل رجال الإعلان إلى تغيير أشكال ومضامين حملاتهم الإعلانية بانتظام، بالإضافة إلى أنهم يميلون إلى تنويع المدخلات الحسية والإيحاءات المرتبطة بها من وقت لآخر وحسب شرائح المستهلكين المستهدفة وخصائصهم الديمغرافية والنفسية.

محلياً، توجد حالات فشل عديدة في معظم الإعلانات التلفازية المرسلة من قبل وسائل إعلانية عديدة وعن سلع أردنية. ومن الحلول المقترحة لهذا الوضع على سبيل المثال، شراء شركة الحاسوب الآلي كل المساحة المخصصة للإعلان في مجلة أسبوعية. كما قد يسعى رجال التسويق المحليين إلى التعامل مع الوسائل الإعلانية غير المألوفة لإرسال رسائلهم الترويجية وذلك بهدف تحقيق قدر أكبر من الاهتمام من جانب المشاهدين أو القراء بدلاً من تكرار نفس الممارسات الترويجية الإعلانية والتي تفتقر إلى حسن التوقيت والمضمون الجيد والإيحاء المناسب. بالإضافة إلى استخدام ممارسات أكثر منطقية من خلال إرسال عينات مجانية من بعض ماركات العطور التي يحاولون تسويقها باستخدام البريد المباشر. كما قد يحاول مصممو العبوات تصميم عبوات أكثر جاذبية لتتوافق مع الحد المطلق للإحساس لدى المستهلكين في الأسواق المستهدفة. ومن خلال إرسال تلك المنبهات الحسية التي لا تتجاوز ذلك الحد المطلق من الإحساس لدى المستهلكين. ويمكن أن يتم هذا من خلال إرسال الرسائل الترويجية المناسبة والقادرة على مواجهة الماركات المنافسة باستخدام رسائل إعلانية ذات مضامين وأشكال تتفق واذواق المستهلكين المستهدفين.

الحد المميز The Differential Threshold:

الحد الأدنى الذي يمكن تمييزه بين منبهين يسمى الفرق الذي يمكن ملاحظته. في القرن التاسع عشر اكتشف الألماني" ارنسب وبر" أن الفرق الأدنى الذي يمكن ملاحظته بين منبهين لم يكن كمية مطلقة، ولكنه كان كمية منسوبة لكثافة المنبه الأول.

قانون وبر Weber's Law:

ببساطة يتمحور قانون وبر حول المقولة التي تقول" إنه كلما كان المنبه الأول قويا، كانت هناك حاجة لأن يكون المنبه الثاني أقوى" وإذا كان المنبه الأول

قوياً وكثيفاً، لا بد أن يكون المنبه الثاني أقوى منه حتى يتم تذكره وفهم مضمونه وهدفه بالشكل المقصود من قبل المستهلكين المستهدفين.

على سبيل المثال، إذا ازداد سعر سيارة ما ٥٠ ديناراً، لن تتم ملاحظة هذه الزيادة في سعر السيارة، لأنها أقل من المستوى الذي يمكن ملاحظته. أما إذا انخفض سعر هذه السيارة ٥٠٠ دينار أو اكثر، فسيكون الأثر ملاحظاً، لأنه قد يكون مساوياً أو أكثر المستوى الذي يمكن ملاحظته، ولأن نسبة التخفيض المشار إليها سابقاً كانت ذات أهمية كبيرة للمشتري المحتمل.

كما أنه، إذا زاد سعر البنزين ٥٠ قرش للتنكة الواحدة المباعة للمستهلك، فإن الأثر سيكون ملاحظاً بدرجة كبيرة بواسطة المستهلكين، وذلك لأن نسبة الزيادة التي حصلت على سعر البنزين كانت هامة وكبيرة مقارنة بالسعر السابق الذي كان يتحمله المستهلك قبل هذه الزيادة للتنكة الواحدة من البنزين.

على الجانب الآخر، قد يقوم تاجر تجزئة معروف في عمان بتخفيض أسعار الملابس التي يبيع بنسبة ٢٠% عن الأسعار القديمة، وعلى الفور سوف يلاحظ هذا التخفيض، لأنه قد يكون كبيراً ويقع ضمن توقعات المشترين المحتملين أو أعلى منها. أما إذا كانت نسبة التخفيض أقل من ٢٠% فإنها قد لا تلاحظ بواسطة المشترين لأنها- أي نسبة التخفيض - قد لا تكون ذات أهمية لديهم، لأنها صغيرة أو غير هامة وغير متفقة مع توقعاتهم.

التطبيقات التسويقية لقانون وبر:-

يعمل رجال التسويق في المؤسسات المعاصرة على تحديد الحد أو المدى الذي يمكن تصوره كمنبه خارجي، والذي يمكن ملاحظته لسلعهم وذلك لسببين مختلفين نوردهما على النحو التالي:

إن تخفيض حجم السلعة قد يؤدي إلى زيادة السعر، بالإضافة إلى أن أية تغيرات في حجم العبوة لسلعة ما قد يمر دون ملاحظة الجمهور المستهدف. لذا يجب تخطيط تنفيذ أية تعديلات في مواصفات الماركة السلعية بحيث يمكن ملاحظتها بواسطة المشترين المحتملين والحاليين.

على سبيل المثال، قد يجبر ارتفاع تكاليف إنتاج بعض السلع رجال الصناعة إلى اتخاذ قرارات مهمة، فمنهم من يلجأ إلى زيادة الأسعار أو تخفيض الجودة الفعلية للسلع التي ارتفعت تكاليف انتاجها مع فرض نفس الأسعار الحالية لها. على سبيل المثال، لجأت المؤسسات الأردنية إلى اتباع الأسلوبين معا حيث تقوم برفع أسعار سلعها، وبنفس الوقت تقوم بتخفيض أوزان عبوات السلعة التي تحاول بيعها. ومن الأمثلة الحية هو ما قامت به الشركة التي تنتج الورق الصحي ماركة غيد حيث تم رفع السعر، تخفيض الحجم مع تخفيض نوعية الورق.

كذلك عندما بدأت أسعار القهوة بالارتفاع بدأ تجار القهوة بتخفيض جودة ونوعية المادة الخام من القهوة باستخدام أصناف أقل جودة ولكن ليس للحد الذي يمكن ملاحظته من ناحية طعم القهوة. بالمقابل قام تجار القهوة في الأردن عام ١٩٩٢ إلى رفع أسعار الكيلو الواحد من القهوة المحمصة مبلغاً بسيطاً الأمر الذي فسر من قبل ربات البيوت بأنه ارتفاع غير مهم. ذلك أن الزيادة في سعر القهوة كان قليل الأهمية. لأنها أي الزيادة كانت تحت مستوى الملاحظة لديهن وهو ما أشارت إليه إحدى استطلاعات الجمعية الوطنية لحماية المستهلك في الأردن عام ١٩٩٢.

وفي بدايات عام ١٩٩٥ انخفضت أسعار القهوة في الأسواق العالمية بحوالي ٤٠%، إلا أن تجار القهوة لم يقوموا بتخفيض أسعار القهوة التخفيض المطلوب حيث كانت نسبة التخفيض حوالي ٥% فقط، الأمر الذي فسر من قبل المستهلك الأردني بأنه تخفيض غير مهم فقامت الجمعية الوطنية لحماية المستهلك

بدعوة المستهلكين لمقاطعة شراء القهوة، الأمر الـذي أدى في النهاية إلى تخفيض أسعارها
بمبلغ محدد كان من ناحية مقداره هاماً(عام ١٩٩٦) مـن وجهة نظر المسـتهلك ولـو لفـترة
زمنية محدودة.

كما قد يواجه رجال التسويق مهمة إجراء تعديلات على بعض مواصفات الماركات
السلعية من خلال قيامهم بإجراء عدد من التعديلات الصغيرة في عبوات السلع التي يبيعونها
حيث قد تكون تلك التغيرات أقل من المستوى الممكن ملاحظته من قبل المستهلكين.

عـلـى سـبـيل المثـال، تخفـيض حجـم وشكل العبـوة لماركـة مـن ماركـات
الكاندي دون المستوى الذي يمكن ملاحظته، قد يكون استراتيجية تسويقية وترويجية ناجحة
مع أن المستهلك النهائي لتلك الماركة السلعية هو الـذي يـدفع تكلفـة تخفيض عبـوة الماركـة
على شكل رفع سعر الماركة التي تم استهلاكها.

* تخفيض أو زيادة الأسعار للسلع أو الخدمات المطروحة للتداول في أسواق المستهلك.

* تخفيض أو رفع جودة الماركات السلعية بدرجات مختلفة من الأهمية.

* تخفيض أو زيادة أحجام عبوات الماركات السلعية بصور ذات أهمية كبيرة أو قليلة.

الإدراك اللاشعوري Subliminal Perception:

من المعروف أنه يمكـن حفـز الأفـراد لاشعورياً مـن خـلال حفـزهم تحـت مسـتوى
الشعور، ذلك أن الأفراد قد يدركون بعض المنبهات دون الشعور بها. وخاصـة تلـك الرسـائل
الإعلانية التلفزيونية التي يتم بثها بطريقـة سلسة وغـير مخططة. كـما قـد يحـدث الإدراك
اللاشعوري، أيضا، في حالة أن المنبه المرسل

تحت الحد الأدنى من الإدراك الحسي لدى الأفراد. أيضا، يستخدم الحفز اللاشعوري بواسطة الإعلان السينمائي والتلفزيوني (اشرب بيبسي... إلخ).

عملياً، تم اختبار مدى فاعلية الإدراك اللاشعوري من خلال عرض فيلم في ولاية نيوجرسي حيث تم إرسال كلمات مثل(إشرب كوكا كولا، كل بوبكورن) أثناء عرض الفيلم وكانت مدة العرض قصيرة جداً حيث لم يدرك مشاهدوا الفيلم الرسالة المرسلة إلا أنه وجد أثناء فترة الإختبار التي استغرقت ستة اسابيع أن نسبة مبيعات البوبكورن زادت بنسبة ٥٨% كما زادت مبيعات كوكا كولا بنسبة ١٨% مع العلم انه لم تحدث أية مراقبة أثناء ذلك الاختبار. فالمشاهدين للفيلم موضوع الاختبار كانوا يسجلون هذه الرسائل الإعلانية في الإدراك اللاشعوري لديهم، وكانوا يشترون الكوكا كولا والبوبكورن أثناء فترة الاستراحة ودون تخطيط مسبق من قبلهم.

وتجدر الإشارة هنا إلى أن الدراسات الميدانية في هذا المجال لم تعط لغاية الآن أدلة علمية كافية حتى يمكن تعميمها حول تأثير الإعلان التلفزيوني والسينمائي على المستهلك وعلى مستوى الإدراك اللاشعوري لديه.

كما لم يذكر الباحثون أن الرسائل الإعلانية المرسلة تحت منطقة الشعور أية معلومات عن تأثيرها على الأنماط السلوكية للمستهلكين مع أنها قد تنتج بعض الآثار النفسية التي يصعب قياسها أو تحديدها بشكل واضح أو ملموس يمكن تعميمه أو البناء عليه تسويقياً ومن الناحيتين التخطيطية الاستراتيجية والميدانية.

على سبيل المثال، قامت بعض المحلات التي تبيع بعض الأدوات الالكترونية باختبار أثر المنبهات أو الإشارات العابرة غير المخططة أثناء استخدام الأطفال للألعاب الالكترونية حيث وجد أن عمليات السرقة قد انخفضت بنسبة ٣٧.٥% خلال التسعة شهور التي جرت فيها تلك الاختبارات.

باختصار، لم يثبت أن المنبهات اللاشعورية ذات تأثير كبير وملموس على الدوافع والأنماط السلوكية للمستهلكين، بالرغم من تأثيرها المعرفي. فالشعار هنا "

ما تراه تحصل عليه". بشكل عام يعتبر الإعلان المرسل تحت منطقة الشعور غير مهني أو أخلاقي. كما أنه قد يؤدي إلى بعض الأضرار النفسية التي لا يمكن تحديد مصدرها، بالإضافة إلى أن المستهلكين المعنيين بهذا النوع من المشاعر غالباً ما يتصرفون حسب مدركاتهم الحسية، وليس حسب الحقائق المادية التي تحيط بهم، والتي قد تكون مرتبطة بسلع، خدمات، أفكار، مفاهيم، اشخاص، وأماكن.

ديناميكية الإدراك الحسي:

من المعروف أن الإدراك الحسي لا يحدث فقط نتيجة للمدخلات الحسية، بل قد يكون نتيجة لنوعين مختلفين من المدخلات التي تتفاعل لتشكل الصور الإدراكية التي يشعر أو يكونها فرد ما نحو ما يتعرض إليه في بيئته الداخلية أو الخارجية أو كليهما معا من منبهات يجري التعامل مع بعضها بوعي وإحساس وبعضها الآخر بطريقة غير واعية.

أنواع المدخلات الحسية:

عموماً، يمكن إيراد المدخلات الحسية على الشكل التالي:-

١- المنبه المادي Physical Stimuli الصادر من البيئة الخارجية وقد يكون على شكل صور أو رسوم أو كلام... الخ. تسويقياً، المنبهات المادية الصادرة لا بد أن تحتوي فيما تحتويه على عناصر الغرابة والحداثة والرمزية... إلخ.

٢- التوقعات، الدوافع، ونمط التعلم المرتكز على الخبرات السابقة للأفراد وتعتبر هذه المدخلات أيضا من المحددات الرئيسه لنوع وقوة ومضمون الموقف والسلوك اللاحق.

عملياً، دمج هذه المدخلات قد يؤدي إلى تكوين صورة شخصية عن العالم المحيط بالفرد. ذلك أن لكل فرد شخصية مختلفة عن الآخرين، وذلك لاختلاف الخبرات، الرغبات، الحاجات، التوقعات. لذا فقد يكون إدراك فرد ما مختلف عن

إدراك فـرد آخـر وهـو مـا يفسر ــ عـدم وجـود شخصـين متشـابهين بالكامـل في هـذا العالم الغريب المثير الذي نعيش فيه! ولعل عدم التشابه بين الأفراد هـو سر المتعـة والإثارة والغرابة فيها.

كما قد يكون الأفراد اختيارين من ناحية المنبه الذي يريدون التعرض إليه وتنظيمـه بل قد يتم اختيارهم لتلك المنبهات التـي تتفق والحـالات النفسـية الخاصـة بهـم، وبالتـالي، فإنهم قد يعطون معاني وتفسيرات متباينة للمنبه الواحد وبما يتفق مـع حاجـاتهم وخـبراتهم وتوقعاتهم. ولعل هذا التباين يؤكد حقيقة وجود استراتيجيات تسويقية مختلفة تتعامل مـع أذواق متباينة للمستهلكين في الأسواق المستهدفة مع مـزيج تسـويقي إحلالي لهـذه الماركـة السلعية أو الخدمية يختلف عن نظرائها المنافسة.

عناصر الإدراك الحسي:-

يتكون الإدراك الحسي من ثلاثة عناصر رئيسه وهي كما يلي:-

أولا: الإدراك الاختياري Perceptual Selection:-

يتعرض الأفراد يومياً للعديد من المنبهـات التـي تحـيط بكـل مـا يهمهـم في الحيـاة، لكنهم يختارون تلك المنبهات التي تتوافق مع أهدافهم وخـبراتهم السـابقة ومـزاجهم العـام، بالإضافة إلى أنماطهم الشخصية والتعليمية السائدة لديهم.

والحقيقة أننا ندرك حسياً جزءاً بسيطاً من المنبهات التي حولنا والتي ترتبط بالسلع أو الخدمات أو الأشخاص... إلخ. وذلك لأن قدرتنا على الإدراك الاختياري تعتمد على أهدافنا الحالية، مزاجنا العام، خبراتنا السابقة. بالإضافة إلى قوة نظامنا الإدراكي، على سبيل المثال، قـد تتعرض سيدة أو ربة بيت تتجول داخل سوبر ماركت أو بقالة إلى آلاف المنبهات عـن السلع وبأحجام مختلفة وألوان مختلفة وأشكال مختلفة، ولكنها قد لا تدرك اختيارياً إلا ذلك العدد القليل من المنبهات التي

كانت موجودة في بيئتها الكلية وتتفق نسبياً مع أهدافها الحالية وخبراتها الإيجابية السابقة نحو مدلولاتها السلعية.

بشكل عام، تعتمد المنبهات التي يتم اختيارها كماً ونوعاً من قبل الأفراد على مجموعة من العوامل، وعلى النحو التالي:-

* الخبرات السابقة للأفراد مع موضوع الإدراك والذي يكون أي شيء، ماركة سلعية أو خدمية أو حتى أشخاص آخرين أو أماكن تم التواجد فيها أو يفضل التواجد فيها لاحقاً.
* توقعات الأفراد بالنسبة للموضوع وعلاقته بموضوع الإدراك وهل هي توقعات إيجابية أم لا؟ وهل هذه التوقعات واقعية أم خيالية، وهل هي ممكنة أم مستحيلة الحدوث وهكذا.
* دوافع وأهداف الأفراد وعلاقته بموضوع الإدراك وهل هي دوافع إيجابية أم لا؟ وهل الأهداف التي يراد إنجازها ممكنة التنفيذ أم لا؟

عملياً، تعمل العوامل البيئية المحيطة بالإفراد على إنقاص أو زيادة احتمال إمكانية اختيار منبه دون الآخر. بالإضافة إلى تأثير بعض العوامل على عملية الاختيار الإدراكي وكما سيلي شرحه.

العوامل المؤثرة على الاختيار الإدراكي:-

من العوامل المؤثرة على الاختيار الإدراكي ما يلي:-

أ- طبيعة المنبه:

تشتمل المنبهات التسويقية على عدد كبير من العوامل المؤثرة على إدراك المستهلك كطبيعة الماركة السلعية، شكلها، خصائصها، تصميم عبوتها، ألوان عبوتها، بالإضافة إلى قوة وتأثير الوسائل الترويجية أو الإعلانية كمكان الإعلان، وقت الإعلان وتوقيته ... إلخ.

كما يمكن زيادة الانتباه لمنبه ما من خلال استخدام ما يسمى بعكس المألوف (Contrast) مثل وضع بقعة صغيرة سوداء في صفحة بيضاء وهكذا.

بشكل عام، تعتبر المقارنة من أهم الأساليب التي تستخدم من قبل رجال الإعلان من أجل إحداث تأثير أكبر على المدركات الحسية للمستهلك. على سبيل المثال، يستخدم المعلنون أدوات أو وسائل هامة من أجل تحقيق أقصى مقارنة بين شيئين وبهدف التأثير على إدراك المستهلك إيجابيا. كما أن الإعلان عن ماركة محددة قد لا يهدف فقط إلى تحقيق تمييز عال للشيء المعلن عنه بل مقارنة ذلك مع ما هو موجود في البيئة من منبهات أو ماركات منافسة لذلك يفضل أن تكون طبيعة المنبه موضوع الاهتمام غير مألوفة أو مثيرة من أجل تحقيق مدركات حسية أكثر إيجابية لدى المشتري المستهدف لما هو معلن عنه بالمقارنة مع مثيلاته من المنبهات المنافسة المرتبطة بماركات سلعية، خدمية.

يضاف إلى ذلك أن استخدام مساحات بيضاء كبيرة في إعلان مطبوع لماركة سلعية مع غياب الصوت عنها قد يوفر صفة المغايرة أو التمايز المطلوب لإحداث الأثر المرغوب نحوها.

وتجدر الإشارة هنا إلى أن رجال التسويق غالباً ما يقومون بتمييز عبواتهم السلعية من أجل جذب درجات اهتمام أكبر عما يعلنون عنه، الأمر الذي قد يحتم عليهم تزويد المستهلكين المستهدفين بمدخلات حسية أكثر غرابة عن العبوات الخاصة بالسلع(شكلها، لونها، أسمائها... الخ) مما يسهل التعرف عليها، ذلك أن العبوة التي لا تزود أو تعطي معرفة كافية يفترض أنها تعطي مدخلاً حسياً ايجابياً بدرجة كافية الغموض المرغوب فيه في مثل هذه الحالات.

ب- التوقعات Expectations:

ان ما يتوقع الأفراد رؤيته يعتمد على مدى تعودهم على موضوع الاهتمام وعلى خبراتهم السابقة وأهدافهم الحالية وأنماطهم الشخصية.

عملياً، هناك عدة تجارب أكدت صحة هذا التصور، فعلى سبيل المثال، قام أحد الباحثين الأساتذة في الجامعة الأردنية باستضافة ضيف من كلية جامعية أخرى ليعطي المحاضرة نفسها لشعبتين مختلفين من طلبة كلية إدارة الأعمال، حيث قام الباحث في قسم التسويق بإخبار طلابه في الشعبة الأولى بأن المحاضر الضيف خبير في المجال الذي سيتكلم به، ولكنه هادئ الأعصاب أثناء إلقاءه للمحاضرة، ويميل للنقاش الودي مع الطلاب.

أما بالنسبة للشعبة الثانية، فقد قام بإخبارهم- أي الطلاب - قائلاً أن المتحدث خبير، ولكنه عصبي في بعض الأحيان، وبعد إلقاء المحاضرتين قام الباحث في قسم التسويق بتوجيه استقصاء لطلابه في الشعبتين. بشكل عام، أشارت نتائج الاختبار إلى أن الطلاب الذين تم إخبارهم بأن المحاضر الضيف دافئ وخبير في موضوع المحاضرة، كان أكثر تفاعلاً ومشاركة حسب رأيهم بالمقارنة مع طلاب الشعبة الثانية الذين أفادوا أن الأستاذ الضيف عصبي المزاج، بالرغم من خبرته ومعرفته الواسعة في موضوع المحاضرة. كما أشارت بعض الدراسات إلى أن المنبهات التي تتعارض بحدة مع توقعات المشاهدين تنال غالباً درجات اهتمام أعلى بالمقارنة مع تلك المنبهات التي تتفق مع توقعاتهم. وبكلمات أخرى، قد تؤدي الحداثة أو الغرابة إلى زيادة الإدراك الحسي من قبل المستهلكين المستهدفين حول موضوع المنبه الذي يتصف بالحداثة أو الغرابة.

عملياً، ولسنوات عديدة استخدم المعلنون الرموز الجنسية في الإعلانات عن السلع التي ليس لها علاقة بالجنس. لأنهم عرفوا أن تلك الإعلانات ستؤدي إلى إحداث درجات كبيرة من الاهتمام نحوها من قبل المستهلكين المستهدفين. لكن ما تجدر الإشارة إليه هنا هو أن هذه الإعلانات قد تهدم نفسها بنفسها، لأن التركيز فيها قد يكون على الخلفية وليس على الصورة(على الفتاة موضوع الخلفية وليس على السلعة موضوع الإعلان الأصلي) وما أكثر ما يقع المستهلكون أو المستخدمون

المستهدفون في موجة إعجاب كبيرة سببها الأصلي الشكل الجميل لعبوة السلعة موضوع الاهتمام.

كما أن استخدام الإعلان الإيحائي لبعض السلع كالعطور، أدوات الرياضة، الملابس الداخلية، الجينز كان بهدف الارتقاء بالخيال لدى الأفراد المستهدفين وترتيب توقعات أقرب إلى العواطف الجياشة التي قد تتحقق في ظل ظروف صعبة ومعقدة.

جـ- الدوافع:-

غالباً ما يميل الأفراد إلى إدراك الأشياء التي يحتاجونها أو يرغبونها، لذلك قد تقوى حاجة ما لديهم، كلما قويت القوة الدافعة وراءها. أو كما قد يكون هناك ميل لتجاهل المنبهات غير المرتبطة بأية دوافع أخرى غير مرتبطة في البيئة المحيطة بهم. على سبيل المثال، الشخص الذي يريد استبدال الشبابيك في بيته سيلاحظ بحرص كل الإعلانات عن الشبابيك في الصحف اليومية أو غيرها من أدوات الترويج. والذي لا يحتاج لتغيير الشبابيك في بيته لن يلاحظ أو يعطي أي اهتمام إدراكي لأية إعلانات عنها مهما كانت كثافة وغرابة الرسائل الترويجية عنها. بشكل عام يلاحظ أن هناك اهتماماً متزايداً من قبل المستهلكين المحتملين بالمنبهات المرتبطة بحاجات قوية واهتمامات واضحة لديهم. كما يلاحظ أيضا وجود اهتمام متناقص بتلك المنبهات غير المرتبطة بحاجات قوية لديهم أو برغبات تم إشباعها سابقاً وبصورة قد تكون مرضية أو غير مرضية .

عملياً، يعتبر التعرف على حاجات المستهلكين من المهام الأساسية لرجال التسويق . على سبيل المثال، يستطيع رجال التسويق من خلال البحوث الميدانية التوصل أو التعرف على ما يعتبره المستهلكون خصائص مثالية لفئة السلعة أو الماركة منها وما تمثله من مدركات حسية بهذا الاتجاه أو ذاك لدى المستهلكين المستهدفين. وعلى أساس معرفة الدوافع الكامنة لدى المستهلكين يتم تجزئة السوق الكلي لسلعة أو خدمة ما إلى عدة أسواق فرعية قد يكونون قادرين على تطوير

استراتيجيات تسويقية مختلفة لكل سوق فرعية مستهدفة. وعلى هذا الأساس يستطيع رجال التسويق تمييز ماركاتهم السلعية أو الخدمية من خلال إرسال وتوجيه مزيج تسويقي يشتمل على ميزة أو أكثر تنافسية غير موجودة بالماركات المنافسة لها وبما يحقق إشباع الحاجات المدركة من قبل المستهلكين المستهدفين لكل ماركة على حدا.

المفاهيم المرتبطة بالاختيار الإدراكي:-

من المعروف أن اختيار المستهلك لمنبه ما يعتمد على نتيجة التفاعل بين توقعاته ودوافعه وأهدافه نحو المنبه موضوع الاهتمام. إلا أن هذا التفاعل يرتبط بعدد من المفاهيم الهامة والمرتبطة بنظام الإدراك الحسي لديه نوردها هنا كما يلي:-

التعرض الاختياري لمنبهات معينة:-

يسعى المستهلكون بنشاط للتعرض للرسائل السارة التي يتعاطفون معها والتي تتفق مع أهدافهم وخبراتهم الإيجابية ويتجنبون تلك الرسائل المؤلمة أو الخطرة. على سبيل المثال، يتجنب المدخنون تلك الرسائل التي تربط بين الدخان والسرطان بل انهم قد ينكرون تلك العلاقة من خلال عملية التجنب الإدراكي لهذا النوع من الرسائل الإعلانية التي يتم بثها في الوسائل الإعلانية المرئية أو المطبوعة المختلفة.

كما قد يقوم المستهلكون اختيارياً بتعريض أنفسهم للرسائل التي تطمئنهم على دقة وصحة قراراتهم الشرائية، وخاصة تلك المرتبطة بمشترياتهم من السلع المعمرة والخاصة ذات المخاطرة المالية والاجتماعية العالمية نسبياً.

الانتباه الاختياري:-

عملياً، ينتبه المستهلكون لتلك الرسائل او المنبهات المحققة لحاجاتهم، والتي تقع ضمن دائرة اهتماماتهم كما ينقص أو ينخفض اهتمامهم لتلك الرسائل او

المنبهات غير المرتبطة بحاجاتهم. كما أنهم يحاولون الانتباه والاهتمام بتلك الرسائل الإعلانية التي تروج لمحلات ومنافذ توزيعية تتفق ومكانتهم الاجتماعية.

ومما تجدر الإشارة إليه هنا هو ان التعرض الاختياري غالباً ما يكون غير مساو للإدراك الاختياري. فقد يتعرض شخص ما لرسالة معينة لكنه قد لا يدركها كلها أو قد لا يدركها على الإطلاق أو قد يتجاوز إدراكه نطاق الرسالة التي يتعرض لها.

كما يختلف الأفراد من الناحية الادراكية، ذلك أن بعضهم قد يكون أكثر اهتماماً بالسعر بينما قد يكون البعض الآخر مهتماً بالمظهر الشخصي له أو القبول الاجتماعي له من الطبقة التي ينتمي إليها. كما قد يميل بعض الأفراد إلى مشاهدة الرسوم والصور التي تستهويهم.

الدفاع الإدراكي الحسي:

يتخذ الدفاع الإدراكي لدى المستهلكين صوراً متعددة، منها أنهم قد يستبعدون لاشعورياً تلك المنبهات غير الهامة لهم حتى لو تعرضوا لها. كما أنهم قد يحاولون تجنب تلك المنبهات المدمرة أو التهديدية والتي لا تحقق لهم أي فائدة بالمقارنة مع غيرها من المنبهات الطبيعية، وذلك كوسيلة دفاعية لحماية أنفسهم. كما قد يميل الأفراد إلى اتلاف المعلومات غير المتفقة مع حاجاتهم وقيمهم ومعتقداتهم وأهدافهم الحالية. فالأفراد يحبون سماع ما يودون سماعه ويتجنبون بل يرفضون ما يهدد مصالحهم وأهدافهم.

العقبات الإدراكية:

غالباً ما يلجأ المستهلكون من أجل حماية أنفسهم إلى تجنب تلك المنبهات التي لا يستطيعون تحمل نتائجها ودفعها إلى منطقة اللاشعور. فقد أشارت بعض الدراسات إلى أن أعداداً كبيرة من المنبهات يتم منعها أو طردها بواسطة

المستهلكين وخاصة تلك المنبهات الترويجية المتضمنة سلعاً أو خدمات لا يستطيع الأفراد شراءها أو استخدامها في الأجلين القريب والمتوسط، على الأقل.

التنظيم الإدراكي:-

يميل المستهلكون إلى تنظيم المنبهات الواردة إليهم في مجموعات وكوحدة واحدة متكاملة. ومن المنظور العملي فإن مفهوم التنظيم الإدراكي يرتبط باسم مدرسة علماء النفس الذي طوره العالم الألماني(Gestals) والتي تعنى بدراسة الادراك والسلوك من زاوية أن استجابة الفرد تكون عادة كصور متكاملة مع التأكيد على تطابق الأحداث من كل الأنواع خصوصاً الفسيولوجية منها، ورفض تحليل المنبهات والمدركات والاستجابة كقطع أو أجزاء متناثرة بل النظر إليها وتحليلها وتفسيرها كوحدة متكاملة.

ويرتبط بموضوع التنظيم الإدراكي عدداً من المفاهيم ذات الأهمية نوردها هنا على النحو التالي:-

أ- علاقة الصورة مع الأرضية/ أو الخلفية Figure & Ground:

يقوم هذا المفهوم على أساس أن كل منبه أو رسالة إعلانية تتكون من صورة وخلفية. فالصورة هي موضوع الاهتمام والتي قد تكون فكرة، شخص، ماركة أو سلعية او خدمية، وهكذا. أما الخلفية فهي الشيء المحيط بهذه الصورة كالأرضية التي قد تكون بصورة فتاة أو لحن موسيقي وهكذا. ومن المعروف أن الخلفية تحدد إلى حد بعيد كيفية إدراك الصورة ومداها، كما يجب أن تدرك الصورة بوضوح بالمقارنة مع الخلفية. وحتى يمكن ملاحظة المنبه لا بد أن يتم تمييزه عن البيئة المحيطة به وما قد تحتويه هذه البيئة من منبهات عديدة ومتباينة. كما قد تدرك الخلفية كشيء لا نهائي ومستمر لإتاحة المجال للمزيد من الخيال والتصور

لما تم تخزينه في الذاكرة طويلة الأجل من منبهات ترتبط بكل ما يحيط بحياة الأفراد.

عموماً، يمكن القول بأن الذي يفصل بين الصورة والخلفية يمكن إدراكه على أنه ينتمي للصورة وليس للخلفية أو ما يساعد على إعطاء الصورة تحديداً وتعريفاً مناسباً وحسب الأهداف المرجوة من قبل من يهمهم الأمر.

على سبيل المثال، استماع فرد ما لمقطوعة موسيقية لموسيقار مشهور قد يدفعه إلى اعتبار الموسيقى كخلفية والموسيقار نفسه صورة أو اعتبار الموسيقى صورة مدركه لأنها هي المسيطرة والموسيقار هو الخلفية.

يضاف إلى ذلك، أن الأفراد يميلون عادة إلى تنظيم مدركاتهم كصورة وخلفية. ولكن ما تجدر الإشارة إليه هنا هو أن نمط التعلم السائد لدى الأفراد سيؤثر على كيفية إدراك الصورة والخلفية من قبلهم. كما أن الأفراد قد يكونون معتادين على عكس الصورة بالخلفية، أو الخلفية كصورة. على سبيل المثال، إظهار صورة سيدة في إعلان تلفازي عن ملابس نسائية قد تدرك السيدة كصورة والملابس المعلن عنها كخلفية وهكذا. ومما ينبغي الإشارة إليه هنا هو أن بعض الأفراد قد يعيشون ويتصرفون من خلال وجود نظام إدراكي معكوس وبكل أبعاده ومفاهيمه المرتبطة.

وتجدر الإشارة هنا إلى أن التأثير الحاسم للدوافع والتوقعات والخبرة تعتمد على قوة التنظيم الإدراكي ومتانته لدى الأفراد. على سبيل المثال، الحالة الصحية للشخص قد تؤثر على رؤيته الصحيحة للصورة والخلفية المرتبطة بهذا الشيء أو ذاك. كما أن المزاج الشخصي لفرد ما قد يؤثر على رؤيته للصورة والخلفية لموضوع ما أو الرسالة الترويجية المرسلة عن السلعة أو الخدمة. يضاف إلى ذلك إلى أن دوافع الفرد- إيجابية كانت أم سلبية- وخبراته السابقة ستؤثر على رؤيته

للصورة والخلفية ومن ثم على مدركاته الحسية ومواقفه وأنماطه السلوكية والشرائية اللاحقة لمواقفه أو اتجاهاته السابقة أو المستقبلية.

ومن المضامين التسويقية لمفهوم الصورة والخلفية أيضا هو أن المعلنين يجب أن يقوموا وبحرص شديد بتصميم، وتوجيه تلك الرسائل الإعلانية بحيث لا تطغى الصورة أحيانا، وليس دائماً على الخلفية أو العكس. فالخلفية الموسيقية مثلا يجب أن لا يتجاوز أثرها الصورة أو المحتوى كما ان الخلفية القوية للإعلان قد تلغي اسم الماركة من السلعة أو الخدمة في الإعلان نفسه. ذلك ان بعض المعلنين يطرحون اسم الماركة فقط ويتركون حولها مساحات بيضاء، والبعض الآخر قد يكتب حروفا بيضاء على ورقة سوداء لتحقيق المقارنة بين الصورة والخلفية.

كما أن بعض رجال التسويق قد يتعمدون الخلط بين الصورة والخلفية لدفع المستهلك وحفزه للتفكير حول ماهية الصورة والخلفية؟ كما قد يميل الأفراد أحيانا إلى بناء أو رسم البيئة الاجتماعية على شكل صورة وخلفية مثل أولاد طيبين وأولاد أشرار، أصدقاء وأعداء، سياسيين وصحفيين، عالم حر وعالم فوضوي، متجاهلين الاختلافات الأخرى بين الأمم والحكومات والشعوب وذلك لبناء النظام العالمي الجديد الذي يفترض وجود مدركات حسية متشابهة نسبياً لدى كافة الأفراد في هذا العالم وباستخدام كافة وسائل التهديد والوعيد والترغيب وباستخدام وسائل الإتصال والتكنولوجيا الحديثة لتحقيق الأهداف المرجوة لتلوين كافة الشعوب بلون واحد بالرغم من أن الله سبحانه وتعالى قد خلق الناس شعوباً وقبائل للتعارف، وبناء عليه فإن الاصل هو التنوع وليس التشابه.

التجميع Grouping:

يميل الأفراد لتجميع المنبهات التي يتعرضون لها تلقائياً، لذا فهم قد يميلون لتكوين صورة كاملة أو انطباعات كاملة عن المنبهات التي يتعرضون لها.

على سبيل المثال، أشارت التجارب أن إدراك المنبهات بواسطة الأفراد يتم كمجموعات متكاملة من المعلومات، وليس كقطع متناثرة من المعلومات، ومما يسهل العمل داخل ذاكرتهم ونظمهم الإدراكية بشكل عام.

كما أن معظمنا قد يتذكر أرقام هواتف أصدقائه أو أقاربه أو تلفونات العمل الخاصة بهم، ذلك أن الأفراد غالباً ما يميلون لتجميع الأرقام في ثلاثة مجموعات أو اثنتين وليس بعدد الأرقام نفسها أو تسلسلها الترتيبي.

عملياً، تم استخدام مفهوم التجميع بواسطة رجال التسويق لربط بعض المعاني المرغوبة بأسماء الماركات السلعية أو الخدمية المفضلة من قبلهم.

على سبيل المثال، قد يشير إعلان ما إلى رجل وامرأة يشربان الشاي في غرفة مفروشة وأنيقة، فالإعلان هنا يحاول الربط بين شرب الشاي والجلسات الرومانسية أو الشتاء أو الربيع الهادئ.

الإغلاق الادراكي "القفل" Closure:

تتصف المنبهات التي يتعرض لها الأفراد بالغموض وعدم الاكتمال. وحتى يتمكن الأفراد من تكوين صورة كاملة عن الشيء أو الماركة السلعية أو الخدمية موضوع الإدراك، فإنهم وبصورة تلقائية يسعون لإكمالها أو تكملة الأجزاء الناقصة منها. على سبيل المثال، عرض رسم لدائرة غير كاملة في صالة تضم عددا من الأفراد سيدفع البعض منهم لإكمال الدائرة، ذلك أن الأفراد غالباً ما يميلون إلى إدراك الأشياء التي يتعرضون لها بصورة متكاملة.

كما يمكن النظر لحاجة الأفراد للإغلاق كحالة توتر مؤقتة تصاحب المعنيين بها عند مواجهتم لمواقف أو اشياء غير مكتملة لا تحقق لهم الراحة والإشباع كما يدركونها الآن. وحتى يشعر الأفراد بالإشباع، فإنهم يقومون بإغلاق أو تكملة ما هو ناقص بما يتفق مع خبراتهم وأهدافهم وأنماطهم الشخصية العامة.

ففي دراسة أجريت عام ١٩٧٣ تم الإشارة إلى أن المهمات غير الكاملة أفضل للتذكر من تلك المهمات الكاملة، فالفرد عندما يبدأ عملاً ما فقد تتطور لديه حاجة لإتمامها، فإذا ما تم منعه من إتمامها فإن حالة من التوتر تسيطر عليه إلا إذا قام ذلك الفرد بوعي أو بغير وعي بتكميلها إدراكياً من خلال وضع كافة الحلول التي يراها مريحة له والتي تؤدي به فيما بعد إلى حالة من حالات التوازن النفسي.

كما حاول باحث آخر تبني تطبيق هذه النظرية على الإعلان، واقترح أن سماع أول الرسالة الإعلانية سيقود حتما إلى تطوير حاجة لسماع آخرها. الأمر الذي يعني بأن تأثير أول جزء من الرسالة الإعلانية كان قوياً جداً الأمر الذي دفعه أي المستمع لسماع باقي أجزاء الرسالة. بالإضافة إلى أن هذا الوضع سيحول التوتر الناتج إلى حفز الذاكرة لذلك الجزء من الرسالة الذي تم سماعه.

عملياً، الحاجة لتكملة المنبهات الناقصة والغامضة تعتبر ذات أهمية كبيرة لرجال التسويق، فتقديم رسائل أو أشياء غير كاملة للمستهلكين المستهدفين لتكملة الجزء المنقوص يخدم الهدف من وراء إرسال الرسالة نفسها.

كما تجدر الإشارة هنا إلى أن إظهار المنبهات بصورة غير مكتملة وغامضة يعمل كما هو معروف على حفز أكبر للمستهلكين المستهدفين وفقاً لميكانيكية الإقناع المشار إليها سابقاً- الانتباه، الاهتمام... الخ-. ومما تجدر الإشارة إليه هنا، هو أن إدراك الأشياء غير الكاملة يكون عادة أكثر من الأشياء الكاملة. ولهذا السبب وغيره يحاول رجال التسويق استثمار هذه الظاهرة عن طريق بناء أو تصميم وإرسال رسائل ترويجية يمكن تفسيرها أو التي تثير الحيرة قبل إتمامها أصلا واكتمالها.

إن الإعلانات المرئية وغيرها من ماركات السجائر كماركة النجم الذهبي التي جذبت سابقاً اهتماماً كبيراً من قبل المشاهدين المعنيين أفضل مثال على هذا المفهوم. كما قد يلجأ بعض المعنيين من المعلنين إلى إنقاص عدد الكلمات المذاعة

أو المنشورة عن إعلان سلعي معين وذلك بسبب الحاجة للتكملة التي يجب أن تتم بواسطة المشاهدين المستهدفين من خلال دفعهم للكتابة أو التصريح عن هدف الإعلان الذي شاهدوه بأنفسهم بشكل واضح أو صامت ومن خلال الكتابة على الورق أو التصريح الكلامي.

خلاصة القول، يبدو انه من الواضح أن مجموع المدركات الحسية غير مساوية (أكثر أو أقل) للمدخلات الحسية للمنبه. وبسبب هذا الإطار النظري الموثق من خلال معظم الدراسات الميدانية حول موضوع الإدراك الحسي يميل الأفراد لإضافة أو طرح جزء أو اكثر من أجزاء المنبه الذي تعرضوا له وذلك وفقاً لتوقعاتهم ودوافعهم وباستخدام مبادئ تنظيمية(يمكن تعميمها) وبالاعتماد على نظرية جشتلت السابق الإشارة إليها في مقدمة هذا الفصل(ص١٦١).

التفسير الإدراكي Perceptual Interpretation:

وكما أشرنا آنفاً، يعتبر الإدراك الحسي أهم الظواهر الحياتية، ذلك أن الأفراد يمارسون أحيانا اختيارية خاصة (تعتمد على خصائصهم وأهدافهم) بالنسبة للمنبهات التي يتعرضون إليها ويدركونها اختيارياً، وينظمونها وفق أساليب متنوعة تعتمد على مبادئ معينة تجعل كل منهم ينظم بطريقة تختلف عن الأخرى. كما يمكن النظر إلى عملية التفسير الإدراكي التي يقوم الأفراد بها للتفسير بأنها فردية أو شخصية بحتة لأن هذه التفسيرات لما نظموه من منبهات يعتمد في الأصل على خبراتهم السابقة، وعلى عدد البدائل المتاحة لديهم للتفسير وعلى دوافعهم واهتماماتهم أو مصالحهم وقت الإدراك الحسي للمنبه الذي يتعرضون اليه بقصد أو بدون قصد.

العوامل المجددة لقوة المنبه الحسي:-

عملياً، هناك عدة عوامل تؤثر على قوة المنبه والتي يمكن إيرادها هنا على النحو التالي:-

١- درجة الغموض والتي تعتبر من أهم العوامل المحددة لقوة المنبه، حيث إن المنبهات منخفضة الغموض تؤدي إلى رؤية ضعيفة، وتعرض قصير للمنبه. بينما تعتبر المنبهات الغامضة من الأمور التي تعمل على تقوية المنبه حيث تميل المنبهات الغامضة لأن تكون قصيرة، وتؤدي إلى انتباه عالٍ والى إفراز اهتمامات قوية نحوها من قبل المستهلكين الأفراد.

٢- توفر المبررات القوية التي تدفع الأفراد لتبرير المدخلات الحسية التي استقبلوها إلى مصادر يعتبرونها السبب الرئيسي الذي أدى إلى حدوث واستقبال تلك المنبهات وادراكها بالطريقة التي تم إبرازها أو ملاحظتها.

٣- كما يميل الأفراد إلى استخدام الخبرات السابقة، والتوقعات من أجل تزويدهم ببدائل للتفسير ولتفسير ما يتعرضون له من منبهات داخلية أو خارجية تتصل بأمورهم الحياتية وفي كافة المجالات.

عموماً، عندما يتعرض الأفراد لمنبهات غامضة فإنهم يميلون لتفسيرها بطريقة تخدم حاجاتهم الشخصية ورغباتهم ومصالحهم. وتجدر الإشارة هنا إلى أن مدى توافق أو انسجام تفسيرات الأفراد مع الواقع الذي يواجهونه والمكون من عدة منبهات عديدة ومتباينة بالإضافة إلى مدى وضوح المنبه والخبرات السابقة والأهداف الموضوعة من قبل الأفراد يعتبر من الأمور المهمة المحددة لقوة المنبه الحسي واتجاهه.

التأثيرات المدمرة للإدراك الحسي:

من المعروف أنه ومن وقت لأخر يتعرض الأفراد لعدد من التأثيرات التي قد تؤدي إلى اتلاف أو تدمير أو تشويه مدركاتهم الحسية وتحريفها ويظهر ذلك كما يلي:

أولاً: المظاهر البدنية المادية Physical Appearances:

أشارت بعض الدراسات للتأثير الإيجابي أو السلبي للمظاهر البدنية على مدركات الأفراد الحسية، وعلى سبيل المثال، وجدت دراسة ميدانية أن المظهر المادي الشخصي- يؤدي إلى تشويه الإدراك كما أن الموديلات المستخدمة(رجال أو نساء) تجعل المنبه أكثر قدرة على إقناع الأفراد موضوع الاهتمام. بالإضافة إلى أن المظاهر البدنية المادية قد يكون لها تأثير إيجابي على مواقف المستهلكين وأنماطهم السلوكية بالمقارنة مع المظاهر البدنية التي قد لا تتصف بأية جاذبية أو إثارة. على سبيل المثال، يفضل المستهلكون الموديلات الجذابة والمناظر الخلابة لأنها اسهل وأجمل كمدخلات حسية مع احتمالية إبقاءها لفترات طويلة في ذاكرتهم طويلة الأجل.

ثانياً: الصور الادراكية المطبوعة:

من المعروف أن الأفراد يميليون لحمل صور ثابتة في أذهانهم عن معاني مختلف المنبهات التي يتعرضون لها، ذلك ان تلك الصور الإدراكية تخدم كنموذج من نماذج التوقعات لديهم وحول مواقف محددة أو أفراد معينين أو حوادث محددة أو أماكن بعينها.

على سبيل المثال، فقد ادعى عدد لا بأس به من النقاد أن المرأة في الإعلان لايتم تصويرها كعامله نشيطة أو ربة بين ناجحة.. الخ. كما أنه ما زال يلاحظ لدى الكثير من الأفراد أنهم يحملون نفس الصور المطبوعة عن بعضهم البعض والتي لا تدل إلا على إصرار أو عدم دراية بالواقع الجديد لهذا الفرد أو ذاك. ذلك أن الفرد موضوع الاهتمام قد يكتسب خبرات جديدة حول موضوعات عديدة من المفروض أن تدفع الأفراد من حوله لتعديل مواقفهم وأنماطهم السلوكية نحو هذا الفرد موضوع الاهتمام.

ثالثاً: المصادر المحترمة Respected Sources:

نميل كأفراد لإعطاء أوزان أو قيم أكبر لنصائح الناس الذين نحترمهم ونثق بهم لهذه الأسباب يميل رجال التسويق إلى استخدام الأفراد من هـذا النـوع للـترويج عـما يرغبـون في تسويقه وذلك من أجل ترتيب وتنظيم مدركات ايجابية حولها لدى المستهلكين المستهدفين. ذلك أن المصادر المحترمة ذات المصداقية تضيف عادة إلى القيمة المدركة للماركة من السـلعة أو الخدمة المعلن عنها حسنات لما يتمتع به المصدر أو قائد الرأي مـن مصـداقية وخـبرة مـن وجهة نظر المستهلكين المستهدفين والـذين يميلـون عـادة إلى الاقتـداء بـآراء وأنمـاط السـلوك السائدة لدى قادة الرأي الأكثر جاذبية ومصداقية أو معولية من قبلهم.

رابعاً: الإشارات غير الهامة أو غير المرتبطة في الموضوع:

عندما يكون المطلوب هو تكوين حكم إدراكي صعب، يستجيب المستهلكون ادراكيـاً وبشكل إيجابي أو سلبي للمنبهات غير الهامة وغير المرتبطة بالموضوع محل الإهتمام. على سبيل المثال، قد يتم شراء بعض السـلع مرتفعـة الأسـعار وبكميـات كبـيرة بسـبب ألوانهـا أو بسبب وجود إيحاءات غير معروفة من قبل المشترين المحتملين. وقد يتم قبول شخص لتـولي وظيفة كبيرة أو صغيرة بسبب لونه أو طائفته، للأسف الشديد، وعلى حسب نظام الكفـاءة(merit System) المطبق في دول العالم المتقدم، ولم يطبق لغاية الوقت الحالي في أغلبية الدول النامية.

خامساً: الانطباعات الأولية First Impression:

الإعجاب أو الحب من أول نظرة للماركة السلعية أو الخدمية يعتبر من المفاهيم أو القيم السائدة في معظم مجتمعات الدول النامية. حيث تعنى هذه الخاصية أن الانطباعات الأولى عن أي شيء هي التي تساعد في تكوين الحكم النهائي على

جودة ونوعية هذا الشيء أو ذاك، الشخص أو السلعة موضوع الاهتمام. ذلك ان الانطباع الأول غالباً ما يكون الانطباع الأخير لدى الكثير من المستهلكين وخاصة من أعضاء الطبقتين الوسطى والدنيا في معظم المجتمعات في الدول النامية. لذا يعمل رجال التسويق على تقديم تلك السلع او الخدمات الجديدة بشكل يضمن لها ترك انطباعات أولية إيجابية لدى أغلبية شرائح المستهلكين المستهدفين، بالإضافة إلى التركيز على تلك الأمور الموضوعية أو الشكلية التي تترك انطباعاً ايجابياً ومن أول مرة لدى المستهلكين المحتملين.

سادساً: التسرع في الحكم Jupm to Conclusions:

يميل أفراد كثيرون إلى اتخاذ مواقف نهائية حول الأشياء والأشخاص ذات الأهمية لهم قبل فحص وتحليل كل الأدلة المتوافرة لديهم عنها. على سبيل المثال، قد يتعرض المستهلك لرسالة إعلانية ترويجية الأمر الذي يدفعه للتسرع والحكم على جودتها ومواصفاتها- سلبياً أم ايجابياً- على أساس أن تلك المعلومات الأولية المتوفرة لديه نهائية.

لهذا السبب يقوم مصمموا الرسائل الترويجية والإعلانية بتركيز جهودهم على نقاط القوة في محتوى الرسائل من خلال تجنب إبراز نقاط الضعف إن أمكن في الماركة السلعية أو الخدمية عند الترويج أو التقديم لها باعتبار أن المستهلكين سيكونون انطباعات إيجابية من أول نظرة لهم حول ما يتعرضون له من منبهات سلعية أو خدمية الأمر الذي سيؤدي بهم غالباً للتسرع في الحكم على الأشياء التي تدور من حولهم.

سابعاً: أثر الهالة Hallo- Effect-:

يميل الأفراد في الطبقتين الوسطى والدنيا في كثير من الأحيان إلى تعميم الانطباعات الأولية التي كونوها عن الأشياء، السلع، الخدمات وحتى عن بعضهم

البعض. والانطباع الذي يجري تعميمه من قبلهم قد يكون مرغوباً أو غير مرغوب. كما يتصف اثر الهالة لأن يكون لفظياً أو سمعياً عندما يكون المستقبل مفسراً للمنبه الذي تعرض له.

تاريخياً، يعتبر استخدام أثر الهالة لوصف مواقف أو أحداث بواسطة فرد ما مرتكز على تقييم بعد أو عدة أبعاد من أبعاد هذا المنبه المرسل مع إهمال أغلبية الأبعاد الأخرى المكونة لذلك المنبه والتي قد تكون الصورة النهائية عنه لدى من يهمهم الأمر.

على سبيل المثال، قد يترك شخص ما لدى شخص آخر أثراً يمكن وصفه بأنه رجل نظيف شريف ونبيل لأنه ينظر في عينيك عندما يتكلم أو أنه يتكلم بلغة مؤدبة لا تجرح مشاعر الآخرين- أي أنه هنا قد يركز على النواحي الشكلية ويهمل النواحي الموضوعية- والتي لا يتم التعرف عليها إلا من خلال عدة مواقف حدثت في فترات زمنية كافية.

تسويقياً، يحاول رجال التسويق استخدام أثر الهالة الإيجابية المرتبطة في خط سلعي ما لتعميم أثر الهالة للخطوط الأخرى. بالإضافة إلى تعميم الأثر الإيجابي لماركة مشهورة على ماركات سلعية أخرى تنتجها شركة ما. أيضا قد يحاول تجار التجزئة أو المنتجين الحصول على هيبة ومراكز أفضل للسلع التي يتاجرون بها بمحاولة ربطها إيجابيا مع بعض نجوم المجتمع من ذوي المصداقية الكبيرة. كما تحاول بعض الشركات الربط بين ماركات سلعها وبين الأسماء المشهورة العاملة في بعض المسلسلات والبرامج التلفازية الناجحة الجريء والجميلة، عائلات، ندى، آخر المشوار... يسعد صباحك.. جسر المحبة، رحلة الحياة، ساعة على الهواء..وغيرها. على سبيل المثال، تم إستخدام اسم الماركة بك (Bic) كإسم للكثير من السلع الميسرة كأمواس الحلاقة للاستفادة من التقييم الإيجابي لأقلام بك من قبل المستهلكين وهكذا.

تخيلات المستهلك:

يرتبط موضوع تخيلات المستهلك بعدد من المفاهيم الادراكية كالصور الذاتية، الاحلال السلعي، المخاطرة المدركة، التصورات الذاتية للسلعة والخرائط الادراكية وذلك على النحو التالي:-

الصور الذاتية:

من المعروف أن لكل فرد تصوراً ذاتياً عن نفسه، شخصيته، مواصفاته، عاداته، هواياته، علاقاته مع الآخرين ونمط سلوكه المألوف. وبشكل عام يعتبر التصور الذاتي للفرد نتيجة منطقية لخلفيته وخبراته ورؤيته لنفسه، مع اعتبار كامل لتأثير بيئته الكلية على صورته الذاتية عن نفسه.

عملياً، يقوم الأفراد بتطوير تصوراتهم الذاتية من خلال تفاعلهم مع الآخرين في المجتمع الذي يعيشون به. بالإضافة إلى تأثير الجماعات المرجعية التي يرتبطون بها على مواقفهم المكونة خلال سنوات حياتهم حول كافة ما يهمهم في حياتهم. ومن المعروف أن للسلع قيماً رمزية لذا فإنهم يقيمونها على أسس عملية هدفها إجراء عملية مواءمة بينها وبين الصورة الذاتية التي كونوها عن أنفسهم، لذلك فقد تظهر بعض الماركات السلعية وكأنها موافقة لتصوراتهم الذاتية، بينما قد تظهر سلع أخرى وكأنها غير موافقة لتصوراتهم الذاتية. كما يحاول المستهلكون دعم أو تحسين تصوراتهم الذاتية عن طريق تجنب شراء الماركات السلعية وتبني المواقف والأشياء غير الموافقة لتصوراتهم وأهدافهم وأذواقهم. لذا تقوم محلات التجزئة باختيار ذلك النمط من الديكورات التي تعكس تصورات المشترين الذاتية للمحلات الأكثر مرغوبية من قبلهم. كما أشارت بعض الدراسات إلى أن المستهلكين غالباً ما يميلون إلى التسوق من المحلات ذات التصور الذاتي الموافق لتصوراتهم الذاتية عن أنفسهم.

على سبيل المثال، قد يميل أفراد الطبقة العليا في بلد ما إلى التسوق من مدن مثل لندن ومدريد وروما وباريس. وأحياناً، من محلات عبدون أو جبل عمان بينما يقوم أفراد الطبقة الوسطى بالتسوق من محلات أخرى مغايرة لكنها تتفق مع تصوراتهم الذاتية عن أنفسهم.

بشكل عام، يتضمن مفهوم التصور الذاتي المثالي أسئلة منها كيف يرغب الفرد أن يرى نفسه؟ وكيف يمكن أن يؤثر ذلك على السلوك الإستهلاكي له في أسواق السلع أو الخدمات أو الأشخاص !!.

كما أشارت بعض الدراسات إلى أنه إذا تغير التصور الذاتي المثالي عن التصور الذاتي الفعلي مروراً إلى التصور الذاتي المتوقع فإن تفضيلات المستهلكين من الماركات السلعية أو الخدمية منها ستتغير. كما أن التصور الذاتي المتوقع يمكن أن يكون ذا قيمة أكبر من التصور الذاتي المثالي كدليل أو مرشد لتصميم وترويج حملات علمية تكون مطابقة لفوائد السلع أو الخدمات، وتتوافر فيها كل المنافع أو الفوائد التي وعدت بها تلك الحملات الترويجية عنها والتي قد لاقت قبولاً من قبل المستهلكين الحاليين والمحتملين لها.

عملياً، لمفهوم التصور الذاتي بعض المعاني الاستراتيجية لرجال التسويق. على سبيل المثال، يستطيع رجال التسويق تجزئة أسواقهم على أساس التصور الذاتي للمستهلكين الحاليين والقيام بعملية الإحلال السلعي أو الخدمي أو حتى المحلات كرموز لذلك التصور الذاتي. على سبيل المثال، الاستراتيجية التي يجب أن توضع لا بد أن تكون متوافقة مع المفهوم الحديث للتسويق الذي من خلاله يتم التعرف على حاجات المستهلكين ورغباتهم، ومن ثم يتم تطوير الماركة السلعية أو الخدمية والتي تشبع تلك الحاجات والرغبات والأذواق وحسب الإمكانات الشرائية المتاحة للمستهلكين الحاليين والمحتملين.

إحلال السلعة Product Positioning:

يمكن النظر لإحلال السلعة أو الماركة منها بأنها الطريقة أو الكيفية التي تدرك بها الماركة من السلعة بواسطة المستهلك المستهدف(كيفية إحلالها في ذهن المستهلك). وتعتبر الصورة التي يحملها المستهلك في ذهنه من المحددات الأساسية لنجاحها أو فشلها. عملياً، يحاول رجال التسويق إحلال ماركاتهم السلعية والخدمية حتى يمكن إدراكها إيجابيا بواسطة المستهلكين، وكأشياء تناسب حاجاتهم ورغباتهم وأذواقهم. كما أنهم قد يحاولون تمييز الماركات موضوع اهتمامهم عن الماركات الأخرى المنافسة عن طريق إقناع المستهلكين بأن ماركاتهم تمتلك خصائص وسمات ستشبع حاجاتهم وأذواقهم بالمقارنة مع ما تقدمه الماركات المنافسة. لكن ما يجب على رجال التسويق الحرص عليه هو ما يتعلق بعدم التركيز على عدة فوائد مرة واحدة عند الترويج لماركة سلعية أو خدمية بل التركيز على فائدة أو فائدتين من أجل خلق الانطباع الذي يريدونه لدى المستهلكين المستهدفين وبهدف بناء مصداقية وموثوقية وبشكل تدريجياً ممكن التنفيذ من الناحية العملية تستصيغها البناءات النفسية للمستهلكين المحتملين.

على سبيل المثال، قامت شركة الكمبيوتر(IBM) بالإعلان في صحيفتين يوميتين عن البرامج المتاحة لديها ولكن بالتركيز فقط على فائدة أو ميزة واحدة من أجل إيصالها بسهولة للمستهلك المستهدف. لذا يبدو من اللازم على رجال التسويق تحديد تلك السمات الهامة في الماركة السلعية أو الخدمية والتي يرغبون في إيصالها للمستهلكين بنجاح. على سبيل المثال، منذ عام ١٩٨٠م أصبح الأردنيون أكثر رغبة في المفاضلة بين السيارات ذات الحجم الكبير وبين السيارات الصغيرة، وذلك لأسباب اقتصادية وأدائية ترتبط بأسعار الوقود وقطع الغيار والحاجة الفعلية لهذا النوع من السيارات أو ذاك.

استراتيجية الإحلال:-

تعتبر استراتيجية الإحلال القلب المحرك لاستراتيجية المزيج التسويقي لأي ماركة سلعية أو خدمية، وذلك لكون استراتيجية الإحلال العنصر الأساسي والهام لاستراتيجية تجزئة السوق، واختيار الأسواق المستهدفة المناسبة للماركات السلعية موضوع الاهتمام وتجدر الإشارة هنا إلى أنه لا توجد لدى معظم الشركات الأردنية بعد دخول الأردن اتفاقية الشراكة فرصا كبيرة لتمييز سلعها لأسباب، منها ضعف المهارات التسويقية لديها لصغر حجم السوق من جهة ولتشابه الإمكانيات الشرائية للسلع الأساسية والضرورية لحوالي ٨٠% من مجموع المستهلكين الأردنيين من جهة أخرى. وبناء عليه فإن هناك حاجة كبيرة لتقوم هذه الشركات بإعادة نظر جذرية لأوضاعها الإدارية التسويقية والمالية وصوراً لدرجة معقولة من درجات الإحلال الفعالة.

عملياً، تمييز السلعة من خلال التركيز على خاصية واحدة أو اثنتين يعطيها أفضلية تسويقية في السعر والانتشار والحصة التسويقية. على سبيل المثال، قد تركز الجهة المقدمة لماركة" ريفنين" على معالجة سريعة للصداع بالمقارنة مع الماركات الأخرى المنافسة من المسكنات العامة مثل باندول أو دولومول والتي لها مزايا تنافسية مختلفة بالمقارنة مع ريفنين.

التصور الذاتي للسلعة Product Image:

يؤدي الإحلال المخطط للماركة السلعية إلى إحداث تصور ذاتي محبب أو مرغوب فيه لدى المستهلكين المستهدفين نحوها. وقد يكون شكل هذا التصور الذاتي على صورة تصميم جميل أو غريب، وقد يكون هذا التصور الذاتي المرغوب على شكل سعر مقبول أو عبوة مناسبة أو اسم للماركة أكثر مرغوبية من قبل المستهلكين.

على سبيل المثال، مطهر الفم (Scope) تم إحلاله كمـنعش للفـم(أخضر ـ) كـما ان مطهر الفم لسترين(Listerine) تم إحلاله كقاتل للبكتيريا(أصفر) وغدير كمياه معدنية تـم إحلاله كماء نقي يتدفق بسهولة.

كما يعتمد المستهلكون على تصوراتهم الذاتية عن الماركة من السـلعة وخاصـة عنـد الاختيار من بين بدائل سلعية عديدة لا يوجد بينها فروق جوهرية من الناحية الادائية.

كما يهتم السياسيون الآن بأهمية التصور الذاتي عن أنفسهم عنـد خـوض معـاركهم الانتخابية، لذا فإنهم قد يقومون باستخدام خبراء في التسويق من أجل تطوير اسـتراتيجياتهم التسويقية المناسبة والتي تركز على خلق تصورات وسمعة مرغوبة وإيجابية لأنفسـهم لـدى الناخبين في مناطقهم الانتخابية. يضاف إلى ذلـك، أن الماركـات مـن السـلع يجب أن تعكس تصورات ذاتية إيجابية عن نفسها في أذهان المستهلكين المستهدفين.

على سبيل المثال، في دراسة حول التصور الذاتي أو سمعة الماركة لإحـدى السـلع تـم توجيه سؤال لعينة من الطلاب لمقارنة سياراتهم ودرجة ارتباط نوع السيارة التي يسوقون أو يملكون مع خصائصهم الديموغرافية، فكانت النتائج: أن الشباب في المرحلـة الجامعيـة كانوا أكثر استخداماً لسيارات الـ B. M. W، كـما أن الأفراد الأكبر سـنا مـنهم كانوا أكثر مـيلاً لاستخدام سيارات المرسيدس، بينما تميل الفتيات لاستخدام السيارات صغيرة الحجم.

وتجدر الإشارة هنا إلى أن سمعة الماركة يجب أن تكون واضحة وفريـدة في أذهـان المستهلكين المستهدفين، حيث إن التصور الذاتي للماركـة يلعـب دوراً هامـاً ومرجحـاً في بيئـة تنافسية شديدة يميل الأفراد فيها للتميز بين الماركات المختلفة بسبب تأثير مختلـف الوسـائل الترويجية على المستهلكين المستهدفين في الأسواق السلعية.

باختصار، كلما زاد تعقيد السلع وأصبح السوق المستهدف مكتظاً بالمنافسين كان هناك ميل للاعتماد على التصور الذاتي للماركة موضوع الاهتمام عند اتخاذ قرار الشراء من قبل المشترين المحتملين.

الخرائط الادراكية Perceptual Mapping:

يساعد الرسم الإدراكي رجال التسويق على إظهار نقاط القوة والضعف لماركاتهم السلعية، بالمقارنة مع الماركات الأخرى المنافسة. وباستخدام خاصية أو أكثر من خصائص الماركة موضوع الاهتمام. كما تساعد الخرائط الإدراكية على رؤية الفجوات او النواقص وتحديدها في عملية إحلال كل ماركة من فئة السلعة الواحدة وتحديد المناطق التي لم تشبع من خلالها حاجات المستهلك بطريقة مناسبة، وهو ما يمثل لرجال التسويق فرصاً تسويقية يجب استغلالها. على سبيل المثال قد يكتشف أحد تجار أدوات المنظفات أن المستهلكين يرون أن الماركة (ب) هي نفس الماركة (ج) أو (ز)، فالمطلوب تسويقياً هنا هو أن يروا تلك الماركات بطرق مختلفة وأنها غير متشابهة وأن كل ماركة منها تشبع اذواقاً محددة، كما قد يرى المسوق أن هناك حاجة ماسة لإعادة إحلال ماركة معينة من نقطة إلى أخرى بناء على نتائج تحليل الخرائط الإدراكية.

كما تجدر الإشارة هنا إلى أنه يمكن إعادة الإحلال للماركة السلعية أو الخدمية من خلال إعادة النظر في مضمون الحملات الترويجية التي يجري تنفيذها حالياً والتي يجب أن تركز على قوة التنظيف وأثر النعومة معاً للملابس المغسولة، لكن هذه الحملات قد لا تنجح إلا إذا كانت الماركة من السلعة تتصف بتلك الصفات فعلاً، وليس كما تدعي الحملات الترويجية من فوائد أو منافع لهذه الماركة.

إعادة إحلال السلعة Product Repositioning:

قد يضطر رجال التسويق تحت ضغط بعض المستجدات البيئية التي قد تؤثر على ما يجري في السوق المستهدف من منافسة حادة أو ظروف اقتصادية واجتماعية طارئة لإعادة إحلال الماركة من السلعة موضع الإهتمام. فعلى سبيل

المثال لا الحصر، اضطرت شركة (PAK) أن تعيد النظر في مضمون الحملة الإعلانية عـن الماركة المشار إليها أعلاه من أجـل مناشـدة الشـباب الريفـي الـذين تحولـوا لاستهلاك وشراء ماركة أخرى" جولجيت" من أمواس الحلاقة. كما اضطرت شركة الملابـس الداخليـة الأمريكيـة لإعادة إحلال الماركة من ماركة عادية إلى ماركة جذابة وعصرية. وذلك لتتمكن مـن منافسـة ومواجهة الشركات الأوروبية المنتجة ماركات سلعية مماثلة. كـما لجـأت شركة جونسـون & جونسون لإعادة إحلال ماركة شامبو الشعر للأطفـال ليكـون أيضا شـامبوا الشـعر والشـباب والكبار جميعاً.

كما أن تغير أذواق وتفضيلات المستهلكين، جعلتهم أكثر وعيا بالمخاطر الناتجـة عـن استخدام مواد كيماوية بنسب عاليـة وخاصـة تلـك الماركات المرتبطـة بكريمـات الوجـه أو الجسم عن طريق إضافة بعض المواد التي تقلل أو تحمي البشرة أو الجلد من الآثار الجانبية لتلك السلع الصحية ذات المخاطرة النفسية العاليـة إلى إعـادة الإحـلال كـما تـم ايضـاً إعـادة إحلال الماركة السفن أب من المياه من Uncola إلى Cola.

كما أن اكتشاف أسواق جديدة للماركة من السلعة قد يؤدي إلى إعادة إحلالهـا مـن خـلال إدخـال بعـض المواصـفات والخصائـص التـي تنسـجم أو تتوافـق مـع التغيـر في أذواق المستهلكين المحتملين في تلك الأسواق الجديدة.

مجموعة البدائل المختارة Evoked Sets:

يطلق على مجموعة الماركات(من فئة سلعية ما) التي يأخذها المسـتهلك بالاعتبار أو الاهتمام عند اتخاذ القرار الشرائي بمجموعة البدائل لهذا النوع من السلعة.

وبغض النظر عن العدد الكلي للماركات من السلعة والمعتـبرة مـن المسـتهلك، فـإن مجموعة البدائل، غالبا، ما تكون محكومة من ناحية العدد بالطبقة

الاجتماعية للمستهلك وخصائص ديمغرافية ونفسية أخرى. على سبيل المثال كشفت إحدى الدراسات عن المنظفات ومعجون الأسنان أن عدد الماركات في المجموعة المختارة فيها قد يتراوح ما بين ٣-٥ ماركات، الأمر الذي يؤكد الحقيقة العلمية التي تشير إلى نطاق التذكر المحدود للمستهلك والذي يصل إلى سبعة ماركات على الأكثر في معظم الحالات ولمعظم الفئات السلعية موضوع الاهتمام.

كما أشارت دراسات أخرى إلى كبر عدد الماركات في المجموعة المختارة في مرحلة جمع المعلومات، أما في المراحل الأخيرة من القرار الشرائي فيقل عدد الماركات في المجموعة المختارة إلى ربما ماركتين أو ثلاثة من ماركات السيارات الأكثر مرغوبية.

كما قد يوجد ضمن الماركات المألوفة للمستهلك بعض الماركات المقبولة له وغير المقبولة، بالاضافة إلى أن بعض الماركات قد تعتبر بحكم المنسية لديه.

باختصار، يمكن وصف مجموع البدائل المختارة بصفات عدة، منها أنها يجب أن تكون مألوفة وسهلة التذكر ومقبولة ويعتمد العدد فيها حسب الطبقة الاجتماعية، الثقافة الفرعية والمستوى التعليمي والوظيفي والخبرات السابقة.

الجودة المدركة Perceived Quality:

غالباً ما يتم الحكم على جودة الماركة من السلعة بواسطة عوامل موضوعية وشكلية عديدة، بالإضافة إلى بعض الايحاءات ودرجة الرمزية الكامنة فيها. عموماً، يمكن ربط الجودة المدركة لماركة ما مع ما تمثله من منافع ورموز للمستهلكين المحتملين. يضاف إلى ذلك بعض العوامل المرتبطة بالماركة التي يمكن أن تكون داخلية ترتبط بمواصفاتها الأصلية والادراكية، ويمكن أن تكون مرتبطة بعوامل خارجية مثل السعر، سمعة المحل، سمعة الماركة، نوعية المزيج الترويجي المستخدم.

عملياً، تزود هذه العوامل فردية أو مجتمعة رجال التسويق بالأسس اللازمة التي يجب الانتباه لها عند العمل لتشكيل المدركات الحسية المرغوبة للمستهلكين حول الجودة المدركة للماركة السلعية أو الخدمية موضوع الاهتمام.

عموماً، يمكن إيراد العوامل التي تؤثر في الجودة المدركة للماركة السلعية وكما يلي:-

١- العوامل الداخلية:

ترتبط العوامل الداخلية بخصائص الماركة نفسها مثل الحجم، اللون، وأحياناً يربط بعض المستهلكين بين الخصائص المختلفة للماركة ومدى جودتها.

على سبيل المثال، وجد من البحث أن رائحة الأيس كريم ذات أهمية كبيرة للمشتري المستهلك، بالإضافة إلى ألوانه. كما وجدت ألوان قمصان يمكن اعتبارها كدليل على جودتها ومتانتها، بالإضافة إلى اسم الماركة أو المحل الذي تباع من خلاله.

كما قد يرغب المستهلكون في الاعتقاد أن حكمهم على جودة الماركة كان مبيناً على عوامل داخلية، من أجل تبرير نتيجة القرار المتخذ من قبلهم حولها ايجابياً كان أم سلبياً، رشيداً كان أم عاطفياً. كما أنه في أغلب الأحيان قد يكون الإدراك الحسي- للطعم مبنياً على سمعة الماركة وليس على اختلافات فعلية في الطعم بين مختلف الماركات المنافسة لبعضها البعض (وخاصة بعض الماركات من معاجين الأسنان).

٢- العوامل الخارجية External Factors:

يميل المستهلكون في غياب الخبرة الفعلية عن الماركة السلعية لتقييم الجودة على أساس عدد من العوامل الخارجية منها: السعر، سمعة المحل، أو سمعة الجهة الصانعة للماركة.

لذا فقد نجد أن هناك نسبا معقولة من مبيعات بعض الماركات كان السبب فيها السمعة الجيدة للمحل الذي كان يبيعها أو أنها صنعت في بلد أجنبي أو أن سعرها المرتفع دليل على جودتها. يضاف إلى ذلك ان هناك عددا من الدراسات التي أكدت على درجة اعتماد المستهلك على السعر العالي او المنخفض كمؤثر رئيسي على جودة الماركة بهذا الاتجاه أو ذاك.

إلا أن أحدث الأدلة الميدانية حول هذا الموضوع بينت أن أسعار بعض الماركات من السلع المعمرة كانت غير مرتبطة بجودة تلك الماركات من الثلاجات والغسالات.. الخ. وتجدر الإشارة هنا إلى أن رجال التسويق يستخدمون علاقة الجودة من أجل إعادة إحلال الماركات ذات الجودة العالية من فئة السلعة.

باختصار، يميل المستهلكون لاستخدام الأسعار كمؤشر على جودة الماركات السلعية، لأنهم يعتقدون بوجود اختلافات نوعية بين الماركات من نفس فئة السلعة. لذلك فهم يفضلون شراء الماركات ذات الأسعار العالية باعتبار أن مستويات جودتها مرتفعة.

كما تجدر الإشارة هنا، إلى أن بعض المستهلكين لا يعتقدون بوجود علاقة قوية بين الجودة والسعر للعديد من الماركات السلعية.

سمعة المحل:

عملياً، تؤثر سمعة بعض محلات التجزئة (كالسيفوي، إيبلا) على جودة الماركات السلعية المعروضة فيها وعلى قرارات المستهلكين عند الشراء من هذا المحل أو ذاك. كما أن بعض محلات التجزئة تستمد سمعتها الجيدة من خلال عرضها المثير للجديد من الماركات، أو الترتيب أو التنظيم الداخلي المناسب للسلع في الرفوف، أو كونها تفتح أبوابها لساعات طويلة. يضاف إلى ذلك أن نوع الماركة السلعية قد يؤثر على قرار اختيار المستهلك لنوع المحل، فتقييم المستهلكين للماركة يعتمد على معرفة من أين سيتم شراء هذه الماركة من فئة السلعة ولماذا؟

على سبيل المثال، المرأة التي تشتري فستاناً ذا جودة عالية لترتديه بمناسبة خاصة قد تذهب إلى محل يتمتع بسمعة خاصة ولكن مهما كان نوع الشراء فالمهم كيف تدرك(المرأة) جودة الفستان الذي تم شراؤه بسعر مرتفع.

كما أشارت بعض الدراسات الميدانية إلى أن هناك علاقة مباشرة وقوية بين السعر وسمعة المحل، بالإضافة إلى أن المحلات ذات السمعة العالية تشترط وضع إسم المحل جنباً إلى جنب مع اسم الماركة من السلعة وذلك لتأكيد جودة الماركة من قبل المشترين المستهلكين الذين يحملون انطباعات جيدة عن المحل الذي يبيع مثل هذه الماركات السلعية الجيدة.

سمعة المنتج:

غالباً، تلقى الماركات السلعية أو الخدمية قبولاً واسعاً من قبل المستهلكين إذا كان منتجوها من ذوي السمعة الجيدة، بالمقارنة مع نظرائهم المنتجين من ذوي السمعة السيئة من وجهة نظر المستهلكين المستهدفين أو حتى من قبل تجار الجملة أو التجزئة.

الخطر المدركPerceived Risk:

عملياً، يتخذ المستهلك عددا من القرارات حول الكثير من السلع أو الخدمات، وتتضمن تلك القرارات أسئلة مثل ماذا سيشتري المستهلك؟ ومن أين؟ وكيف سيشتري؟ ومتى سيشتري؟.. ولأن تلك القرارات غير مؤكدة النتائج، وتتضمن عواقب غير معروفة تواجه المستهلك بدرجات مختلفة من المخاطرة عند تنفيذ تلك القرارات الشرائية المرتبطة بمختلف الماركات السلعية أو الخدمية وبعدها.

عموماً، يمكن تعريف الخطر بأنه" حالة عدم التأكد التي يعاني منها أو يشعر بها المستهلك عندما لا يستطيع رؤية نتائج أو عواقب قراره الشرائي" وتجدر الإشارة هنا إلى أن هذا التعريف يبرز بعدين أساسيين للمخاطرة هما:

أ- حالة عدم التأكد التي تواجه المستهلك المشتري قبل الشراء أو بعده للماركة السلعية أو الخدمية موضوع الاهتمام.

ب- العواقب التي سيتحملها المستهلك ونوعيتها وتكلفتها في الأجلين القصير والمتوسط، وحسب حجم المخاطرة المالية الأدائية والنفسية والاجتماعية الكامنة في الماركة السلعية أو الخدمية التي تم شراؤها أو استخدامها.

بالإضافة إلى أن درجة المخاطرة التي يدركها المستهلكون ودرجة تسامحهم أو تكيفهم معها أو نحوها تؤثر إلى حد بعيد على استراتيجياتهم الشرائية، لذا يجب أن يكون واضحاً لدى رجال التسويق أن المستهلكين يتأثرون بالخطر الذي يرونه أو يدركونه، بغض النظر عما إذا كان الخطر موجوداً فعلاً أو يحسون به أو أنهم يتوقعونه بعد الشراء أو الاستهلاك أو الاستخدام للماركة السلعية أو الخدمية.

لذا يمكن القول بأن المخاطرة التي يتم إدراكها مهما كانت فعلية أو مرتفعة، فإنها لن تؤثر على السلوك الاستهلاكي الفعلي للمستهلك المشتري. كما ان كمية النقود المرتبطة بعملية الشراء قد تكون غير مرتبطة بطريقة مباشرة مع درجة أو كمية المخاطرة المدركة من قبل المشتري، ذلك أن اختيار ماركة معجون الأسنان المناسب قد يمثل مخاطرة كبيرة للمستهلك الذي لديه مجموعة بدائل تتضمن مجموعة مختارة من ماركات معاجين الأسنان التي لا يعلم عنها كثيراً.

لماذا يدرك المستهلكون المخاطرة؟

قد يشعر المستهلكون عند الحاجة لاتخاذ قرار شراء ماركة ما بالمخاطرة، وذلك لأسباب عدة، منها عدم وجود خبرات سابقة تنير لها الطريق كونها جديدة في الأسواق بالإضافة إلى إمكانية

وجود بعض الخبرات المؤلمة حولها مع إمكانية وجود مستوى ضعيف من الثقة بالنفس، وبالجهات البائعة مع درجة عالية من الخوف من النتائج المتوقعة على الصعد المادية أو النفسية أو كلاهما معاً.

أنواع المخاطر التي يواجهها المستهلك عند اتخاذ القرار:

يواجه المستهلكون عدداً من المخاطر يمكن ايرادها هنا على الشكل التالي:-

١- **المخاطرة المتعلقة بأداء السلعة:** أي الخوف من أن الماركة السلعية التي تم أو سيتم استهلاكها بأداء ما هو مطلوب منها أو كما هو متوقع منها من قبل المستهلكين المحتملين لها من تأدية للمنافع والفوائد المرجوة منها.

٢- **المخاطرة البدنية المادية:** وترتبط بالمخاطر التي قد يتعرض لها المستهلك نتيجة الاستخدام للماركة من السلعة. على سبيل المثال، هل استخدام هذه الماركة من أفران الغاز مأمون أم لا؟

٣- **المخاطرة المرتبطة بالناحية المادية:** هل تستحق الثمن الذي دفع من أجلها؟ وهل دخول الجامعة يعطي المعرفة الكافية والثقافة المطلوبة ويضمن الوظيفة الجيدة لي بعد التخرج أم لا؟ أم أنني سأخسر كافة المبالغ التي تم إنفاقها أثناء تواجدي في الجامعة؟.

٤- **المخاطرة المرتبطة بالناحية الاجتماعية:** هل استهلاك الماركة من السلعة سيزيد إحراجي أمام اصدقائي أو زملائي أم لا؟ ذلك ان معظم المشترين أو المستهلكين يعطون أهمية كبيرة لمواقف الجماعات المرجعية الخاصة بهم نحو ما يستهلكونه أو يستخدمونه من سلع أو خدمات.

٥- **المخاطرة النفسية:** ويرتبط هذا النوع من المخاطرة بكمية ونوعية المخاطرة النفسية المتحققة للمستهلك أو المستخدم من وراء شراء هذه الماركة أم تلك؟

٦- **المخاطرة المرتبطة بالوقت:** الذي تم صرفه للبحث والتقصي عن الماركة المشتراه سواء أكان الوقت المنفق مجدياً أم أنه كان تضييعاً للوقت وخاصة إذا لم تقوم الماركة المشتراة بعملها كما يجب.

المخاطرة والمستهلك:

تختلف درجة المخاطرة المدركة لـدى المستهلكين بـاختلاف خصائصهم النفسية والديموغرافية، وبناء عليه، فإنه يمكن القول بإن درجة المخاطرة تعتمد بشكل كبير على خصائص المستهلكين وطبقاتهم الاجتماعية، حيث يميل بعض المستهلكين من طبقة اجتماعية معينة لإدراك درجات عالية من المخاطرة في بعض المواقف الشرائية المرتبطة بماركات سلعية أو خدمية بالمقارنة مع غيرهم.

أما المستهلكون الذين يدركون درجة مخاطرة عالية فهم الأضيق نطاقاً من الناحية الاجتماعية. حيث يتعاملون عادة مع عدد قليل من البدائل السلعية بل إنهم قد يستبعدون ماركات جيدة خوفاً من مواجهة الاختيار الضعيف الذي قد يؤدي إلى نتائج سلبية من وجهة نظرهم.

أما المستهلكين الذي يدركون درجات مخاطرة منخفضة فهم الأوسع نطاقاً. ذلك أنهم أكثر ميلاً لاتخاذ قراراتهم من خلال اختيار ما يريدونه من بين مجموعة كبيرة من البدائل أو الماركات فاستعدادهم للمخاطرة أقل وذلك من خلال اعتبار عدد كبير من البدائل في المجموعة السلعية الواحدة.

على سبيل المثال، أشارت بعض الدراسات الميدانية عن الإمكانيات المتاحة لقبول ماركة جديدة، حيث وجد أن الأفراد الذين لديهم درجة مخاطرة منخفضة غالباً ما يدركون نوعاً واحداً من المخاطرة(المالية) عند شراء الماركات الجديدة. بينما الأفراد الـذين لـديهم مخاطرة عالية فغالباً ما يواجهون نوعين أساسيين من المخاطر هما (المالية، الاجتماعية).

المخاطرة وفئة السلعة:

يختلف نوع ودرجة المخاطرة المدركة حسب الفئات السلعية المشتراة، وعلى سبيل المثال، فقد وجد أن لدى بعض المستهلكين درجة مخاطرة عالية عند

شراء ماركة من التلفزيون الملون بالمقارنة مع درجة المخاطرة المنخفضة عند شراء حذاء أو قميص أو أية سلع استهلاكية ميسرة؟ كما تكون درجة المخاطرة عالية عند شراء شقة فاخرة أو سيارة جديدة بالمقارنة مع درجة المخاطرة المنخفضة عند شراء غاز أو ثلاجة صغيرة.

المخاطرة ومواقف التسوق:

والتسوق بالبريد يعد من المخاطر العالية في التسوق. ذلك أن المستهلكين لا يدركون كثيراً عن خصائص ومواصفات الماركات السلعية التي يتم شراؤها بهذا الأسلوب. كما أن التسوق بالهاتف قد يتصف بمخاطرة متوسطة لأن المستهلكين قد يعرفون بعض المعلومات عن خصائص الماركات التي يتم شراؤها بواسطة هذا الأسلوب. أما التسوق الشخصي فيتضمن مخاطرة أقل لأن المستهلك قد يكون في وضع يتيح له معرفة الكثير عن خصائص ومواصفات الماركة السلعية المعروضة أمامه ويستطيع الحصول على إجابات مقنعة عن الأسئلة التي قد يوجهها للبائع بشكل مباشر.

كما وجد أن المستهلكين يدركون المخاطرة العالية(أي أنهم أقل مخاطرة) عند شراءهم دواء للصداع بالمقارنة مع درجة المخاطرة التي قد يدركونها عند شراء ماركة من المعكرونة(لأنهم يشترون في هذه الحالة بدون تمحيص أو حرص كبير أي أنهم قد يدركون أكثر مخاطرة لأن المخاطرة المالية والاجتماعية لشراء نوع من المعكرونة منخفضة).

كما يقترح بعض المهتمين تصنيف السلع طبقاً لنوع وكثافة المخاطرة الكامنة. على سبيل المثال، يمكن تصنيف(التلفاز، السيارة... إلخ) كسلع ذات مخاطرة عالية لوجود أكثر من نوع من المخاطرة فيها(المالية، الاجتماعية، النفسية.. الخ)، كما يمكن تصنيف سلع أخرى كونها ذات مخاطرة متوسطة (كالفواكة، القمصان، الملابس الداخلية... الخ)، وسلع أخرى كونها ذات مخاطر منخفضة(الدفاتر، الأقلام.. الخ).

المخاطرة والثقافة:

تختلف درجة المخاطرة التي يبديها الأفراد نحو السلع والأشياء باختلاف الثقافات التي ينتمون إليها. على سبيل المثال أشارت بعض الدراسات إلى أن المخاطرة كانت قليلة الأهمية والاعتبار وكعامل مؤثر في سلوك المستهلك في بلد كالمكسيك مقارنة مع بلد كالولايات المتحدة. أما في دول العالم الثالث فلا يوجد لغاية الآن أدلة عملية موثقة حول المخاطرة وأنواعها للسلع أو الخدمات ومن مختلف الفئات في ثقافات كالعربية، الصينية واليابانية وهكذا، ولربما تؤثر الثقافة ومستوى الدخل على أهمية واعتبار كل نوع من أنواع المخاطر المدركة من قبل المستهلك.

تعامل المستهلك مع المخاطرة:

عملياً، يلجأ المستهلكون وبطريقة تلقائية إلى تطوير وتبني عدد من الاستراتيجيات الهادفة لانقاص درجة المخاطرة المدركة، وعلى النحو التالي:-

١- السعي لجمع المعلومات:

يسعى المشتري المحتمل إلى جمع المعلومات التي يحتاجها عن مختلف الماركات السلعية أو الخدمية ومن المصادر غير الرسمية والأصدقاء، والعائلة، قادة الرأي في الجماعة، القرية بالإضافة إلى المصادر الرسمية لانقاص درجة المخاطرة من قبله قبل اتخاذ القرار الشرائي، فقد أشارت إحدى الدراسات الميدانية إلى أن المستهلكين يصرفون أوقاتاً طويلة بالتفكير والبحث لدعم قراراتهم الشرائية من خلال جمع أكبر كمية من المعلومات، وخاصة عن تلك السلع التي يرتبط شراؤها بدرجة مخاطرة مالية عالية. فكلما زاد البحث عن معلومات جديدة عن الماركة السلعية أو الخدمية المراد شراءها كانت النتائج أكثر دقة وأدى ذلك إلى تحسين شروط الشراء للماركة موضوع الاهتمام، وبالتالي، تخفيض درجة المخاطرة التي يمكن إدراكها قبل عملية الشراء والاستهلاك وبعدها.

غالباً، يسعى المشترون للحصول على معلومات عن خصائص ما يرغبون في شرائه أو استخدامه من ماركات سلعية أو خدمية، لذلك يقوم رجال التسويق بالتأثير على المستهلك من خلال عرض إيجابيات استخدام الماركات المعلن عنها، بالإضافة إلى تصميم رسائل إعلانية هدفها محاولة إقناع المستهلكين الأقل مخاطرة لشراء تلك الماركات ذات المخاطرة الأقل درجة أو عدة درجات.

٢- المستهلكون والولاء للماركة:-

يستطيع المستهلكون تجنب مختلف أنواع المخاطرة بالبقاء موالين للماركة التي تعودوا على استخدامها بدلا من شراء ماركة جديدة غير مجربة. على سبيل المثال، كشفت دراسة ميدانية إلى أن المستهلكين الأقل تحملاً للمخاطرة كانوا أكثر الأفراد ولاء للماركة القديمة وأقل رغبة لشراء الماركة الجديدة. كما وجدت دراسة أخرى أن عددا كبيراً من المستهلكين الأقل تحملاً للمخاطرة كانوا أكثر ولاء للماركة مقارنة بهؤلاء الأفراد والمستهلكين الأكثر تحملاً للمخاطرة، وذلك بالنسبة لدواء يخفض آلام الصداع.

٣- المستهلكون وسمعة الماركة:

إذا لم يتوافر للمستهلكين أية خبرات سابقة عن الماركة السلعية أو الخدمية، فإنهم غالباً ما يميلون لأخذ أو اعتبار تلك الماركات ذات السمعة المعروفة. كما يرى بعض المستهلكين أن الماركات المعروفة والمشهورة أفضل، وتستحق الجهد المبذول، لأنها أكثر جودة حيث يمكن الاعتماد عليها دون مشاكل أو صعوبات ترتبط بالأداء المتوقع منها.

٤- سمعة المحل:

إذا لم يتوافر لدى المستهلكين أية معلومات عن الماركة موضوع الاهتمام، فإنهم يميلون للإعتماد على سمعة المحل، وبالتالي، فهم يميلون لأخذ رأي الخبراء من المستهلكين والذين يقدمون معلومات قيمة قد تساعد المستهلكين الآخرين على

اتخاذ قرارات مناسبة حول شراء هذه الماركة أو تلك وبناء على سمعة المحلات التي تقوم بتوزيع هذه الماركات السلعية وبيعها.

٥- الحصول على تأكيدات:

يسعى المستهلك الذي لا يوجد لديه خبرات سابقة كافية ومعلومات دقيقة عن الماركة التي يسعى لشرائها، للحصول على تأكيدات من خلال حق إرجاع ما تم شراؤه خلال مدة محددة أو الحصول على الضمانات أو الكفالات المناسبة، أو الحصول على السلعة وتجربتها خلال فترة زمنية ودون مقابل.

كما تختلف استراتيجيات تخفيض درجة المخاطرة من قبل المستهلكين باختلاف فئة السلعة، لذا فإن تطبيق سياسة الولاء للماركة تعتبر أفضل السياسات لانقاص درجة المخاطرة لفئات سلعية كالشامبو، والمنظفات، والمعلبات. كما أن إرجاع ثمن السلعة المباعة من الاستراتيجيات الهامة يخفض درجة المخاطرة، بالإضافة إلى الاعتماد على استراتيجية سمعة المحل والتي كانت من أفضل الاستراتيجيات لتخفيض درجة المخاطرة عند بيع الأدوات الكهربائية وسلع تسويقية أخرى عديدة.

خلاصة القول، إن مفهوم المخاطرة المدركة معاني استراتيجية كبيرة خاصة عند تقديم الماركات الجديدة. ذلك أن الأفراد الأقل تحملاً للمخاطرة يكونون غالباً أقل رغبة في شراء الماركات الجديدة مقارنة بالأفراد الأكثر تحملاً.

وأخيراً، يبدو أنه من المهم تعريف المستهلكين أو المشترين للماركات السلعية بالاستراتيجيات المناسبة لتخفيض درجة المخاطرة وبأنواعها المختلفة لديهم. وقد يكون ذلك ممكنا خلال توزيع أو بيع تلك الماركات السلعية في المحلات ذات السمعة الجيدة، بالإضافة إلى استخدام الإعلانات المخططة المؤثرة، ونتائج اختبارات فعلية للعينات المجانية الموجهة لقادة الرأي، ولكل فئة سلعية مع تقديم كافة الضمانات والكفالات الفعلية بشروط وبمدد كافية.

استراتيجيات تخفيض المخاطرة للسلع المعمرة لدى المستهلك الأردني:

في دراسة الجرابعه عام (١٩٩٤) عن استراتيجية تخفيض المخاطرة للسلع المعمرة لدى المستهلك الأردني، تبين أن المستهلك الأردني يعتمد على كلمة الفم المنطوقة لتخفيض درجة المخاطرة الوظيفية (الأدائية) والمالية والاجتماعية عند شراء السلع المعمرة. كما أشارت نتائج الدراسة نفسها إلى أن المستهلك الأردني يعتمد على الأصدقاء والعائلة وزملاء العمل كمصادر للحصول على المعلومات عند الشراء. كما يعتمد المستهلك الأردني ايضاَ على استراتيجية الولاء للماركة لتخفيض درجة المخاطرة المالية وتعتبر استراتيجية سمعة الماركة لتخفيض درجة المخاطرة الوظيفية والمالية من الاستراتجيات الأكثر اتباعا من قبل المستهلك الأردني ذلك أنه يعتبرها استراتيجية ناجحة لتخفيض درجة المخاطرة الاجتماعية بالرغم من اعتماده على أسلوب التسوق المباشر وسمعة المحل لتخفيض الأنواع الثلاثة من المخاطرة المشار إليها أعلاه.

وأخيرا، يعتمد المستهلك الأردني الحصول على مختلف الضمانات لتخفيض درجة المخاطرة الوظيفية والمالية والاجتماعية عند شراء السلع المعمرة. وتجدر الإشارة هنا، إلى عدم وجود دراسات حديثة حول الاستراتيجيات التي يمكن اتباعها من قبل المستهلك الأردني بعد تعويم أسعار مختلف السلع والخدمات كنتيجة منطقية لتوجه الاقتصاد الأردني نحو ما يسمى باقتصاد السوق والخصخصة وهكذا. وتجدر الإشارة هنا إلى أن المستهلك المحلي يواجه أشكالا وصوراً عديدة من المخاطر التي ترتبط بالنواحي الأدائية والنفسية والاجتماعية، ويزيد حجم هذه المخاطر بأنواعها المختلفة التناقص المستمر في قدراته الشرائية منذ عام ١٩٩٠ ولغاية الوقت الحالي بسبب غياب البعد الاجتماعي عن برامج التصحيح الاقتصادي الذي تم تنفيذه.

أسئلة المناقشة

١- وضح معاني المصطلحات التالية:-

أ- الإحساس ب- المنبه ج - الحد المطلق للإحساس؟

٢- وضح التطبيقات التسويقية لقانون وبر من خلال إعطاء أمثلة على سلع أردنية؟

٣- ما هو المقصود بالإدراك اللاشعوري وقيمته التسويقية الفعلية على ضوء الأدلة العلمية المتوفرة؟

٤- اشرح بالتفصيل عناصر الإدراك الحسي مع إعطاء أمثلة واقعية من البيئة المحلية؟

٥- المطلوب توضيح العوامل التي يعتمد عليها الإدراك الاختياري مع إعطاء مثال واحد لكل منها؟

٦- ما هو المقصود بالمفاهيم التالية:-

أ- التعرض الاختياري. ب- الصورة والخلفية.

ج- الإغلاق الادراكي. د- اثر الهالة؟

٧- فسر المثيرات التدميرية للإدراك الحسي مع بيان درجة شيوعها في حياتنا؟

٨- بين كيف يمكن الاستفادة من تخيلات المستهلك تسويقياً وترويجياً وفيما يتعلق بتطوير سلع أو خدمات جديدة؟

٩- اشرح بالتفصيل مع إعطاء أمثلة أنواع المخاطر التي يتعرض لها مستهلك ما يحاول شراء سلعة استهلاكية ميسرة وأخرى تسويقية وثالثة معمرة أو خاصة؟

١٠- المطلوب تصنيف درجات وأنواع المخاطرة السائدة في السلع التالية:

أ- وثيقة تأمين على الحياة ب- وجود بركة سباحة منزلية.

ج- صحن حمص من نوعية سيئة؟

الفصل السادس

الشخصية وسلوك المستهلك

* تمهيد.

* تعريف الشخصية وخصائصها.

* مراحل تطور الشخصية.

* نظريات الشخصية.

- نظرية السمات.

- نظرية التحليل النفسي.

- النظرية الاجتماعية.

- نظرية المفهوم الذاتي.

* المضامين التسويقية لخصائص الشخصية.

* أسئلة المناقشة.

الفصل السادس

الشخصية وسلوك المستهلك

تمهيد

١- تمثل الشخصية عاملاً أساسيا يلجأ إليه رجال التسويق لفهم بعض الأبعاد المرتبطة بالسلوك الشرائي والاستهلاكي للأفراد.

٢- والشخصية كما يقال أكثر إتساعاً من مفهوم النهج الحياتي(Life Style) كما أن خصائص الشخصية تمتاز بالثبات النسبي. تسويقياً، قام الباحثون في حقل التسويق وسلوك المستهلك بمحاولات عديدة لربط خصائص الشخصية بأنماط السلوك الشرائي الاستهلاكي للأفراد غير متجاهلين التأثير المحتمل لباقي العوامل البيئية الأخرى سواء أكانت داخلية أو خارجية.

عملياً، تنبع أهمية دراسة خصائص الشخصية كونها تساهم كغيرها من العوامل البيئية الأخرى في مساعدة المؤسسات التسويقية المعنية بالحصول على معلومات أكثر فائدة عن خصائص مختلف الأنماط الشخصية والمضامين التسويقية والترويجية الممكن اتباعها للتأثير الفعال على هذا النمط أو ذاك.

وتجدر الإشارة هنا، إلى أنه، لغاية الوقت الحاضر، لم تتوصل الدراسات الميدانية في مجال الشخصية وسلوك المستهلك إلى نتائج يمكن تعميمها بشكل كبير. ذلك أن الدراسات التي أجريت على بعض صفات الشخصية ما زالت في مراحلها الأولى وذلك لأسباب عدة، منها طول الوقت الواجب تكريسه لهذا النوع من الدراسات، بالإضافة إلى تشابك الخصائص الديموغرافية والنفسية التي تكون الإطار العام للشخصية بشكل عام.

تعريف الشخصية وخصائصها:-

يمكن تعريف الشخصية بأنها" تلك الصفات والخصائص النفسية الداخلية التي تحدد وتعكس كيفية تصرف الفرد وسلوكه نحو كافة المنبهات الداخلية أو الخارجية البيئية التي يتعرض لها بشكل دوري أو منتظم".

ومن هذا التعريف يتضح لنا الخصائص الأساسية للشخصية وكما يلي:-

١- إن الشخصية ما هي إلا عبارة عن مجموعة من الصفات الداخلية مثل القيم والصفات الوراثية والمكتسبة، وبناء عليه، فإن تلك الخصائص تؤثر على اتجاهات ومواقف الفرد نحو الأشياء، الأفكار، السلع، الخدمات... إلخ. فهي أي الخصائص تؤثر على اختيارات الأفراد وأولوياتهم. لهذا تقوم المؤسسات التسويقية بتحليل تأثير الأنماط الشخصية للأفراد المستهدفين على القرارات الشرائية والاستهلاكية المتوقعة منهم في الأسواق المستهدفة محلياً وخارجياً.

٢- كما أن الشخصية تعكس الإختلافات الفردية بين الأفراد، ذلك أن الصفات الداخلية والتي تكون شخصيات الأفراد لا يمكن أن تؤدي إلى إيجاد شخصيتين متشابهتين بشكل كامل بل إنها تؤدي إلى إيجاد شخصيات متمايزة نسبياً. وما تجدر الإشارة إليه هنا، أنه قد يكون هناك عدد من الأفراد الذين قد يكون لديهم درجة ميل اجتماعية عالية، بينما توجد في الوقت نفسه مجموعة أخرى من الأفراد الذين يكون لديهم درجة عالية للعزلة. وما بين هذا وذاك توجد عدة أنماط ونماذج شخصية يميزها عن بعضها البعض فروقات نسبية ذات أهمية كبيرة لرجال التسويق، ويمكن أن يكون لها دلالاتها التسويقية والترويجية بالنسبة لما يطرح في الأسواق من سلع أو خدمات.

٣- إن خصائص الشخصية ثابتة نسبياً. ذلك أنه من المتعارف عليه أن الخصائص النفسية العامة لشخصيات الأفراد ثابتة نسبياً. فإذا ما صحت هذه المقولة فلن توجد أسباب منطقية كبيرة لدى رجال التسويق لبذل أية جهود تسويقية

وترويجية هدفها تعديل مواقف الأفراد ومشاعرهم نحو ما يقدمونه من ماركات، على أساس أن شراء هذه الماركة أو تلك أو استهلاكها يتفق مع بعض صفاتهم أو خصائصهم الشخصية. عموماً يمكن القول إن هناك مسؤولية كبيرة ملقاة على عاتق رجال التسويق ترتبط بأهمية إجراء مختلف الدراسات الميدانية المعمقة لشخصيات المستهلكين المستهدفين ومن مجتمع لآخر. وذلك بهدف التأثير عليهم من خلال توجيه تلك الاستراتيجيات التسويقية السلعية أو الخدمية التي تشبع تلك السمات أو الصفات الشخصية لديهم. وبالرغم من صفة الثبات النسبي في خصائص الشخصية فإن شخصيات الأفراد قد تتغير جزئياً أو كلياً إذا تعرضت تلك الشخصيات إلى خبرات سارة جداً أو مؤلمة جداً أو حتى تعريضها لمؤثرات بيئية قوية. وبالملاحظة العملية الطويلة يلاحظ أن هناك بعض الاختلافات في النمط السلوكي والشرائي والاستهلاكي العام لبعض أنماط الشخصية المحافظة بالمقارنة مع أنماط الشخصية الأخرى كالشخصية المتوازنة أو المعتدلة وصولاً إلى الشخصية المتحررة.

مراحل تطور الشخصية Stages of Personality Development:

حسب رؤية فرويد تمر شخصيات الأفراد بعدة مراحل ابتداء من مرحلة تكوين الجنين وحتى مرحلة البلوغ وكما يلي:-

١- المرحلة الفميّة Oral Stage:

وتمتد من يوم واحد وحتى سنتين. في هذه المرحلة يبدأ الطفل اتصاله بالعالم الخارجي عن طريق الفم(الرضاعة، الأكل، الشرب) وهنا قد تحدث له مشكلة نفسية(عندما يتحول من الرضاعة من أمة إلى الرضاعة من زجاجة الحليب) ذات طابع عاطفي في علاقته مع أمه مما قد يخلق لديه أول أزمة نفسية قد تنتقل معه للمراحل التالية من حياته إذا لم يتم التعامل معها لحلها أو التخفيف منها وباتباع أساليب تربوية صحيحة من خلال اتصال مستمر بينه وبين أمه.

٢- المرحلة الشرجية Anal Stage:

ومن خلال هذه المرحلة يشعر الطفل بالسعادة أثناء تعرفه على أعضاء جسمه الرئيسية. وهنا قد تحدث المشكلة أو الأزمة الثانية في حالة فشل الأبوين وبشكل محدد الأم في تدريب الطفل على فهم الوظائف المعطلة لكل عضو من أعضاء جسمه (٢-٤ سنوات). وإذا لم يتم حل هذه الأزمة فإنها تنتقل معه للمرحلة التالية من حياته الأمر الذي يعني أن الطفل في هذه المرحلة قد بدأت تتكون لديه بعض الأزمات التي ستؤثر على سلوكه العام لاحقا.

٣- المرحلة المرتبطة باكتشاف الطفل لأعضائه الجنسية:

وفي هذه المرحلة، فإن الطفل قد يشعر بالسعادة عند اكتشافه تلك الأعضاء ووظائفها الأساسية. وهنا قد تحدث لديه مشكلة أو أزمة أخرى والتي قد تكمن في بدايات ظهور مشاعر الإنجذاب نحو الجنس الآخر(من ٤- ٦ سنوات). والفشل في وضع ذلك الانجذاب نحو الجنس الآخر في المكان الصحيح له قد يؤدي بالطفل إلى حالة من حالات عدم التوازن النفسي ذات دلالات سلوكية واستهلاكية عنيفة. والتي قد تكون إحدى مؤشراتها الأولية الأكل بطريقة ما، الكلام بطريقة ما، الكلام بطريقة عدوانية وعلنية مما يؤدي بالطفل إلى أن يكون أقرب إلى الشخص المتطرف في سلوكه العام.

٤- المرحلة الساكنة:

يعتقد فرويد أن الفرد في هذه المرحلة يميل إلى كبت الكثير من المنبهات أو الأشياء التي لا يستطيع فهمها أو إيجاد الحلول المناسبة لها(٦- ١٠ سنوات). وفي هذه المرحلة تبدأ المرحلة الأولى من المراهقة، وقد تكون خصائصها صعبة، خاصة إذا رافقتها أزمات لم يتم حلها من قبل أسرة الطفل في المراحل الأولى الثلاثة من حياته. وتجدر الإشارة هنا إلى أن استجابة الأطفال لما يمر بهم من أحداث أو ما يعانون منه من مشاكل يعتمد على أنماطهم العامة ومجمل تأثير بيئاتهم الكلية.

٥- المرحلة الجنسية:

وتتصف هذه المرحلة بمشاعر المراهقة الشديدة لدى الفرد موضوع الاهتمام. حيث يظهر الفرد في هذه المرحلة اهتماماً كبيراً بالجنس الآخر، وتوجه واضح بالحب نحو كل من حوله والآخرين. وإذا صاحب الفشل الطفل في هذه المرحلة، فإنه لن يكون قادراً على تكوين علاقات إيجابية وصحيحة مع والديه والآخرين من حوله سواء أكان ذلك على مستوى الجيران، المدرسة، الجامعة أو العمل.

أما إذا اجتاز الفرد هذه المرحلة بنجاح، فإن شخصية الفرد تميل إلى الاستقرار النفسي التدريجي و دونما أية مشاكل عاطفية أو غيرها وتمتد هذه المرحلة من (١٠- ١٨ سنة)، بالإضافة إلى أن نتائج هذه المرحلة السلبية أو الايجابية قد تستمر مع الفرد إلى آخر مراحل حياته، ولكن بأشكال وصور مختلفة. وتجدر الإشارة هنا إلى أن الأطفال في هذه المرحلة يمكن التعرف على نفسياتهم من خلال اهتماماتهم وآرائهم وعادات الوسيلة المألوفة لديهم والأكثر جاذبية لهم، بالإضافة إلى نوعية الطعام الذي يرغبونه وألوان الملابس الأكثر قبولا لهم، وأنواع التسلية المفضلة لهم، وهكذا.

نظريات الشخصية:

تستخدم الشخصية لوصف خصائص المستهلكين في الأسواق المستهدفة بالاعتماد على أكثر من نظرية، وكما يلي:-

أولاً: نظرية السمات:

تعتبر هذه النظرية أكثر النظريات استخداماً لقياس مواصفات وخصائص الشخصية. عملياً، تقوم هذه النظرية على أساس أن الشخصية تتكون من عدد من السمات التي تصف استعدادات واستجابات عامة لدى شخصية ما. وتحدد هذه

النظرية خصائص الشخصية بالطريقة نفسها التي تم استخدامها لتحديد النهج الحياتي للأفراد.

يطلب من المشاركين الإجابة على عدد من العبارات مثل(أوافق، لا أوافق..... إلخ) ومن ثم يقوم الباحثون بتحليل مضمون هذه الاستجابات للخروج بعدد الأبعاد التي تمثل الشخصية موضوع الاهتمام، حيث تعكس بعض الأسئلة أو العبارات الواردة في المقياس عددا من الأبعاد التي تمثل الشخصية، والتي يمكن استخدامها من قبل رجال التسويق لدلالاتها السلوكية والشرائية الممكنة كدرجة الاستعداد الاجتماعي، ودرجة المخاطرة أو التجديد وغيرها.

تمثل استخدام هذه النظرية في مجال التسويق بالمقياس المسمى بمقياس ادوارد(Personal Prdference(Epps) Schedule Edward) وهو ما يشار إليه بجدول أدوارد للشخصية. عموماً، يتكون هذا المقياس من(١٤) كلمة تشمل:
(الإنجاز، درجة الإذعان، الترتيب، حب الظهور، الاستقلالية، الانتماء، درجة التحليل، درجة الاعتماد، تقدير الذات، تقديم المساعدة، درجة تقبل التغير، القدرة على التحمل أو الثبات، الموقف من الجنس الآخر، والاندفاع والعدوانية). ومن المقاييس الأخرى للشخصية مقياس جوردن والذي يتمثل في قياس بعض السمات كالسيطرة ، المسؤولية، درجة المخزون العاطفي والاجتماعي.

أما تطبيقات نظرية السمات فقد تمثلت في العديد من الدراسات التي استخدمت سمات الشخصية لتقسيم السوق حيث قام(Evan) ايفان عام ١٩٦٣ باستخدام المقياس الذي اقترحه ادوارد لمقارنة الخصائص الشخصية لمالكي سيارات فورد مع أقرانهم من مالكي سيارات شيفروليه، فوجد أن مالكي سيارات فورد يمتازون بتركيزهم على أنفسهم مع نزعة كبيرة للاستبداد، بينما كان مالكي سيارات شفرولية أميل لأن يكونوا أكثر استقلالية وأكثر انتماء للآخرين.

وتجدر الإشارة هنا إلى أن مثل هذه العلاقة بين السلوك والشخصية قد تكون نسبية وغير دقيقة في معظم الحالات وخاصة في الدول النامية، وعلى سبيل المثال، وجد ايفانز(Evans, 1976) أن الارتباط بين العوامل الديموغرافية وبعض القرارات الشرائية كان واضحاً من خلال ظهوره بقوة كعامل تمييز بين مالكي كلا النوعين من السيارات(ماركتي فورد وشيفرولية). يضاف إلى ذلك، أن هناك دراسات أخرى كدراسة وست فول(West Faull, 1983) التي استخدمت مقياس ثيرستون لتقسيم سوق السيارات باستخدام المتغيرات الشخصية، فقد اشارت إلى أنه لا توجد علاقة قوية بين مالكي السيارات العادية، والخصائص الشخصية المميزة لهم، ما عدا وجود بعض العلاقة بين درجة الاندفاع نحو لون السيارة المفضل عند الشراء. وتجدر الإشارة هنا إلى أن نوع الغذاء الذي يفضله فرد ما أكثر من غيره وبتكرارية كبيرة قد يرتبط بصفات شخصية متميزة لديه بالمقارنة مع غيره من الأفراد. على سبيل المثال هناك اعتقاد كبير، وبالملاحظة المتكررة، أن الأفراد الذين يميلون لأكل اللحوم الحمراء بكثرة- وفي كل وجبة وبتكرارية كبيرة - أميل لأن يكونوا أكثر تصلباً في آرائهم من جهة وأكثر محافظة على التقاليد والأعراف المتوارثة- بغض النظر عن صحتها- من جهة أخرى. يضاف إلى ذلك أن تكرارية لون واحد أو اثنين لملابس شخص معين قد يشير إلى الطابع العام للشخصية موضوع الاهتمام من خلال تفضيله أو تركيزه على هذا اللون أو غيره.

تسويقياً، تعود أهم الصعوبات التي تواجه رجال التسويق فيما يتعلق بالمضامين التسويقية الشخصية إلى أن المتغيرات أو السمات النفسية الشخصية موضوع الاهتمام لم يتم تصميمها أصلا لتصف السلوك الشرائي والاستهلاكي. على سبيل المثال، أشارت دراسة كسارجيان(Kassarjian, 1987) إلى أن معظم المعلومات الذي أظهرتها الدراسة حول موضوع الشخصية كانت لقياس خصائص

الشخصية الكلية كالحياد أو عدمه، الاستقرار العاطفي أو عدمه، درجة التقبل الاجتماعي... إلخ.

عموماً، لا بد للباحثين في حقل سلوك المستهلك من العمل الجاد والهادف لتطوير أدواتهم أو أساليبهم العملية لوضع تلك التعريفات الإجرائية أو الدقيقة لمختلف خصائص الشخصية من أجل تحديد مدى تأثير كل منها على السلوك الشرائي والاستهلاكي وعلى استراتيجيات تجزئة السوق الكلي لفئات سلعية عديدة كأدوات التجميل والعطور والملابس والسيارات... إلخ.

ثانيا: نظرية التحليل النفسي:

تعتبر هذه النظرية حجر الأساس في علم النفس الحديث، حيث تفترض هذه النظرية أن الجانب اللاشعوري من الشخصية مثل الحاجات البيولوجية والجنسية هو المحرك والمؤثر الأساسي على سلوك الأفراد، ذلك أن هذا الأمر يحدد إلى حد بعيد السمات العامة لشخصياتهم.

وتتضمن هذه النظرية التي طورها فرويد على جمع معلومات وبيانات عن الأفراد منذ مراحل الطفولة، وما يتعرضون إليه من أزمات وحوادث باعتباره سيساعد في تشكيل الأنماط العامة لشخصياتهم. وبناء عليه يقترح فرويد أن شخصية فرد ما تتكون من ثلاثة أنظمة متداخلة (Id, super ego, ego) وعلى الشكل التالي:

١- الأنا (Id): والتي ترمز إلى الحاجات البدائية أو الحاجات الفسيولوجية مثل العطش، الجنس... إلخ، وبناء على ذلك، فإن الأفراد يسعون إلى تلبية تلك الحاجات دون الاهتمام بطرق إشباع تلك الحاجات بدائية كانت أم متحضرة أم إنسانية.

٢- الأنا العليا (Super Ego): تعبر الأنا العليا عن الانطباعات والقناعات الداخلية الموجودة لدى الأفراد عن أخلاقيات المجتمع. وبالتالي، فإن الأفراد في هذه المرحلة يسعون إلى تلبية الحاجات بما يرضي المجتمع والقيم التي يؤمنون

بها. تعتبر مرحلة الأنا العليا الكوابح - أي البريكات - التي تعمل على تهذيب إشباع الحاجات البدائية أو البيولوجية المرتبطة بالأنا الفرادية لدى الأفراد. وتجدر الإشارة هنا إلى أن الأنا العليا لدى الأفراد في معظم الدول النامية قد تكون ضائعة أو تائهة ولا يدري العديد من الأفراد إلى أين يسيرون قيمياً وسلوكياً.... إلخ.

٣- **الذات(Ego):** وهي عبارة عن ضمير الفرد ودرجة تحكمه بكل ما يؤثر به من منبهات داخلية أو خارجية. تعمل الذات الفردية كمراقب داخلي بهدف إحداث حالة من التوازن ما بين محاولات الأفراد لإشباع حاجاتهم البيولوجية البدائية مع محاولة تطبيق القيم الاجتماعية المقبولة.

عموماً، يصور الشكل التالي العلاقة ما بين الأنظمة الثلاثة التي اقترحها فرويد:

شكل رقم(١-٦)

مكونات شخصية الفرد

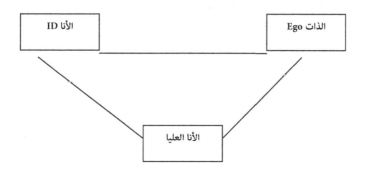

وتجدر الإشارة هنا، إلى أن الباحثين في حقل سلوك المستهلك يشعرون بأن الدوافع اللاشعورية يمكن تحديدها فقط باستخدام وسائل غير مباشرة، من خلال استخدام الطرق غير المباشرة. وكما يلي:-

* **المقابلة المتعمقة:** والتي يتم تصميمها لتحديد الدوافع الكامنة والمكبوتة داخل النفس البشرية والتي يمكن التعرف عليها من خلال المقابلات المعمقة، حيث يتم تشجيع المستهلك وفق هذا الأسلوب للتحدث بحرية في مقابلة غير محددة الأسئلة من قبل، كما يتم تفسير الاستجابات من قبل باحث متمرس بهذا النوع من الدراسات وذلك للتعرف على الدوافع الكامنة وراء الأنماط السلوكية والإستهلاكية التي تم ملاحظتها أو رصدها من قبل الباحثين وباستخدام عينة من المستهلكين الحاليين والمحتملين.

* **الطريقة الاسقاطية:** والتي تستخدم لتحديد الدوافع التي يصعب التعبير عنها أو تعريفها من قبل رجال التسويق. وبدلاً من سؤال المستهلكين أسئلة مباشرة لا يستطيعون الإجابة عنها. يتم إعطاء المشاركين عدداً من العبارات أو الرسوم الكرتونية التي تمثل رسوماً. ومن التجارب التي يتم استخدامها بكثرة تلك الدراسة التي قام بها الباحث هير (Heer) الذي أراد معرفة سبب عدم إقبال ربات البيوت على شراء القهوة السريعة التحضير عند تقديمها، وذلك بوضع قائمتين للمشتريات تتشابهان في جميع المحتويات إلا أن إحدهما تتضمن قهوة اعتيادية والأخرى تتضمن قهوة سريعة التحضير. تم توزيع هاتين القائمتين على مجموعة من ربات البيوت، وتم الطلب إليهن تحديد طبيعة رب البيت(التي قامت بوضع القهوة سريعة التحضير) حيث تم وصفها بأنها ربة بيت كسولة وعديمة التدبير. ونتيجة لهذه الدراسة تم الإعلان على أن القهوة سريعة التحضير تظهر رضى وقبول الزوج. عملياً، تعتبر هذه الدراسة مثال كلاسيكي لدور التحليل النفسي ـ في تحديد دوافع المستهلكين. وتجدر الإشارة هنا إلى أن هذا الأسلوب تعرض في بداية تقديمه إلى انتقادات كثيرة لكونه لا يقوم على أساس عملي لاستخدامه طرق غير مباشرة في التعرف على دوافع المستهلكين. بالإضافة إلى ظهور بعض التساؤلات عن إمكانية التأثير على هذه الدوافع الخفية

الموجودة في اللاشعور، من خلال الإعلانات الموجهة بعناية وحرص كبيرين للترويج عن هذه الماركة السلعية أو تلك.

لاقت نظرية هير معارضة كبيرة من قبل فرويد لتركيزه المكثف على العامل الجنسي في عملية تحليل الشخصية، وبالتالي، فإن أصدقاء فرويد قد ركزوا على ما يسمى بالعلاقات الاجتماعية(Social Relationships) باعتبار أن هذه العلاقات أساسية في عملية تكوين الشخصية وتطورها مع الزمن. ومن العلماء الذين عارضوا هذا التوجه الفرد أدلر(Alfred Aldar) الذي قال إن الكائن البشري يحاول الوصول إلى تحقيق أهدافه الرشيدة وهو ما يسمى بنمط الحياة(Life Style). ويرى أدلر أن أفراد البشرية يحاولون دائماً الوصول إلى التميز والتفوق. أما هاري ستاك (Harry Stack) فقد ركز على أن الأفراد يحاولون الوصول إلى علاقات محددة مع الآخرين. كما ركز أيضاً على أن الأفراد يحاولون دائماً تخفيض درجة القلق والخوف لديهم وذلك من أجل إحداث حالة من حالات التوازن النفسي.

أما كارن هورني(Haren Horney) فقد اهتمت كثيراً بدراسة القلق، كما ركزت على دراسة العلاقة بين الآباء والأبناء، وبناء على ذلك، فقد قسمت هورني الأفراد إلى ثلاثة أنماط وكما يلي:-

١- **النمط القلق**: وهم الأشخاص الذين يحاولون دائماً التحرك نحو الآخرين ويحاولون نيل صداقة واحترام الآخرين، كما انهم، غالباً، كثيروا الشكوى عن كل ما يحيط بحياتهم من أمور. وتجدر الإشارة هنا إلى أن أغلبية أفراد الدول النامية من هذا النوع نتيجة تعرضهم المستمر لضغوط اجتماعية واقتصادية كبيرة.

٢- **النمط العدواني**: وهم الأشخاص الذين يتحركون عكس حركة الآخرين، وهم الأشخاص الذين يسعون نحو الفوز والنجاح دائماً بغض النظر عن مواقف أو مشاعر الآخرين نحوهم أو الوسائل المستخدمة من قبلهم. ويميل أصحاب هذا الرأي من الأفراد إلى تدمير كل ما يعترض طريقهم لتحقيق ما يرغبون

بالإضافة إلى أنهم قد يستخدمون كافة الأساليب المشروعة وغير المشروعة لتنفيذ أهدافهم.

٣- **النمط الانعزالي أو الانطوائي**: وهم الأشخاص الذين يحاولون دائماً الابتعاد عن الآخرين ويميلون إلى الاستقلالية الحادة والاكتفاء الذاتي والتحرر من أية قيود أو التزامات اجتماعية، إلا تلك التي تخص حياتهم أو مصالحهم، ويمتاز هذا النمط من الأفراد إلى تفضيل نوعيات وماركات مختلفة من السلع بالمقارنة مع أقرانهم من الأنماط الأخرى.

وتجدر الإشارة هنا إلى أن أفكار أصدقاء فرويد لم تعط أية اهتمامات تذكر إلى الآن من قبل الباحثين في حقل سلوك المستهلك وخصوصاً في الدول النامية. في حين كان يجب أن تستخوذ هذه المفاهيم على الاهتمام المناسب من قبل العلماء المختصين في هذه الدول وذلك بهدف التعرف على مدى صحتها ومدى انطباقها على مجتمعات وثقافات هذه الدول وتحت ظروف بيئية مختلفة ومتغيرة باستمرار.

ثالثاً: النظرية الاجتماعية:

تقوم هذه النظرية على عكس الأسس التي قامت عليها نظرية فرويد من حيث إنها تركز على العوامل الإجتماعية، وباعتبار أن للعوامل الاجتماعية أهمية كبيرة في تطوير خصائص الشخصية بشكل عام. بالإضافة إلى أنها تعطي للدوافع الواعية أهمية كبيرة بالمقارنة مع الأهمية المعطاة للدوافع اللاشعورية. كما ان السلوك الإنساني عادة يتوجه نحو حاجات ورغبات معروفة وواضحة لدى الأفراد.

عملياً، تعتبر نظرية كارن هورني(Karen Horney) مثال واقعي على التوجه الاجتماعي في تحليل الشخصية. حيث ترى هورني بأن الشخصية تتطور عندما يبدأ الفرد بمحاولة التكيف مع حالات القلق الناتجة عن علاقاتها مع الآخرين وخاصة في المراحل الأولى من حياته.

على سبيل المثال، أشارت دراسة ميدانية إلى وجود ثلاثة طرق للتكيف مع حالة القلق، الأولى منها الإذعان، وتمثل استراتيجية الأفراد للتوجه نحو الآخرين

والخضوع لهم. أما الثانية، وتتمثل في رغبة الأفراد في الانفصال أي الابتعاد عـن غـيرهم. أمـا الأخيرة وتتمثل في العدوانية، وتعني التوجه ضد الآخرين والعمل ضد مصالحهم.

وفي دراسة أخرى قام بها كوهين (Cohen) لتفسير السـلوك الشرائي تبـين أن نظريـة السمات كافية لفهم السلوك الإنساني وتفسيره إلا أنها أي نظرية السمات كان لها معنى أكبر عند تنظيم السمات بمجموعات ذات مضامين نفسية واجتماعية متباينة وعلى أسـاس القـدرة على مجاراة الآخرين أي دراسة السمات بالأعتماد على الفهم الاجتماعي للشخصية.

رابعا: نظرية المفهوم الذاتي:

تقوم هذه النظرية على أساس أن الأفراد لديهم مفهومان عـن النـفس، الأول الـذاتي عن النفس والذي يرتبط بما يعتقدونه حول أنفسهم، أما المفهـوم الثـاني فهـو المفهـوم المثـالي للنفس، وهو ما يحبوا أن يكونوا عليه.

عموما، يتم الطلب لعينة الدراسـة مـن الأفراد لتحديد كيـف يـروا أنفسـهم فيما يتعلق بكونهم جادين، مستقبلين أو اتكاليين أو نـاجحين أو عـدوانيين، حساسـين أو واقعيـين وهكذا؟ كما يتم توجيه سؤال آخر لقياس المفهوم الـذاتي للـنفس حيـث يطلـب مـن الأفراد وصف الوضع المثالي الذي يحبون أن يكونوا عليه ضمن الظروف البيئية المحيطة بهم.

عملياً، تتخذ نظرية المفهوم الذاتي اتجاهين في حقل التسويق، الأول يخـتص بـالفرق بين التصور الفعلي والمثالي وذلك، لقياس درجـة الرضا وعـدم الرضا عـن الـنفس. أمـا الثـاني فيتمثل بقيام المستهلكين بشراء تلك الماركات السلعية أو الخدمة التي تتوافق مـع مفهـومهم الذاتي حول أنفسهم.

وفي دراسة قام بها وايت (White, 1961) لتحديد الإنحـراف أو الفجـوة بـين الوضـع الحالي وبين المفهوم المثالي عن النفس أشار إلى ما يلي:-

* أن أصحاب الفروق الكبيرة بين المفهومين، ولصالح التصور المثالي، كانوا غير راضين عن أنفسهم. فهم يبحثون دائما عن مختلف الأساليب المناسبة من خلال تجسير الفجوة بين المفهوم الذاتي والمفهوم المثالي.

* أما أصحاب الفروق المتوسطة بين المفهومين كانوا أيضاً غير راضين عن أنفسهم ويرغبون في تحسين نظرتهم لأنفسهم وباستخدام طرق واقعية ترتبط بظروفهم البيئية من أجل إحداث درجة معقولة من التكييف مع ما يحيط بهم من مؤثرات.

* أصحاب الفروق البسيطة وكان لديهم صورة واقعية وصحيحة عن أنفسهم ولا يميلون إلى الخيال.

وفي دراسة أخرى اجريت من قبل الباحث الأمريكي دولج(Dolich) لمعرفة العلاقة بين ماركة سلعية محددة والمفهوم الذاتي عن النفس وجد أن المستهلكين المستهدفين يفضلون تلك الماركات السلعية التي تتشابه مع مفهومهم لانفسهم وبالاعتماد على مزيج من المعايير الواقعية والمثالية، وبالإضافة إلى أن إدراك شخص ما لسيارته يتناسب مع إدراكه لنفسه وللآخرين الذين يملكون نوع السيارة. ولكن هذه النتيجة لا تتفق مع ملاحظات ومشاهدات المؤلف في سوق السيارات في الأردن التي يغلب عليها تأثير عامل وحيد ألا وهو مستوى الدخل لاقتناء هذا النوع من السيارات أو ذاك.

وتجدر الإشارة هنا إلى أن الدراسات الحديثة أشارت إلى عدم وجود نتائج يمكن تعميمها. ذلك أن الأشخاص غالباً ما يغيرون من مفهومهم لأنفسهم تبعاً للمواقف التي يواجهونها، وحسب أهدافهم وظروفهم. وللأسف الشديد هذه الظاهرة السلوكية تتحقق يوما بعد يوم في معظم الدول النامية، ومنها الأردن، ولربما يرجع ذلك لعدم وجود معايير موضوعية و أبعاد أخلاقية وقيمية صحيحه بشكل كبير لدى الأغلبية الساحقة من الأفراد نحو مختلف الأمور بدءا من صحن الفول إلى مصير

الإنسـان عـلى أرضـه ووطنـه ومـا يجـب فعلـه نحـو مـا يعترضـهم مـن مشـاكل اقتصـادية واجتماعية.

المضامين التسويقية لخصائص الشخصية:-

يمكن إيراد المضامين التسويقية لخصائص الشخصية من خلال ما يلي:-

أ- تجزئة السوق:

والفرضية هنا هو أنه يمكن تجزئة أسواق بعض السلع(كاللحوم الحمراء والبيضاء) والمشروبات(كالميـاه الغازيـة والمعدنيـة) وألـوان الملابـس وموديلاتها بالإضافة إلى ماركات السـيارات وأحجامها وأماكن صنعها لتتفق وتنسجم مع أنماط الشخصية المتداولة في أدبيات الدراسات العلمية عن موضوع الشخصية. وتجدر الإشارة هنا إلى أنه، وبالملاحظة العملية، أن العديد من العوامل الاجتماعيـة والثقافيـة التـي يجـب ان تؤثر عـلى الأنمـاط السـلوكية للأفراد غـير مطبقـة في العديـد مـن الحالات، وفي الـدول الناميـة منهـا بشـكل مخصوص.

عمليـاً، لا يمكـن الحكـم فيمـا إذا كان بالإمكـان تعميـم بعـض نتـائج هـذه الدراسـات العمليـة على الأنماط الشخصيـة الشائعة في الـدول الناميـة أم لا؟ فقـد نكتشـف أن هنـاك فئـة مـن الأفراد قـد تكون صالحة لكافة الأماكن والأزمـان والرمـوز وكـل الأسـواق، وذلـك لقـدرتها الهائلة على تغير ألوان وأشكال عبواتها الخارجيـة(أي الخصائص الشكلية للسـلعة) بسرعة كبيرة وحسب الظرف المحيط.

بشكل عـام، أوردت بعـض الدراسـات الميدانيـة الأجنبيـة أنـه يمكـن تجزئة سـوق المشروبات حسـب الأنمـاط الشخصيـة كالشخصيـة الاجتماعيـة، الحساسـة، المتسـامحة والانطوائية وهكذا!.

كما يمكـن تجزئة أسواق استهلاك بعـض السـلع(كاللحوم) حسـب بعـض أنماط الشخصيـة(كالشخصيـة العدوانيـة والمعتدلـة والمتحـررة وهكـذا). عمومـاً يمكـن القـول أن استخدام الشخصية في تجزئة أسواق السلع أو الخدمات ما زال في بداياته

الأولى. الأمر الذي قد يدفع بالكثير من الباحثين في حقل سلوك المستهلك لبذل المزيد من الجهد المنظم في هذا الاتجاه، بالرغم من الصعوبات العديدة التي ترافق العمل في هذا المجال، وخاصة تلك المرتبطة بالتكاليف المادية والفترات الزمنية الطويلة التي يحتاجها تنفيذ مثل هذه الدراسات الهامة.

ب- الوسيلة الترويجية:-

وكما تساهم خصائص الشخصية في تحديد الأسواق الفرعية، فإنها تساعد أيضا في تحديد الوسيلة الترويجية والإعلانية المناسبة لكل نمط من أنماط الشخصية الموجودة في سوق سلعة أو خدمة ما، ولكن ما نشاهده هذه الأيام وفي وسائل الترويج أو الإعلان العربي والمحلي يوضح لنا أنه لا يوجد أي توافق نفسي أو اجتماعي أو علمي بين إدارتها وما تنوي تنفيذه من برامج توعوية أو ارشادية للمشاهدين المستهدفين منها. ذلك أن الأبنية النفسية لأغلبية المشاهدين تختلف عن الأبنية النفسية لمصممي ومنفذي البرامج التي قد تبدو لاصحابها أنها ناجحة، بينما هي في الحقيقة لا تشاهد إلا من قبلهم وقد لا تشاهد من قبلهم أيضا.

حقيقة الأمر، أن أدبيات الدراسة حول موضوع الشخصية أشارت إلى وجود دراسات قليلة أجريت لتحديد تأثير خصائص الشخصية على الوسائل الترويجية المناسبة لهذا النمط أو ذاك. على سبيل المثال قسمت دراسة ميدانية أجريت في الولايات المتحدة فئات المشاهدين للبرامج التلفزيونية إلى ما يلي:-

* مشاهدي برامج التلفزيون بكثافة، وهم من الطبقة العاملة ومن ذوي الدخل المتدني باستمرار.

* مشاهدي برامج التلفزيون بشكل متوسط، وهم من وسط الطبقة الوسطى ومن ذوي الدخل المحدود.

* مشاهدي برامج التلفزيون بشكل خفيف، وهم من أعضاء الطبقة العليا.

* الذين لا يشاهدون التلفزيون إطلاقا.

وتجدر الإشارة هنا هو أن العالم العربي يفتقد في الحقيقة إلى دراسات الوسيلة الإعلانية والتي يمكن أن تفيد نتائجها في تصميم مختلف البرامج التسويقية والترويجية والتوعوية في مختلف المجالات السياسية، الاقتصادية والصحية والتعليمية.

ذلك أن ما سيتم استخلاصه من تلك الدراسات إذا تم تنفيذها سيؤدي إلى كشف نقاط القوة والضعف الكامنة في هذا البرنامج التوعوي أو ذاك. كما أنها ستؤدي إلى التعرف على عناصر النهج الحياتي لكل مجموعة أو شريحة من شرائح المجتمع.

ج- السلع الجديدة:

أشارت بعض الدراسات إلى أن الأفراد من ذوي الشخصيات المجددة او المبتكرة أكثر ميلا لشراء السلع الجديدة أما الأفراد من أصحاب الشخصيات المحافظة لا يميلون لتبني شراء السلع الجديدة وهكذا. وتجدر الإشارة هنا، إلى ان الشخصية العفوية والاجتماعية قد تكون اكثر ميلا لبحث وشراء الماركات الجديدة من السلع إذا توافرت لديها القدرات الشرائية المناسبة. أما الشخصيات ذات النمط المتحرر فقد تكون اكثر ميلا لشراء السلع ذات المواصفات الجديدة، وذلك من اجل إبراز صفة التميز والتحرر أمام الأفراد أنفسهم وبين بعضهم البعض، ولا ندري حقيقة الميول والتفضيلات السلعية والخدمية لذلك النمط من الشخصيات الذي يأخذ لونه وصفته حسب الموقف، المصلحة والظرف المحيط به. ولعله من المفيد إجراء دراسة ميدانية مخططه بشكل علمي للتعرف على المرتكزات النفسية والسلوكية المرتبطة بهذا النوع من الشخصيات قبل تصميم وتنفيذ تلك الاستراتيجية التسويقية الاتصالية المؤدية إلى فهمها واحتواء آثارها المثيرة للاهتمام في كل الحالات.

أسئلة المناقشة

١- حدد خصائص الشخصية مع إعطاء أمثلة محددة من البيئة الأردنية؟

٢- ناقش بالتفصيل مراحل تطور الشخصية كما أوردها فرويد؟

٣- استعرض نظريات الشخصية ودور كل منها في فهم السلوك الشرائي للافراد في الأسواق المستهدفة؟

٤- بين كيف تؤثر الأنظمة الثلاثة المقترحة من قبل فرويد(Super ego, Id, ego) بالسلوك الذي يبرزه الأفراد عند إشباع الحاجات البيولوجية؟

٥- ناقش المضامين التسويقية لخصائص الشخصية؟

٦- اشرح بالتفصيل الأنماط العامة لشخصيات مقدمي البرامج التالية في التلفزيون العربي:

أ. برنامج العائلة. ب. برنامج ضحكة ساخرة على الهواء.

ج. تخبيصات غنائية محببة. د. برنامج الشعر العربي الحديث؟

٧- بين بموضوعية النمط العام للشخصية في مواقف الشراء والاستهلاك التالية:-

أ. الميل المستمر نسبياً من قبل بعض الأفراد لشراء الأسماء المشهورة لماركات سلعية من العطور؟

ب- الإصرار على أكل اللحوم البيضاء كالأسماك والدجاج عدد من المرات كل أسبوع؟

ج. ميل بعض الأفراد لاختيار الألوان الداكنة من الملابس؟

د. ميل بعض النساء للتمسك بماركات محددة من العطور؟

٨. اشرح المضامين النفسية والتسويقية لشخصية تتصف بالمزاجية معظم الوقت ؟

الفصل السابع

تشكيل الاتجاهات وسلوك المستهلك

* تعريف الاتجاهات.
* خصائص الاتجاهات.
* قياس الاتجاهات.
* تشكيل الاتجاهات.

الفصل السابع

تشكيل الاتجاهات وسلوك المستهلك

تمهيد

عندما يتم سؤال الأفراد فيما إذا كانوا يرغبون بسلعة أو خدمة ما فإنهم في حقيقة الأمر إنما يسألون عن إبداء اتجاهاتهم نحوها. في حقل سلوك المستهلك تم استخدام الدراسات الخاصة بالاتجاهات وعلى نطاق واسع لتوضيح مختلف الجوانب المرتبطة باستراتيجيات تسويق السلع أو الخدمات. على سبيل المثال، تشير الأدبيات حول موضوع الاتجاهات إلى وجود العديد من الدراسات الهامة للتعرف على آراء واتجاهات المستهلكين حول السلع الحالية، المعدلة والجديدة، بالإضافة إلى تحديد ردود فعلهم نحو مختلف البرامج المرتبطة بها.

كما ركزت دراسات أخرى في موضوع الاتجاهات (Attitudes) على الكيفية التي يتم من خلالها تشكل الاتجاهات لدى المشترين أو المستهلكين المستهدفين، بالإضافة إلى النماذج التي يتم التركيز عليها لتفسير أو تحليل اتجاهات المستهلكين نحو ما هو مطروح من أفكار، مفاهيم، سلع أو خدمات. بشكل عام، إن نمو وانتشار الوعي بأهمية دراسة اتجاهات الأفراد نحو كل ما يحيط بهم أو ما يهمهم يعتبر من الأمور التي ساعدت كثيراً في تزايد عدد الدراسات حول الموضوع. سيتناول هذا الفصل بالمعالجة موضوع الاتجاهات وكيفية تكوينها واستراتيجيات تغيرها والمضامين السلوكية والتسويقية المرتبطة بها، بالإضافة إلى تحليل موجز لكافة النظريات المرتبطة بتشكيل الاتجاهات ومضامينها التسويقية.

تعريف الاتجاهات:

يمكن تعريف الاتجاهات بأنها" تعبير عن المشاعر الداخلية لدى الأفراد والتي تعكس او تكشف فيما إذا كان لديهم ميول إيجابية أو سلبية نحو شيء معين (صنف أو ماركة من سلعة أو خدمة ما نحو اسم محل أو بقالة أو تاجر تجزئة وهكذا.. الخ)". ولأن الاتجاهات التي يتم عكسها أو الكشف عنها بواسطة الأفراد ما هي إلا نتاج أو مخرجات ميول نفسية لدى الأفراد موضوع الاهتمام او أصحاب الاتجاهات- أي الاتجاهات- لا تلاحظ بصورة مباشرة، بل يتم استنتاجها مما يقوله هؤلاء الأفراد أو من خلال تحليل وتفسير أنماطهم السلوكية الشرائية والاستهلاكية.

غالباً ما يلجأ الباحثون السلوكيون إلى التعرف على اتجاهات الأفراد نحو السلع أو الخدمات من خلال طرح أسئلة محددة أو الاستدلال عليها- أي الاتجاهات- من خلال تحليل السلوك المثبت أو الملاحظ. على سبيل المثال، قد يلاحظ الباحث السلوكي أن أحد الأفراد يشتري بصورة متكررة نسبياً بعض السلع التي تحمل اسم " توشيبا" كما انه قد ينصح زملاءه بشرائها، وبهذا يمكننا الاستنتاج أن لهذا الفرد اتجاه إيجابي نحو كافة السلع التي تنتجها شركة "توشيبا" الأم.

باختصار، إن المقصود بالاتجاهات في حقل سلوك المستهلك هي تلك الميول الناتجة عن التعلم أو الخبرات السابقة التي تجعل الفرد المستهلك يتصرف بطريقة إيجابية أو سلبية ثابتة نسبياً نحو هذا الشيء أو ذاك. يضاف إلى ذلك أن كل جزء من أجزاء تعريف الاتجاهات له أهمية كبيرة في تحديد قدرة الاتجاهات على التنبؤ بالسلوك الاستهلاكي للأفراد نحو السلع أو الخدمات المطروحة في الأسواق المستهدفة. وتجدر الإشارة إلى أن عدد الدراسات حول موضوعات الاتجاهات بأبعادها المختلفة ما زالت قليلة جداً، على الرغم من أهمية المضامين السلوكية

والتسويقية لنتائج أية دراسات ترتبط باتجاهات الأفراد أو المستهلكين نحو كل ما يهمهم أو يحيط بهم من منبهات مختلفة الأنواع.

موضوع الاتجاهات The Attitude Object:

الشيء الذي يتم اتخاذ اتجاه نحوه يسمى موضوع الاتجاه. لذلك يجب أن نفسر كلمة موضوع الاتجاهات بشكلها الواسع، بحيث يمكن استخدامها ليشتمل موضوعات محددة كالأقوال المبرزة من قبل الأفراد نحو مختلف الماركات السلعية أو الخدمية، الرسائل الترويجية، شبكات التوزيع، الأسعار، المحلات وأسمائها.. إلخ.

وعند القيام بالدراسات الخاصة حول الاتجاهات فإنه يمكننا أن نكون أكثر تحديداً عند التعبير عن هذا الشيء فإذا كنا نبحث اتجاهات الأفراد نحو عدد من الأصناف الرئيسية للصابون فإن موضوع الاتجاه هنا هو سلعة كالصابون من ماركة لوكس، بالموليف... الخ.

خصائص الاتجاهات:

بشكل عام، يمكن النظر للاتجاهات من خلال خصائص بنائية لا يمكن لأي باحث في حقل سلوك المستهلك أن يتجاهلها، وكما يلي:-

١- الاتجاهات هي ميول ناتجة عن التعلم:-

ومؤدى هذا أن هناك اتفاق شبه كامل على أن اتجاهات الأفراد نحو الأشياء إنما هي نتيجة التعلم أو الخبرات التعليمية التي اكتسبوها في الماضي. وهذا يعني ان الاتجاهات المرتبطة بالسلوك الشرائي إنما تكون نتيجة للتجربة المباشرة مع السلعة أو الخدمة، بالإضافة إلى المعلومات التي تيم الحصول عليها من قبل مختلف مصادر المعلومات. ذلك أن تعريض أو تعرض الأفراد للوسائل الترويجية عن

الماركة السلعية أو الخدمية إنما يعمل على تعليم وإخبار.. الخ ومن ثم تكوين اتجاه محدد نحوها وبشكل متدرج ومدروس.

ومن الضروري الاشارة هنا إلى أن كلمة اتجاه ليست مرادفة للسلوك، لكنها قد تعكس تقييما ايجابيا أو سلبيا للموضوع – فكرة، شخص، سلعة أو خدمة- المراد اتخاذ اتجاه نحوه. ولكون الاتجاهات عبارة عن ميول أو نوايا في بعض الأحيان فإنها- أي الاتجاهات- لها خاصية واقعية بمعنى أنها يمكن ان تدفع الأفراد المشترين أو المستهلكين أو كليهما معاً إلى اتخاذ أنماط سلوكية محددة، قد تتفق مع كثافة أو اتجاه اتجاهاتهم نحو موضوع الاتجاه، وذلك بسبب تأثير بعض العوامل البيئية على الاتجاه والتي قد تحدث أثناء تحول الموقف إلى سلوك فعلي يرتبط بسلعة أو خدمة محددة.

٢- مدى تناسق الاتجاه مع السلوك:

فربما لا تنسجم إحدى الخواص الأخرى للاتجاه مع السلوك الفعلي. الا أنه يجب عدم الخلط بين الانسجام والثبات للاتجاه وديمومته، فالاتجاهات التي يبديها الأفراد نحو أنفسهم أو غيرهم خاصة في الدول النامية- ليست بالضرورة ثابتة بل متغيرة ومتغيرة جداً؟ ومن الضروري أن نوضح هنا ما هو المقصود بالتناسق؟ ذلك انه من الطبيعي أن نتوقع انسجام اتجاهات الأفراد المستهلكين نحو ما يهمهم من قضايا وسلع وأفكار مع أنماطهم السلوكية الفعلية نحوها، ولكن هذا التناسق أو الانسجام في حالات عديدة ولأسباب ضغط الظروف الاقتصادية والاجتماعية المحيطة بهم.

وبناء عليه، فإن الأفراد إذا ما أفادوا أنهم يرغبون في كذا وكذا، فإننا نتوقع منهم المبادرة، ومن ثم الفعل- السلوك- لإنجاز ما قالوه والعكس صحيح. وهكذا فإن الأفراد عندما يكونون أحرارا فإننا نتوقع أن تكون أفعالهم منسجمة مع

اتجاهاتهم التي أبرزوها أمام العديد من اتباعهم من الأفراد أثناء حاجتهم إليهم وليس العكس.

كما انه يجب اعتبار موضوع الاتجاه بأبعاده المختلفة مجتمعة (الزمان، المكان، الأشخاص القادرين... الخ) وليس التعامل مع الاتجاه المرتبط بموضوع ما من خلال التركيز فقط على اختيار الاتباع من الناس غير الواعين أو القادرين وفي كل مرة تختلف تركيبه الاتباع عن الأخرى لتحقيق شكل ومضمون الاتجاه المرغوب شخصياً من وجهة نظر الشخص المعني بهذه الدربكة، ولذا فقد يكون من المناسب التركيز على مضمون الاتجاه من خلال رؤية استراتيجية مستقبلية تأخذ في اعتبارها مصالح المستهلكين القادرين على تحويل موضوع الاتجاه إلى سلوك حضاري له تداعياته الإيجابية على المستهلكين المستهدفين في الأسواق الآن وغداً، ومن منظور تسويقي، فإن رجال التسويق المؤهلين عليهم ألا يستخفوا بعقول وطموحات الأفراد القادرين على الإنجاز العلمي والإنساني الصحيح، وليس من خلال اتباع سياسة ضيقة الأفق- سياسة حرق المراحل- لصالح تكتيكات أنانية أو انانية مكشوفة الأهداف والمرامي، اقل من أن يقال فيها أنها غنية وآنية وكأن كافة الأفراد المكونين لسوق السلعة او الخدمة ليسوا إلا أدوات يجري استخدامها من وقت لآخر أو أغبياء ليس لديهم القدرة على التمييز، بين البطيخ والفاصوليا او التمر هندي من الكنافة النابلسية.

٣- الاتجاهات تحدث ضمن وضع أو ترتيب ظروف معينة:-

من المعروف ان الأحداث تستوجب وضع أهداف ممكنة التنفيذ من الناحية البيئية. كما أن أوضاعا معينة أو مناسبات محددة تؤثر على العلاقة بين الاتجاهات (المبرزة من قبل الأفراد أو الجماعات نحوها) والسلوك الذي يجب أن يدفع جماهير المستهلكين إلى وضع يتصرفون من خلاله بشكل قد لا يتوافق مع اتجاهاتهم واهدافهم وبدون وعي. على سبيل المثال، تعود مستهلك ما على شراء ماركات مختلفة من الصابون في كل مرة يحتاج فيها للصابون وهذا التصرف انما

يعكس اتجاهاً سلبياً أو درجة من عدم رضا كبيرة عن ماركة محددة أو اثنتين من الصابون لأنه- أي المستهلك - قد يكون في الحقيقة متأثرا بظروف بيئية ومادية معقدة مؤداها أن الماركة المفضلة لديه من الصابون قد لا تكون متاحة له الآن بسبب قدراته الشرائية المتناقضة أو ان المحلات المجاورة لمنزله قد لا يوجد فيها ما يفضله أو يرغبه من ماركات الصابون.

ومن هنا يتضح لنا أن القدرات الشرائية المتواضعة والظروف البيئية، هي التي تجعل فرداً ما يتصرف على عكس اتجاهه والعكس صحيح تماماً. وعلى سبيل المثال، فقد نلاحظ أن أحد المستهلكين قد أشترى ماركة محددة من معجون الأسنان باستمرار وقد نتوصل كرجال تسويق خطأ ان له اتجاها إيجابيا من هذه الماركة من معجون الأسنان، علما بأن الصحيح قد يكون العكس تماماً، فهو قد لا يحب أو يرغب هذه الماركة، ولكنه يشتريها حسب ارشادات طبيب اسنانه، وأنها قد لا تتوفر إلا في أماكن تبيعها بأثمان أو أسعار أقل كالمؤسسة الاستهلاكية المدنية والمؤسسة الاستهلاكية العسكرية.

النماذج البنائية للاتجاهات:

يزود كل نموذج من نماذج الاتجاهات برؤية فكرية تشتمل على الأبعاد الحقيقية عن مكونات كل نموذج، وذلك بهدف فهم العلاقة بين الاتجاه والسلوك. كما سعى علماء النفس لبناء نماذج محددة للاتجاهات لتمكين المهتمين بها من التعرف على الأبعاد المكونة لما يمارسونه من أقوال. عموماً، يمكن إيراد النماذج البنائية للاتجاهات على الشكل التالي:

١- النموذج ثلاثي الأبعاد Tricomponent Attitude Model:

حسب هذا النموذج، فإن الاتجاه يتكون من ثلاث مكونات رئيسية، الأول، منها ويطلق عليه البعد الإدراكي المعرفي(Cognitive)، والثاني، يطلق عليه البعد التأثيري (Affective) أما البعد الثالث، فيطلق عليه البعد الإرادي

(Conative). أما المكون الادراكي المعرفي، فيتكون من مدركات الأشخاص المعرفية التي اكتسبوها من خلال تفاعلهم المباشر مع الاتجاهات التي تعرضوا ويتعرضون إليها بقصد أو بدون قصد. وتجدر الإشارة إلى أن المعرفة المكتسبة من قبل الأفراد قد تأخذ شكل معتقدات(Beliefs). بمعنى ان المستهلكين، قد يعتقدون أن الشيء الذي يبنون نحوه اتجاهاتهم قد يمتلك فيما بعد خصائص ذات مضامين اعتقادية وذات درجات مختلفة من الكثافة أو القوة.

على سبيل المثال، يوضح الشكل التالي إدراك المستهلك لماركتين من معجون الأسنان وكيف ان الخصائص الأساسية للماركتين مشمولة بنظام معتقدات المستهلك. لكن ما تجدر الإشارة إليه هو ان معتقدات المستهلك نحو كل خاصية من الخصائص تختلف من ماركة لأخرى، وكما يلي:-

شكل رقم (١ - ٧)

إدراك المستهلك ومعتقداته نحو سلعة معجون الأسنان

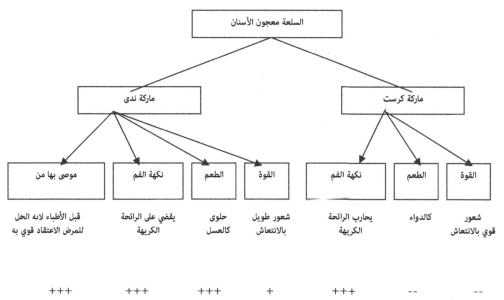

أما المكون المؤثر The Affective Component فيمكن النظر إليه من خلال ان العواطف والمشاعر المتكونة لدى المستهلك نحو ماركة من السلعة أو الخدمة يعتبر الجزء المؤثر في اتجاهاته نحوها. ذلك ان العواطف والمشاعر التي تكونت لدى المستهلك ما هي إلا عبارة عن التقييم الكلي له نحو الماركة أو الشيء موضوع الاتجاه. كما ان المدى أو الطريقة التي وصف فيها المستهلك الشيء الذي كون اتجاهاً نحوه يعتبر من الأمور التي أثرت في قوة المكون المؤثر.

ولكون الجزء المؤثر يقيم المشاعر الكلية عن الشيء الخاص بالاتجاهات، فإنه كثيراً ما يعتبر الركن الأساسي للاتجاه. ذلك ان بعض الباحثين يعتبرون الجزء المؤثر في الموقف بأنه الاتجاه نفسه باعتبار ان الجزئين الآخرين(الإدراكي والارادي) يقومان بدور المساند للمكون أو الجزء المؤثر حسب قولهم.

أما المكون الإرادي(Conative Component) فيهتم بالرغبة لدى الفرد للقيام بفعل محدد أو التصرف بطريقة معينة نحو الشيء الذي يبنى الاتجاه نحوه. وحسب بعض التفسيرات فان المكون الارادي قد يتضمن السلوك الفعلي نفسه، اما في حقل التسويق وسلوك المستهلك يعتبر المكون الارادي في كثير من الحالات مؤشراً قوياً على نية المستهلك للشراء، وفي مثل هذه الحالات يتم استخدام مقاييس محددة (Scales) لاختبار امكانية شراء ماركة سلعية أو خدمية أو محاولة التنبؤ بامكانية سلوك الفرد في هذا الاتجاه أو ذاك.

٢- النموذج ذو المكون الواحد للاتجاه

Single- Component Attitude Model:

تقوم الفرضية الأساسية لهذا النموذج على اعتبار أن الاتجاهات تتكون فقط من المكون المؤثر(Affective). وتنبع قيمة هذا النموذج من قدرته على تزويدنا بمعلومات وافية عن الدافع وراء اتخاذ شخص ما اتجاهاً محدداً نحو الشيء للسلعة أو الخدمة موضوع الاهتمام. ذلك أن رجال التسويق لا يستطيعون أحيانا تحديد

الدوافع الكامنة والمؤثرة على المستهلكين عند تكوين اتجاهاتهم نحو الشيء والسلعة أو الخدمة المرغوبة أو غير المرغوبة من قبلهم. على سبيل المثال، فإنه قد تكون لدى شخصين اتجاهات ايجابية نحو ماركة لوكس من الصابون. وقد يكون السبب أو الدافع وراء هذه الاتجاهات الإيجابية من الشخصين نحو الماركة مختلفة لدى كل منها. إذ قد يرغب الشخص الأول ماركة لوكس من الصابون، لأنه يعتقد أنها تحميه بعد الاستعمال من الروائح الغير مرغوب بها. بينما قد يفضل الشخص الثاني نفس الماركة من الصابون بسبب نعومة اليدين التي يخلفها الاستخدام لتلك الماركة. ولتجاوز بعض نقاط الضعف الموجودة في هذا النموذج الأحادي الأبعاد والنموذج ثلاثي الأبعاد باعتبار ان تأثير تداخل المكونين الإرادي والادراكي مع مكون المؤثر لهذا النموذج هو الذي يحدث أو يشكل اتجاهات الأفراد تجاه الأشياء، أما عن تطوير النماذج ذات المكونات متعددة الأبعاد، فيمكن تناولها كما يلي:-

٣- النماذج ذات المكونات المتعددة الاتجاهات

Multi Attibute Attitude Models:

حسب رؤية العالم السلوكي فشباين(Fishbein) توجد ثلاثة نماذج رئيسية للاتجاهات، وهي كما يلي:-

أ- نموذج الاتجاه نحو الشيء(Attitude Towards Object Model):-

تتبع أهمية النموذج من قدرته في قياس اتجاهات الأفراد نحو مختلف الماركات السلعية أو الخدمية. يتلخص اتجاه الفرد نحو موضوع معين بما لديه من تقييم لعدد من الخواص أو الصفات الموجودة في الماركة من السلعة أو العكس.

بمعنى آخر، قد يتخذ الأفراد اتجاهات ايجابية نحو تلك الماركات السلعية التي يعتقدون أنها تمتلك خصائص وفوائد مرغوبة من قبلهم أو قد يتخذون اتجاهات

سلبية بسبب بعض خصائصه غير المقنعة لهم باعتبار أنها تحوي على درجات أو مستويات عالية من الخصائص السلبية.

ب- نموذج الاتجاه نحو السلوك:-

يركز هذا النموذج على سلوك الأفراد الفعلي نحو ما يطرح من سلع أو خدمات والدور الذي يلعبه في تكوين اتجاهاتهم نحوها، يفترض هذا النموذج أن الاتجاه الذي سيكون مطابقاً للسلوك الفعلي الذي تم اتخاذه فعلاً من قبل الفرد.

على سبيل المثال، اتجاه المستخدم الفعلي لشراء سيارة من ماركة (B. M. W) ثمنها خمسون ألف دينار، قد يعطي إشارات مادية اكثر من مجرد رأي الشخص نفسه في تلك السيارة مرتفعة الثمن. ذلك أن اتجاه المستخدم الفعلي نحو السيارة التي تم شراؤها تكون أو تشكل بعد السلوك الذي تم فعلاً.

ج- نموذج نظرية الفعل المبرر Theory of Reasoned Action model:

يمثل هذا النموذج بناء متكاملاً وشاملاً لمكونات الاتجاه من ناحية التركيب والأبعاد. حيث يمكن هذا النموذج الباحثين من إجراء عمليات التنبؤ اللازمة لتفسير الأنماط السلوكية التي تم اتخاذها من قبل المستهلكين. عملياً، يتضمن هذا النموذج ثلاثة أبعاد رئيسية؛ هي البعد الإدراكي والمعرفي والإرادي. لكن ما تجدر الإشارة إليه هنا هو أن هذه الأبعاد الثلاثة رتبت النموذج بشكل مختلف، كما أشرنا سابقاً، وعلى النحو التالي:-

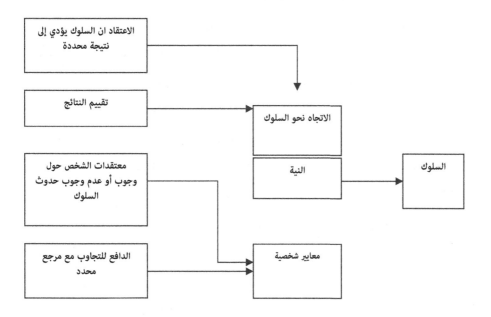

شكل رقم (٢-٧)

النموذج ثلاثي الأبعاد

بالرجوع إلى الوراء والبدء من نقطة السلوك، فإن النموذج يقترح أن افضل طريقة للتنبؤ بالسلوك هي النية المعلنة نحو الشيء. الأمر الذي يحتم على الباحثين المبادرة لقياس النية بشكل مباشر وذلك من خلال تحليل وفهم العوامل المحددة التي تساهم في تشكيل النية للقيام بالفعل. كما انه يجب النظر برؤية عميقة للأمور موضوع الاهتمام، وذلك من أجل فهم أشمل لمختلف أبعاد الاتجاه نحو السلوك المتخذ والمعايير الشخصية التي أثرت على السلوك المتخذ من قبل الشخص موضوع الاتجاه. وحسب المنطق نفسه، فإن الاتجاه نحو السلوك يمكن أن يقاس بشكل مباشر كمؤثر(Affect) لتحديد إمكانية أو احتمالية الشراء من قبل شخص ما لماركة سلعية معينة.

وحتى يتم فهم النية، فلا بد من قياس تأثير المعايير الشخصية على نية المشتري عند قيامه بالفعل الشرائي.

هذا، ويمكن التعرف على خصائص الشخصية بالنسبة لهذا الموضوع وبشكل مباشر من خلال التعرف على مشاعر المشتري المستهلك نحو تأثير الجماعات المرجعية(كالأهل ، الأصدقاء، زملاء العمل... الخ).

بشكل عام، تتضمن نظرية السلوك المبرر سلسلة من المكونات المترابطة الاتجاه. وكما يتضح من هذه النظرية، فإن الاتجاهات ليست مرتبطة بعلاقة قوية مع السلوك كدرجة الارتباط القوية بين النية والسلوك الذي تم اتخاذه.

وهنا يبرز السؤال الهام، وهو لماذا ندرس الاتجاهات إذا كانت النية هي الأداة الفعلية للتنبؤ بالسلوك؟ فالجواب هنا هو أن النية تعتبر أداة تنبؤ فعالة للسلوك، لكنها لا تعطينا تفسيرات كافية للسلوك الذي تم اتخاذه، فإذا كان رجال التسويق يرغبون في فهم أسباب الأنماط السلوكية للمستهلكين، فإنهم في الوقت نفسه قد يرغبون في معرفة أكثر من مجرد النية نحو هذا الموضوع أو ذاك.

٤- نموذج الاتجاه نحو الإعلان:-

في محاولة لفهم تأثير الإعلان على اتجاهات المستهلكين نحو ما هو معلن عنه ماركات سلعية أو خدمية. قام بعض الباحثين لتطوير ما يسمى بنموذج الاتجاه نحو الإعلان. ذلك أن المستهلكين غالباً ما يكون لديهم مشاعر مختلفة(المكون المؤثر) وأحكام عامة أو خدمة (المكون الإدراكي) وكنتيجة منطقية لتعرضهم للرسائل الإعلانية عن السلع أو الخدمات. عملياً، تؤثر المشاعر والأحكام المسبقة لدى المستهلكين على اتجاهاتهم نحو ما يتعرضون إليه من منبهات جاءت أو تجيء من خلال مختلف وسائل الإعلان. بالإضافة إلى أن المعتقدات الفردية نحو الماركات السلعية أو الخدمية إنما كانت نتيجة اكتسابهم أو تعرضهم المقصود أو العرضي لمختلف الإعلانات المرئية أو المقروءة. كما أن اتجاهات المستهلكين

المستهدفين نحو الإعلانات ومعتقداتهم نحو الماركات المعلن عنها يؤثر أيضا على اتجاهاتهم نحوها أولا، وما تضمنته من أهداف مرجو إنجازها كخطوة أخرى. خلاصة القول، إن هذا النموذج يفترض أن اتجاهات المستهلكين نحو ماركة سلعية أو خدمية إنما يتكون من خلال عمليات التفاعل التي تجري بين المستهلكين بعضهم البعض، بالإضافة إلى ما يحملونه من اتجاهات نحو الإعلانات نفسها وما يحملونها من معتقدات نحوها.

وما تجدر الإشارة إليه هنا، أنه عند تقييم اتجاهات المستهلكين نحو الإعلان، فإن الباحثين يرون انه من الضروري أن يتم التمييز بين التقييمات الادراكية للإعلان من قبل المشاهدين (الحكم على الإعلان فيما إذا كان تذكيري أو أخباري) بالإضافة إلى تحديد نوعية التجاوب الذي قد يبديه المشاهدون للإعلان (نوع الشعور الذي تكون بعد التعرض للإعلان وهل هو شعور بالخوف، أو السرور، أو الضحك، أو الحزن... الخ).

قياس الاتجاهات The Measurement of Attitudes:

يستخدم الباحثون لقياس الاتجاهات عدداً من المقاييس التي تستخدم للتعرف على الاتجاهات المكونة لدى الأفراد وكما يلي:-

١- ملاحظة السلوكObservation of Behavior:

لأننا كأفراد لا نستطيع الدخول إلى عقول المستهلكين وتحديد انماطهم السلوكية، فإننا نعتمد على مقاييس غير مباشرة للاتجاهات التي يتخذونها. وإحدى هذه المقاييس هي ملاحظة سلوكهم واستنتاج اتجاهاتهم من خلال الأنماط السلوكية التي يجري ملاحظتها. كما تعتبر دراسات الملاحظات ذات فائدة كبيرة بالرغم من أن الوصول إلى نتائج مقبولة عن اتجاهات المستهلكين بالاعتماد على الملاحظة من الأمور الصعبة والتي لا يمكن التحكم بمسارها ونتائجها الفعلية لكثرة ما يتم ملاحظته.

وما تجدر الإشارة إليه هنا هو أن الملاحظ يجب أن يكون لديه تـدريب عـال وثقـة كبيرة بموضوعيته بالاتجاهات التي استنتجتها من خلال سلسلة الملاحظات التي قام بتنفيذها بطريقة سليمة.

عموماً، لا بد من القول أن أسلوب الملاحظة- سـواء أكان ملاحظة مبـاشرة أو غـير مباشرة آلية أو بشرية- يعتبر من الأساليب الهامة التي تستخدم بكثافة في مجالات التعرف على الاتجاهات وأساليب تكوينها.

٢- البحوث النوعية Qualitative Research Methods:

تتضمن أساليب البحوث النوعية، المقابلات المتعمقـة وجماعـة التركيـز والاختبـارات الاسقاطية وغيرها. وقد وجد أن هذه الأسـاليب النوعيـة ذات فائـدة كبـيرة في تكـوين وبنـاء الأطر النظريـة عـن مختلـف الموضـوعات أو المفاهيم موضوع الاهتمام. بالإضافة إلى أنها تساعد على التعرف على أبعاد ومكونات اتجاهات المستهلكين نحو مختلف الأمور.

عموماً، تختلف هذه الأسـاليب النوعيـة المستخدمة لقيـاس الاتجاهـات مـن نـواح متعددة كالتركيب أو البناء النظري لكل منها أو الأبعاد المكونة أو الإجراءات، إلا أنها جميعها لها جذور عميقة في علم النفس الاجتماعي وعلوم أخرى. وعن طريقها يتمكن الباحثون مـن الحصول على إجابات ذات قيمة حول أساليب وطرق تكون الاتجاهات وتفسـيرها وتغييرهـا. بالإضافة إلى أنها قد تحفـز المستجيبين لإبـراز أفكـارهم ومعتقـداتهم ومشـاعرهم وخـبراتهم الفعلية نحو كل ما يربطهم به.

٣- أسلوب التقرير الذاتي Self- Rebort Attitude Scale:

يعتبر هذا الأسلوب من الأساليب الشـائعة في حقـل سـلوك المسـتهلك، بالإضافة إلى شيوع استخدامه في حقول أخرى كعلم النفس، علم النفس الاجتماعي، علم الاجتماع.

باختصار، يتضمن هذا الإسلوب إعداد استمارة يتم توجيهها مباشرة لعينة من المستهلكين المعنيين بموضوع الاتجاه وذلك لمعرفة آرائهم ومشاعرهم نحو سلعة، خدمة، أو أي موضوع آخر.

تحتوي استمارة الاستبيان على مجموعات من الأسئلة المفتوحة وغير المفتوحة والتي يتم الإجابة عليها من قبل عينة الدراسة مع ملاحظة أن المقاييس المستخدمة حسب هذا الأسلوب يجب أن تقيس ما يجب قياسه (Content Validity) وتحت مختلف الظروف والاتجاهات التي تعرض ويتعرض لها الأفراد.

تشكيل الاتجاهات Attitude Formation:

لكيفية تشكيل الاتجاهات أهمية كبيرة لدى رجال التسويق، فبدون وجود فهم متكامل عن كيفية تشكيل الاتجاهات، فإنه من غير المحتمل ان يتمكن واضعي ومنفذي الاستراتيجيات التسويقية من فهم وتحليل وكشف اتجاهات المستهلكين المستهدفين الحالية والمستقبلية وأنماط السلوك المألوفة لديهم. وذلك من اجل وضع الاستراتيجيات الهادفة إلى تعزيز أو تعديل أو تغيير اتجاهات المستهلكين نحو مختلف الماركات السلعية أو الخدمية. ولمعالجة موضوع تشكيل الاتجاهات لا بد لنا من تحديد الكيفية التي يتم من خلالها تعلم الاتجاهات من قبل المستهلكين، ومصادر التأثير المستخدمة من قبل المعنيين في هذا المجال، بالإضافة إلى توضيح تأثير العوامل المكونة للشخصية الفردية على تكون أو تشكل الاتجاهات نحو الأشياء وعلى النحو التالي:-

١- تعلم الاتجاهات Learning of Attitude:

ونعني بتعلم الاتجاهات هو الحالة قد تتلخص بعدم وجود اتجاه نحو شيء معين لدى البعض (الأطباق اللاقطة التلفزيونية) لتمتد إلى وجود اتجاه نحو هذا الشيء(الأطباق اللاقطة). ولفهم الانتقال من عدم وجود اتجاه إلى وجود اتجاه (بعد تكونه فعلاً) لا بد من تحديد كافة الأنشطة أو العمليات التعليمية التي حدثت.

على سبيل المثال، نظرية التعلم الكلاسيكية ترى أنه يمكن لمنبه اصلي كاسم ماركة جديدة من سلعة ما أن يكون منبه إيجابي أو سلبي إذا تم إعادته أو تكراره للمشاهدين المستهدفين وبشكل مقبول لهم وحسب قدراتهم الشرائية أو متوافقاً مع مزاجهم العام.

عملياً، يبني مفهوم الماركة العائلية(Family Barnding Policy) على هذا النمط من تعلم الاتجاهات من حيث التكرار والتعزيز وضمن التوقيت المناسب. على سبيل المثال، قد تقوم شركة علاء الدين بوضع اسم علاء الدين على كل ماركة سلعية جديدة من الصوبات وغيرها. وذلك من اجل الاستفادة من السمعة الطيبة للاسم من جهة، ولتعميم هذه السمعة الطيبة على الماركات الجديدة والتي تحمل نفس الاسم (مثل علاء الدين للصوبات وسلالم علاء الدين وعربات علاء الدين للأطفال... الخ).

كما أن رجال التسويق الذين يقررون اسم الماركة العائلية والمشهورة على ما يقدمونه من سلع جديدة إنما يحاولون خلق رابطة أو علاقة إيجابية بين اسم الماركة المشهورة التي تتمتع بوجود اتجاهات إيجابية نحوها لدى المستهلكين المستهدفين، أو إيجاد علاقة بينها وبين الأصناف الجديدة التي لا يوجد أية اتجاهات نحوها لدى الأفراد المستهدفين، ذلك أن رجال التسويق يأملون إلى نقل الانطباعات الايجابية إلى الماركات الجديدة لكي يكون المستهلكون المستهدفون اتجاهات إيجابية نحوها.

أما نظرية التعلم الاشراطي، فتتركز على أساس قيام المستهلكين بشراء ماركة سلعية أو خدمية لا يكون لديهم أي إتجاه نحوها. لذا فإنهم قد يشترون تلك الماركة كونها الصنف الوحيد في هذه السلعة والذي كان وما يزال موجوداً على رفوف السوبر ماركت الذي اعتادوه. يضاف إلى ذلك، إلى أنهم- أي المستهلكين- قد يقومون بشراء ماركة جديدة من فئة سلعية أخرى لتجربتها لأول مرة فتكون

رغبتهم قليلة نحوها. أما إذا وجد الأفراد ان هذه الماركة الجديدة من السلعة مرضية من الناحية الادائية فإنه من المحتمل أنهم سيكونون نحوا اتجاهات إيجابية.

أما نظرية التعلم الادراكي، فترتبط في الأوضاع التي يكون فيها المستهلكون معنيين كثيراً في القرار الشرائي التي تم اتخاذه بالإعتماد على علميات مقصودة وذات صبغة عقلية. بشكل عام، كلما زادت المعلومات التي يمتلكها الفرد عن سلعة أو خدمة كلما زاد احتمال تكوين اتجاه ايجابي أو سلبي نحوها زيادة كبيرة.

وكنتيجة لتفعيل نظرية التعلم الادراكي فإن إطار معالجة المعلومات المتوفرة غالباً ما يركز على محدودية قدرات المستهلكين المستهدفين على معالجة وتحليل المعلومات الخاصة بشراء هذه الماركة السلعية أو تلك. فالمستهلكون غالباً ما يميلون لاستيعاب كميات قليلة من المعلومات المتوافرة لديهم، لهذه الأسباب يتوجب على رجال التسويق بذل مجهودات ضخمة للترويج عن سلعهم أو خدماتهم من خلال التركيز على مزايا تنافسية واضحة وملموسة ومرغوبة من قبل المستهلكين مع تمييز واضح لعناصر المزيج التسويقي السلعي أو الخدمي الذي يقدمونه بالمقارنة مع ما يقدمه المنافسون.

٢- العوامل المؤثرة على تشكيل الاتجاهات:-

يمكن إيراد العوامل المؤثرة على تشكيل الاتجاهات على النحو التالي:-

أ- التجربة المباشرةDirect and Past Experience:

تعتبر التجربة المباشرة الوسيلة الأساسية التي يتكون من خلالها اتجاهات المستهلكين المحتملين نحو ماركات السلع أو الخدمات. كما أن رجال التسويق يعطون أهمية كبيرة للتجربة المباشرة للمستهلكين لما يطرح في الأسواق من سلع او خدمات عند تخطيط مختلف الاستراتيجيات الترويجية. ذلك أنهم – أي رجال

التسويق- يسعون إلى حفز ودفع المستهلكين لتجربة الماركات الجديدة من السلع او الخدمات عن طريق تقديم عينات مجانية منها.

وفي مثل هذه الحالات يكون هدف رجال التسويق اقناع المستهلكين المستهدفين وحثهم لتجربة الماركات الجديدة وتقييمها. فإذا ما اظهر التجريب المباشر للسلعة ومن ثم التقييم الموضوعي لما تم استهلاكه او استخدامه والذي اجراه المستهلكين حول أداء الماركة السلعية او الخدمية جيداً او مرضيا فإنه من المحتمل ان يكونوا نحوها اتجاهات ايجابية، الأمر الذي قد يؤدي إلى شرائها في المرات القادمة وتبني استهلاكها أو استخدامها لفترات طويلة.

ب- التأثير الشخصيPersonal Influence:

يؤدي الاحتكاك المباشر أو غير المباشر بين الأفراد والجماعات المرجعية التي يتأثرون بها كالعائلة، الأصدقاء، الجيران، زملاء العمل، أو نحوهم المجتمع، إلى تكوين اتجاهات مبدئية تؤثر على تصرفاتهم الحالية أو المستقبلية نحو ما يهمهم أو ما يرغبونه من ماركات سلعية او خدمية.

على سبيل المثال، تزود العائلة أفرادها بالكثير من القيم والمعتقدات والمشاعر التي تؤثر في تفضيلاتهم من السلع والخدمات. كما أن الأطفال الأردنيين الذين يتعرضون لأكل الحلويات كالهريسة أو الكنافة قد يشكلون اتجاهات ايجابية نحو هذه الحلويات قد تستمر إلى مراحل متقدمة من العمر ما لم تحدث لهم بعض العوارض الصحية والتي قد تؤدي بالبعض منهم اما إلى التخفيف من استهلاكها أو الإقلاع عن استهلاكها نهائياً.

ج- التعرض لوسائل الإعلان العامة:-

يعمل التعرض المستمر لمختلف وسائل الإعلان العامة(كالتلفزيون، الراديو، الصحف والمجلات) من قبل الأفراد إلى احداث قناعات محددة لديهم حول مختلف الأمور الحياتية التي قد تصل إلى تكوين اتجاهات ثابتة نسبياً حولها، ذلك أن تكون مشاعر معتقدات لدى الأفراد حول ما يهمهم يعتبر الخطوة الأولى

والأساسية في تكوين اتجاهاتهم المبدئية وقد يتبعها تكوين أنماط سـلوكية نحـو مـا يرغبونـه من سلع أو خدمات.

د- عوامل الشخصية:-

من المعروف ان الخصائص والمواصفات الداخلية للشخصية تؤثر تأثيراً مباشراً وقويـاً على معتقدات ومشاعر ومواقف الأفراد نحو مختلـف القضايـا الحياتيـة التـي تهمهـم. علـى سبيل المثال، الأفراد من ذوي النزعة الانعزالية غالباً ما يعبرون عن انعزالهم باتجاهات سلبية نحو قضايا محددة، كالملاهي أو بعض المسلسلات أو الأفلام التلفزيونيـة أو السـلع الجديـدة بالمقارنة مع نظرائهم من الأفراد من ذوي الشخصيات المعتدلة. علـى سبيل المثال، يحجـم الأفراد من ذوي الشخصيات الانطوائية والمحافظة عن شراء سلع كالموضة أو بعـض الملابس العصرية ذات الألوان غير المألوفة لديهم.

استراتيجيات تعديل وتغيير الاتجاهات:-

من المهم الإشارة هنا إلى أن ما ينطبق على تكون أو تشـكل الاتجاهـات قـد ينطبـق على تعديل الاتجاهات. بمعنى آخر تعديل الاتجاهات الناتج عن التعلم أو الخبرات السـابقة والمصادر الأخرى للمعلومات الواردة من مختلف المصادر، بالإضافة إلى الشخصية، فإنـه يـؤثر في تحديد خطوات تغيير الاتجاهات والسرعة التي يـتم تغييـر الاتجاهـات بهـا أو بواسـطتها حول الموضوعات ذات الصلة.

كما أن تحليل وفهم استراتيجيات تعـديل الاتجاهـات مـن قبـل المؤسسـات تقـع في مراكـز الاهـتمام الأول لـدى رجـال التسـويق وخاصـة عنـد تصـميم أو تنفيـذ مختلـف الاستراتيجيات الترويجية.

استراتيجيات تعديل وتغيير الاتجاهات:-

ولفهم أعمق لديناميكية عمليات تغيير الاتجاهات لدى المستهلكين الحاليين والمستهدفين نورد فيما يلي الاستراتيجيات المتبعة في هذا المجال:

أولاً: تغيير وظيفة الدافعية:

من الأساليب المستخدمة لتغيير اتجاهات المستهلكين نحو ماركة سلعية أو خدمية هو إظهار حاجة جديدة لم تشبع من قبل لدى المستهلكين المستهدفين، ذلك ان تغيير الدافع الأساسي الكامن وراء الإشباع المنشود والمرتبط بماركة سلعية أو خدمية غالباً ما يؤدي إلى تعديل أو تغيير مواز في المشاعر والمعتقدات، ومن ثم في اتجاهات المستهلكين المستهدفين نحوها. وحسب هذا الاسلوب يعمل رجال التسويق على تغيير دوافع الشراء السائدة لدى المستهلكين المستهدفين نحو السلع، وذلك من خلال تغيير الوظائف والخدمات الأساسية التي تؤديها الماركة السلعية في حالة شرائها، وكما يلي:-

أ- وظيفة المنفعة The Untiliraian Function :

عملياً، يحمل المستهلكون اتجاهات محددة نسبياً نحو ماركات معينة من السلع أو الخدمات. وذلك بسبب ما تقدمه تلك الماركات لهم من منافع أو فوائد، فإذا كانت آراء المستهلكين المستهدفين نحو ماركة سلعية أو خدمية إيجابية فإن اتجاهاتهم ستكون نحوها إيجابية وإحدى الطرق لتغير اتجاهات المستهلكين نحو ماركة سلعية محددة هو محاولة ترويجها بأنها تقدم الآن خدمات ومنافع أخرى لم تكن موجودة فيها من قبل، بالإضافة إلى أن هذه الماركة السلعية أو الخدمية تمتاز بميزة تنافسية غير موجودة في الماركات الأخرى المنافسة لها.

ب- وظيفة الدفاع عن الأنا The Ego Defensive Function:

يرغب الأفراد عادة في حماية صورهم الشخصية من خلال محاولتهم الحثيثة للتخلص من مشاعر الشك وعدم القدرة على تحقيق أهداف معينة باتباع

استراتيجيات دفاعية طابعها اتخاذ اتجاهات تحقق لهم السلامة والأمان عند المواجهة المتعمدة والعفوية لمنبهات داخلية او خارجية لا يستطيعون التكيف مع معظمها.

تسويقياً، تعمل العديد من السيدات وخاصة في فترات عمرية متقدمة إلى اتخاذ اتجاهات ايجابية نحو العديد من ماركات أدوات التجميل- بغض النظر احياناً عن مدى ملائمة هذه الماركة من أدوات التجميل لهذه السيدة أو تلك- وذلك من خلال التلفظ بكل ما يؤكد صحة مواقفهن نحو الماركة التي تم شراؤها واستخدامها وذلك لتحقيق وظيفة الدفاع عن الأنا لديهن.

ج- وظيفة القيمة التعبيرية The Value- Expressive Function :

من المعروف تماماً، أن الاتجاهات المتخذة من قبل الأفراد نحو ما يحيط بهم من منبهات ما هي إلا تغييرات شكلية وموضوعية تعكس القيم المادية والمعنوية الموجودة لديهم نحو ما يهمهم من أمور وحسب نظامهم الإدراكي وأنماطهم الحياتية. على سبيل المثال، إذا كانت اتجاهات مجموعة من المستهلكين أو المستخدمين نحو ماركة سلعية جديدة إيجابية، فسيقومون بالتعبير عن تلك الاتجاهات الإيجابية بالتعبير والإيجاب بالسلوك الفعلي. على سبيل المثال، المستهلكون الذين يكونون اتجاهات ايجابية عن سلع الموضة يمكن التأثير عليهم من خلال عرض ماركات الملابس الحديثة بطريقة ترويجية تعكس الحداثة والتجديد فيها من خلال استخدام رجال أو سيدات مشهود لهم أو لهن بالأناقة في الوسائل الترويجية عنها.

د- وظيفة المعرفة The Knowledge Function:

من الطبيعي أن يكون لدى معظم الأفراد رغبات قوية لاكتساب معارف ومعلومات جديدة نحو كل ما يهمهم في حياتهم. ذلك أن رغبات الأفراد نحو الأشياء، السلع أو الخدمات ستؤثر أو تنعكس في النهاية على أنماطهم السلوكية، باعتبار أن الحاجة إلى المعرفة- هي المكون الادراكي للاتجاه- ذات أهمية كبيرة

لرجال التسويق الذين يسعون إلى ايجاد مكانة جيدة لماركاتهم السلعية أو الخدمية المطروحة لدى المستهلكين المستهدفين بالمقارنة مع مثيلاتها المناسبة.

على سبيل المثال، قد يؤدي ماركة معجون الأسنان(ماركة ياسمين) الوظائف الثلاثة السابقة. فقد يكون المستهلك رقم(١) اتجاها نحو هذه الماركة من معجون الأسنان، لان طعمها لذيذ ونظيف، ويقي الأسنان من التسوس

(وظيفة المنفعة). أما المستهلك رقم (٢) فقد يرى فيها حماية الانا لديه من خلال أن استخدام هذه الماركة، قد يظهر أسنانه نظيفة مع رائحة فم زكية بعد الاستخدام. أما المستهلك رقم(٣) فقد يكون لديه رغبة في معرفة مزايا هذه الماركة من المعجون- وظيفة المنفعة- قبل وبعد الاستخدام.

ثانياً: ربط الماركة السلعية بمجموعة خاصة أو مناسبة محددة:

قد يكون الأفراد اتجاهات نحو بعض الماركات السلعية أو الخدمية بربطها بمجموعات محددة من المناسبات الخاصة أو العامة، أو الأحداث الشخصية أو الاجتماعية لدى الأفراد. ذلك انه من الممكن تعديل اتجاهات الأفراد نحو الماركات السلعية أو الخدمية من خلال الربط المباشر أو غير المباشر بين موضوع الاتجاه وبعض المناسبات الاجتماعية للأفراد.

على سبيل المثال، تقوم المؤسسات التجارية بالترويج عن أنشطتها وفاعليتها السلعية لتشجيع التغيرات الإيجابية المحتملة لدى المستهلكين المستهدفين من خلال المشاركة الفعالة بالمناسبات الاجتماعية والوطنية والرياضية أو التطوعية كخلفية مقبولة لصورة السلعة أو الخدمة موضوع الاهتمام. وذلك من اجل تعميق المشاعر الإيجابية نحوها لدى المشاهدين أو الحضور أو المهتمين المشاركين في تلك المناسبات.

كما تحاول المؤسسات التجارية المعنية بربط الماركة السلعية بالفوائد التي تقدمها أو ربطها بمناسبة اجتماعية عزيزة يوليها المجتمع المحلي اهتماماً خاصا.

على سبيل المثال، الإعلانات التي يبثها التلفزيون الأردني عن البيبسي- كولا أو الكوكا كولا يحاول الربط بين الشعور بالسعادة أو المرح من خلال ترتيب جو اجتماعي يضم الأصدقاء من الطلبة والذين يقضون اوقاتاً ممتعة بعد تخرجهم بنجاح كبير من كلية إدارة الأعمال (تخصص تسويق).

ثالثاً: الربط بين الاتجاهات المتعارضة:

ويمكن تعميم هذا النوع من الاستراتيجيات تغيير الاتجاهات من خلال استخدام التعارض الحاصل أو المحتمل حدوثه بين اتجاهات المستهلكين نحو ماركة سلعية أو خدمية تم استخدامها في الحال وبين اتجاهات سابقة سلبية نحوها من قبل المستهلكين المستهدفين.

على سبيل المثال، يمكن جعل اتجاهات المستهلكين نحو ماركة سلعية أو خدمية في تعارض مع اتجاهات سابقة لهم نحوها من خلال اقناعهم- بالبيع الشخصي- أو بواسطة أدوات الترويج الأخرى- بتغيير اتجاهاتهم نحوها بمحاولة تجريبها. كما قد يواجه شخص آخر مشاعر معينة مؤداها انه يجب عليه ان يلبس زياً معينا يتفق مع طبيعة عمله(موظفي الملكية الأردنية) من خلال التقيد باستخدام ماركات خاصة من الربطات مع قمصان بألوان تقليدية سادة وهذا هو الاتجاه رقم(١). أما الاتجاه الثاني، فيمكن ان يكون من خلال استخدام قمصان من ماركة سي. جي . سي الأردنية الصنع والتي تباع في محلات تجارية محددة. ويتلقى هنا الشخص العامل في الملكية الأردنية عند دخوله لاحدى المحلات التي تبيع تلك القمصان نصائح من أحد رجال البيع في إحدى تلك المحلات انه من الأفضل له ان يشتري القمصان المقلمة مع تلك الربطة. ولشعوره بالانتماء لهذا النوع من المحلات اتجاه رقم(٢) فإنه قد يبدأ بلبس هذه الربطة مع القمصان المقلمة، وبالتالي، فإنه يكون قد تنازل فعلاً عن الاتجاه رقم(١). يضاف إلى ذلك أنه يوجد أحيانا تعارض بين معتقدات شخص ما نحو نفس الشيء الذي يبني الاتجاه نحوه ويبين

تصرفه الفعلي. وما تجدر الإشارة إليه هنا هو ان أغلبية الأفراد المستهلكين لأي شيء يعانون الآن وبدون إدراك كبير من الفجوة الصارخة بين اتجاهاتهم نحو الأشياء التي تهمهم، وبين أنماطهم السلوكية السلبية العظيمة نحوها.

على سبيل المثال، الشخص الذي يكره شخصاً آخر ولا يحاول الاتصال به أو مشاركته في أية مناسبة اجتماعية، فذلك مرده إلى شعور بعدم الحصول على راحة في الجلوس معه وطمأنينة أو احترام فكري من خلال التحدث معه (اتجاه رقم ١) لكنه رغم ذلك يفضل التعامل معه أحيانا لسهولة انقياده وضعفه (اتجاه رقم ٢).

عملياً، يمكن حل هذا التعارض إذا ما توقف الشخص الأول عن ممارسة إحدى الاتجاهين السابقين.

رابعاً: تعديل مكونات النموذج متعدد الخصائص:

يتضمن تعديل مكونات النموذج متعدد الخصائص كاستراتيجية يمكن اتباعها لتغيير الاتجاهات السياسية التالية:-

أ- تغيير التقييم النسبي للخواص المرتبطة بماركة سلعية أو خدمية معينة:

يتحقق تغيير التقييم النسبي للخواص المرتبطة بماركة سلعية من خلال تقديم ماركة جديدة بمواصفات جديدة أو إضافية. وذلك من اجل تعديل وتغيير التقييم الذي يحمله المستهلك حولها. على سبيل المثال، قامت شركة البيبسي- كولا منذ سنوات بتغيير التقييم النسبي الموجود لدى المستهلكين حولها من خلال تقديم ماركات جديدة - دايت بيبسي- بنفس الاسم ولكن بسعرات حرارية اقل، وذلك لخدمة اسواق فرعية أخرى- أصحاب الوزن الكبير أو مرضى السكري- جديدة ومحتملة ولم يتم إشباع رغباتها وأذواق المستهلكين فيها من قبل.

عموماً، يمكن القول ان هذه الاستراتيجية المتعبة في تغيير الاتجاهات الموجودة لدى المستهلكين تقوم على أساس رفع مستوى التقييم النسبي لخاصية محددة لديهم- علكة أو شوكولاته اقل حلاوة- مع إمكانية تخفيض مستوى السكر

كخاصية أخرى- باعتبار ان الشوكولاته الحالية تزيد الوزن- كما أن اسعارها أعلى مـن الـلازم وتمثل كلفة إضافية على المستهلكين الحاليين والمحتملين.

خلاصة القول، إنه إذا نجح رجال التسويق في مؤسسـة تجاريـة معينـة مـن إحـداث تغيير معقول في التقييم النسبي في إحدى الخواص الهامـة للماركـة التـي يحـاولون تسـويقها للمستهلكين المستهدفين، فإنه عندئذ يكون من الممكن تغيـير اتجاهـاتهم نحوهـا بالشراء أو إحداث نية إيجابية حولها.

ب- تغيير المعتقدات حول الماركةChanging Brand Beliefs:

ويتمثل تغيـير المعتقـدات أو المعتقـدات الكليـة حـول الماركـة السـلعية مـن خـلال توجيه رسائل ترويجية يتم من خلالها توضيح بـأن هـذه الماركـة - عطـر أمـواج - مـن فئـة السلعة هي الأفضل، لأنها تحقق المنفعة المتوقعة منها وبدرجة كبيرة. ولكن ما تجدر الإشـارة إليه هنا هو انه لكي تحقق لهذه الماركة موضوع الاهتمام ما هو متوقع منها، فإنـه يجـب ان يتوفر شرطان أساسيان هما:-

أولهما: انه في الأجل الطويل لا بد أن تحتوي الماركة من السلعة الفوائد المعلن عنها فعلا وان تحقق توقعات المستخدمين او المستهلكين حولها.

وثانيهما: ان يكون التغيير في تقييم كل خاصية أو فائدة من الخصـائص او الفوائـد في الماركـة بشـكل تـدريجي ذلـك أن المسـتهلك المسـتهدف قـد يـرفض الرسـالة الإعلانيـة ذات الطرح المتطرف والبعيد عن منطقة قبوله وتوقعاته.

بمعنى آخر، ان المحاولات طويلة الأجل التي يبذلها رجال التسويق لتغيير اتجاهـات المسـتهلكين حـول خـواص وفوائـد ماركـة سـلعية قـد لا تـنجح إذا لم يـتم اسـتخدام المـزيج الترويجي المناسب. بالإضافة إلى ان التغيـير المطلـوب اجـراؤه في الخـواص والمعتقـدات حـول الماركة يجب أن لا يكون كبيراً جداً لان المبالغة في الترويج قـد تـؤدي إلى رفـض كافـة دعـاوى الرسالة البيعية والترويجية عن الماركة السلعية أو الخدمية.

عموماً، تعتمد هذه المحاذير على مقولة نظرية الاستيعاب التبايني (Assimilation Contrast Theory) والتي تحذر رجال التسويق من محاولة تغيير الاتجاهات عن طريق تعديل التقييم النسبي لخواص معينة للماركة السلعية أو الخدمية بشكل كامل ومرة واحدة. لذا يفضل اتباع سياسة الحذر والتدرج كبديل عملي كسياسة المبالغة في الترويج غير المقبول والذي لا يمكن تصديقه في حالات عديدة.

وفي مثل هذه الأحوال وحسب هذه النظرية، فإن المستهلكين قد يعدلون من اتجاهاتهم إذا كان مضمون الرسالة الترويجية يقع ضمن توقعاتهم وينسجم تماماً مع المنافع او الفوائد الموجودة فعلاً في الماركة المعلن عنها. أما إذا كان التغيير المطلوب إحداثه في اتجاهات المستهلكين كبيراً، أي متطرفاً كما تعد الرسالة الترويجية، فإن النتيجة المنطقية قد تكون رفضاً كلياً للرسالة لضعف قدرة أو استعداد المستهلكين المستهدفين على استيعابها وذلك لوقوعها فعلاً خارج منطقة القبول لديهم أو القدرة على فهم أو تحمل ما تحمله الرسالة الترويجية من دعاوى.

ج. إضافة خاصية جديدة:-

ويمكن تحقيق هذا من خلال إضافة خاصية جديدة للماركة من السلعة الموجودة أصلا في الماركة وتم تجاهلها- بقصد وبدون قصد- في السابق. أو اضافة خاصية جديدة فيها كنتيجة للتطوير التكنولوجي الذي حدث في ميدان الصناعة أو الفئة السلعية للماركة موضوع الاهتمام.

ومما يجدر الإشارة إليه هنا هو إن إضافة خاصية تم تجاهلها من قبل، قد تكون مهمة صعبة التطبيق لأن معظم الماركات السلعية قد تم تقييمها مرة واحدة من قبل المستهلكين في السابق. لهذا السبب يبدو أن إضافة خاصية مبتكرة جديدة للماركة من السلعة قد يكون هو الخيار الأفضل في مثل هذه الحالات. وذلك لسهولة تصميم الإستراتيجية الاتصالية المناسبة والهادفة لإيصال هذه الخاصية الجديدة للمستهلكين المستهدفين وضمن المعطيات والقدرات المتوفرة لديهم.

على سبيل المثال، أضافت شركة دوف لأدوات التجميل خاصية جديدة لإحدى ماركات التجميل التي تنتجها. حيث تمكنت هذه الشركة من إنتاج ماركة تجميل لا تحتوي على أية روائح، بالمقارنة مع ماركة سابقة من أدوات تجميل كانت تحتوي على رائحة معينة وبإضافة هذه الخاصية الجديدة المبتكرة- عدم وجود رائحة- للماركة السلعية تم تغيير اتجاهات العديد من السيدات المستخدمات لأدوات التجميل إيجابيا نحو منتجات شركة دوف.

د. تغيير التقييم الكلي للماركة:-

وقد يتم تغيير التقييم الكلي للماركة السلعية أو الخدمية مباشرة دون محاولة تغيير تقييم المستهلكين لخاصية محددة تحتويها الماركة. تعتمد هذه الإستراتيجية على تكرار شكل من أشكال العبارات التي قد تلقي قبولا كبيراً من قبل غالبية المستهلكين المستهدفين. على سبيل المثال، قد تلجأ مؤسسة ما إلى تغيير التقييم الكلي للماركة التي تحاول تسويقها من خلال توجيه حملة ترويجية مؤداها ان هذه الماركة هي الأكثر قبولا في معظم أسواق العالم، بإعتبار أن الحصة التسويقية لها تزيد بإستمرار في تلك الأسواق. بالإضافة إلى أن التركيز على الماركات المنافسة لها يتراجع باستمرار وهذه هي الأرقام.

على سبيل المثال، يتم اتباع هذا الأسلوب في تقييم اتجاهات المستهلكين نحو الماركة السلعية من خلال ما لجأت إليه شركة سنجر لماكينات الخياطة بالتركيز على الشعار الإعلاني المتبع من قبل الشركة " سنجر هي ماكينة العالم المفضلة للخياطة".

خامساً: تغيير معتقدات المستهلكين نحو ماركات المنافسين:-

تستخدم هذه الاستراتيجية في تغيير اتجاهات المستهلكين المستهدفين نحو الماركات السلعية أو الخدمية المقدمة من قبل المنافسين بشكل كبير من خلال استخدام أسلوب الإعلان المقارن.

على سبيل المثال، تشير الحملات الإعلانية لمبيد الحشرات من ماركة ريد(Raid) على انه الأكثر فعالية في إبادة الحشرات الضارة بالمقارنة مع ما تفعله الماركات الأخرى المناسبة من مبيدات الحشرات.

عموماً، يجب توخي الحذر عند تطبيق هذه الإستراتيجية؛ ذلك أن إظهار الماركات الأخرى المنافسة بشكل متكرر في الإعلان المقارن قد يكون ترويجاً فعالاً لها بالمقارنة مع الماركة موضوع الاهتمام، خاصة إذا كان الجمهور المشاهد للإعلانات التلفزيونية حول هذه الماركات على درجة عالية من الوعي والاهتمام بمثل هذا النوع من الرسائل الإعلانية.

وتجدر الإشارة هنا إلى انه يمكن تغيير اتجاهات المستهلكين حول الماركات السلعية أو الخدمية بطريقتين، الأولى منها وهي، الطريق المركزي (Central Route) والذي يعتبر مناسبا لتغيير اتجاهات المستهلكين المستهدفين، وخاصة عند وجود دافعية عالية للشراء مع تقييم إيجابي كبير للماركة موضوع الاهتمام. بمعنى آخر، إن المستهلكين قد يكونون اكثر استعداداً لتعديل اتجاهاتهم، لأنهم قد يكونون راغبين في الحصول على كافة المعلومات المرتبطة بالشيء أو الماركة التي سيبنى الاتجاه نحوها. يضاف إلى ذلك، أن تعديل أو تغيير الاتجاهات بالطريق المركزي يمكن ان يحدث عندما يكون المستهلكون على استعداد كبير لبذل مجهودات أكبر للتعلم والتي قد تؤدي إلى مهارة عالية عند تقييم المعلومات المتوفرة لديهم عن مختلف الماركات من الفئة السلعية.

في المقابل، قد تكون الطريقة الثانية، وهي الطريق المحيطي (Peripheral) مناسباً في حالات وجود دافعية منخفضة لدى المستهلكين المستهدفين. الأمر الذي يعني ان تعديل أو تغيير في اتجاهاتهم قد يحدث بدون تركيز كبير على جمع وتحليل المعلومات الخاصة بالماركة. وفي مثل هذه الحالات، فإن تغيير الاتجاهات قد يكون نتيجة اتباع طرق إقناع ثانوية كالحصول على

كوبونات خصم بنسب مئوية للماركات السلعية تحت التنزيل من خلال إتاحة فرص كبيرة لتجربة الماركة من قبل المستهلكين المستهدفين.

هل السلوك يسبق الاتجاه أم يتبعه؟

Behavior Can Precede Or Follow Atitude

أكد النقاش الدائر ومنذ سنوات طويلة حول تشكيل وتغيير الاتجاهات على وجهة النظر القائلة إن المستهلكين غالباً ما يقومون بتطوير اتجاهاتهم قبل القيام بالسلوك نفسه. إلا انه توجد وجهة نظر مغايرة لما أشرنا إليه أعلاه، وذلك من خلال ما تعرضه بعض النظريات مثل نظرية التعارض الإدراكي(Cognitive Dissonance Theory) ونظرية التعليل النسبي(Attribution Theory) والتي تعتقد أن بعض المستهلكين قد يكونون اتجاهاتهم بعد السلوك مباشرة وكما يلي:-

١- نظرية التعارض الإدراكي:-

حسب هذه النظرية يحدث التعارض عندما يتلقى المستهلكون معلومات جديدة- عن ماركة سلعية أو خدمية- تمثل تعارضا واضحاً مع آرائهم واتجاهاتهم الحالية نحوها.

على سبيل المثال، شراء مستهلك ما سيارة غالية الثمن مع تجاهله لبعض الخصائص التي يجب أن تتوفر في تلك السيارة يؤدي به في الغالب إلى حالة من حالات التعارض الإدراكي وعدم الإرتياح بعد إتمام عملية الشراء نفسها، ذلك أنه بعد عملية الشراء يشعر المستهلك المشتري للسيارة بعدم الارتياح والتناقض، أي التناقض بين اتجاهه السابق حول السيارة نفسها وسلوكه الفعلي نحوها بعد الشراء.

خلاصة القول، ان المشتري قد يكون مستعداً، وبشكل تلقائي لاتخاذ كل الإجراءات اللازمة للوصول إلى حالة من حالات التوازن عند محاولته التخلص من حالة عدم التوازن النفسي أو عند إجراء تعديل أو تغييره اتجاهه إلى اتجاه جديد

يتناسب نسبياً مع السلوك الذي اتخذه فعلا- قبول شراء السيارة مع ما فيها من خصائص ومواصفات.

عملياً، هذا المثال يمثل حالة واقعية مؤداها أن تغيير الاتجاهات يمكن اعتباره كنتيجة للسلوك الفعلي. ولمزيد من التوضيح نورد المثال التالي والذي يرتبط بالاعتقاد السائد حول ماركات معاجين الأسنان التي تحتوي على الفلورايد- ذي الطعم المر- والتي تؤدي إلى تكوين حالات من التعارض للأشخاص الذين يستخدمون معجون الأسنان ماركة سجنل(Signel) الذي يحتوي على الفلورايد. لتقليل التعارض الذي ينشأ والذي قد يؤدي إلى حالة من حالات عدم الراحة، فإن المستهلك للماركة المشار اليها أعلاه باستطاعته ان يتبع إحدى أو كلا الاستراتيجيتين التاليتين: الأولى أن يقتنع بالمعتقدات الجديدة التي تدعم اتجاهه والثانية ان يقوم بإعادة تقييم الأفكار المتعارضة من خلال حصوله على معلومات جديدة تزيل حالة التعارض التي يعاني منها وصولاً إلى حالة من حالات الراحة والطمأنينة نتيجة استخدامه لماركة سجنل من معجون الأسنان.

كما إن المستهلك المستخدم لماركة معجون الأسنان يستطيع ان يبرر لنفسه عدم وجود تسوس بأسنانه إنما هو نتيجة استخدامه لهذه الماركة التي تحتوي على مادة الفلورايد. كما يمكنه بعد ذلك إعادة تقييم المعتقدات التي حملها نحو الماركة نفسها نتيجة لوجود خاصية الفلورايد - والتي سببت التعارض بالقول: انا لا أعترض على طعم الفلورايد في معجون الأسنان الذي استخدم لأنه يحافظ على أسناني من التسوس.

ان التعارض أو عدم التوازن قد يدفع المستهلكين لاتخاذ كل الخطوات الرامية لتقليل مشاعر عدم التوافق أو الراحة التي خلفتها الأفكار المتنافسة والمتزاحمة. عملياً، يفضل استخدام العديد من التكتيكات للتقليل من درجة التعارض الناتجة عن عمليات الشراء التي تحدث بهذه الطريقة أو تلك.

على سبيل المثال، بإمكان المستهلكين الذين يعانون من هـذه الحـالات في التعـارض، المبادرة والعمل للحصول على كافة المعلومات الداعمة لقرارهم مـع متابعـة الإعلانـات التـي تؤيد وجهات نظرهم مع تجنب الاستماع لاية معلومات أو إعلانـات عـن ماركـات المنافسـين التي قد تثير لديه مشاعر التعارض وعدم الراحة.

كما ان المسـتهلك قـد يحـاول التحـدث لأصـدقائه- تعـرض اختيـاري - عـن الملامـح الإيجابية للماركة التي اشتراها هو واناس آخرون وكانت نتيجة التجربة لهم إيجابية.

ومـما تجـدر الإشـارة إليـه هنـا، هـو أن رجـال التسـويق يسـتطيعون تقليـل درجـة التعارض او عدم الراحة لدى المستهلكين من خلال توجيه رسائل إعلانية - مرئية أو مطبوعـة - لتعزيز قراءات الشراء التي تم اتخاذها مع محاولة تقديم مختلف الضـمانات أو الكفـالات الفعلية مع توفير خدمات ما بعد البيـع، وتزويـدهم أي المسـتهلكين بنشرـات تفصـيلية عـن كيفية الاستخدام الأمثل للماركة من السلعة.

٢- نظرية التسبيبAttribution Theory:

ترتبط هذه النظرية بالإجابة على أسئلة مثل لماذا أنا فعلت ذلك؟ لماذا يحـاول هـذا الشخص أو البائع إقناعي لتغيير الماركة التي اشتريتها من الصابون؟. كما تركـز هـذه النظريـة على الاستنتاجات التي يقوم بها فرد ما للوصول إلى استنتاج أو نتائج ترتبط بسلوكه أو سلوك الآخرين، والتي تساهم في تشكيل اتجاهاته نحو الأشياء من سلع وخدمات وماركات وأسباب تعديلها أو تغير هذه الاتجاهات. كما تصف نظرية التسبيب أسباب تكون أو تغير اتجاهـات المستهلكين نحو، السلع والخدمات، فعلى سبيل المثال، قد يقول شخص مـا إننـي سـاعدت في تأسيس الجمعية الوطنية لحماية المستهلك، لأنني أريد فعلا مساعدة شرائح المسـتهلكين مـن ذوي الدخل المتوسط والمتدني فيما يواجهونه من مشاكل وقضايا، وقد يقـول شـخص آخـر ان رجل البيع في شركة الكمبيوتر(IBM) حاول إقناعي لشراء هذا النوع مـن ماركـات الكمبيـوتر لانه سيأخذ عمولة كبيرة في حالة الشراء.

ومما تجدر الإشارة إليه هنا هو ان هناك نظريتين أساسيتين ترتبطان بنظرية التسبيب نوردهما على النحو التالي:

أ- نظرية الإدراك الذاتي Self- Perception theory:

ترتبط هذه النظرية باستنتاجات الأفراد عن مسببات أنماطهم السلوكية والتي تمثل بدايات جيدة ومعقولة لتوضيح نظرية التعليل أو التسبيب.

في حقل سلوك المستهلك تقترح نظرية الإدراك الذاتي أن الاتجاهات تنشأ نتيجة إدراك واقرار المستهلكين بالأنماط السلوكية التي يقومون بها. على سبيل المثال، قد تلاحظ ربة بيت تشتري يومياً صحيفة الدستور أنها تفضل جريدة الدستور لأن لها اتجاهاً ايجابياً نحو المزيج التسويقي الصحفي للدستور بالمقارنة مع الصحف اليومية الأخرى.

ب- نظرية التسبيب الداخلي والخارجي Internal & External Attribution:

وترتبط هذه النظرية بالتعليل الذي يتبعه الأفراد لتفسير أسباب اتجاهاتهم وانماطهم السلوكية نحو الأشياء والأمور الحياتية التي تهمهم.

على سبيل المثال، إذا نجح فرد ما في إنجاز عمل مهني أو عملي فإنه قد يقول لنفسه إنني نجحت لأنني قمت بجهد كبير في التحضير والدراسة للموضوع الذي نجحت فيه- ويسمى هذا بالتسبيب الداخلي.

أما التسبيب الخارجي، فيرتبط بالحالة التي يقول فيها فرد ما كلاما مؤداه أنني فشلت في إنجاز أهدافي لان مجموعة العوامل البيئية الخارجية المحيطة بي كانت أقوى مني، ولم استطع السيطرة عليها أو التخفيف منها.

عموماً، يمكن القول إن التمييز بين التسبيب لأسباب داخلية أو خارجية له أهمية استراتيجية تسويقية كبيرة. على سبيل المثال، إذا عزا خباز ما يعمل في إحدى المخابز في عمان أسباب جودة الخبز الذي يخبزه إلى مهارته ودقته في العجن والخبز على درجة حرارة كافية، فإنما يقوم بالتسبيب الداخلي. أما إذا قال خباز آخر يعمل في منطقة أخرى من عمان ان رداءة رغيف الخبز الذي ينتجه إنما

سببه هو سوء الطحين الموزع من قبل الوزارة، فإنما يفعل ذلك من اجل نقل السبب في رداءة الخبز إلى جهة خارجية وهي الوزارة، وفي المستقبل بعد تعويم الأسعار سينقل أسباب رداءة نوعية الخبز إما إلى التجار المستوردين للقمح أو إلى المخابز التي تخبز الخبز.

أما طريقة جر الرجل(Foot- in – The Door Tech) فتتركز على أساس مفاده أن الأفراد يقومون بتحليل الأنماط السلوكية التي جربوها الأمر الذي يؤدي به إلى تعديل تدريجي في اتجاهاتهم نحو الأشياء التي جربوها، خطوة خطوة وهكذا.

عموماً، تفيد هذه الطريقة في زيادة احتمال موافقة الشخص على مضمون الجهد البيعي الذي يقوم به رجال البيع والذين يحاولون من خلاله بيع ماركات سلعية ودفع المستهلكين المحتملين للسلوك المنشود من خلال اتباع استراتيجية – خطوة خطوة- هدفها تعويدهم تدريجياً على الاستماع لموضوع المنبه وإثارة اهتمامهم من خلال دفعهم للسؤال عن الشيء أو السلعة وحفزهم لتجربة الماركة من السلعة، ومن ثم إقناعهم بالشراء والتبني وهكذا. على سبيل المثال، الشخص الذي يتبرع لمركز السرطان بمبلغ مقداره خمسة دنانير فقط يمكن إقناعه في المرة القادمة أن يدفع مبلغا، وهكذا فإن التبرع الأساسي- خمسة دنانير الأولى- كانت الخطوة الأولى التي يمكن أن تفتح الباب أمام المزيد من التبرعات من هذا الشخص الذي يتبرع لأول مرة.

عموماً، يمكن القول إن تركز طريقة الخطوة خطوة على كيفية تأثير الحوافز التي قد يتبعها رجال البيع- كوبونات الخصم والعينات المجانية- على اتجاهات المستهلكين وأنماطهم الشرائية اللاحقة.

كما تجدر الإشارة هنا إلى أن تطبيق مستويات مختلفة من الحوافز قد يخلق درجات متفاوتة من التسبيب الداخلي كما قد يؤدي إلى مستويات أخرى مختلفة على تعديل الاتجاهات الحالية ومن ثم تغيير متدرج في اتجاهاتهم نحو ما يراد بيعه أو تسويقه من سلع أو خدمات، فعلى سبيل المثال، قد تكون لدى الأفراد الذين يشترون

ماركات سلعية بشكل متكرر قابليات اكبر لاستنتاج ان لديهم اتجاهات إيجابية نحو تلك الماركات وذلك من خلال النظر لانماطهم السلوكية الفعلية الحالية والسابقة.

كما أن الأفراد الذين يجربون عينات مجانية من ماركات سلعية معينة قد يكونوا أقل التزاماً بتعديل وتغيير اتجاهاتهم نحو الماركات التي يجربونها وكأن بهم يقولون" نحن جربنا هذه الماركات لأنها مجانية" وليس لأنها أفضل من غيرها.

وعلى عكس ما هو متوقع، لا يعتبر حجم الحوافز وتعددها التي يتم تنفيذها هو الذي يقود إلى التعديل أو التغير الإيجابي لاتجاهات المستهلكين المحتملين نحو السلع والخدمات، فقد تكون عوامل أخرى هي المؤثرة في تعديل الاتجاهات كتلك المرتبطة بالعوامل الإتجاهية.

على سبيل المثال، إذا كان الحافز المادي كبيراً، فإن رجال التسويق قد يخاطرون بالاعتقاد بأن المستهلك قام بهذا السلوك لأنه تلقى حوافز مادية كبيرة دفعته للشراء. الأمر الذي يعني أن هناك احتمالية ضعيفة لتشكيل اتجاه إيجابي نحو السلعة بعد زوال تلك الحوافز المادية. لذلك يبدو أن افضل حل هنا هو إرسال حافز وبدرجة متوسطة يوازي في طرحه بين حث المستهلك على تجربة الماركة السلعية من جهة ويسمح في نفس الوقت بتكون اتجاه إيجابي نحوها وبشكل طبيعي.

أما التسبيب نحو الآخرين(Attribution Toward Others) فله تطبيقات مختلفة في حقل التسويق وسلوك المستهلك كما أشرنا سابقا. ذلك أنه وفي كل وقت يطرح شخص ما سؤالاً : لماذا يفعل فلان هذا وذاك. بمعنى آخر، إذا ذهب زوج وزوجته إلى إحدى محلات بيع الأجهزة الكهربائية في وسط عمان لشراء فيديو لمنزلهما، فإن أول اتجاه قد يواجههما هو قيام رجال البيع في هذه المحلات بعرض كل ما لديهم من ماركات متطورة من الفيديو قد تزيد أسعارها عن الماركة التي يرغبها الزوجان بمائة دينار. وهنا قد يتساءل الزوجان لماذا تصرف رجال البيع معهم بهذه الطريقة.؟

فإذا كان اعتقاد الزوجان أن رجال البيع إنما عرضوا عليهما كل الماركات الجديدة من الفيديو كونها تتصف بمزايا أو خصائص غير موجودة بالماركات القديمة والمنافسة لها، فإنهما قد يقرران شراء ماركة جديدة تم عرضها، والسبب حصول بعض القناعة لديهما مؤداها أن البائع للماركة التي وقع الاختيار عليها كان ناصحاً أميناً لهما. أما إذا اعتقدا أن البائع قام بذلك بهدف الحصول على عمولة كبيرة بعد شراء هذه الماركة الجديدة، فإنهما قد لا يقومان بعملية الشراء وربما يذهبان للبحث عما يريدان شراءه من محل أو محلات أخرى.

أما التسبيب نحو الأشياء(Attribution Toward Things) فله أيضاً أهمية خاصة، وذلك لعنايته بالتسبيب المواقفي نحو الأشياء والسلع. على سبيل المثال، قد تنصب رغبة مستهلكي ماركة سلعية ما في معرفة مدى موافقة أو عدم موافقة ما يشترونه من ماركات سلعية- منافع أو فوائد- مع توقعاتهم السابقة عنها.

وفي هذا المجال فقد يعزون - أي المشترين- نجاح أو فشل أداء الماركة السلعية التي تم شراؤها لسوء الاختيار الذي تم من جانبهم بالإضافة الى ضعف خصائص الماركة المشتراة أو لفشل رجال البيع في تقديم أفضل الطرق لاستخدامها وهكذا. ومما تجدر الإشارة إليه هنا، هو أننا – كرجال تسويق- وبعد بيان أسباب أداء الماركة واتجاهات المستهلكين المشترين أو أفعالهم نحوها، فإننا غالباً ما نحاول تحديد فيما إذا كان الاستنتاج الذي قمنا به صحيحاً أم لا؟.

أسئلة المناقشة

١- ناقش باختصار خصائص الاتجاهات؟

٢- بين المرتكزات الأساسية للنماذج المختلفة للاتجاهات؟

٣- اشرح كيف يمكن تطبيق نظرية الفعل المبرر في مجال التسويق؟

٤- ناقش بالتفصيل المقاييس التي تستخدم بواسطة الباحثين السلوكيين لقياس الاتجاهات؟

٥- بين كيف يمكن تعلم الاتجاهات نحو الأشياء، السلع والخدمات؟

٦- اشرح بالتفصيل مصادر التأثير المستخدمة بواسطة رجال التسويق على تكوين الاتجاهات؟

٧- ناقش بالتفصيل الاستراتيجيات المتبعة بواسطة رجال التسويق لتعديل أو تغيير اتجاهات المستهلكين نحو الأشياء والسلع أو الخدمات منها؟

٨- بالنسبة لحياتك اليومية، هل السلوك التي تتخذه فعلا والمرتبط بالماركات السلعية التي تشتريها من السوبر ماركت يسبق أم يتبع مواقفك نحوها؟

٩- اذكر حالات قام المستهلكون من خلالها بتغيير أو تعديل تدريجي في اتجاهاتهم وكما يلي:

أ- شراء سيارة مستعملة؟

ب- شراء شقة بدل بناء بيت صغير؟

ج- شراء ثلاجة ماركة جنرال؟

د- شراء مزرعة بدلا من الاعتناء بحديقة المنزل؟

هـ- العمل للحصول على درجة الدكتوراة بدلا من الزواج؟

و- دراسة الهندسة بدلاً من دراسة الطب؟

الفصل الثامن

الاتصال وسلوك المستهلك

* تمهيد
* عناصر الإتصال
* أنواع الإتصال
* عوائق الاتصال
* الاتصال وتجزئة السوق
* مصادر الإتصال
* مصداقية مصادر الإتصال
* نجوم المجتمع كمصادر إتصال
* الوسائل الإعلانية
* الرسالة: مضمون عملية الاتصال
* الإعلان المقارن
* الايحاءات العاطفية والعقلانية للإعلان
* ايحاءات الخوف في الإعلان
* الدعابة في الاعلان
* الاعلان المنفر
* استخدام الإيحاءات البدنية في الإعلان
* مشاركة المشاهدين.
* أسئلة المناقشة

الفصل الثامن

الاتصال وسلوك المستهلك

تمهيد

يتناول هذا الفصل موضوع الاتصال وسلوك المستهلك من خلال تحديد مفهوم الاتصال من الناحية النظرية- تعريفه وعناصره وأدواته- واهميته القصوى لرجال التسويق في ايصال الفكرة، المفهوم، السلعة، الخدمة وصولاً إلى المستهلك المستهدف وفي الأوضاع والاوقات المناسبة. كما يناقش هذا الفصل عملية الإتصال أو تبادل المعلومات والأفكار، بالإضافة إلى توضيح الآثار المحتملة لمختلف مصادر الإتصال على قرارات الشراء لدى المستهلكين في الأسواق المستهدفة. كما يعالج هذا الفصل موضوعات أخرى كمصداقية مصادر الإتصال المختلفة وأمثلة عملية من البيئة المحلية، بالإضافة إلى شرح بعض النماذج الإعلانية كالإعلان المقارن، الإيحاءات العاطفية والعقلانية، إيحاءات الخوف والدعابة في الإعلان مع أمثلة عملية ومبسطة عن الإعلان المنفر والإيحاءات البدنية في الإعلانات التجارية.

تعريف الاتصال:-

بشكل عام يمكن تعريف الاتصال بأنه" العملية التي يتم من خلالها إرسال رسالة معينة- منبه- ومن مرسل إلى مستقبل مستهدف، وباستخدام اكثر من أسلوب، ومن خلال وسائل اتصالية محددة". وكما هو موضح في نموذج الاتصال الأساسي التالي:-

شكل رقم (١-٨)

نموذج الاتصال الاساسي

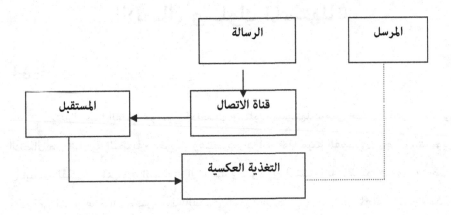

ومن الأسئلة التي قد يثيرها الباحثون حول نموذج الاتصال الأساسي السابق الإشارة إليه ما يلي:-

* ما هو نوع الرسالة التي يرغب المرسل في نقلها للمستقبلين والمستهدفين؟
* ما هي الوسيلة التي سيتم استخدامها بفاعلية؟
* ما هي احتمالية أو عدم احتمالية وصول الرسالة المرسلة للجمهور المستهدف؟
* هل تستطيع الرسالة الإتصالية التغلب على العوائق النفسية والبيئية التي قد تحجب وصول الرسالة المرسلة إلى المستقبل المستهدف؟

عملياً، نموذج الاتصال الذي أشرنا إليه أعلاه لا يعطي أية إجابات للأسئلة الواردة المشار إليها أعلاه، بالإضافة إلى انه لا يعطي إجابات واضحة وشافية للأسئلة التي تثور في أذهان الباحثين من وقت لآخر. ومما تجدر الإشارة إليه هنا هو أن هذا النموذج في الاتصال ما زال يمثل الإطار الذي ينظر من خلاله لكافة أبعاد أية عملية اتصالية بين الأفراد بعضهم ببعض أو بينهم وبين غيرهم من الأفراد

باستخدام وسائل او قنوات تعمل على إيصال ما يجب إيصاله من معلومات للمستقبل، وحسب الأهداف المنوي تحقيقها.

عناصر الاتصال:-

بشكل عام، توجد أربعة عناصر أساسية لجميع أنواع الاتصال نوردها هنا على الشكل التالي:-

١- **المصدر**: وهو الذي تصدر عنه الرسالة الاتصالية بمحتوياتها المختلفة، ولإيصال الرسالة للجهة المستهدفة منها لا بد للمصدر من إيجاد طريقة لتحويل الرسالة المقصودة ونقلها بدقة إلى الجمهور المستهدف. وهنا يمكن للمرسل استخدام إشارات أو مفردات لغوية، كلمات أو صور أو تعابير الوجه أو أية أمور أخرى لتمكين المستقبل المقصود من فهم الهدف أو المعنى المطلوب من الرسالة. كما يجب على المصدر المرسل أن يستخدم الوسيلة المناسبة لنقل الرسالة – موضوع الإتصال- بشكل يحقق الهدف من وراء إيصالها ودونما أية عراقيل تعرقل وصولها للمستقبل المستهدف.

٢- **المستقبل**: وهو الذي يستقبل الرسالة المرسلة من المرسل بالشكل الذي تم استهدافه من قبل المرسل. وحتى يتم ذلك لا بد أن يكون المستقبل على استعداد تام لقبول الرسالة وتفسيرها التفسير المناسب وحسب خبراته السابقة. أما التأكد من أن المستقبل قد استقبل الرسالة(ايجابياً أو سلبياً) فغالباً ما يكون من خلال التغذية العكسية الواردة منه للمرسل وبأية وسائل اتصالية أخرى.

اما الإشعار باستلام الرسالة بين شخصين فيمكن التعبير عنه بعدة طرق مثل حركات الجسم، اشعار بالقبول، ابتسامة عريضة، أو غضب أو من خلال توجيه كلام جارح أو نقد شخصي.. الخ. وتجدر الإشارة هنا إلى انه في عملية الاتصال غير الشخصي-(الرسالة الاعلانية) يمكن ان تتم عملية الاستجابة

لعملية الاتصال الإعلاني من خلال شراء ما تم الإعلان عنه من ماركات سلعية أو خدمية.

٣- **الوسيلة:** وترتبط بكافة الوسائل المتاحة الشخصية منها وغير الشخصية. ويمكن القول ان وسائل الاتصال المطلوبة لكل عملية اتصال تختلف عن الأخرى وذلك لاختلاف بيئة الاتصال واختلاف موضوع العملية الاتصالية واتجاهها وخصائصها، بالإضافة إلى أهداف المرسل وعادات الوسيلة المرغوبة من قبل كل من المصدر والمستقبل.

٥- **الرسالة:** وتتضمن شكل الرسالة الإتصالية ومضمونها، لذا لا بد من إعطاء عناية دقيقة لمضمون الرسالة الاتصالية وشكلها باعتبارهما معا الأساس الأول لجذب انتباه واهتمام المشاهدين المستهدفين.

أنواع الاتصال:-

عملياً، يوجد نوعان من الاتصال نوردهما هنا على النحو التالي:

شكل رقم (٢- ٨)

نموذج الاتصال المعدل

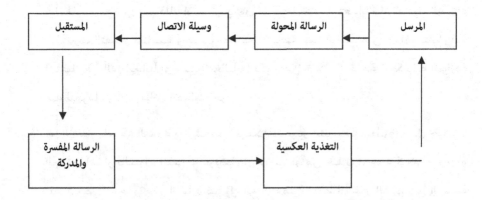

ويتبين من الشكل رقم(٢-٨) الإشارة إلى تفسير الرسالة من قبل المستقبل على شكل تغذية عكسية راجعة للمرسل الذي هدف من وراء رسالته تحقيق أهداف محددة قد يكون منها إخبار المستقبل بمعلومات معينة عن شيء أو سلعة أو فكرة محددة، أو قد يكون هدفه أي المرسل التأثير ومحاولة إقناع المستقبل بقبول الرسالة والتصرف نحوها إيجابيا.

١- الاتصال الشخصي Inter – Personal Communication:

وهو الذي يحدث بين شخصين أو اكثر، وقد يأخذ عدة صور منها على سبيل المثال، التقاء شخصين وجها لوجه أو تحدثهما معاً بواسطة الهاتف أو عن طريق المراسلة الموثقة.

وقد يأخذ الاتصال الشخصي- طابعا رسمي أو غير رسمي. أما الاتصال الشخصي- الرسمي فهو ذلك النوع من الاتصال الذي قد يحدث بين البائع للماركة السلعية أو الخدمية والمشتري المحتمل، حيث يقوم رجل البيع بدور المرسل، ويقوم المشتري المحتمل بدور المستقبل لمعلومات حول الماركة من السلعة أو بالعكس. كما يعتبر الاتصال الشخصي- أكثر فعالية لأنه يمكن المرسل من كشف رد فعل أو استجابة المستقبل للرسالة التي تم توجيهها وبشكل فوري وسريع وخصوصاً إذا ما تم الإتصال وجها لوجه أو عن طريق الهاتف.

عملياً، قد يكون الاتصال الشخصي لفظيا أو غير لفظي، من خلال بعض تعابير الوجه كالإبتسامة أو الغضب وغيرها. وتبدر الإشارة هنا إلى أن اهتمام رجال التسويق أصبح الآن كبيراً في الرسائل الاتصالية غير اللفظية وخاصة في حالات البيع الشخصي- والإعلانات التلفزيونية. أما الاتصال الشخصي غير الرسمي، فيختلف عن الاتصال الرسمي كون مرسل الرسالة لا يتحدث بصفة مهنية أو تجارية كمندوب المبيعات الذي قد يتحدث مع شخص آخر بلغة الصديق للصديق.

وتلعب كلمة الفم المنقولة (Word of Mouth) دوراً كبيراً في الاتصال غير الرسمي حيث انها تعتبر أكثر تأثيراً واقناعاً، بالمقارنة مع غيرها من وسائل الإتصال، ذلك ان المرسل قد لا يرغب في تحقيق مكاسب فورية من وراء الإستجابة التي يبديها المستقبل. كما أن كلمة الفم الإيجابية المنقولة قد تكون ذات فائدة كبيرة لرجال التسويق، فهي تعتبر وسيلة ترويجية فعالة وسريعة للماركات السلعية موضوع الاهتمام، وعلى العكس من ذلك، فإن كلمة الفم المنقولة السلبية يمكن أن تؤدي إلى مشاكل وأزمات لا يمكن التحكم بها بسهولة. يضاف إلى ذلك، أن الكثير من المستهلكين قد يعتمدون على الاتصال غير الرسمي عند وضع قراراتهم الشرائية المرتبطة بالخدمات وربما يعود ذلك إلى كون الخدمات المراد استخدامها غير ملموسة ولا يمكن فصلها او انتاجها مقدماً أو تخزينها.

أما التغذية العكسية للاتصال الشخصي، سواء أكانت لفظية أم غير لفظية، فإنها تعطي المرسل إشارة إلى كيفية قبول المستقبل للرسالة وما أحدثته من تعديلات سلوكية. كما تعتبر التغذية العكسية الفورية العامل المهم الذي يجعل من البيع الشخصي ـ وسيلة ترويج فعالة ومؤثرة أثناء إجراءات التفاوض بين أطراف العملية التسويقية. كذلك فإنه من خلال التغذية العكسية يستطيع المرسل التعرف على نتائج العملية الاتصالية برمتها والمعوقات التي اعترضتها وفي كل مرحلة من مراحلها.

٢- الاتصال غير الشخصي:-

في هذا النوع من الاتصال لا يوجد اتصال مباشر بين مصدر الرسالة والمستقبل. عملياً، يستخدم رجال التسويق هذا النوع من الاتصال غير الشخصي ـ من اجل التعريف، وإثارة انتباه المستهلكين المستهدفين واهتمامهم بالماركات المطروحة من السلع والخدمات التي يرغبون في تصريفها في الأسواق المستهدفة، يضاف إلى ذلك أن الاتصال غير الشخصي ـ يمكن أن يتم من خلال استخدام مختلف وسائل الإعلان كالتلفاز والصحف والمجلات والملصقات... الخ.

أما التغذية العكسية للاتصال غير الشخصي فقد تكون مباشرة، حيث انها غالباً ما تكون استنتاجية. فالمرسل يستدل على كيفية الاقناع ودرجته الذي أنجزته الرسالة المرسلة وبناء على رد الفعل أو التصرف الوارد من قبل المستقبل أو الجماهير المستهدفة. كما ان التغذية العكسية للاتصال غير الشخصي قد تكون صعبة القياس من حيث تحديد اتجاه التأثير وكثافته الذي تحدثه لدى الجماهير المستهدفة خصوصاً في الأجل القصير.

على الجانب الآخر، لا بد من التنويه من ان هناك بعض التطورات التكنولوجية في عالم الإتصالات التي قد تؤدي إلى توفير المزيد من المعلومات عن السلع والخدمات موضوع الاتصال، كالفاكس والإنترنت. كما يقوم رجال التسويق بعمل كل ما يمكن عمله لقياس فعالية الحملات الترويجية التي يوجهونها عن طريق تنفيذ دراسات ميدانية هدفها قياس فاعلية وتأثير البرامج التلفزيونية المرسلة إلى الجماهير المستهدفة، ذلك أن أية إعلانات تلفازية يتم تذكرها من قبل الجماهير المستهدفة قد تمكن رجال التسويق من تعديل مضمون ما يرسلونه من مجلات ترويجية لتكون في المرات القادمة أكثر قبولاً وفعالية. كما قد يتوفر لرجال التسويق نوع آخر من التغذية العكسية للاتصال غير الشخصيـ المرتبط بالرضا أو عدم الرضا عما تم شراؤه من ماركات سلعية أو خدمية حيث يحاول الباحثون الميدانيون أنفسهم الكشف عن أية مشاكل يمكن ان تؤثر على سمعة الماركة من السلعة او الخدمة التي يحاولون تسويقها، ومن هنا قد تبادر الشركات أو المؤسسات المعنية بوضع صناديق للشكاوي الواردة من قبل المستهلكين المستهدفين كما أنها قد تخصص هواتف مجانية لتلقي انطباعات أو ردود فعل المستهلكين حول مختلف عناصر المزيج التسويقي للماركة السلعية أو الخدمية.

عوائق الاتصال:-

تعترض عمليات الاتصال التي يجريها الأفراد مع بعضهم البعض الى العديد من العوائق المرتبطة بالبيئة الداخلية أو الخارجية. ومن بين هذه العوائق التي قد تعترض عمليات الاتصال والتجنب الادراكي الذي يمارسه بعض الأفراد نحو بعض المنبهات الصادرة اليهم من هنا وهناك. كما أن التجنب الاختياري يمثل وبشكل انفرادي التطبيق العملي لجزء من النظرية النفسية المسماه بنظرية التوازن(Balance Theory) حيث تركز هذه النظرية على الفرضية التي تقول ان الافراد غالباً ما يبحثون عن المعومات التي تتماشى مع حاجاتهم ورغباتهم وأذواقهم أو اتجاهاتهم الحالية ويتجنبون التعرض للمعلومات التي تتعارض أو تتناقض مع اهدافهم وما لديهم من خبرات سابقة سلبية نحو الشيء موضوع الاهتمام.

عملياً، يتعرض الكثير من الأفراد إلى عدد كبير من المنبهات وبصور أو اشكال متعددة. حيث يأخذون ما يتفق مع اهدافهم وخبراتهم ويتجاهلون ما يتناقض أو يتعارض معها.

تسويقياً، يدرك المستهلكون المحتملون بعض أو معظم المعلومات الواردة إليهم من البيئة الخارجية(من خلال مختلف وسائل الاتصال) والتي تتعلق بالماركات السلعية أو الخدمية التي يرغبون فيها ويتجاهلون المعلومات التي تعلق بتلك الماركات.

بشكل عام، يميل المستهلكون إلى تجنب المعلومات عن الماركات السلعية التي تناقض اتجاهاتهم المبرزة نحوها ويبحثون عن المعلومات التي تتوافق مع معتقداتهم نحوها. وبالرغم من ذلك فإنهم (أي المستهلكين) قد يهتمون برسائل أو منبهات ترويجية لا يتفق مضمونها السلعي أو الخدمي ومواقفهم الحالية نحوها. وربما يؤدي بهم ذلك الإهتمام إلى إجراء نوع من أنواع التقييم أو المراجعة

لمواقفهم الحالية نحو ما تعرضوا إليه اختيارياً الأمر الذي قد يؤدي بهم إلى إحداث نوعاً مـن التعديل في اتجاهاتهم الحالية.

كما يعتبر التشويش النفسي أيضاً من عوائق الاتصال والذي قد يمنع تحقيق أهداف الاتصال المقصودة من قبل الأفراد أو المؤسسات وحسب أهدافهم أو أهدافها.

على سبيل المثال، قد تتنافس الرسائل الإعلانية الكثيفة التـي يرسلها التلفزيون الاردني من خلال البرنامج الأول مع بعضها البعض مما قد يؤدي إلى احداث حالة مـن التشويش النفسي للرسالة الاتصالية المستهدفة والمرسلة من قبل المؤسسات المعنية. كما ان هذا التشويش النفسي قد يحدث بسهولة ولسبب جوهري يرتبط بعدم قدرة المشاهدين المستهدفين على تمييز الرسائل الإعلانية التلفازية المرسلة عن بعضها البعض او عدم توافق الصورة والخلفية للاعلان مع أذواق المشاهدين المستهدفين. يضاف إلى ذلك ان المشاهد الذي يتعرض إلى سلسلة مـن الرسائل الاعلانية التلفازية المتعاقبة. وخلال فترة الاستراحة التلفزيونية المقصودة لمسلسل محلي أو مصري ربما لا يتذكر شيئاً مما رآه. كما ان الطالب الذي يفكر بأشياء خارج قاعة الدرس لن يسمع السؤال الموجه إليه مـن قبل المدرس وقد يعتبر سؤال الأستاذ المحاضر اليه نوعا من أنواع الاستفزاز أو الإهانة التي لا تجوز!! ذلك انه يعتقد أنه كان يجب ان يترك وشأنه يحلم أو ينام إثناء المحاضرة فهذا شأنه.

وفي جميع الحالات، فغن افضل طريقة يمكن اتباعها مـن قبل المرسل وبهدف التغلب على التشويش الذي قد يحصل هو إعادة الرسالة عدة مـرات وهـو مـا يفعله رجال التسويق غالباً، حيث انهم يقومون بتكرار الإعلانات التلفازية الخاصة بسلعهم عدة مـرات ومرات، ومن خلال الوسيلة الاعلانية نفسها.

خلاصة القول، إن تكرار التعرض للرسالة الإعلانية حول ماركة سلعية أو خدمية مـا يساعد كثيراً في التغلب على العوائق النفسية التي تعترض عملية الإدراك الاتصالي ولكن مما يجب ملاحظته أن هناك عوائق أخرى تعترض عملية الاتصال

كالعوائق العقلية واللغوية وتلك المرتبطة بالمزاج العام لهذا النوع من الشخصيات أو تلك.

الاتصال وتجزئة السوق:

يقوم رجال التسويق بتقسيم السوق الكلي إلى اجزاء أو قطاعات وكل قطاع منها يشترك افراده بخصائص واهتمامات حياتية وآراء متشابهة نسبياً. الأمر الذي يعني مزيجاً ترويجياً محددا، لكل قطاع من القطاعات يتناسب مع حاجات وأذواق واهتمامات المستهلكين المستهدفين فيه. كما ان عملية تجزئة السوق بهذا الشكل تساعد رجال التسويق في التغلب على بعض المشاكل التي يتم اكتشافها اثناء محاولة الاتصال مع الجماهير المستهدفة للماركة السلعية أو الخدمية والمطروحة للتداول في تلك الاسواق.

يضاف إلى ذلك أن نجاح المؤسسات الترويجية والتسويقية يعتمد غالباً على قدرتها على اقناع مختلف شرائح المستهلكين في تلك الأسواق المستهدفة من قبل رجال التسويق.

كما وجدت بعض المؤسسات التسويقية والصناعية انه من الأفضل لها تطوير استراتيجيات اتصال اكثر فعالية من رسائل اتصالية اكثر شمولية تصل لمختلف شرائح المستهلكين الحاليين والمحتملين والتي من خلالها – أي استراتيجيات الاتصال- يتم تصميم وتوجيه سلسلة من الرسائل الإتصالية الترويجية ذات الصلة المباشرة وأذواق مختلف شرائح المستهلكين في الأسواق المستهدفة.

وتجدر الإشارة هنا إلى ان عمليات الاتصال التي تقوم بها المؤسسات ومن مختلف الأنواع تستهدف الكثير من الأفراد أو الجهات بالإضافة إلى المستهلك النهائي كالوسطاء ورجال الإدارة والموردين والأجهزة الحكومية والمساهمين والمؤسسات المالية.. الخ. وحتى تحافظ هذه المؤسسات على علاقات جيدة مع تلك

الجهات تقوم بإنشاء إدارات متخصصة في العلاقات العامة التي تقع عليها مسؤولية تصميم وتوجيه مختلف الإستراتيجيات الاتصالية المؤثرة والمقنعة لكل طرف أو جماعة من الجماعات أو الجماهير المستهدفة من قبلها.

مصادر الإتصال:-

تتضمن مصادر الإتصال(شخصية أو غير شخصية) مصدرين أساسيين، اولهما رسمي(كالرجال البيع، ممثلي الشركات، مرشحي الانتخابات النيابية) وثانيهما غير رسمي(كالاصدقاء، العائلة، الجيران.. الخ). اما مصادر الإتصال غير الشخصية فقد تتكون من الأحزاب السياسية المرخصة، رجال الصناعة والتجارة، المؤسسات الرسمية والخدمية، كما يشير الشكل التالي:

شكل رقم(٣-٨)

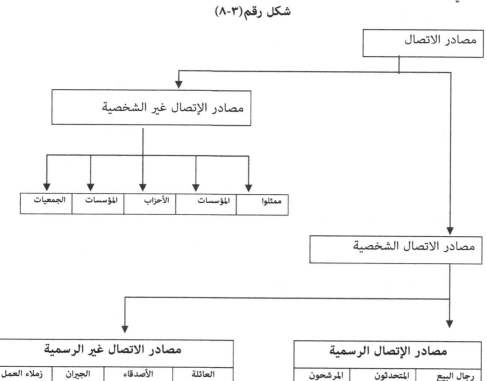

٢٦٣

وتجدر الإشارة هنا إلى ان مكافأة المصادر الرسمية للاتصال تتم من خلال اما مصطلحات شهرية ثابتة أو مخصصات شهرية ثابتة مع عمولات ذات نسب محددة خاصة لرجال البيع او العاملين في المؤسسات الإقتصادية ومن مختلف الأنواع.

على الجانب الآخر، تبرز الأهمية الكبيرة لمصادر الإتصال غير الشخصية كونها اكثر تطوراً - من الناحية التكنولوجية -وانتشاراً وبالتالي فإنها اكثر فعالية واستخداماً من قبل المؤسسات المختصة.

كما ان للمصادر غير الشخصية دوراً فاعلاً في تعديل أو تغيير اتجاهات المستهلكين نحو ما طرح في الأسواق المستهدفة من ماركات سلعية وخدمية.

مصداقية مصادر الإتصال:-

عمد ذكر كلمة مصداقية الاتصال لا بد لأي باحث سلوكي من طرح بعض الأسئلة والاستفسارات التي تدور حول تأثير ودرجة مصداقية كل مصدر من مصادر الإتصال في قبول الرسالة من قبل المستقبلين. ذلك ان درجة الاحترام والثقة التي يتمتع بها المصدر والمدركة من قبل الجمهور المستهدف تحدد إلى درجة كبيرة مدى قبولهم أو عدم قبولهم لما يقوله هذا المصدر أو ذاك عن هذه الماركة من السلعة او الخدمة.

كما تعتبر المصداقية للمصدر العنصر الحيوي في عملية الاقناع الشامل والتي ترتكز على عدد من العوامل منها: النوايا المدركة للمصدر من قبل المستقبلين، حيث يسأل المستقبلين انفسهم سؤال مؤداه- ماذا سيجني المرسل إذا نفذت ما يريد؟ ذلك انه إذا ما تم ادراك أي نوع من المصلحة الشخصية الضيقة للمرسل من قبل المستقبل فقد تكون الرسالة في موضع شبهة أو رفض من قبل المستقبل. ذلك ان المستقبل قد يقول: ان المرسل يريدني ان اشتري سلعته حتى يحصل على عمولة بعد انتهاء عملية الشراء. لهذا السبب تعتبر المصادر -غير الرسمية-

كالأصدقاء، افراد العائلة، والجيران – من المصادر ذات المصداقية العالية وذات التأثير الفعال على السلوك النهائي للمستقبلين الـذين يحصلون عـلى بعض المكاسب المعنوية او المادية نتيجة استماعهم للنصيحة المقدمة لهم من قبل مصادر الإتصال غير الرسمية التـي يتعـاملون معها.

ومن مصادر الإتصال غير الرسمية قادة الـرأي(Opinion Leaders) الـذين يقومـون بتزويد الأفراد الاخرين بكافة المعلومات والبيانات عـن الماركات السـلعية والخدميـة وتلك لمساعدتهم في اختيار الافضل من الماركات التـي يرغبونها واقنـاعهم باتخـاذ القرار الشرائي المناسب بشأنها. ومما يزيد من احتمالية قبول النصائح التي يقدمها قادة الـرأي للمستهلكين المستهدفين للماركات السلعية أو الخدمية هو انهم قد لا يحصلون في أغلب الحالات على اية مكاسب مادية نتيجة نصائحهم وارشاداتهم للمستقبلين لهم.

بشكل عام، يقوم رجال التسويق باستخدام قادة الرأي في بعـض الرسـائل الترويجيـة والإعلانية من اجل تعميق المدركات الحسية الايجابية للمستهلكين نحوها ما هو مطروح من ماركات سلعية أو خدمية. وتجدر الإشارة هنا إلى ان بعض المصادر غير الرسمية قـد لا تتمتـع بدرجة مصداقية عالية. ذلك انه احياناً قـد يواجه بعض الأفراد حالـة مـن عـدم الانسجام النفسي بعد الشراء بعض الماركات السلعية أو الخدمية، لذلك تنصب جهود رجال البيـع عـلى تخفيف مشاعر التعارض أو عدم التأكد عن طريق إقناع الآخـرين بشراء نفس الماركـة مـن السلعة أو الخدمة. وإذا اكتشف رجال التسويق وجود بعض الشرائح مـن المسـتهلكين غـير المقتنعين بما هو مطروح من ماركات سلعية فإنهم قد يلجأون إلى استخدام بعض الخبراء مـن نجوم المجتمع لإعطاء بعض المعلومات إلى المشترين الذين يشعرون بمشاعر التعارض نحو مـا هو مطروح من ماركات سلعية.

اما المصادر الرسمية للاتصال فقد تكون ذات مصداقية أعلى بالمقارنة مع مصداقية الوسائل الترويجية. على سبيل المثال، قد تعتبر الاعلانات المرئية ذات قيمة كبيرة لدى الشركات الصناعية والتجارية، بسبب ما يقدمه الاعلان. على سبيل المثال، بسبب استخدام قادة الرأي في الإعلان إلى زيادة كبيرة لمصداقية الرسالة الترويجية بالمقارنة مما تعطيه رسالة ترويجية اخرى مطبوعة تم تحريرها بطريقة تقليدية نشرت في صحيفة يومية أو اسبوعية.

كما قد تكون درجة اقناع المصدر للمستهلك المستهدف ضعيفة. وذلك لاسباب منها ما هو مرتبط بضعف المصدر نفسه في نقل المعلومات أو تحيزه الشخصي ـ لذا يجب ان يكون مصدر المعلومات معروفاً وقادراً على نقل المعرفة والخبرة التي لديه. الأمر يؤدي إلى زيادة المصداقية المدركة من قبل المستهلكين المستهدفين نحوه. كما يجب ان يكون للمصدر علاقة أو صلة مناسبة مع الماركة من السلعة أو الخدمة موضع الاهتمام.

على سبيل المثال، لا تحتاج الرسالة المرسلة عن مساحيق الغسيل أو الشوكولاته لأن ترسل من خلال خلفيات سطحية - ليس لها معنى - كما هو الحال في الإعلانات التلفازية التي نشاهدها من وقت لآخر في بعض محطات التلفزيون العربية - كالتلفزيون الأردني أو المصري او السعودي.

ذلك ان الاعلان عن ماركة من ماركات مسحوق الغسيل يحتاج احياناً إلى خبرة خبير كيماوي يشرح مزايا هذا المسحوق أو حتى لربة بيت- متوسطة العمر- يبدو عليها الخبرة في العمل المنزلي- تشرح اسباب استخدامها لهذه الماركةمن مسحوق الغسيل وتنصح بالتالي باستخدامها دون غيرها من الماركات المنافسة.

وتجدر الإشارة هنا إلى ان لسمعة الموزع، أو محل التجزئة، أو وسيلة الاعلان المستخدمة أو الشخص الناطق بإسم الشركة المعلنة دوراً كبيراً في التأثير على درجة المصداقية المدركة من قبل المستهلكين المستهدفين نحو ما هو معلن

عنه. لذلك فقد تركز الشركات الواعية للمفهوم الحديث في التسويق بيع ماركاتها السلعية من خلال ارقى أحسن المحلات، او الاعلان عنها من خلال وسائل إعلانية اكثر انتشاراً، أو في مجلات ذات سمعة ممتازة كمجلة الاعمال ذلك ان المستهلكين المستهدفين قراء هذه المجلة- يؤكدون بأن هذه المجلة لا تروج لاية سلعة غذائية أو لأية شركة مشكوك في نزاهة ممارساتها التسويقية ذلك ان هدفها الأساسي العمل على توعية مختلف شرائح المستهلكين نحو قضايا سلوكية استهلاكية متعددة.

كما ان اتجاهات الأفراد نحو الأشياء، السلع او الخدمات وقبل أو بعد تعريضهم للرسالة يؤثر إلى حد كبير على درجة وسرعة اقناعهم بما يتم الاعلان عنه. كما قد تقوم بعض المؤسسات برعاية، احداث رياضية وثقافية وغيرها من اجل تحسين صورتها أو مصداقيتها امام الجماهير المستهدفة وما تجدر الإشارة إليه هنا، هو ان درجة المصداقية قد لا تدوم لوقت طويل، ذلك ان بعض الدراسات اشارت إلى ان تأثير المصداقية على مصدر الاتصال وبالتالي على المستقبل(سواء أكان ايجابياً أو سلبياً) لا يدوم أكثر من ستة أسابيع وقد تم تسمية هذه الظاهرة بالأثر النائم(Sleeper Effect) حيث يميل المستهلكون إلى نسيان مصدر الرسالة الاعلانية بسرعة أكبر من سرعة نسيانهم للرسالة نفسها. لذلك يتم اعادة تقديم أو تكرار الرسالة من اجل اعادة تذكرها من قبل المستهلكين المستهدفين مرة أخرى.

لذا لا يقوم رجال التسويق الذين يستخدمون مصادر ذات مصداقية عالية إلى اعادة الرسائل الإعلانية مرات اخرى من اجل المحافظة على درجة المصداقية التي تحققت للرسالة بالإضافة إلى تعميق التأثير الايجابي الذي تحقق نحو ما تم الاعلان عنه.

أما جاذبية المصدر فتعتمد على مدى التقبل الاجتماعي له من قبل المشاهدين او المستهلكين المستهدفين. والذي قد يتحقق كما تشير الدراسات السلوكية

من خلال وجود بعض الخصائص كالمظهر المناسب للمصدر، درجة جاذبية المصدر، الطبقة الاجتماعية التي يحتلها المصدر، وعلاقة ذلك مع الطبقة الاجتماعية للمستهلكين المستهدفين بالإضافة إلى مدى التشابه أو الاختلاف بين المصدر والمستقبل من ناحية الخصائص الديموغرافية والنفسية.

ذلك أننا غالباً ما نحب الجلوس أو التحدث إلى الأشخاص الذين يتشابهون معنا في الميول والهوايات وهكذا. كما ان هناك اعتقاد لدى الناس بأن البائع الوسيم قد يكون اقدر على اقناع المشترين المحتملين. ذلك ان المجتمعات الشرقية تعطي اهمية كبيرة للشكل بسبب أثر الهالة. على افتراض ان الشخص الوسيم والأنيق يكون الطف وأقرب للتقبل من قبل الآخرين. بالإضافة إلى ان المواصفات الشكلية تعمل على تسهيل عملية التعديل في الاتجاهات لدى المستهدفين من الأفراد نحو الشيء موضوع الاهتمام. ان حسن الاشياء يسهل عملية تعديل مشاعر الاشخاص نحوها كخطوة قد يسبقها اثارة واهتمام من قبل الجهة المقصودة او التغيير ولكن إلى اين؟

على سبيل المثال، أشارت بعض الدراسات الميدانية إلى ان المستهلكين غالباً ما يعطون اهتمامات أكبر للاعلانات التلفزيونية ذات النماذج أو الصور الجذابة، كما ان المنبهات السلعية ذات الجاذبية والأكثر غرابة أو إثارة تحظى لفرص أكبر للمشاهدة والتذكر. ولكن ليس في كل الحالات لأنه ليس بالضرورة ان الاستمتاع بمشاهدة منظر جميل واحد ينجح دائماً في تحقيق الهدف المقصود من العملية الاتصالية نفسها والمرتبطة بتعديل أو تغيير الاتجاهات نحو شيء ما، ومن ثم اتخاذ قرار شرائي إيجابي من قبل المستهلكين المستهدفين وكما تم التخطيط له من قبل رجال التسويق والترويج.

ان تعديل مدركات المستهلكين ايجابياً يتطلب ان تكون المعلومات التي تشكل محتوى أو مضمون المنبهات الترويجية اكثر انسجاماً وتوافقاً مع موضوع

الترويج من اجل تسهيل تشكيل الاتجاهات المرجوة من قبل المستقبلين(المستهلكين المستهدفين). على سبيل المثال، يفترض أن تكون هناك علاقة وثيقة بين جاذبية المصدر- الشخص الذي يستخدم للاعلان عن ماركة ما من العطور وخصائص وفوائد العطر المعلن عنه وذلك من وجهة نظر المستهلكين المستهدفين.

نجوم المجتمع كمصادر اتصال:

Celebrities As Communication Source

يسهم استخدام اشخاص مشهورين أو خبراء كمتحدثين إلى حد كبير في إعطاء دفعة كبيرة لانجاح الاعلانات التي تستخدم نجوم المجتمع.كما ان استخدام نجوم المجتمع المشهورين يزيد من اهتمام المتلقي للاعلان كما يعزز من سمعة الشركة المعلنة والماركة التجارية المعلن عنها بهذه الطريقة.

عملياً، تعتبر هذه الاستراتيجية في استخدام نجوم المجتمع ذات تكلفة اضافية تضاف إلى مجموع التكاليف الترويجية للماركة السلعية أو الخدمية المعلن عنها. على سبيل المثال، استخدام ممثلة مشهور في الإعلان عن سلعة أو خدمة معينة قد يكلف الشركة المعلنة مبالغ اضافية تزيد من السعر النهائي الذي سيدفعه المشتري للماركة السلعية أو الخدمية ولكنه أي السعر الذي سيتحمله المشتري يوازي أو أعلى أو أقل من الفوائد المتحققة نتيجة عملية الشراء.

أما الأهمية الإستراتيجية لاستخدام نجوم المجتمع في الإعلان فتتلخص في إنها تستخدم كوسيلة لتمييز الماركة عن مثيلاتها المنافسة. على سبيل المثال، استخدام مايكل جاكسون في الإعلان عن البيبسي- كولا، وبعض الوجوه الجميلة في الإعلان عن الكوكا كولا، بالإضافة إلى إيحاءات أخرى عديدة في زيادة تكرارية شراء هاتين الماركتين المتنافستين. كما كان استخدام نجوم مجتمع يتمتعون بمصداقية عالية وجاذبية كبيرة ذا أثر ايجابياً في التعريف للعديد من الماركات السلعية. على سبيل المثال، قد يستخدم بطل رياضي معروف- الجوهري من نادي الزمالك

المصري- للاعلان عن احذية رياضية أو غيرها، أو ممثلة مشهورة - يسرا- للاعلان عن ماركة مشهورة من العطور التي تباع في الأردن، أو مذيعة تلفزيونية شقراء؟ وذات شعبية كبيرة، للاعلان عن مواد تجميل ذات نوعيات ممتازة(Jade)، أو سياسي أو صحفي للكلام ان امكن عن رأيه حول سلعة معمرة، أو شخصية اجماعية للحديث عن تعويم الأسعار أو اقتصادي للكلام عن الموازنة العامة وضريبة المبيعات وتأثيراتها السلبية على المستهلك الأردني وخاصة من ذوي الدخل المحدود والمتدني.

وما تجدر الإشارة إليه هنا، هو ان مصداقية ايا من الأسماء المشار إليها أعلاه قد تقل إذا اعتقدت أغلبية الجماهير المستهدفة ان اولئك الأشخاص إنما يشتركون في تلك الاعلانات(وكنجوم مجتمع معروفين) لتحقيق مكاسب مادية أو معنوية. ذلك ان جماهير المتلقين قد يكون لديهم شكوك كبيرة حول مصداقية أو مقدرة هذه الشخصيات الاجتماعية والاقتصادية على اجراء تقييمات موضوعية حول ما يتكلمون عنه بالإضافة إلى احتمالية عدم رضاهم فعليا عما يقومون بالترويج عنه. وقد تزيد درجة الشك في مصداقية اولئك الأفراد عند اشتراكهم في إعلانات عن سلع أو خدمات غير مقتنعين بها أو انهم لا يستخدمونها فعلا. على سبيل المثال، استخدام مايكل جاكسون في الإعلان عن البيبسي كولا وهو لا يشربها قد يؤذي سمعته أو يقلل من مصداقية ما تقدمه الشركة الصانعة من أنشطة وفعاليات ترويجية حول هذه الماركة من المياه الغازية من وجهة نظر المشاهدين المستهدفين.

ومما تجدر الإشارة إليه هنا، هو ان نجوم المجتمع قد لا يكونون مرغوبين من قبل اغلبية الجماهير المستهدفة بالرغم من خبرتهم الأمر الذي قد يؤدي إلى تقليل مصداقية ما يروجون له.

الوسائل الإعلانية:-حتى يتم استقبال الرسالة الإعلانية(وكما خطط لها من قبل المروجين) ايجابياً من قبل المستهلكين المستهدفين منها فإنه يتوجب ارسالها من خلال وسيلة اعلنية تلقى قبولهم واحترامهم وتتفق مع انماطهم المعيشية وعادات الوسيلة لديهم. وبسبب التطورات المتسارعة في حاجات ورغبات وأذواق المستهلكين المستهدفين ووسائل الاعلان المتاحة انتقلت وسائل الاعلان في العصر ـ الحاضر من التركيز على المستهلكين من اصحاب الاهتمامات المحددة إلى شرائح اخرى من المستهلكين من ذوي الاهتمامات المتنوعة. كما قد يؤدي التغير في انماط حياة المستهلكين إلى تغيير مواز في مضمون وآلية عمل وسائل الترويج المتاحة. الأمر الذي اصبح معه تقسيم السوق إلى قطاعات أو اجزاء ذات اهمية كبيرة. على سبيل المثال، كان التلفزيون الأردني وما زال الوسيلة الأكثر فعالية للوصول إلى سوق المرأة من خلال بث أو ارسال تلك الرسائل الاعلانية التي تركز على ترويج ما تحتاجه من سلع أو خدمات وخاصة مستحضرات التجميل والعطور. ولما كان امام المستهلكين الحاليين أو ربات البيوت المشتريات المحتملات لمختلف السلع أو الخدمات عدة وسائل ترويجية فإن دراسة عاداتهم أو عاداتهن واذواقهم واذواقهن كانت ولا تزال الاساس الذي يجب ان تبنى عليه اية استراتيجية موجهة لكل سوق فرعية مستهدفة سواء اكانت هذه السوق للرجال أو للنساء وهكذا.

كما يعتبر تصميم استراتيجية الوسيلة الترويجية من الضمانات الأساسية لانجاح استراتيجية تقسيم السوق، وذلك من اجل الوصول إلى الجمهور المستهدف وبأقل التكاليف وصولاً إلى تحقيق الأهداف المنوي إنجازها من قبل رجال التسويق ولكل سوف مستهدفة أو فرعية.

عموماً، يمكن القول بأن وسائل الترويج اما ان تكون مرئية أو غير مرئية أو مطبوعة مثل الصحف والمجلات أو مذاعة كالتلفاز والراديو. يضاف إلى ذلك ان اختيار احدى هذه الوسائل يعتمد على فئة السلعة أو الخدمة المعلن عنها، والسوق المستهدف وخصائصه المختلفة بالإضافة إلى هدف الرسالة الاعلانية المنوي تحقيقه خلال فترة زمنية محددة. وفيما يلي شرحاً مبسطاً للوسائل الاعلانية وكما يلي:-

أ- **المجلات:** والتي قد تكون عامة- روز اليوسف والتايم- أو خاصة - كمجلة حماية المستهلك وسمير وسيدتي - أو اسبوعية أو شهرية أو ربعية - مجلة ابحاث التسويق - أو نصف سنوية أو سنوية - أما أهم مزايا المجلات كوسيلة إعلانية فيمكن إيرادها كما يلي:-

* انها مفيدة لانها تمكن المعلن من شرح مواصفات وفوائد الماركة من السعلة أو الخدمة المعلن عنها.
* كما انها تمكن المعلن من وضع الحوار المناسب والذي قد يؤدي إلى إحداث بعض التعديلات في مشاعر أو اتجاهات المستهلكين المستهدفين نحو ما هو معلن عنه من ماركات سلعية أو خدمات أو أفكار.
* التغطية الواسعة ولفترات زمنية محددة بالمقارنة مع وسائل الإعلان الأخرى المتاحة.
* كما قد يكون للمجلة- وخاصة المتخصصة منها- مصداقية اكبر، وسمعة ممتازة لتمييز الخصائص النفسية لقرائها ولطريقة إخراجها وطباعتها.
* قدرتها الكبيرة على تمرير المعلومات ومن خلال تهيئة مناخ مناسب يساعد على المعالجة العقلانية لمحتوى ما يكتب من معلومات عن الشيء المعلن عنه.
* إمكانية توجيه المجلة إلى شرائح مختلفة من المستهلكين المتواجدين وفي مناطق جغرافية متباعدة.

أما العيوب المرتبطة بالمجلات فتتلخص في انها قد تلزم الجهة الراغبة في الإعلان لانتظار وقت طويل أسبوع أو أكثر(وحسب نوع المجلة ومدتها) لتقديم أو إرسال ما يجب ارسالة مما قد يمنع حدوث ردود فعل فورية لإحداث قد تستوجب ردودا حاسمة وسريعة من قبل المستهلكين المستهدفين.

ب- **الصحف:** وقد تكون يومية أو اسبوعية. كما قد تكون واسعة الإنتشار، مرنة فيما يتعلق بطرح الموضوعات، مع درجة مصداقية عالية بالمقارنة مع وسائل إعلانية اخرى كالسينما. اما اهم ما يعيب الصحف ان عمرها قصير- يوم واحد في اغلب الحالات- محدودية اخراجها من ناحية الألوان - والتي قد لا تكون مرغوبة كثيراً لنقل الرسالة الاعلانية عن ماركة سلعية خاصة أو معمرة. وتجدر الإشارة هنا إلى ان بعض الصحف الاسبوعية ذات السمعة والتي تعتمد على ابتزاز بعض المواطنين او العاملين في مواقع عديدة لا تصلح لان يتم الترويج فيها لأي سلع أو خدمات وذلك لضعف مصداقيتها وهبوط مستوى ما ينشر فيها من موضوعات.

ج- **الملصقات:** وقد تكون معدنية أو مضاءة. ومن مزاياها إنها مرنة من ناحية إمكانية وضعها في أماكن متباعدة. كما إنها تسمح لتعرض المستهلك المستهدف منها مرات عديدة وبتكلفة قليلة. عملياً، تعتبر هذه الوسيلة الإعلانية دعماً أساسياً للوسائل الإعلانية الهامة كالتلفاز حيث إنها تساعد في تعزيز ما يتم الإعلان عنه بوساطة وسائل الإعلان الأخرى.

ومما تجدر الإشارة إليه هنا، هو ان بعض الجهات المعلنة قد يرغب في ايصال نفس الرسالة الاعلانية عن الماركات السلعية أو الخدمية وإلى أكثر من شريحة من شرائح المستهلكين المستهدفين وهو ما يسمى بتداخل الجماهير المستهدفة(Overlapping Audience) وذلك من خلال ارسال الرسالة الاعلانية

نفسها وضمن فترات زمنية متسلسلة وفي أكثر من وسيلة إعلانية وذلك بهدف الوصول إلى اكبر عدد ممكن من المستهلكين المستهدفين.

على سبيل المثال، قد تلجأ الشركة التي تنتج ماركة العطور جيد(Jade) للإعلان عن ماركتها في مجلتين، الأولى قد تكون سيدتي والثانية قد تكون فرح. أما ما يتعلق بالإعلان(عن ماركة العطور المشار إليها أعلاه) في مجلة سيدتي فقط سيدي إلى وصوله إلى قراء مجلة سيدتي والذين قد لا يقرأون مجلة فرح. أما الإعلان المرسل عن نفس الماركة - جيد - في مجلة فرح فسيصل إلى قراء فرح وليس إلى قراء سيدتي. فعملية الدمج حدثت هنا عندما يصل الإعلان عن ماركة العطر إلى قراء المجلتين - سيدتي وفرح- وكما يوضح الشكل التالي:

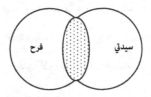

ومن هنا يتبين لنا ان الجهة المعلنة قد زادت من حجم السوق المستهدفة منها نتيجة إرسال نفس الإعلان في المجلتين وذلك من اجل التأثير على قراء كل منهما.

والجدير بالذكر هنا إلى ان تحديد حجم ونوعية التغذية العكسية للاتصال المطبوع(الصحف، المجلات، الملصقات بأنواعها) من الأمور الأساسية التي يجب ان تحرص عليها الجهات المعلنة. على سبيل المثال، قد تلجأ بعض وكالات الإعلان إلى إجراء نوع من الإختبارات للإعلان المرسل من خلال عرضه على عينة صغيرة ممثلة للمستهلكين المستهدفين من أجل تحديد العناصر الواجب تعديلها أو تغييرها في المزيج الإعلاني قبل إرسال الرسالة الإعلانية بشكل نهائي ولتجنب اية تكاليف غير ضرورية. كما قد يتم اختبار مضمون الإعلان بعد إرساله من

خلال سؤال عينة من مشاهدي الإعلان وذلك لتقييم مختلف عناصره وتعديل ما يمكن تعديله لزيادة فاعليته في المستقبل.

كما يمكن ان تلجأ بعض وكالات الإعلان إلى توجيه عدد من الأسئلة لعينة محددة من القراء للإعلان الذي تم إرساله ومقارنته مع إعلانات أخرى منافسة له اما في نفس الوسيلة الإعلانية أو في الوسائل الإعلانية الأخرى.

عملياً، لم يتوفر لدى الباحثين ما يشير إلى ان الإعلانات المطبوعة اكثر فعالية أو مصداقية بالمقارنة مع الوسائل الإعلانية المرئية إلا أن هناك اتفاق عام يشير إلى ان مكونات الإعلان المطبوع قد تعمل على إحداث درجة إقناع افضل بالمقارنة مع غيرها من الوسائل وتلك بسبب درجة المرونة المتاحة لوكالات الإعلان لاخراج الرسائل الإعلانية المطبوع.

د- **الراديو:** ويعتبر اكثر انتشاراً بالمقارنة مع السينما. لذلك انه قد يصل لمختلف المناطق الجغرافية من المدينة، الريف، البادية. يضاف إلى ذلك ان استخدام الراديو قد يكون واسعاً وخاصة في بلد كالأردن لمالكي السيارات خاصة أثناء ذهابهم أو رجوعهم من العمل بالإضافة إلى ان الأغلبية الكبيرة من النساء الأردنيات لا يعملن في اية وظيفة. ذلك ان الأغلبية الساحقة منهم يقضين ساعات الصباح والظهيرة في البيت وقد تكون الوسيلة الإعلانية الوحيدة التي تصاحبهن في البيوت وأثناء قيامهن بواجباتهن المنزلية هي الراديو. ومن المزايا الأخرى للراديو انخفاض تكلفة استخدامه. أما عن أهم عيوبه فترتبط بكونه وسيلة شفوية وبالتالي فإنه قد يعتبر اقل فعالية في جذب الإنتباه بالمقارنة مع التلفاز.

و- **التلفاز:** ويعتبر اكثر وسائل الإعلان مرغوبية وانتشاراً من قبل المستهلكين وخاصة من الطبقتين الوسطى والدنيا بالمقارنة مع الوسائل الاعلانية الأخرى. وأهم ما يميزه انه ذو قدرة كبيرة في ايصال الرسائل الإعلانية بألوان وأشكال مرغوبة للمستهلكين المستهدفين وفي الأوقات والأوضاع المناسبة لهم.

يضاف إلى ذلك انه قد يجعل البائع وكأنه في اتصال شبه مباشر مع المستهلك وداخل منزله. كما يعتبر التلفزيون الوسيلة الإعلانية الأكثر استخداماً من قبل أفراد الطبقة الدنيا والوسطى. ذلك ان افراد تلك الطبقتين يرون العالم من خلال التلفزيون. أما أهم ما يعيبه انه لا يفيد كثيراً في الترويج عن السلع التي تهم أعضاء الطبقة العليا والذين يفضلون وسائل ترويجية أخرى متميزة كالمجلات المتخصصة وغيرها. كما ان تكاليف الإعلان التلفازي تحد احياناً من استخدامه لأوقات طويلة وكافية لاقناع المستهلكين بمزايا الماركة من السلعة أو الخدمة المعلن عنها بهذه الوسيلة.

عموماً، يمكن القول ان الرغبة في مشاهدة البرامج التلفازية تكون عادة في الجانب الإيمن من دماغ الأفراد، حيث يكون هذا الجزء من الدماغ غير معني كثيراً بمعالجة المعلومات بطريقة عقلية بالمقارنة مع الجانب الأيسر من الدماغ الذي يقوم بالنشاطات العقلية للدماغ وهو الجزء الذي يعطي أهمية أكبر للوسائل المطبوعة(High Lnvolvement Media) كالمجلات العامة أو المتخصصة.

على الجانب الآخر، يمكن القول أن تأثير الصورة الواحدة قد يعادل تأثير مئات الكلمات التي تقال الأمر الذي يشير إلى ان المنبه المرئي- التلفازي - يمكن ان يكون اكثر فعالية على المتلقين من المستهلكين. خصوصاً عندما يرغب مرسل الرسالة في إحداث نوع من التأثير العاطفي على المستقبلين. لذا يجب ان تتضمن المنبهات التلفزيونية مسحة من الإيداع من خلال الصور المرسلة مع تقديم معلومات فعلية عن الماركة السلعية أو الخدمية. وبإفتراض ان نفس المعلومات عن الماركة السلعية المعلن عنها قدمت مرة بالصور ومرة بالكلمات وهو مما يؤدي بلا شك الى آثاراً أو قد تعمل على احداث ردود ايجابية نحوها. كما ان الكلمات قد تكون فعالة في حالة البحث عن المنافع أو الفوائد الكامنة في الماركة المعلن عنها. في حين ان الاعلان المرئي قد يساعد في عملية التقييم التي يجريها الملتقي. يضاف إلى ذلك ان

الإعلان اللفظي قد يكون ذا فعالية كبيرة إذا تم تعزيزه بالصورة المعبرة عما يتم الإعلان عنه وبحيث لا تطغى الخلفية على الصورة وهو ما نلاحظه الآن في معظم الاعلانات التلفازية.

أما فيما يتعلق بتكرار الإعلان التلفازي فقد يميل المتلقين إلى الاستماع والقبول للاشياء المألوفة لديهم. ذلك ان التعليم يحدث غالباً نتيجة تكرار تعرض المشاهدين لنفس المنبهات. أي ان التكرار قد يخلق نوعاً من العادة. وذلك أن المتقبلين قد يقل اهتمامهم بالمنبهات الاعلانية المرسلة بسبب التعب او الملل بالإضافة إلى ان تكرار نفس المنبه اكثر من اللازم قد يؤدي إلى ردود فعل سلبية نحوها. لهذا السبب يميل المعلنون ومن وقت لآخر إلى تغيير محتوى الرسائل الاعلانية الموجهة وهو ما تفعله شركة البيبسي كولا والكوكا كولا... الخ.

عملياً، هناك خط فاصل بن التعود والملل فسرته نظرية العاملين
(Two Factor Theory) والتي تقوم على ان ما يحدث للمتلقي من مشاعر نفسية عند تعرضه لمنبه يتكرر بدرجة عالية. فالجانب الإيجابي للتكرار يعمل كما هو معروف على خلق العادة. وقد يؤدي الى تخفيض درجة أو حالة عدم التأكد لدى المتلقي حول السلعة أو الخدمة المعلن عنها. أما الجانب السلبي فيرتبط بالمقولة انه مع مرور الزمن تحدث لدى المتلقي حالة من حالات الملل قد تزيد في درجتها على حالة عدم التأكد وخاصة في حالة طول فترة الاعلان(٦٠) ثانية ولتجاوز هذه الحالة يلجأ المعلنون إلى تقليل فترة التعرض للإعلان موضوع الاهتمام هذه الحالة يلجأ المعلنون إلى تقليل فترة التعرض للاعلان موضوع الاهتمام من ٦٠ ثانية إلى ٣٠ ثانية أو حتى ١٥ ثانية، مع تغير محتوى الرسالة الإعلانية من حين لآخر وذلك لتخفيف درجة الملل أو الضجر التي قد يعاني منها المتلقون وخاصة مشاهدي الإعلانات التلفازية المرسلة من قبل القنوات التلفزيونية العربية.

ولقياس فاعلية الاعلانات التلفازية تقوم الشركات بجمع المعلومات عن حجم وخصائص المشاهدين باستخدام وسائل الكترونية مدعمة بمفكرات معلوماتية عن عينة المشاهدين المدروسة. كما تقوم هذه الشركات المتخصصة بإجراء الدراسات الهادفة لاجراء اختبارات التذكر ودرجة التمييز بين الإعلانات موضوع الاختبار من قبل المشاهدين. وذلك من اجل تحديد فيما إذا كان المشاهدون يتذكرون هذا الإعلان- المحتوى والشكل – أو لتحديد أثر الإعلان التلفازي على اتجاهات المشاهدين نحو السلعة أو الخدمة أو الماركة منها أو نواياهم الشرائية. كما وجدت بعض الدراسات الميدانية من ان تعريض المشاهدين إلى عدد كبير من الإعلانات وفي فترة زمنية قصيرة قد يؤدي إلى عدم تذكر معظمها. كما قد تنال الاعلانات المرسلة خلال برامج أو مسلسلات تلفزيونية محلية أو غربية وموجهة للمشاهدين اعتراضاً أو عدم قبول لها لطغيان خلفياتها على صورها بالإضافة إلى تردي مضمون البرامج أو المسلسلات التلفازية التي تبث من خلالها تلك الرسائل.

ضوضاء التلفاز T.V.Clutter:

تحدث ضوضاء التلفاز عندما يتعرض المشاهدون إلى عدد من الاعلانات خلال فترة زمنية قصيرة. على سبيل المثال، اشارت بعض الدراسات أنه كلما زادت الضوضاء أو عدد الإعلانات المرسلة خلال فترة زمنية قصيرة كلما قل تذكر المشاهدين المستهدفين للماركة المعلن عنها. بالإضافة إلى قلة إهتمامهم أو خبرتهم أو مللهم الذي قد يؤدي إلى عدم قدرتهم على تمييز الاعلانات المرسلة عن بعضها البعض.

كما أن اعادة الإعلان قد يكون لها أثر ايجابي على التذكر فقط عندما يكون عدد الإعلانات المرسلة والمتنافسة مع بعضها البعض قليلاً بالإضافة إلى تميز الإعلان- المحتوى والشكل- موضوع الاهتمام عن غيره من الإعلانات المنافسة.

ولهذا فعندما يتم وضع إعلان تلفازي يفضل أن يقوم المعلن بالإصرار على إرسال إعلانه في الوقت الذي يكون التنافس بين الإعلانات المرسلة قليلاً. كما وجد ان الإعلانات المرسلة من خلال اقحامها في وسط برامج ذات أهمية كبرة للمشاهدين قد يلاقي معاضرة كبيرة من قبلهم. ومما تجدر الإشارة إليه هنا، هو ان انتشار اجهزة التحكم عن بعد اعطى المشاهدين حرية أكبر في التحويل بين القنوات بسهولة وبالتالي امكانية مشاهدة الإعلانات التي يريدونها وتجاهل التي لا يرغبونها.

عموماً، يمكن الإشارة هنا إلى بعض المصطلحات الشائعة مثل(Zipping) والتي تعني قدرة المشاهدين إلى تحويل القناة التي يشاهدوها الى قناة أخرى خلال فترة الاعلانات أو حتى قطع أو إخماد البث اثناء ارسال الإعلانات. أما اصطلاح (Zipping) ويرتبط بمشاهدة الأفراد لبرنامج معين تم تسجيله مسبقاً على فيديو كاسيت الأمر الذي يمكنهم من تجاهل أو تمرير اعلانات اثناء تسجيل البرنامج المشار اليه اعلاه.

أما مصطلح (Flipping or Flicking) فيشير إلى تحويل القناة للامام أو للخلف بين قناتين أو اكثر وذلك من أجل مشاهدة اكثر من برنامج في نفس الوقت. أما مصطلح (Screeing) فيشير إلى النشاط الذي يقوم به مشاهد ما للمرور على جميع القنوات وبترتيب تصاعدي(من ١- ١٥ أو أكثر)، ومن ثم بترتيب تنازلي (من ١٥- ١) وهكذا.

ز- البريد المباشر: ويرتبط بالرسائل التي قد يرسلها معلن ما إلى قائمة مختارة من المستهلكين المستهدفين. يتم اختيار قائمة المستهلكين المرسل إليهم الرسائل البريدية من خلال قوائم تم اعدادها مسبقاً وتحتوي على عناوين واضحة ومن مختلف المناطق الجغرافية وهو ما يسمى في بحوث التسويق بفريق المستهلكين (Cosumer Panel). اهم ما يعيب هذا الأسلوب ان نسبة الردود الواردة من قبل عينة الدراسة يكون غالباً منخفضاً. الأمر الذي لا يبرر التكلفة

الكبيرة التي قد تتكبدها المؤسسات المعنية التي تستخدم هذا الأسلوب نتيجة قلة الـردود الاجمالية وطول الفترة التي يتم استرداد الاستمارات التي تم تعبئتها بالمقارنة مع ما تـم انفاقه من اموال ووقت على هذه الوسيلة.

ومن امثلة التسويق المباشر بواسطة البريد ارسال الكتالوجات عـن طريـق البريـد ولعينة مختارة من المستهلكين. عـلى سـبيل المثـال، في عـام ١٩٩٤، وفي الولايـات المتحـدة تـم إرسال مئات الملايين من الكتالوجات من قبل محلات التجزئـة التـي تهتم بالتسويق المباشر من خلال استخدام ما يسمى بالتسويق الإلكتروني(Electronic) والذي يتم عادة عن طريق تخصيص قنوات تلفازية للتسويق ومن البيت وبواسطة الكمبيوتر.

الرسالة The Message:

تعتبر الرسالة أكثر عناصر العملية الاتصالية تـأثيراً عـلى الجماهيـر المسـتهدفة منهـا. ذلك ان مواصفات الرسالة الإتصالية التي يـتم إرسـالها تحـدد إلى حـد بعيـد نجـاح أو فشـل الأهداف المنوي تحقيقها. وحتى تصل الرسالة إلى المستقبل ويتم فهمها بشكل دقيق، على المرسل ان يوضح أهدافها والتي قد تكون عـلى سـبيل المثـال إمـداد المستهلكين المستهدفين بالمعلومات الكافية والدقيقة عـن خصـائص الماركـة السـلعية أو الخدمية. وذلك مـن اجل أحـداث مـدركات حسـية إيجابيـة نحوهـا. كـما ان المرسـل ان يحـدد الحاجـات والرغبـات والخصائص الديموغرافية للمستهلكين المستهدفين حتـى يـتم تصميم تلـك الرسـائل الموافقـة والمفهومة من قبلهم.

ومن اجل جـذب إنتبـاه المسـتهلكين المسـتهدفين بطريقـة فعالـة لا بـد للمرسـل أو المسوق ان يبدأ وينهي رسالته الإتصالية بشكل يثير الانتباه والاهتمام. وذلك ومن خلال ابراز صور مثيرة أو جذابة لها وهو ما يرتبط بالاخراج الفني للرسالة الاعلانية المرسلة.

ومن الأمور التي يجب ان تراعى عند تصميم الرسالة الاتصالية ما يلي:-

* هل ستكون الرسالة مجرد كلمات أم صور؟ ذلك ان الصورة الواحدة قد تعادل احياناً مئات الكلمات، خاصة إذا تم إرسال تلك الصور المناسبة والموافقة لاذواق ومزاج المشاهدين المستهدفين. كما ان المنبه المرئي قد يكون اكثر فعالية في التأثير على المتلقين خصوصاً عندما يرغب المصدر في التأثير العاطفي عليهم، لذا لا بد من التركيز على الإبداع الفني في الصورة المرسلة. كما يجب عند إرسال الرسالة مراعاة الأمور التالية:-

* كم مرة ستتكرر الرسالة؟ ذلك ان عدد مرات التكرار يختلف بإختلاف فئة ودورة حياة السلعة أو الماركة بالإضافة إلى خصائص المستهلكين المستهدفين.

* وهل ستقدم الرسالة النتيجة المرجوة منها خلال ارسالها أم لا؟ أم سيترك أمر استنتاجها من قبل المشاهدين المستهدفين؟

* بالإضافة إلى الكيفية التي ستقدم الرسالة الاتصالية وهل هي على شكل حوار بين الطرفين أم لا؟

* وهل سيتم مقارنة الماركة المعلن عنها بالماركات الاخرى المنافسة لها أم لا؟

* وهل سيكون استخدام الاثارة البدنية فيها بشكل واضح أم لا؟

* وهي سيتم استخدام ايحاءات الخوف أو الدعاية في الرسالة الاتصالية أم لا؟

طريقة عرض الرسالة:-

عملياً، تتحدد طريقة عرض الرسالة الاتصالية المرغوبة على ضوء الخصائص الديموغرافية والنفسية للمتلقين. ذلك ان بعض المستهلكين يميلون للقيام بحوارات موضوعية من اجل معرفة مزايا وعيوب الماركة المعلن عنها خاصة إذا كانت الماركات السلعية أو الخدمية ذات اهمية أو اهتمام عالي من قبل المستهلكين المستهدفين. كما يميل المعلنون للتركيز على الايحاءات الخارجية للرسائل الإتصالية المرتبطة بماركات سلعية أو خدمية ذات اهميات منخفضة من قبل المستهلكين المستهدفين. عملياً، يجب على رجال التسويق تقديم رسائل اتصالية ذات

مضامين قوية وموثقة في الحالة الأولى ومع التركيز على خلفيات الرسائل الاتصالية من ناحية نوع الموسيقى والاشخاص المشهورين الذين سيتم استخدامهم.

وجه واحد أو وجهين One Sided. Vs. sided Messag:

ويرتبط هذا الموضوع بالأسلوب الذي سيتم عرض الرسالة الإتصالية من خلاله. على سبيل المثال، هل يركز المعلن في رسالته على ايجابيات ما يتم الإعلان فقط مع اغفال السلبيات أم لا؟ وهل سيتظاهر بأن ما هو معلن عنه الوحيد وليس له أي بديل أو بدائل أخرى؟ أم انه سيذكر ايجابيات ما يعلن عنه مع ذكر سلبيات كل الماركات المنافسة الأخرى أم لا؟

عموماً، يعتمد التركيز على وجه واحد أو اثنين للرسالة الإعلانية على خصائص ومواصفات المستهلكين المستهدفين ومدى استعدادهم لتكوين قدراته حوارية أم لا؟ على سبيل المثال، إذا كان الجمهور المستهدف من المستهلكين ميالاً للصداقة وغير متعلم فالأفضل في هذه الحالة التركيز على وجه واحد. اما إذا كان الجمهور المستهدف متعلماً أو اكثر وعياً فيفضل التركيز على الايجابيات والسلبيات لكل الماركات المتنافسة موضوع الإهتمام. اما إذا كانت المنافسة قوية بين الماركات المعلن عنها فيلزم بهذه الحالة توضيح ابعاد وخصائص وايجابيات الماركة موضوع الاهتمام بالمقارنة مع مثيلاتها الأخرى المنافسة.

يضاف إلى ذلك ان الدراسات الميدانية والتي اجريت في دول اجنبية اشارت إلى ان الرسالة ذات الجانبين أكثر مصداقية من الرسالة ذات الجانب الواحد في كثير من الحالات. وبشكل عام، فإن فاعلية أي من هاتين الطريقتين تختلف بإختلاف فئة السلعة أو الخدمة أو الماركة منها وخصائص المستهلكين الديموغرافية والنفسية.

موقع أو ترتيب ايراد الرسالة:

المقصود هنا هو هل نضع مضمون الرسالة الإعلانية في المقدمة أم في النهاية للفترة الزمنية المخصصة من الوسيلة الاعلانية المستخدمة أم لا؟ وكيف سنغطي أو نظهر الجانب الايجابي للرسالة في البداية أم النهاية؟ وهل سنظهر الجوانب السلبية للشيء المعلن عنه ام لا؟ وما هي الكيفية التي سنتبعها لاظهار مضمون الرسالة؟ ذلك ان الباحثين السلوكيين اشاروا إلى ان ترتيب الرسالة الاعلانية يؤثر كثيراً على نوعية ومدى استجابة المستهلكين المستهدفين لها.

على سبيل المثال، يرى بعض الدارسين السلوكيين ان ذكر مضمون الرسالة الإعلانية في البداية أو النهاية له درجات احتمالية مختلفة من ناحية تذكرة وانه قد يبقى في الذاكرة أكبر مدة ممكنة وهو المقصود.

على سبيل المثال، في التلفزيون غالباً ما يتم تذكر الرسائل الاعلانية التي توضع في البداية بالمقارنة مع تلك الرسائل التي يتم بثها لاحقا. اما الرسائل الاعلانية التي تأتي في الوسط يتم تذكرها بصورة اقل بالمقارنة مع مثيلاتها التي توضع في النهاية والتي يتم تذكرها بشكل أفضل من ذلك مثيلاتها التي توضع في الوسط. والجدال الذي يثور حول هذا الموضوع قد يكون أكثر فعالية إذا كان هناك فقط رسالتين اعلانيتين متنافستين. ذلك ان بعض الباحثين يرون ان الرسالة التي تعرض في البداية قد يكون لها تأثير أكبر بينما يرى آخرون العكس. يضاف إلى ذلك ان ترتيب ايراد محتويات الرسالة الإعلانية من ناحية سرد فوائد الشيء المعلن عنه قد يزيد من اهتمام الجمهور المستهدف نحوها. أما إذا كان الجمهور المستهدف من المستهلكين قليل الإهتمام فإنه يجب ان يتم وضع اهم الايجابيات للشيء المعلن عنه في البداية لجذب المزيد من الانتباه والاهتمام اما إذا كان اهتمام الجمهور المستهدف كبيراً فيجب ترتيب مزايا أو فوائد الشيء المعلن عنه بشكل تصاعدي بحيث يجب ان ترد اهم الايجابيات أو الفوائد في نهاية الرسالة الاعلانية المرسلة.

الاخراج Copy Approach:

في بعض الأحيان يكون الاحتكام إلى الجوانب العقلية في الرسالة الاعلانية أكثر تـأثيراً وفاعلية في احداث الاقناع المطلوب لدى المستهلكين المستهدفين. وفي احياناً أخرى قـد تلعب العواطف دوراً كبيراً في التـأثير عـلى اتجاهـات ومشاعر مـن توجه الـيهم الرسائل الاعلانيـة الخاصة بالسلع والتي تهم شرائح المستهلكين وخاصة من الطبقتين الوسطى والدنيا.

كـما ان التركيـز عـلى الجوانب العاطفيـة قـد تكـون اكـثر فعاليـة عـلى اتجاهـات المستهلكين الأقل تعلماً ووعياً والعكس صحيح.

الإعلان المقارن Comparative Advertising:

يعتمد هذا النوع من الإعلان على إبراز ماركة سلعية مـن خـلال عـرض مقارنـة بـين مواصـفات وخصـائص المـاركـة السـلعية موضوع الإهـتمام مـع خصـائص المـاركـات الأخـرى المنافسة. على سبيل المثال، الإعلان عن العطر ماركة اسكيب والـذي تعـم أو تنتشـر رائحتـه ست مرات بالمقارنة مع رائحة اية ماركة اخرى منافسـة، يـتم ذكـر إسـمها بشكل مبـاشر إذا كانت نصوص قانونية تسمح بذلك.

ومما تجدر الإشارة إليه هنا، هو انه لا يتم إعطاء أسماء الماركـات الأخرى المنافسـة في الإعلان في معظم الحالات. ذلك ان هذه الاستراتيجيات الاتصالية قد تعطي نتائج مزدوجة، كما قد تشعر المستهلك المستهدف بالشك بمصداقية الإعـلان عـن المـاركـة موضوع الإهـتمام، بالرغم من انه- أي هذا الإعلان- قد يؤدي إلى ايجاد اتجاهات ايجابية نحو الماركات المنافسة. عمليـاً، قد تكون هذه الإستراتيجية اكـثر فعاليـة في حالـة المـاركـات الجديدة التـي تحتاج الى تعميق خصائصها الايجابية وذلك بهدف ايجاد اتجاهات لدى المستهلكين نحوها.

الايحاء العاطفي والعقلاني للاعلان:-

تلجأ وكالات الإعلان لاتباع الايحاءات العاطفية أو العقلانية عند الإعلان عن ماركات سلعية أو خدمية.على سبيل المثال، قد تلجأ الجهة المنتجة للتلفزيون ماركة" جولد ستار" لاستخدام ايحاءات عاطفية للترويج عن هذه الماركة- التي يتم تجميعها محلياً- وذلك من خلال عرض التلفاز من هذه الماركة عبر مناظر طبيعية للبيت الأردني، مدعية بانها لا تبيع جهاز التلفاز من هذه الماركة وإنما تبيعه باعتباره جزءاً من ذوق ربة البيت الأردنية أو اركان البيت الأردني.

عموماً، يهدف إسلوب إستخدام الايحاء العاطفي في الإعلان إلى خلق علاقة ايجابية بين الماركة المعلن عنها والمستهلك المستهدف، بالإضافة إلى تسريع ايصال مضمون الرسالة ذات الايحاء العاطفي للمستهلك المستهدف.

على الجانب الآخر، استخدمت الشركة المنتجة للسيارة اليابانية من ماركة تويوتا الايحاءات العقلانية حيث ركزت في رسالتها الإعلانية على النواحي التكنولوجية المتطورة في هذه الماركة من السيارات من خلال تركيزها وبعمق على اظهار المزايا النية والتشغيلية فيها. ومما تجدر الإشارة إليه هنا، ذلك ان هناك صعبة كبيرة لمعرفة رد فعل المستهلكين المستهدفين منهما. وربما يرجع السبب إلى إمكانية حدوث خلط أو مزج بين الايحاءات العقلانية والعاطفية لدى المشاهدين المستهدفين بحيث تصعب عسلية التحقق من ان استجابة- المستهلك المستهدف- كانت بسبب الإيحاء العقلي أو العاطفي او العكس.

ايحاءات الخوف في الاعلان Fear Appeals:

يستخدم هذا الأسلوب " ايحاء الخوف" في الاعلان من خلال التركيز على النتائج السلبية. إذا لم يقم المستهلك أو المستخدم المستهدف بتعديل أو تغيير اتجاهه ومن ثم سلوكه نحو ماركة سلعية ما. على سبيل المثال، يكتب على ماركات السجاير المختلفة تحذير عم يدعو المدخنين للتوقف عن التدخين لأنه يسبب

السرطان. ايضا، قد يرسل التلفزيون الأردني رسالة اعلانية لماركة معينة مـن زيـت الزيتـون-كزيت الزيتون الكفاري — مؤداها أنه إذا استخدم المستهلك هذه الماركة مـن زيـت الزيتـون الأردني فقد يحمي نفسه من تكون نسبة عاليـة مـن الكولسـترول فـي الـدم، باعتبـار ان هـذه الماركة من زيت الزيتون افضل من ناحية الجودة والنكهة بالمقارنة مع ماركات زيت الزيتون الأخرى. كما يستخدم هذا النوع من الاعلانـات المسـتخدمة للايحـاءات التخويفيـة مـن قبـل ادارة السير(عدم السواقة بسرعة) او جمعية حماية المستهلك(تأكد أخي المواطن من تـاريخ الإنتاج وانتهاء الصلاحية قبل الشراء والاستخدام لأنه ماركة سـلعية مـن المـواد او المعلبـات والموجودة في البقالات التجارية). اخي المواطن لا تشـتري ايـة سـلعة لا يكتـب عليهـا تـاريخ الانتاج وانتهاء الصلاحية.

عموماً، يمكن القول أن هناك علاقة سلبية بين كثافة الايحـاءات التـي يتم من خلالهـا استخدام عنصر التخويف وبين قدرتها الفعلية علـى الاقنـاع. ذلـك أن الايحـاءات القويـة مـن هذا النوع قد تكون أقل فعالية ومصداقية وبالمقارنة مع الايحـاءات ذات الكثافـة المتوسـطة. على سبيل المثال، على الرغم من ان كثرة أو كثافة النشرات التي تؤكد علـى ان التدخين سبب رئيسي لأمراض السرطان فإن استخدامه مـن قبـل القطاعـات المختلفـة يـزداد وخاصـة فئـات الشباب من المراهقين. ذلك ان المستهلكين المدخنين قـد يكونـون اكثـر اسـتعدادا أو جاهزيـة لرفض أي عنصر من عناصر التخويف وذلك من خلال ردهم الدفاعي مثـل" ليـس هنـاك دليـل فعلي على مخاطر التدخين واصابة المدخنين بالسرطان". أو كان احد المـدخنين يقـول" هـذا لا يمكن ان يحدث لي " او انه يقول" أنا أدخن بأمان لأنني استخدم فلتر عند التدخين". ونتمنـى ان يكتب على علب السجاير وبوضوح " التدخين قاتل للصحة".

الدعابة في الإعلان Humer in Advertising:

تستخدم الكثير من الرسائل الاعلانية عامل الدعابة على اساس الاعتقاد السائد ان الدعابة قد تزيد من درجة نجاح عملية الاتصال. بشكل عام، يفضل استخدام الدعابة بشكل ضمني مع درجة غموض مدروسة. ذلك ان الشيء المضحك لشخص ما قد كون غير مرغوب لشخص آخر.كما قد يختلف مضمون ما هو مضحك أو فكاهي باختلاف الثقافة الحضارية(Culture) للمستهلكين المستهدفين وحسب المزاج الشائح لديهم.

كما اشارت بعض الدراسات الأجنبية إلى بعض الفوائد التي يحققها استخدام الدعابة في الإعلان من حيث زيادة انتباه واهتمام المشاهدين حول الرسالة الاعلانية ذات البعد في الدعابة.

على سبيل المثال، يتم إدراك الاعلانات التلفازية عن الكوكا كولا والتي استخدمت الدعابة بطريقة ايجابية كبيرة. لكن ما تجدر الإشارة إليه هنا هو ان الدعابة في الإعلان قد تكون مرغوبة من قبل المستهلكين المستهدفين ولكنها قد لا تعني تحولهم- أي المستهلكين- للماركة المعلن عنها. بالإضافة إلى ان الدعابة في الاعلان قد تفسد شمولية الإعلان وقد تشتت الاهتمام حوله، وقد تعمل على تقصير عمره في ذاكرة المستهلكين المستهدفين. عموماً، يمكن القول ان استخدام الدعابة – كلمات وحركات- يجب أن يكون له صلة مع ما تم يتم الإعلان عنه، الا انه يصعب استخدامها- أي الدعابة- في السلع ذات الحساسية أو الاهتمام العالي. وأخيراً، يعتبر الراديو والتلفاز افضل الوسائل لاستخدام الدعابة في الإعلان.

الاعلان المنفر Agony Advertising:

تلجأ الشركات التجارية أحياناً إلى وضع تلك الرسائل الاعلانية ذات الطابع السلبي بهدف تنفير المستهلكين المستهدفين نحو الماركة المعلن عنها. ذلك انه ومن خلال التركيز- في جزء من الفترة الزمنية للإعلان- على سرد الإثارة والآلام

الداخلية والمعوية لشخص يعاني من قرحة المعدة أو شخص يعاني من عسر في الهضم أو وجع في الرأس الصداع.. الخ، وذلك عند الإعلان عن دواء جديد للمرضى المصابين بالقرحة المعدية مثلاً أو الاعلان عن ماركة جديدة من مسكنات الصداع.... الخ.

عملياً، لاقى هذا النوع من الإعلان نجاحا كبيراً لدى المستهلكين المستهدفين وذلك لمناسبته لبعض الشرائح منهم وخاصة الذين يعانون من امراض مزمنة غير مرئية، الذين لا يجدون العطف والعناية الكافية من افراد عائلاتهم واصدقائهم. والتبرير النفسي لهذا النوع من الاعلانات هو ان شكاوى المستهلكين المستهدفين(بعد التعرض لهذا النوع من الإعلانات) قد تنال الاعتراف بها من قبل من حولهم من الأفراد بالإضافة إلى انها قد تؤدي إلى زيادة درجة مصداقية الاعلان المرسل. كما ان المرضى من هذا النوع سيقولون ان الشركة المعلنة قد فهمت مشكلتهم الان لانها زودتهم- أي الشركة- بالدواء الذي يريدون والذي يعمل على تخفيف آلامهم.

استخدام الايحاءات البدنية في الإعلان:-

تؤدي المنافسة الشديدة بين مقدمي السلع والخدمات- خاصة الجديدة منها- إلى زيادة درجة عدم الاكتراث التي يبديها العديد من المستهلكين المستهدفين نحو ذلك العدد الكبير من الرسائل الإعلانية المتنافسة التي تستخدم الإيحاءات البدنية في الإعلانات التلفازية وغيرها.

عموماً، يمكن القول بأن استخدام الايحاءات البدنية في الإعلانات قد يتراوح بين الرفض التام وبين القبول الحذر لها. عملياً، توجد ادلة كثيرة في ادبيات التسويق والاعلان عن حالات فشل الايحاءات البدنية في تحقيق اهدافها. بينما اشارت بعض الدراسات والموثقة الى فاعلية استخدام الايحاءات البدنية في تحقيق اهداف الرسالة الاعلانية. وتجدر الإشارة هنا إلى ان استخدام الايحاءات البدنية وبطريقة جذابة في الإعلان قد يزيد على ما هو يبدو من درجة الانتباه ومن ثم

الاهتمام لدى المشاهدين المستهدفين. ذلك ان الجنس وهو احدى الحاجات الاساسية التي خلقت مع الفرد والتي لا يمكن اغفال دوره في الحفز السلبي أو الايجابي نحو ما يتعرض اليه الافراد من منبهات بيئية داخلية أو خارجية تأتي على شكل اشخاص، سلع او خدمات. ومما تجدر الإشارة إليه هنا هو ان استخدام الاثارة البدنية مرفوض تماماً من قبل كافة المهتمين بالتسويق الاجتماعي في الدول النامية بشكل مخصوص.

مشاركة المشاهدين Audience participation:

تعتبر التغذية الراجعة (Feedback) ذات اهمية كبيرة للمرسل. ذلك ان نوع وحجم المعلومات الراجعة له تمكنه من تحديد مدى نجاح عملية الاتصال والكيفية التي تمت بها. كما تعتبر الراجعة ذات اهمية كبيرة للمستقبل حيث انها تمكنه من الاستجابة والمشاركة في تحديد درجة نجاح أو فشل العملية الاتصالية.

ان عملية المشاركة من قبل المستقبل تعمل على تعزيز الرسالة الاعلانية وتحقيق اهدافها، وبالرغم من انها- أي المشاركة - متاحة في الاتصال الشخصي، الا انها عملية ابداعية في الحالات الاتصالية غير الشخصية، لذلك فهي- أي المشاركة- تعتبر من التحديات الصعبة التي يتوجب على رجال التسويق التعامل معها من منظور القدرة والابتكار لكل ما لديهم من ادوات والفاظ وجمل أو عبارات تسويقية تحفز المستهلكين المستهدفين لابداء الاهتمام الكافي بالإعلان المرسل ومن أي نوع.

أسئلة المناقشة

١- المطلوب شرح مفصل لعناصر الإتصال مع إعطاء مثال واحد من البيئة المحلية.

٢- بين بوضوح انواع الاتصال مع ذكر مفصل لايجابيات وسلبيات كل نوع منها.

٣- تكلم عن عوائق الاتصال الممكنة عند استماعك لرسالة اعلانية عن شامبو يمنع تساقط الشعر، أو ماركة جديدة من ماركات الكمبيوتر.

٤- تكلم وبوضوح عن مصداقية الاتصال وأهم العناصر المؤثرة في مصداقية اعلان تلفزيوني عن عطر نسائي(Jade) أو تزوير لانكوم.

٦- هل تعتقد أن الايحاءات العقلانية مطلوبة عن بث مضمون رسالة اعلانية عن سلع تسويقية كالملابس أو عن سلع ميسرة كمعاجين الأسنان.

٧- المطلوب ذكر اعلانين تلفازيين تعتقد ايحاء الخوف في كل منهما كان واضحاً.

٨- بين رأيك بموضوعية في قضية إستخدام الايحاءات البدنية في الإعلان التلفازي في الأردن.

٩- المطلوب اجراء مناقشة موضوعية وتحليلية لما يلي:-

أ- مضمون الرسائل الإعلانية التلفازية عن سلع المنظفات.

ب- درجة مصداقية نجوم المجتمع الذين يظهرون في إعلانات البنوك التجارية في الأردن، السيارات التي يجري الإعلان عنها من وقت لاخر.

ج- مضمون الكلام الذي يقال في الندوات التلفازية الذي تبثه قنوات التلفزيون العربية وخاصة فيما يتعلق بصحة وسلامة الغذاء العديد من الآثار الإيجابية والسلبية على المشاهدين من المستخدمين او المستهلكين المعنيين.

الفصل التاسع

الأسرة وسلوك المستهلك

* تمهيد.
* ماهية الأسرة وأنواعها.
* وظائف الأسرة.
* التطبيع الاجتماعي والمستهلك.
* اتخاذ القرار الشرائي في الأسرة.
* أدوار الأسرة.
* أشكال التأثير المتبادل في الأسرة.
* تأثير الأطفال على القرار الشرائي.
* الأطفال والتلفزيون.
* دورة حياة الأسرة.
* نموذج دورة حياة الأسرة الأردنية.
* مرتكزات دور حياة الأسرة.
* أسئلة المناقشة.

الفصل التاسع

الأسرة وسلوك المستهلك

تمهيد

من المعروف للأسرة تأثير كبير على سلوك أفرادها من الناحيتين الشرائية والاستهلاكية. ذلك أن الأسرة تعلم أفرادها استهلاك أو استخدام ما يجب استهلاكه أو استخدامه من سلع أو خدمات. على سبيل المثال، يتعلم الطفل الأصغر في أسرة ما كيف يأكل رقائق الشيبس عن طريق ملاحظة أخيه أو أخته الصغرى؟ كما قد يتعلم أو يتعرف هذا الطفل الأصغر على النقود وقيمتها ووظائفها بالاستماع والمراقبة للنقاش الذي يدور بين والديه حولها.

كما تقدم الأسرة لأفرادها وخاصة في المراحل الأولى، العديد من القيم ذات الطابع الاجتماعي والاقتصادي وغيرها، مما يشكل بالنتيجة بناءاتهم القيمية وذلك من خلال منظورات نفسية - وبأبعاد قيمية اجتماعية واقتصادية وسياسية ... الخ - تحدد فيما بعد مواقفهم نحو كل ما يهمهم من أمور، سلع، خدمات وقضايا في المحيط الذي يعيشون به.

يضاف إلى ذلك، إن الأسرة تقدم لأفرادها أيضاً العديد من الإرشادات أو النصائح بالنسبة للقرارات المرتبطة بالمفاهيم، السلع والخدمات المطروحة للتداول. وبناء عليه، تعتبر الأسرة - كوحدة اجتماعية واقتصادية - هدفاً كبيراً يحاول التسويق الوصول إليها والتأثير على قراراتها من خلال الاستخدام الفعال والكفء لمختلف الأساليب التسويقية والترويجية المتاحة.

ولكي نفهم كيف تقوم الأسرة باتخاذ قراراتها الشرائية؟ لا بـد لنـا مـن فهـم متعمـق للوظائف التي تقوم بأدائها لأفرادها والأدوار التي يقوم به كل فرد لإشباع حاجاته وأذواقه مع تحليل بعض المفاهيم الأساسية المرتبطة بالأسرة مثل ميكانيكية اتخـاذ القرار الشرائي ودورة حياة الأسرة.

ماهية الأسرة وأنواعها:

بالرغم من أن مفهوم الأسرة مـن المفاهيـم الأساسـية في علـم الاجـتماع، فليس مـن السهل تعريفها لأن بناءها والأدوار التي تلعبها تختلف بشكل كبير من مجتمع لآخر. عمومـاً، يمكن تعريف الأسرة "بأنها عبارة عن وحدة اجتماعية تتكون من شخصين أو أكثر يكون بـين أفرادها علاقة شرعية كالزواج مع إمكانية تبني هـذه الأسرة لأفراد آخرين كأبنـاء أو بنات يسكنون في بيت واحد".

عملياً، يتشارك أفراد الأسرة في الكثير مـن الـروابط القيميـة والسـلوكية التـي تحـدد أنماطهم الاستهلاكية نحو ما يحتاجونه من سلع أو خدمات. يضاف إلى ذلك، أن الأسرة أحيانـاً يشار إليها على أنها كل الأفراد الـذين يسكنون في بيت معـروف ومحـدد ويتفاعلون مـع بعضهم لإشباع حاجاتهم المشتركة والشخصية. أما بالنسبة لأنواع الأسر الموجـودة في الأردن فيمكن إيرادها هنا على النحو التالي:

١. الأسرة الممتدة Extended Family:

وتتكون من الزوجة والزوج والأبناء مع أحد الأجداد. ومـا يجـدر ذكـره هنـا هـو أن هذا النوع من الأسر بدأ يتلاشى من ناحية العدد والأهميـة في الـدول الناميـة وذلك بفضل التطور المتسارع في الحياة المادية للأسر بشكل عام. لكن الأمل أن يعود هذا النمط مـن الأسر للظهور مرة أخرى لما يقدمه من فوائد اجتماعية وتربوية واقتصادية وخاصة في هـذا الوقت الذي تعاني الأغلبية الساحقة من الأسر من تدني ملحوظ في قدراتها الشرائية.

٢. الأسرة النووية Nuclear Family: وتتكون من زوج وزوجة مع إمكانية وجود أكثر من طفل. وهذا النوع من الأسر هو الشكل الشائع الآن في مختلف المجتمعات ومنها في طبيعة الحال الأردن.

٣. الأسرة السائبة: وتتكون من زوج وزوجة فقط لعدم إنجاب أي الأطفال لهذا النوع من الأسر لأسباب اختيارية أو إجبارية.

وظائف الأسرة Functions of the Family:

بشكل عام، هناك أربع وظائف أساسية تقوم بها الأسرة وعلى الشكل التالي:

أ. الوظيفة الاقتصادية:

تؤدي الأسر - ومن أي نوع - الدعم الاقتصادي لأفرادها والذي يبدأ بتوفير رب الأسرة لأسرته الطعام والشراب والملبس والرعاية الصحية والتعليمية بالإضافة إلى المسكن.

عملياً، يعتبر الزوج في الأسرة الأردنية المسؤول الأول عن إدارة الشؤون الاقتصادية لأسرته. حيث يقوم بتوفير احتياجات أسرته المادية على شكل مخصصات مالية شهرية تقوم ربة البيت - الزوجة - بالاشتراك مع زوجها والأبناء الكبار بتوزيع تلك المخصصات المالية على أوجه الإنفاق الضرورية وحسب الأولويات المقررة.

وما تجدر الإشارة إليه هنا، هو أن دخول المرأة الأردنية لسوق العمل ومنذ عدة عقود أدى لمشاركة المرأة الأردنية الجزئي في تمويل بعض أوجه الإنفاق الأسري وخاصة في الطبقات الوسطى والدنيا على خلفية تزايد أعداد أفراد هذه الطبقات والصعوبات الاقتصادية وتزايد الالتزامات الاجتماعية - المبررة وغير المبررة - في هذه الأسر.

ب. الدعم العاطفي Emotional Support:

إن تقديم الدعم العاطفي من قبل أفراد الأسرة بعضهم لبعض يعتبر من الأعمال الأساسية والمطلوبة لاستقرار الأسرة – كوحدة اجتماعية – في المجتمع. ولإنجاز هذا الدور تحاول الأسرة مساعدة أفرادها في التعامل ودون أية ارتباكات اجتماعية ونفسية من خلال المشاركة والحوار لتخفيف أو إزالة آثار أية مشكلة تواجه أحد أعضاءها. وإذا لم تستطع الأسرة أن تقدم المساعدة المناسبة لأفرادها فإنها قد تفشل في إنجاز الاستقرار النفسيـ لأفرادها – ما لم تلجأ إلى طلب العون الإرشادي والنفسي من وجهات متخصصة في الإرشاد النفسيـ والاجتماعي – الأمر الذي قد يقوض لا سمح الله أركانها الأساسية.

ج. توفير النهج الحياتي للأسرة:

من الوظائف الأخرى للأسرة توفير نهج حياتي مناسب لأفرادها يتضمن مجموعة من الأنشطة، الاهتمامات والهوايات والتي تتفق مع قدراتها المالية وأهدافها. ذلك أن الزوجين يقومان غالباً بتحديد أولويات الإنفاق على مختلف الأنشطة الأسرية وبما يتفق مع المنظومة الغذائية والخدمية التي تحتاجها والتي تمكنها من توفير نهج حياتي يتفق مع أهدافها وطموحاتها الطبقية. وتجدر الإشارة هنا إلى أن مشاركة الزوجة في العمل جنباً إلى جنب زوجها يؤثر كثيراً على نوعية الأنشطة والهوايات التي يمارسها أفراد الأسرة الأردنية.

د. التطبيع الاجتماعي لأفراد الأسرة:

تعتبر وظيفة التطبيع الاجتماعي لأفراد الأسرة من الوظائف الأساسية لكل من رب وربة الأسرة. وتتضمن عملية التطبيع الاجتماعي كل العمليات الهادفة لإكساب الأطفال القيم والأعراف والعادات الاجتماعية المرتبطة بمعتقدات المجتمع الدينية والحضارية بما فيها الأنماط السلوكية الشرائية والاستهلاكية.

كما تتضمن عملية التطبيع لأفراد الأسرة أن يكون رب وربة الأسرة قدوة في كل أنماط السلوك المرتبطة بالثقافة الحضارية التي تنتمي إليها الأسرة. ذلك أن الأطفال في أسرة ما يتعلمون غالباً من خلال ملاحظة وتقليد الأنماط السلوكية التي تجري أمام أعينهم من قبل والديهم وفي كافة المجالات السلوكية والشرائية والاستهلاكية.

عموماً، يقوم رجال التسويق بتصميم كل المنبهات التسويقية والترويجية المرتبطة بالماركات السلعية أو الخدمية موضوع اهتمامهم من أجل التأثير على مواقف أفراد الأسرة الأكثر تأثيراً في عملية اتخاذ القرار الشرائي - بمراحله المختلفة - لمعظم السلع أو الخدمات التي تحتاجها الأسرة وحسب إمكاناتها وظروفها الطبقية.

هـ ـ التطبيع الاجتماعي والمستهلك:

يمكن تعريف عملية التطبيق الاجتماعي "بأنها تتضمن كافة الإجراءات الهادفة لإكساب الأطفال أو الأفراد المهارات والمعارف والمواقف الضرورية والمرتبطة بكل ما يهمهم في حياتهم ومعاشهم".

ركزت العديد من الدراسات الميدانية في الدول الأجنبية على الكيفية التي يلجأ إليها الأطفال لتطوير مهارات شراء الخدمات والسلع لديهم. وذلك من خلال ملاحظتهم - أي الأطفال - لسلوك والديهم بالنسبة لتلك الأشياء باعتبار أن ما يقوم به الوالدان يعتبر قدوة يجب الاحتذاء به. لذلك يميل الأطفال الصغار للاعتماد على والديهم وإخوانهم الكبار بتقليد ما يفعلون بوعي أو بدون وعي.

أما المراهقون من الأطفال فغالباً ما يميلون إلى تقليد زملائهم في المدرسة التي يدرسون فيها أو أصدقائهم القريبين منهم. بالإضافة إلى نجوم المجتمع المعتبرين من قبلهم (كالمطربين أو الرياضيين الذي يعجبون بهم). كما تدل الدراسات الميدانية أيضاً على أن الأمهات يمارسن أيضاً دوراً كبيراً في تعليم

أطفالهن وخاصة في السنوات الأولى من العمر للكثير من مهارات الاستهلاك والاستخدام الأمثل للأشياء والمواد أو السلع. يضاف إلى ذلك أن عملية تعليم الأمهات لأطفالهن تتعاظم عند اصطحابهن لهم في رحلاتهن المتكررة أسبوعياً لمحلات التسويق.

كما تستخدم عملية التطبيع الاجتماعي من قبل الوالدين كوسيلة عملية للتأثير على مظاهر سلوكية أخرى لدى الأطفال. على سبيل المثال، قد يستخدم الوالدان سياسة الثواب والعقاب كوسيلة قد تكون مجدية لأحداث عمليات التطبيع الاجتماعية المرغوبة مع أطفالهم. تلك السياسة التي قد تكون على شكل إكسابهم مهارات جديدة أو تعديل أنماط استهلاكية غير مرضية لديهم، وهكذا. كما أشارت إحدى الدراسات الميدانية إلى أن اتباع أسلوب الثواب والعقاب في عملية التطبيع الاجتماعي قد يشكل الوظيفة الضابطة للسلوك خاصة لدى المراهقين والصغار من الأطفال. وكأني أسمع أحد الوالدين يقول لابنه (افعل هذا وستنال مني رحلة ممتعة للعقبة .... إذا حققت معدلاً مرتفعاً في الثانوية العامة سأشتري لك سيارة خاصة بك .... الخ).

بشكل عام، لعملية التطبيع الاجتماعي بعدان أساسيان، الأول منهما مباشر ويرتبط بالعملية الاستهلاكية كتعليم واكتساب المهارات، المعارف، المواقف، أسعار السلع أو الخدمات ومدى مناسبتها أم لا؟. والثاني ويرتبط بالدوافع الكامنة وراء السلوك الشرائي أو الاستهلاكي الذي تم رصده أو ملاحظته.

عملياً، يهتم رجال التسويق بالبعدين المباشر وغير المباشر لعملية التطبيع لاجتماعي لما لفهم هذين البعدين المشار إليهما أعلاه من فائدة كبيرة تؤثر بشكل مباشر في شكل ومحتوى الرسائل الترويجية المرتبطة بالسلع والخدمات الموجهة للأمهات أو الوالدين والأطفال سواء تم هذا بشكل جماعي أو فردي.

باختصار، إن خطوات التطبيع الاجتماعي ليست مقتصرة على الأطفال فقط بل أنها عملية مستمرة. ذلك أنها تبدأ من اليوم الأول لحياة الأفراد وتمتد حتى نهاية حياتهم.

اتخاذ القرار الشرائي في الأسرة:

يثير موضوع اتخاذ القرار في الأسرة اهتماماً كبيراً من قبل رجال التسويق، ذلك أن فهم ميكانيكية اتخاذ القرار الشرائي في الأسرة يساعد رجال التسويق من فهم المؤثرين الرئيسيين في قرارات شراء السلع والخدمات فيها بالإضافة إلى تأثير كل من الزوج أو الزوجة والأطفال عبر مختلف مراحل القرار الشرائي. وفيما يلي شرحاً موجزاً لأدوار الأسرة وأشكال التأثير فيها وعلى النحو التالي:

أولاً: أدوار الأسرة Family Roles:

تعمل الأسرة – كخلية اجتماعية – من خلال توزيع واضح نسبياً للأدوار والمهمات فيها. على سبيل المثال، إعداد الطعام والتخلص من النفايات وشراء ما تحتاجه الأسرة من سلع قد يكون من مهام فرد دون آخر. وتجدر الإشارة هنا إلى أن أدوار أفراد الأسرة الأردنية لم تتغير بشكل كبير أو جذري بعد بالرغم من حجم ومضمون المتغيرات البيئية في المجتمع الأردني. على سبيل المثال، ما زال على المرأة المتزوجة العاملة أن تنجز أعمال منزلها قبل ذهابها أو حتى بعد قدومها من العمل. بينما عمل امرأة من بيئة اجتماعية أخرى كالمرأة الأمريكية غير كثيراً من أدوارها حيث يتشارك أعضاء الأسرة الأمريكية مثلاً في إنجاز مهام أعمال الطبخ والتنظيف وغيرها ما دامت المرأة في وظيفة تدر دخلاً شهرياً، وتشارك في مسؤولية الإنفاق كزوجها تماماً وخاصة في الطبقة العامة الأمريكية. وتجدر الإشارة هنا هو

أن الزوجة الأردنية من الطبقة المتوسطة والعاملة تشارك الآن مع زوجها مسئوليات البيت المالية والتخطيط لمستقبلها.

بشكل عام، يتوجب على رجال التسويق المحليين إبداء نوع من المرونة والحساسية نحو المتطلبات الجديدة التي تحققت مثلاً للنساء العاملات وذلك من خلال التعرف على رغباتهن وأذواقهن فيما يتعلق بالسلع أو الخدمات التي تعتبر ضرورية لهن بعد دخولهن لسوق العمل وبشكل متزايد.

عموماً، يمكن إيراد أدوار الأسرة على الشكل التالي:

١. **المؤثرون (Infuencers):** وهم الذين يكون لديهم معلومات وخبرات أكثر من غيرهم من أفراد الأسرة الآخرين وحول السلع أو الخدمات التي تحتاجها أسرهم. وبالتالي فإنهم قد يكونون أكثر تأثيراً عند تقرير حجم ونوعية الكميات المشتراه من كل ماركة سلعية.

٢. **حافظي المعلومات (Gate Keepers):** وهم بعض أعضاء الأسرة الذين يسيطرون على تدفق المعلومات عن الماركة من السلعة أو الخدمة إلى الأسرة بكامل أعضائها.

٣. **المقررون (Deciders):** وهم أفراد الأسرة الذين لديهم القوة والسيطرة عند اتخاذ القرار الشرائي للماركة من السلعة أو الخدمة والتي تلبي حاجات أو رغبات معظم أفرادها.

٤. **المشترون (Buyers):** وهم بعض أفراد الأسرة الذين يقومون بعملية الشراء الفعلية للماركات السلعية أو الخدمية وقد يكون المشتري الخادمة الأجنبية في بعض الحالات.

٥. **المستخدمون (Users):** وهم أعضاء الأسرة الذين يستخدمون أو يستهلكون ما تم شراءه من ماركات سلعية أو خدمية.

وقد يرتبط بهذه المرحلة عضو أو أكثر من أعضاء الأسرة والذين قد تكون مهمتهم تقديم الماركة من السلعة والتي تم شراؤها بأفضل طريقة ممكنة من أجل تعظيم درجة الرضا التي قد تتحقق لدى مستخدمي الماركة بعد استهلاكها أو استخدامها. وتجدر الإشارة هنا إلى أن بعض الأسر قد تقوم ومن وقت لآخر بالمبادرة لطرح أفكار معينة ترتبط بما تحتاجه من سلع أو خدمات. وقد يكون أولئك المبادرون من أفراد هذه الأسر الأزواج أو الزوجات أو أحد الأبناء الكبار، وهكذا. يضاف إلى ذلك أن أحد أفراد الأسرة – وقد يكون الزوج أو الزوجة - المبادر والمؤثر والمتخذ للقرار الشرائي إلى جانب كونه أحد المستهلكين أو المستخدمين للماركة السلعية أو الخدمية التي تم شراؤها.

ثانياً: التأثير المتبادل للتأثير داخل الأسرة:

يحاول كل من الزوج والزوجة ممارسة أقصى درجات التأثير عند اتخاذ معظم القرارات الشرائية للسلع أو الخدمات التي تحتاج الأسرة. عموماً، يمكن إيراد أشكال التأثير المتبادل بين الزوجين كما يلي:

أ. الخبير (Expert): يقوم الخبير والذي قد يكون الزوج أو الزوجة باستخدام كافة المعلومات المتوفرة عن البدائل المتاحة من السلعة أو الخدمة بهدف التأثير على عملية الشراء وفي مختلف المراحل الأولى منها والمتوسطة أو الأخيرة.

ب. الشرعية (Ligitimacy): حيث يقوم الزوج أو الزوجة بممارسة نوع من التأثير المستمد من مكانة الطرف الذي يشعر أنه أو أنها صاحب أو صاحبة القرار النهائي في تقرير ما يجب شرائه أو استخدامه من ماركات سلعية أو خدمة. وقد تتحدد الشرعية بواسطة الدخل المتاح لأحد أفراد الأسرة الأساسيين كالزوج أو الزوجة أو كلاهما.

ج. المساومة (Bargaining): وقد تصدر المساومة إما من الزوج أو من الزوجة بهدف التأثير بينهما حول السلع والخدمات التي تهم الأسرة وهو ما يعكس في النهاية توزيع القوة التفاوضية داخل الأسرة في كل حالة أو موقف يستدعي سلوكاً شرائياً أو استهلاكياً يؤثر أو يفيد كافة أطرافها أو أعضاءها.

د. المكافأة (Reward): وتستخدم المكافأة من أي طرف داخل الأسرة وخاصة الزوج للتأثير وإقناع الأطراف الأخرى في الأسرة وخصوصاً الزوجة بصحة القرار الذي سيتم اتخاذه. أحد الزوجين الطابع العاطفي في عملية التأثير من كل طرف نحو الآخر أو على العكس أحياناً!!

بشكل عام، يحاول كل من الزوج أو الزوجة بعض أو كل هذه الأساليب للتأثير المتبادل بينهما قبل وأثناء وبعد اتخاذ القرار الشرائي والخدمات التي تحتاجها الأسرة. ذلك أن إزالة أية صراعات أو خلافات قد تنشأ بينهما – أي الزوج أو الزوجة – للحصول على نصيب أكبر في التأثير على القرار الشرائي بمراحله المختلفة هو من الأمور المستحبة لاستقرار تلك الأسر وديمومتها في ظل الضغط المتزايد على القدرات الشرائية لمعظم الأسر وخاصة في الدول النامية.

على سبيل المثال، لاحظنا ونلاحظ باستمرار اختلاف أفراد الأسرة حول نوع الطعام الذي يأكلون هذا اليوم أو ذاك، نوع المطعم الذي سيذهبون إليه في أوقات العطلة الأسبوعية، الأفلام أو البرامج التي سيشاهدونها في هذه القناة أو تلك ... الخ، وكيف يقوم الزوج والزوجة وباقي أفراد الأسرة بمحاولة حلها بأسلوب ديموقراطي لا يتعارض مع القيم الاجتماعية الأصلية للمجتمع. ومما تجدر الإشارة إليه هنا، هو أن الطرف – الزوج أو الزوجة – الذي أو التي لديه أو لديها معلومات كافية ودقيقة عما يراد شراؤه من موارد كافية هو الذي سيكون له التأثير الأكبر عبر مختلف مراحل القرار الشرائي للسلع أو الخدمات المطلوبة لهذه الأسرة أو تلك في الفترة القادمة من الزمن وذلك على خلفية ما يجري من تسارع غير مخطط لإعادة هيكلة

ما يجري اتباعه من قيم اجتماعية أصلية إلى أخرى لا يمكن إيجاد وصف دقيق لها حالياً.

ثالثاً: دور الزوج أو الزوجة في اتخاذ القرار:

من المعروف أن الزوج والزوجة هما اللذان يشكلان العمود الفقري للأسرة (كوحدة اجتماعية واستهلاكية) وبناء عليه، فإنه من المنطقي أن يكون لأحدهما تأثيراً أكبر في اتخاذ مختلف القرارات التي تهم الأسرة. وما يهمنا هنا هو أن بعض القرارات الشرائية والاستهلاكية قد يكون التأثير الأكبر فيها للزوج باعتباره الممول والمسؤول الرئيسي عن الأسرة.

على الجانب الآخر، وبحكم دورها التقليدي في الأسرة، فقد يكون للزوجة تأثير أكبر في اتخاذ بعض القرارات الشرائية عند شراء الأغلبية الساحقة من السلع الميسرة والتسويقية التي تحتاجها الأسرة. كما قد يكون لكل من الزوج والزوجة تأثير متساوٍ نسبياً عبر مختلف القرار الشرائي للعديد من السلع المعمرة (كالثلاجات والغسالات ... الخ).

على سبيل المثال، أشارت دراسة ميدانية للمؤلف عام (١٩٨٩) أن للزوجات من أصل عربي تأثير نسبي أقل من تأثير أزواجهن العرب الأردنيين عبر مختلف القرار الشرائي للسلع المعمرة (كالثلاجة، السيارة، الغسالة، التلفزيون، أفران الغاز، والفيديو).

كما أشارت دراسات أرى بأن النساء العاملات لهن دوراً أكبر في اتخاذ القرارات التي تشتمل شراء سلع تسويقية (كالملابس والأحذية) أو معمرة (كالسيارات) من خلال مساهمتهن المالية في تمويل المشتريات المشار إليها أعلاه. كما أشارت دراسة أخرى إلى رؤية مختلفة لاتخاذ القرار الشرائي في الأسر ذات

الخليط العرقي كالأسر الأردنية حيث كان للزوجات الشركسيات الأصل تأثير أكبر من أزواجهن العرب عبر مختلف القرار الشرائي وخاصة في مجال السلع المعمرة.

كما أظهرت دراسة أخرى تأثير العامل الديني على القرار الشرائي. في الأسر الكاثوليكية حيث كان للأزواج تأثير أكبر نسبياً بالمقارنة مع زوجاتهم، بينما يتقاسم الأزواج والزوجات اليهود التأثير عبر مختلف القرار الشرائي للعديد من السلع الميسرة والتسويقية والمعمرة.

وتجدر الإشارة هنا، إلى أن تأثير كل من الزوج والزوجة في الأسرة يختلف بحسب مراحل القرار الشرائي (تحديد المشكلة أو طرح فكرة الشراء لأول مرة، البحث عن المعلومات، تقييم البدائل، اتخاذ القرار الشرائي وتنفيذ القرار الشرائي فعلياً)، وبحسب فئة السلعة أو الخدمة موضوع الاهتمام، كون الممول الرئيسي لعملية الشراء الزوج أو الزوجة أو كلاهما، الخلفية العرقية لكل من الزوج والزوجة، عدد أفراد الأسرة، الحالة الوظيفية لكل من الزوج أو الزوجة، بالإضافة إلى المستوى التعليمي والديانة ... وهكذا.

تأثير الأطفال على القرار الشرائي:

يحاول الأطفال الصغار وفي كل المجتمعات التأثير على قرارات شراء السلع والخدمات في الأسر التي يعيشون فيها. ذلك أنهم - أي الأطفال - يكتسبون العديد من المهارات الاتصالية خلال عملية التطبيع أو التنشئة الاجتماعية التي يتعرضون إليها من والديهم وغيرهم، ومنذ الأيام الأولى من ولادتهم.

يضاف إلى ذلك، أن الأطفال أثناء تفاعلهم مع باقي الأفراد في أسرهم يقومون بالكثير من المحاولات للتأثير على قرارات الشراء لدى أسرهم - من فضلك ماما أريد هذه الشوكولاتة؟ ... أريد هذه الماركة من الشيبس؟ ... وهكذا. أما بالنسبة للأطفال الأكبر سناً فإنهم غالباً ما يكونون أكثر ميلاً للمشاركة في كل

أنشطة الأسرة الاستهلاكية. وفي دراسة للمؤلف حول تأثير الأطفال في الأسرة الأردنية لشراء السلع منخفضة الثمن - كالبوظة والشيبس والشوكولاتة أو الكاندي ومعجون الأسنان ... الخ - تبين أن الأطفال من فئات ١٢-١٤ سنة أكثر تأثيراً في قرارات الشراء الأسرية بالمقارنة مع أقرانهم من فئات العمر الصغرى. كما تبين من الدراسة المشار إليها أعلاه أن الأطفال من فئات العمر الكبرى للأمهات المطلقات كانوا أكثر تأثير في قرارات شراء السلع السابق الإشارة إليها بالمقارنة مع أقرانهم من الأمهات المتزوجات.

كما أشارت دراسات أجنبية أخرى، أن الأزواج كانوا أكثر تأثيراً عبر معظم مراحل القرار الشرائي لسلعة كالكمبيوتر - جمع المعلومات، اختيار شراء السلعة والزمان - أما الأطفال فكانوا أكثر تأثيراً في مرحلتي طرح فكرة الشراء للسلعة واتخاذ القرار الشرائي لها، بينما لم يكن للأمهات أي تأثير عبر مختلف مراحل القرار الشرائي لسلعة الكمبيوتر.

بشكل عام، يحاول الأطفال التأثير على والديهم لاتخاذ أية قرارات شرائية ترتبط بالسلع الأكثر ارتباطاً أو أهمية بل أنهم قد يظهرون اهتمامات كبيرة لشراء ماركات محددة من سلع كالمنظفات ومعاجين الأسنان وغيرها.

الأطفال والتلفزيون:

عالجت العديد من الدراسات الميدانية الأجنبية تأثير المشاهدة التلفزيونية الإعلانات التجارية على الأطفال. على سبيل المثال أشارت إحدى الدراسات إلى أن الأطفال في فئات العمر العليا والذين يشاهدون التلفزيون بتكرارية عالية قد يكونون أكثر ميلاً لتذكر كافة الإيحاءات والشعارات الإعلانية بالمقارنة مع أقرانهم من الأطفال من فئات العمر الصغرى.

وما تجدر الإشارة إليه هنا إلى أن تأثير الإعلان التلفزيوني قد يكون مختلفاً باختلاف فئات العمر للأطفال ذلك أن الأطفال من فئات العمر الأكبر أكثر قدرة على تمييز محتوى البرامج التلفزيونية والإعلانات التجارية بالمقارنة مع أقرانهم من فئات العمر الصغرى.

كما كانت الرسائل الإعلانية التلفازية عن أحمر الشفاه والموجهة للفتيات الكبار أو السيدات أكثر فعالية وتأثيراً على الفتيات من فئات العمر الصغرى (٥-١٠ سنوات) بالمقارنة مع أقرانهن من فئات العمر الكبرى. كما الأطفال الأكبر سناً كانوا أكثر قدرة على التعرف على الإيحاءات الرمزية في الإعلانات بالمقارنة مع أقرانهم من فئات العمر الصغرى.

أما عن اهتمام الوالدين بتأثير الإعلان التلفزيوني على أطفالهم. فقد أشارت بعض الدراسات إلى أن الوالدين من الطبقة الاجتماعية العليا كانوا أكثر اهتماماً بالقيمة البروتينية ونوعية السلع الغذائية المعلن عنها للأطفال. بينما كان الوالدان في الطبقة الاجتماعية الدنيا أكثر اهتماماً بالنتائج السلبية التي قد تتركها تلك الإعلانات عن السلع الغذائية المواجهة لأطفالهم من حيث أنها قد تثير لدى أطفالهم مطالب لا يستطيعون تحمل نفقاتها. لذا فقد كانت الأسر الفقيرة أو المتوسطة أقل اهتماماً في معظم الإعلانات التلفازية عن السلع الغذائية لأنها ستؤدي في رأيهم إلى اتباع عادات استهلاكية غير صحيحة أو ممكنة التحمل من الناحية المادية.

ومما تجدر الإشارة إليه هنا هو أن المراهقين (١٢-١٨ سنة) يشكلون نسبة كبيرة من الشباب في أي مجتمع. كما أن هذه النسبة الكبيرة من الشباب المراهقين يمثلون سوقاً كبيرة للعديد من السلع الرياضية والأغذية سريعة الأعداد خارج المنزل والملابس ذات الموضات العصرية. بينما تميل الفتيات من نفس العمر إلى إنفاق ما يتوفر لديهن من نقود على الملابس وأدوات التجميل والعطور.

كما يلاحظ أن الأسر التي لديها أطفال من فئات العمر الكبرى غالباً ما تقوم بتنفيذ العديد من المشتريات الخاصة بالسلع التي تحتاجها بالمقارنة مع الأسر التي يوجد لـديها أطفال من فئات العمر الصغرى.

باختصار، تشير الدراسـات الميدانيـة الأجنبيـة، الأهميـة الكبـيرة للمـراهقين كسوق مربحة للعديد من المؤسسات التسويقية التي تحاول بيع سلع كـالملابس والأحذيـة الرياضية والملابس ذات الموضات الحديثة بالإضافة إلى الأكلات السريعة.

كما يمكن اعتبار طلبة الجامعات والكليات إحدى المجموعات الفرعية لأسرهم. على سبيل المثال، وصـل عـدد طلبـة الجامعـات والكليـات في الأردن مـا يقـارب الستون ألـف (٦٠.٠٠٠) طالب وطالبة ينفقون ما يقارب (١٥) مليون دينار في السنة عـلى سـلع كالكتب، الملابس، الأغذية، الرحلات ... الخ. بالإضافة إلى تأثيرهم الملموس على العديـد مـن قرارات الشراء لدى أسرهم وخاصة فيما يتعلق بالأثاث المنزلي، تمضية أوقات الفراغ، بالإضافة إلى نوعية الطعام.

تسويقياً، يحاول رجال التسويق الحصول على انتباه واهتمام وولاء طلبة الجامعـات والكليات للسلع أو الخدمات التي يحاولون تسويقها باعتبارهم - أي طلبة الجامعـات - مستهلكين فعليين الآن وسيكونون أكثر قدرة عـلى الشراء والاستهلاك في المستقبل، بعد تخرجهم والتحاقهم بسوق العمل وتكوينهم لأسر جديـدة تضاف إلى الأسر التـي تكون المجتمع الذي يعيشون فيه.

دورة حياة الأسرة The Family Life Cycle:

استخدام علماء الاجتماع وسـلوك المستهلك مفهـوم دورة حياة الأسرة كوسـيلة لتصنيف وحدات الأسرة في مجموعات ذات أهمية للباحثين التسويقيين. ويعتبر تحليل دورة حياة الأسرة أداة استراتيجية يستخدمها رجال التسويق كعامل تجزئة

(Segmenting Variable) للسلع أو الخدمات وذلك وفق مراحل زمنية واجتماعية لأسرة ما منذ تكوينها وحتى انتهائها أو زوالها.

وعند تقسيم دورة حياة الأسرة لا بد من اعتبار بعض العوامل أو المتغيرات عند تقسيمها لمراحل مثل، الحالة الاجتماعية للفرد رب الأسرة، حجم أو عدد أفراد الأسرة، أعمار أفراد الأسرة - وخاصة الطفل الأكبر والأصغر -، والحالة الوظيفية لرب الأسرة، يضاف إلى ذلك أن أعمار الوالدين ومستوى الدخل غالباً ما يتم استنتاجها من المرحلة التي تمر بها الأسرة موضوع الاهتمام.

نماذج دورة حياة الأسرة:

أولاً: دورة حياة الأسرة التقليدية:

يمكن النظر لدورة حياة الأسرة التقليدية على أساس أنها سلسلة متدرجة من المراحل تمر بها معظم الأسر بدءاً من مرحلة العزوبية إلى مرحلة الزواج، إلى مرحلة مجيء الأطفال ودخولهم للمدارس والجامعات إلى تخرجهم ودخول سوق العمل وتكوين أسر خاصة بها وانتهاءاً بزوال الوحدة الأساسية للأسرة بسبب وفاة أحد الأبوين.

ومما تجدر الإشارة إليه هنا، إن العديد من الباحثين السلوكيين لم يتفقوا بعد حول العدد الأمثل لمراحل حياة الأسرة. عموماً، يمكن القول أن دورة حياة الأسرة التقليدية تتكون من المراحل الخمسة التالية:

المرحلة الأولى: مرحلة العزوبية:

وتتكون من الرجال أو النساء العزاب أو العزباوات الذين يقومون بتأسيس بيوت ليعيشوا فيها بعيداً عن الوالدين. عملياً، أفراد هذه المرحلة غالباً ما يكونون عاملين أو عاملات أو طلبة كليات جامعية اختاروا العيش في بيوت منفصلة عن

أهلهم. حيث يقوم أفراد هذه المرحلة بإنفاق دخولهم الشهرية على إيجارات البيوت التي يسكنون، تأثيث منازلهم، شراء سيارات صغيرة تنقلهم من وإلى العمل، السياحة وباقي الخدمات الترفيهية والملابس وغيرها.

تسويقياً، يهتم المسوقون بأفراد هذه المرحلة من ناحية تصميم أو تقديم تلك السلع أو الخدمات الأكثر مرغوبية منهم وحسب قدراتهم الشرائية. وما تجدر الإشارة إليه هنا، إلى أن هذه المرحلة غير موجودة في الأردن وذلك بسبب شيوع أو سيطرة نظام الأسرة الممتدة، حيث يعيش كل الأفراد في الأسرة – بما فيهم أحد الأجداد أو الجدات – تحت سقف منزل واحد إلى أن يتزوج أو تتزوج الابن أو البنت مما يعني تأسيس أسر نووية جديدة.

المرحلة الثانية: العرسان في شهر العسل (Honey Mooners):

وتبدأ هذه المرحلة من لحظة زواج فردين اثنين – ذكر وأنثى – وتنتهي بمجيء أو ولادة المولود الأول. عملياً، تعتبر هذه المرحلة مرحلة تكييف بروح من المسؤولية المشتركة والحرص على أسس بناء الأسرة على أسس موضوعية وواقعية.

عملياً، قد يكون عدد من الأزواج والزوجات من ضمن العاملين الذين يحصلون على رواتب شهرية ممكن استخدامها في توثيق عرى علاقاتهم الاجتماعية مع الغير، بالإضافة إلى إمكانية تأسيس النهج الحياتي المرغوب فيه من قبل كل من الزوج والزوجة.

يميل أعضاء الأسرة في هذه المرحلة إلى تأثيث بيوتهم بكل المستلزمات الحضارية – الأثاث العصري والأدوات الكهربائية وغيرها – بالإضافة إلى ممارسة عادات اجتماعية وإعلانية (Media Habits) مختلفة نسبياً عن المراحل السابقة واللاحقة من حياتهم.

المرحلة الثالثة: الأبوة المبكرة:

عنـدما يـرزق الزوجـان بالطفل الأول تنتهـي مرحلـة العرسـان الجـدد (Honeymooners). قد تمتد هذه المرحلة إلى أكثر مـن عشرين سـنة مـن عمـر الأسرة. ومـا دامت الزوجة قادرة على الإنجاب وبسبب طول الفترة الزمنية لهذه المرحلة يتم تقسيمها إلى مراحل قصيرة، وكما يلي: مرحلة ما قبل دخول الأطفال في المدرسة، مرحلة دخول الأطفال في المدرسة الابتدائية والإعدادية، مرحلة دخول الأبناء في الثانوية العامة وأخـيراً، مرحلـة دخول الأبناء للكليات الجامعية.

عملياً، تحدث الكثير من التغيرات على أدوار أفراد الأسرة في هذه المرحلة من ناحيـة من يؤثر أكثر على القرار الشرائي الأسري؟ وماذا يجب أن يشتري؟ وكيف؟ ومن أيـن؟ ولماذا؟. يضاف إلى ذلك أن الدخل الشهري للأسرة في هذه المرحلة قد يزيد ولكن بمعدلات أقل مـن تزايد نفقات الأسرة كلها.

تسويقياً، تعتبر هذه المرحلة في حياة الأسر هامة جداً لأسباب منها تنوع ما تحتاجـه الأسر في هذه المرحلة من سلع وخدمات والتي قد تبلغ العشرات. ذلك أن المنظومة السـلعية لها – أي الأسر – تكون في ذروتها من ناحية الاتساع والتنوع. كما يميل أفراد الأسرة في هـذه المرحلة إلى شراء سلع كالصحف والمجلات ومـن كـل الأنـواع وإلى مشاهدة بـرامج تلفازيـة متباينة – فئة قد ترغب في مشاهدة القناة الأولى وأخرى قد ترغب في مشاهدة القناة الثانية في التلفزيون الأردني –. الأمر الـذي يعني لرجـال الـترويج مضامين تخطيطيـة ذات أهـداف مختلفة عند تحديد القناة والتوقيت والبرامج التي يـتم اختيارهـا لإرسـال الرسالة الإعلانيـة المراد إرسالها عن الماركة السلعية أو الخدمية موضوع الاهتمام.

المرحلة الرابعة: ما بعد الأبوة (Postparenthood):

تبدأ هـذه المرحلـة بعـد مغادرة الأبنـاء لبيت الأسرة بعد زواجهـم وتكـوين الأسر الخاصة بهـم (وتسمى هـذه المرحلـة بالعش الخـالي Empty nest). تعتبر هـذه المرحلـة للوالدين مرحلة طابعها الانطلاق والراحة بعد أن قاموا بتأدية ما عليهم من

واجبات نحو أبنائهم وبناتهم طيلة سنوات العمر الطويلة (من ٢٥-٣٥ سنة). كما يميل الوالدان في هذه المرحلة إلى ممارسة بعض الأنشطة الترفيهية والسياحية مع إمكانية إعادة تأثيث المنزل إن أمكن. كما تمثل هذه المرحلة فرصة ذهبية للحصول على المزيد من التعليم والمعرفة من خلال الانخراط في أنشطة ثقافية محددة. كما تمثل هذه المرحلة للزوج محاولة ممارسة هوايات جديدة. كما يميل بعض المستهلكين من كبار السن في هذه المرحلة إلى مشاهدة البرامج التلفزيونية بدرجة كبيرة باعتبارها نوعاً من أنواع الترفيه المرغوبة لديهم كالأخبار والبرامج الاجتماعية والترفيهية.

المرحلة الخامسة: مرحلة الانحلال Dissolution:

تبدأ مرحلة الانحلال للأسرة مع موت أحد الوالدين وكلما كان الأب أو الأم بصحة جيدة مع موارد ومدخرات كافية ومجموعة من الأصدقاء كلما كان من السهل عليه التكيف مع ما حدث والعيش بدون مشاكل كثيرة نسبياً.

ثانياً: نموذج دورة حياة الأسرة المطور:

يعتبر هذا النموذج، إطاراً مناسباً لأغلبية الأسر الأمريكية والأوروبية. بشكل عام، يتضمن نموذج دورة حياة الأسر المعدل أو المطور الرجال المطلقين والمطلقات بالإضافة للذين يتزوجون في سنوات متأخرة من العمر وبوجود أو عدم وجود أطفال. ويرجع السبب لوجود هذا النموذج المطور لتلك المتغيرات الاجتماعية والديموغرافية والاقتصادية الكبيرة التي حدثت في المجتمع الغربي خلال المائة سنة السابقة.

يشمل هذا النموذج شخصين بينهما فقط علاقة قانونية وقد لا تكون شرعية، الأفراد العزاب، بالإضافة إلى المنازل التي يعيش في بعضها فردان أو أكثر وليس بينهما أية علاقة قانونية أو شرعية.

تسويقياً، ركزت عدة دراسات ميدانية على المضامين الاستهلاكية لـدورة حيـاة الأسـرة حسب هذا النموذج. على سبيل المثال، أشـارت دراسـة اندرسـون (Anderson, 1984) إلى أن تغير الحالة الاجتماعية لفرد ما (طلاق شخص ما أو زواج شخص ما) يـؤدي بالفعـل إلى تغير مماثل في تفضيلاته مـن ماركـة لأخرى مـن نفس فئـة السـلعة. كـما أشـارت دراسـة أخرى (Sinkula, 1984) إلى أن المرأة المطلقة أكثر قدرة على تخطيط مشترياتها بالمقارنة مـع الرجـل المطلق والذي قد يحتاج إلى اكتساب مهارات أساسية لاتخاذ قرارات الشراء التي يحتم عليـه تنفيذه بعد تحوله من حالة اجتماعية لأخرى. كما أشارت دراسة ثالثـة (Maurray, 1981)إلى أن أطفال الأسر وحيدة الأب أو الأم أكثر قدرة على اعتبـار المـؤشرات الاقتصـادية عنـد اتخـاذ القرار الشرائي بالمقارنة مع أقرانهم في الأسر المتزوجة وبالتالي أنهم قـد يكونـون أكـثر عقلانيـة عند الشراء بالمقارنة مع نظرائهم من أطفال الأسرة المتزوجة.

وأشارت دراسـات أخـرى إلى تـأثير الحالـة الوظيفيـة للمـرأة عـلى أنمـاط الاسـتهلاك للأسرة. على سبيل المثال، أشارت دراسة بلانتي وفوسـتر (Bellante & Foster, 1984) إلى تـأثير عمل الزوجة عـلى مصروفـات الأسرة عـلى الخـدمات، العنايـة بالأطفـال، الغسـيل، وأعـمال التجميل وتناول بعض الوجبات الغذائية خارج المنـزل. وبنـاء عليـه يحـاول رجـال التسـويق تجزئة سوق المرأة إلى نساء عاملات وأخرى غير عـاملات، أو اتبـاع أسـلوب آخـر في التجزئـة يعتمد على تقسيم سوق المرأة إلى:

١. امرأة متزوجة غير عاملة وينحصر عملها في بيتها كونها ربة بيت متفرغة.

٢. ربة بيت تخطط للعمل خارج المنزل.

٣. امرأة متزوجة عاملة خارج المنزل بالإضافة إلى كونها ربة بيت بعد رجوعها من العمل.

٤. امرأة متزوجة ومتفرغة تماماً لعملها حيث تقوم باستخدام خادمة لرعاية شؤون المنزل.

ثالثاً: نموذج دورة حياة الأسرة الأردنية المقترح:

بشكل عام، يمكن النظر للأسرة الأردنية من خلال المراحل التي تم اقتراحها بواسطة السقاف (١٩٩٤) وكما يلي:

١. **زوج وزوجة حديثا الزواج:** وتعتبر هذه المرحلة الأولى من الحياة الزوجية والتي تسبق عملية إنجاب الأطفال، حيث تتكون الأسرة فقط من الزوج والزوجة.

٢. **زوج وزوجة وطفل واحد:** وهي المرحلة الثانية التي تلي المرحلة الأولى أما بعد سنة واحدة أو سنوات قليلة. تضم الأسرة في هذه المرحلة طفلاً واحداً عمره قد يتراوح من يوم واحد وحتى سنتين.

٣. **زوج وزوجة وأكثر من طفل:** في الأسرة (١-٣ أطفال) مع إمكانية دخول طفل واحد منهم إلى المدرسة الابتدائية أو الحضانة.

٤. **زوج وزوجة مع إمكانية دخول الأبناء (واحد أو أكثر)** للمرحلة الإعدادية أو الثانوية.

٥. **زوج وزوجة وإمكانية دخول أحد الأبناء للجامعة:** وتخرجه بعد سنوات الدراسة الجامعية المعتادة.

٦. **زوج وزوجة وإمكانية عمل أحد الأبناء أو أكثر:** من المتخرجين من الكليات الجامعية وبدء تكوين أسرة خاصة بهم (أي خروج أحد الأبناء العاملين من البيت بعد زواجه أو زواجها).

٧. **تقاعد أحد الوالدين:** وغالباً ما تكون الزوجة إذا كانت عاملة أو الزوج إذا كان هو العامل الوحيد والرئيسي للأسرة. وتمتاز هذه المرحلة بتناقص إمكانيات الأسرة المادية للأسرة الأصلية.

٨. **موت أحد الزوجين:** وهنا تبدأ الأسرة بالتفكك وذلك لإمكانية خروج كافة الأبناء أو البنات من بيت الأسرة بسبب الزواج وتكوين أسرة خاصة بهم أو بهن.

هذا وقد وجدت الباحثة المحلية علاقة إيجابية بين كل مرحلة من هذه المراحل المشار إليها أعلاه، والإنفاق على خدمات محددة كالهاتف والماء والكهرباء ... الخ.

مرتكزات تكوين دورة حياة الأسرة:

بشكل عام، ترتكز مراحل دورة حياة الأسر على عدة عوامل نوردها كما يلي:

أ. عمر رب الأسرة:

يحدد هذا العامل في رأي الباحثين السلوكيين الجماعات المرجعية لدورة حياة الأسرة ولمعظم الأسر. وبالتالي فإنه يفترض أن الأنماط السلوكية للأفراد الذين ينتمون لمرحلة عمرية معينة قد تكون متشابهة فإن السلوك الاستهلاكي للأسر التي تعود لنفس المجموعة قد يكون متشابهاً نسبياً.

كما أن هناك أدوار محددة في الأسرة ترتبط بمراحل عمرية محددة. على سبيل المثال، قد يبدأ الدور الأبوي في سن الشباب ولكن من ناحية أخرى فإن اتجاهات تأجيل الزواج والإنجاب قد تنقص هذا الافتراض وتجعله كما سبق ذكره غير صحيح. يضاف إلى ذلك أن عمر الزوجة قد يرتبط بشكل كبير بعمر رب الأسرة.

ومن وجهة نظر تقليدية، يمكن تقسيم حياة الأسرة إلى قسمين: صغيرة السن، والتي يكون عمر رب الأسرة فيها أقل من ٤٥ سنة، والأكبر سناً، والتي يكون عمر رب الأسرة فيها ٤٥ سنة فأكثر.

إن هذا التصنيف قد يكون عشوائياً، لأنه قد يخفي كثيراً من التمايز أو الاختلافات في أنماط سلوك الأسرة الاستهلاكي لاستخدامه السن فقط في التصنيف.

وتجدر الإشارة هنا إلى وجود تصنيف عمري آخر لـدورة حيـاة الأسرة يعتمـد عـلى عمـر رب الأسرة، حيث يتم تقسيم الأسر بموجبه إلى ثلاث فئات:

- الأسر الشابة: وهي التي تتراوح الأعمار فيها من سن ١٨ – ٣٤ سنة.

- الأسر المتوسطة السن: وهي التي تتراوح الأعمار فيها من سن ٣٤ إلى سن التقاعد.

- الأسر الأكبر سناً: وهنا يكون عمر رب الأسرة في سن التقاعد أو أكبر.

ومن ناحية أخرى، قام الباحثان جيلي وانس (Gilly & Enis, 1981) بتعديل تصنيف ميرفي وستابلس (Murphy & Staples) من خلال قيامهما بتحديد مراحـل دورة حيـاة الأسرة بناء على عمر الزوجة في الأسرة (في حالة وجودها) وكما يلي:

- الأسر الشابة: وهي التي يكون فيها عمر الزوجة أقل من ٣٥ سنة.

- الأسر المتوسطة: وهي التي يكون فيها عمر الزوجة ما بين ٣٤ – ٦٤ سنة.

- العائلات الأكبر سناً: والتي يكون فيها عمر الزوجة أكبر من ٦٤ سنة.

عملياً، يعامل هذا النموذج المعدل الزوجة كند مساوي للرجل وذلك لدورها الكبير في إنجاب الأطفال وإدارة الشؤون المنزلية.

ب. الحالة الاجتماعية:

يرتكز هذا المفهوم على الفرضية القائلة بأن كل أسرة مكونة من زوج وزوجة وعـلى قيد الحياة. إلا أن ارتفاع نسبة النووية المشتملة فقط على أحد الوالدين بالإضافة إلى زيادة عدد غير المتزوجين والـذين يعيشـون وحـدهم طـوال حيـاتهم قـد جعل هـذه النظـرة غـير صحيحة معظم الأحيان. هذا وقد تم طرح اقتراح آخر من قبل أحد الباحثين يشمل الفرضية القائلة بأن مفهوم دورة حياة الأسرة يتضمن الأسر المحتوية على أبوين مطلقين، أو الأرامل في سن مبكرة والأشخاص الذين لم يسبق لهم الزواج من قبل.

ج. الوضع الوظيفي لرب الأسرة:

من العوامل الهامة أيضاً في تحديد مراحل دورة حياة الأسرة عمل رب الأسرة أو تقاعده. عملياً، هناك مؤشرات كبيرة على وجود علاقة قوية تربط عمل رب الأسرة أو تقاعده وبين دخل الأسرة، وبالتالي حجم استهلاكها.

على سبيل المثال، في مرحلة تقاعد رب الأسرة قد تواجه بعض الأسر انخفاضاً ملحوظاً في الدخل المتاح لها، الأمر الذي قد يؤدي إلى انخفاض كبير في استهلاكها مما قد يدفعها إلى تحويل بعض من أملاكها أو عقاراتها إلى سيولة نقدية للمحافظة على مستوى الاستهلاك السائد لديها.

ومن الناحية التقليدية، يفترض هذا العامل أن معظم أرباب الأسر عاملين أو متقاعدين، وأن الزوجة غير عاملة وخاصة في معظم الدول النامية. باختصار، إن هذين الافتراضين غير واقعيين ذلك أن الافتراض الأول ينظر إلى رب الأسرة عاملاً أو متقاعداً.

كما أن هناك احتمالاً كبيراً أن يكون الزوج عاطلاً عن العمل وهذا يعني أن البطالة لرب الأسرة قد يكون لها آثاراً سلبية على الأنماط السلوكية للأسرة بشكل عام. من ناحية أخرى، هناك عاملان نظريان يساهمان في قبول هذه الفرضية: أما العامل الأول فهو يفترض أن بطالة رب الأسرة هي حالة مؤقتة أو مرحلة فاصلة وعادة ما تكون هذه المرحلة قصيرة. أما مفهوم دورة حياة الأسرة فقد بني على أساس تغير طول الأمد في أدوار أفراد الأسرة، أما العامل الثاني، فهو أن فرضية الدخل النسبي تقول أن البطالة قد لا يكون لها آثار سلبية في الأجل القصير على سلوك الأسرة الاستهلاكية، ذلك أن الأسر في مثل هذه الحالة قد تلجأ إلى بيع جزء من أملاكها وتحويلها إلى سيولة نقدية بهدف المحافظة على نفس مستوى استهلاكها السابق من خلال الاستدانة.

أما بالنسبة للافتراض الثاني المتعلق بعمل الزوجة، فهو أيضاً غير صحيح من الناحية العملية. ذلك أن عمل الزوجة أصبح في الوقت الحاضر شبه إلزامي في

حالات كثيرة. وذلك لمواجهة أعباء الأسرة المالية المتزايدة بعد أن كان في السابق اختيارياً ووفقاً لما تراه الزوجة مناسباً لها. فالمرأة بالإضافة لدورها كزوجة وأم فهناك دورها الوظيفي ومساهمتها المطلوبة في دخل الأسرة الشهري على ضوء تزايد أعباء رب الأسرة وارتفاع أسعار معظم السلع والخدمات.

د. عمر الطفل الأصغر أو الأكبر للأسرة:

وهو العامل الأخير من العوامل التي استخدمت في تحديد مرحلة دورة حياة الأسرة، وقد افترضت معظم الدراسات التي بحثت في موضوع مراحل حياة الأسرة وجود أطفال في الأغلبية الساحقة من الأسر. ولكن المؤشرات الديموغرافية المعاصرة تشير بوضوح إلى وجود أعداد كبيرة من الأسر تتوجه نحو تأخير إنجاب الأطفال أو عدم الإنجاب الطوعي الأمر الذي يضعف صحة هذا الافتراض.

ومما تجدر الإشارة إليه هنا، هو أن أسر أردنية عديدة تشعر أن عليها أن تنظم عملية الإنجاب لديها، وذلك من أجل إجراء حالة من حالات التكيف الإجبارية مع متطلبات الحياة الاقتصادية الصعبة التي تعيشها عشرات الآلاف من الأسر، وذلك لأسباب معظمها غير مبرر، منها عدم وجود فلسفة واضحة المعالم ومقبولة الآن للقضايا الاجتماعية، الاقتصادية والتعليمية. كما أن العديد من الشباب الذي انخرط للعمل في المؤسسات الأردنية أصبح عاجزاً ولأسباب اقتصادية عن توفير المستلزمات الأساسية لتكوين أسرة نووية.

أسئلة المناقشة

١- ناقش باختصار وظائف الأسرة الأردنية.

٢- ناقش كيف تقوم الأسرة العربية بعملية التطبيع أو التنشئة الاجتماعية للأفراد.

٣- ناقش مع إعطاء أمثلة الأدوار التي قد يقوم بها أفراد الأسرة الأردنية قبل وأثناء عملية شراء سلعة أو خدمة ما.

٤- وضح باختصار أشكال التأثير المتبادل داخل الأسرة.

٥- وضح بالتفصيل دور كل من الزوج والزوجة الأردنية في عمليات اتخاذ القرار الشرائي للسلع التالية:

- شراء سيارة لأول مرة للأسرة.
- شراء السلع الميسرة.
- شراء مدفأة من ماركة رومو.

٦- المطلوب بيان رأيك بالإعلانات التجارية التلفازية المرتبطة بسلع الأطفال من ناحية الدور الذي يجب أن يعطي لكل من الوالدين والجمعية الوطنية لحماية المستهلك ووزارة الإعلام والتلفزيون والصحف.

٧- ناقش بالتفصيل المرتكزات الأساسية لتكوين دورة حياة الأسرة.

٨- في رأيك هل تعتبر نموذج دورة حياة الأسرة الأردنية المقترح قادراً على التنبؤ بالأنماط السلوكية والاستهلاكية للسلع التسويقية والخاصة.

٩- المطلوب بيان توقعاتك لنموذج دورة حياة الأسرة الأردنية بعد عشرين سنة من الآن وذلك على خلفية التأثير المحتمل لمجمل الظروف البيئية الخارجية والمحيطة بالأسرة الأردنية.

الفصل العاشر

الجماعات المرجعية وسلوك المستهلك

* تمهيد.

* الجماعات المرجعية وتعريفها.

* الجماعات المرجعية للمستهلك.

* توسيع مفهوم الجماعة المرجعية.

* الجماعات المرجعية وتعلم المستهلك.

* فوائد استخدام إيحاءات الجماعات المرجعية.

* تأثير الجماعات المرجعية على المستهلك الأردني.

* أسئلة المناقشة.

الفصل العاشر
الجماعات المرجعية وسلوك المستهلك

تمهيد

تمثل الجماعات المرجعية إحدى العوامل الهامة والمؤثرة على السلوك الاستهلاكي للأفراد والأسر في كافة المجتمعات الإنسانية. ذلك أن الحصول على الحد الأدنى من الفهم والتنبؤ للسلوك أو المواقف التي يبرزها الأفراد قد يكون من خلال التعرف على الجماعات التي يتأثرون بها سواء أكانت هذه الجماعات رسمية أو غير رسمية.

وبناء عليه، فإن فهم طبيعة التفاعل الذي يحدث وباستمرار بين الفرد وبيئته المحيطة يساعد وبدرجة كبيرة رجال التسويق في بناء استراتيجياتهم التسويقية والترويجية الهادفة لتكوين انطباعات، مشاعر، معتقدات، واتجاهات إيجابية ذات صلة فعلية بالمنظومات القيمية لدى المستهلك المستهدف. وتجدر الإشارة هنا إلى أن تأثير الجماعات المرجعية وخاصة غير الرسمية منها يزداد بشكل كبير نتيجة ثورة الاتصالات التي تنتشر في العالم بسرعة كبيرة.

عموماً، يتناول هذا الفصل التعرف على أهمية وأنواع الجماعات المرجعية بالإضافة إلى التعرف على الأسباب الموجبة التي تدفع المستهلكين لقبول التأثير الاجتماعي من مصادره المختلفة. كما يعالج هذا الفصل التطبيقات التسويقية لمفهوم الجماعات المرجعية بشكل عام وفي الأردن منها بشكل خاص من خلال إعطاء أمثلة واقعية واقع الجماعات المرجعية وتأثيرها على الأفراد في هذا الجزء من العالم.

الجماعة وتعريفها:

يمكن تعريف الجماعة "بأنها شخصين أو أكثر قد يحدث بينهم نوع من أنواع التبادل أو التفاعل لتحقيق أهداف فردية أو مشتركة لهم جميعاً". يتبين من التعريف السابق أن هناك أنواعاً مختلفة من الجماعات كالجيران الذين غالباً ما تكون بينهم علاقات طابعها التعاون وتبادل المعلومات والخبرات والنصائح حول ما يهمهم من أمور حياتية، سلع، خدمات. كما يشمل التعريف المشار إليه أعلاه ذلك النوع من العلاقات الاجتماعية ذات الجانب الواحد حيث ينظر الفرد المستهلك للأفراد المحيطين به – كأفراد أسرته أو زملائه في العمل ... الخ – عند حاجته لنصيحة حول فكرة، سلعة، أو خدمة ما تتصل بحياته اليومية. وبالرغم من أن بعض المستهلكين قد لا يدركون أهمية الجماعات المحيطة بهم بشكل مباشر فإن تأثير الجماعات المرجعية يبدو حقيقة ملموسة في حياة الأغلبية الساحقة من المستهلكين وفي مختلف بلدان العالم، وذلك من ناحية التأثير الذي يحدث بين الأفراد والجماعات التي لديهم أو لديها علاقات تبادل معها إما بشكل مباشر أو غير مباشر.

معايير تصنيف الجماعات المرجعية:

عملياً، هناك عدة معايير لتصنيف الجماعات المرجعية المحيطة بالأفراد وكما يلي:

١. نوع العضوية داخل الجماعة وهل هي رسمية – الفرد في الأسرة – أو غير رسمية كالجيران مع بعضهم البعض.

٢. نوعية ودرجة انتظامية الاتصال كما هو الحال في حالة الأصدقاء مع بعضهم البعض أو اتصال مباشر أحياناً كما يحدث بين الجيران مع بعضهم البعض.

٣. حجم الجماعة وهل هي كبيرة – الأعضاء في النقابات المهنية كنقابات المهندسين والأطباء والصيادلة والمحامين والمعلمين ... الخ – أم صغيرة – كالروابط الأسرية المنتشرة في العديد من الدول النامية ومنها الأردن. على الجانب الآخر، قد يكون الفرد المعروف في رابطة أسرية وليست عشائرية على معرفة وثيقة مع كافة أفراد الرابطة التي ينتمي إليها من ناحية أدوارهم ونشاطاتهم وتفضيلاتهم. يضاف إلى ذلك إلى أن أعضاء أسرة تحرير مجلة حماية المستهلك التي تصدرها الجمعية الوطنية لحماية المستهلك قد يعرفون الكثير عن بعضهم البعض إلى المدى الذي تكون فيه أدوار وقدرات كل منهم معروفة لبعضهم البعض. وتجدر الإشارة هنا إلى أن رجال التسويق يعطون اهتماماً كبيراً لدراسة تأثير الجماعات الصغيرة. حيث أنه توجد ضرورة لتحديد مصادر التأثير في هذه الجماعات وذلك من أجل تصميم الاستراتيجيات المناسبة والتي قد يتبعها قادة الرأي فيها للتأثير على مواقف الأفراد المحيطين بهم والمتأثرين بهم بهذه الصورة أو تلك.

٤. الجماعات الأساسية مقابل الجماعات الثانوية: ذلك أنه غالباً ما يتم تصنيف الجماعات على أساس أهميتها – أساسية أو ثانوية – وما تؤدي إليه من عضوية رسمية. فالجماعة الرسمية لأساتذة الجامعات الأردنية قد تكون من خلال رابطة خاصة بأساتذة الجامعات والتي قد تظهر للوجود في يوم من الأيام.

أما الجماعات الثانوية، فقد تكون في الحالات التي لا يستطيع بعض الأفراد الحصول على عضويتها والاستفادة من الخدمات أو النصائح التي قد تقدمها.

سلوكياً، يبدو من الواضح أن الجماعات العضوية (الأسرة وزملاء العمل وأعضاء روابط الأسر وليس العشائر ... الخ) ما زالت تحظى باهتمام كبير من قبل رجال التسويق وسلوك المستهلك لما لها من تأثير مباشر وفعال على الأنماط

السلوكية للمستهلكين الحاليين والمحتملين للسلع، الأفكار، المفاهيم والخدمات موضوع الاهتمام. باختصار، يمكن القول أن الجماعات الصغيرة – الأسرة – وغير الرسمية – الجيران – والأولية – كالأسرة – هي الأكثر مرغوبية لاستخدامها من قبل رجال التسويق.

الجماعات المرجعية للمستهلك:

يمكن إيراد الجماعات المرجعية التي تؤثر على المستهلك الفرد أو الأسرة على النحو التالي:

أ. الأسرة:

وتعتبر أكثر الجماعات الأساسية تأثيراً على أنماط سلوك الأفراد المنضمين أو المنظومين تحت لوائها. تنبع أهمية الأسرة كونها تفرض على أفرادها تكرارية الاتصال مع بعضهم البعض، الأمر الذي قد يؤدي إلى تكوين مواقف أو قيم سلوكية متشابهة نسبياً لدى أفرادها تتفق مع الأنماط الحياتية لها.

ب. الأصدقاء:

وهم عملياً جماعة غير رسمية لأنها عادة ما تكون غير منظمة وليس لديها فعلياً أي سلطات رسمية ذلك أن كل ما يملكه الأصدقاء كجماعة مرجعية عبارة عن سلطة معنوية هدفها التأثير النسبي على مواقف ومشاعر أصدقائهم نحو مختلف القضايا والأمور المعيشية والمرتبطة بالعديد من السلع والخدمات.

يضاف إلى ذلك، أن البحث عن والمحافظة على الصداقات يعتبر من الدوافع الأساسية لمعظم الأفراد. فالأصدقاء غالباً ما يرغبون في إشباع العديد من الحاجات لدى بعضهم البعض. وذلك من خلال توفير الصحبة والمشورة والأمان والفرص المناسبة لمناقشة القضايا التي لا يقوم الفرد عادة بمناقشتها مع أعضاء

أسرته. كما تمثل الصداقة دليلاً عملياً واضحاً على نضج واستقلالية الأفراد لأنها فعلياً تعتبر خروجاً عن سيطرة الأسرة التقليدية. بل أنها تعتبر محاولة جادة ومشروعة لبناء علاقات اجتماعية هدفها الرغبة الجامحة للحصول على المزيد من المعرفة وبناء علاقات اجتماعية أكثر إيجابية مع العالم الخارجي.

كما تعتبر آراء وتفضيلات الأصدقاء مؤشرات هامة في تحديد الماركات السلعية التي قد يختارها المستهلك المستهدف. واعترافاً بهذا التأثير فإن مسوقي السلع أو الخدمات – كالملابس أو المجوهرات – يعرضون إعلاناتهم التلفازية غالباً من خلال جو اجتماعي طابعه الصداقة والألفة الاجتماعية يكون فيه مجموعة من المستهلكين المستهدفين لهذه الماركة من السلعة أو تلك.

عموماً، يسعى المستهلكون للحصول على معلومات كافية ودقيقة عن الماركات السلعية أو الخدمية من أقرب الأصدقاء إليهم والذين يتشابهون معهم نسبياً في نظرتهم للأمور والأشياء. لذلك فكلما زاد التشابه النسبي بينهم – أي الأصدقاء – كلما زاد احتمال تأثر بعضهم البعض قبل وأثناء وبعد القرار الشرائي لما يحتاجونه من سلع أو خدمات.

ج. الجماعات الاجتماعية الرسمية:

وبعكس جماعات الأصدقاء فإن الجماعات الاجتماعية الرسمية أكثر تأثيراً حيث أنها تخدم أو تؤدي وظائف مختلفة للأفراد المنضمين لها. فالفرد عادة ينضم إلى جماعة اجتماعية رسمية لتحقيق بعض الأهداف مثل تكوين صداقات جديدة أو مقابلة أشخاص أكثر شهرة ومعرفة بالأمور الحياتية والتي قد يكتسبون بعضها.

على سبيل المثال، أعضاء نادي السيارات في عمان، أو مدينة الحسين للشباب قد يكونون إحدى الأهداف المفضلة لوكلاء السياحة والسفر، ولموزعي الأدوات الرياضية. يضاف إلى ذلك أن الحصول على عضوية الأندية المشار إليها

سابقاً قد يكون هدفاً أو طموحاً لشركات التأمين ووكلاء بيع السيارات وموزعي العطور ذات الماركات المشهورة.

عموماً، تؤثر العضوية في هذا النوع من الجماعات على سلوك المستهلك من نواحي عديدة. على سبيل المثال، قد يكون لدى هذه الجماعات ميلاً كبيراً للحوار مع بعضهم البعض، وبشكل غير رسمي حول مختلف الماركات من السلع أو الخدمات بالإضافة إلى إمكانية قيام بعضهم بالتقليد الشرائي لأعضاء آخرين في الجماعة من قبيل الإعجاب بهم.

د. جماعات التسوق:

تتكون كل جماعة تسويقية من هذا النوع من فردين أو أكثر يقومون غالباً بالتسويق معاً من محلات الأغذية أو الملابس أو حتى لقضاء أوقات فراغهم. تتكون هذه الجماعات عادة من بعض أفراد الأسرة، الجيران أو الأصدقاء أو زملاء العمل.

عملياً، يفضل الأفراد التسوق مع من يرتاحون إليهم من أصدقاء أو جيران ومن يعتبروهم أكثر خبرة أو معرفة بالسلعة أو الخدمة بماركاتها المختلفة. هذا بالإضافة إلى أن التسوق مع الآخرين قد يوفر عنصر المرح والانشراح الاجتماعي حيث أنه قد يخفف الآثار السلبية للقرار الشرائي الذي يتم اتخاذه بالإضافة إلى أنه يضعف درجة المعارضة الاجتماعية من قبل الجماعة المرجعية المحيطة بالفرد متخذ القرار الشرائي. ومن الظواهر الملاحظة حديثاً في الأردن نشوء ما يسمى تسويقياً بجماعات التسوق في البيت والتي تتكون من مجموعة من النساء اللاتي قد يجتمعن في بيت إحدى الصديقات لحضور حفلة متخصصة لتسويق خط معين من السلع، الأزياء، أو الملابس ذات الطابع التراثي المحلي أو غيره.

باختصار، توفر هذه الطريقة لرجال التسويق فرصاً كبيرة لإظهار المزايا التنافسية لماركاتهم المنافسة أمام النساء اللاتي يحضرن الحفلة (التي قد تأخذ إسم

البازار الخيري، معرض التراث، الصور، الرسوم والسلع الأردنية ... الخ) واللاتي غالباً ما يكون لديهن بعض الالتزام الاجتماعي – أصيلاً كان أم تقليداً – نحو ضرورة تشجيع شراء ما هو معروض من سلع من مختلف الأنواع تعميقاً للمفهوم نفسه من جهة وتكريماً لصاحبة البيت – المضيفة – من جهة أخرى. **هـ زملاء العمل:**

قد يتجاوز الوقت الذي يمضيه الأفراد في العمل أو في وظائفهم وغيرها نصف الوقت المتاح لهم كل أسبوع. وبناء عليه يبدو أن هناك فرصة كبيرة أمام الأفراد العاملين في وظائف دائمة التفاعل مع بعضهم البعض في معظم الأمور الحياتية والمعيشية.

عموماً، يعتبر زملاء العمل من الجماعات المرجعية الرسمية حيث يؤثر الأفراد – وخاصة قادة الرأي منهم – في السلوك الشرائي لبعضهم البعض وليس لكل فئات السلع أو الخدمات.

وتجدر الإشارة هنا إلى أن هناك إمكانية كبيرة لتكوين بعض الصداقات بين عدد من الأفراد في هذه المؤسسة أو تلك وهو ما نسميه بجماعات العمل الغير رسمية – الأفراد الذين أصبحوا بحكم العمل المشترك أو غيره أصدقاء والذين قد يمتد تأثيرهم إلى ما بعد فترات العمل –.

وبسبب التأثير الكبير لجماعات العمل عند شراء السلع أو الخدمات أو الماركات بدأت بعض المؤسسات في توجيه جهودها الترويجية والبيعية إلى المستهلكين الأفراد في المؤسسات الإنتاجية والخدمية.

و. حركة حماية المستهلك:

يمكن القول أن المهمة الأساسية لحركات حماية المستهلك ترتكز في إيجاد حالة من حالات التوازن بين حقوق المستهلكين والبائعين وتحت رعاية الأجهزة المركزية المختصة (التي عليها تحديث تشريعاتها المنظمة لعلاقة كافة أطراف العملية التبادلية من مستهلكين، تجار وصناع) وبطريقة متوازنة وعادلة.

كما تهدف حركة حماية المستهلك في العالم إلى توجيه أنظار المعنيين ومن كل الأطراف إلى المجالات التي تتطلب حلول جذرية لما يعانيه جمهور المستهلكين من قضايا ومشاكل يومية قد تكون مستعصية مثل تطوير مواصفات السلع، محاربة الارتفاع المستمر في أسعار السلع الأساسية وبشكل غير مبرر بالإضافة مواجهة تلك الموجات من الرسائل الإعلانية المضللة والتي قد تأتي على شكل إيحاءات طابعها التضليل والخداع للمستهلكين بافتراض الغباء أحياناً وضعف وعيهم أحياناً أخرى.

على سبيل المثال، قد تقوم الاتحادات النسائية والنقابات المهنية واتحاد المزارعين أو المنتجين بتقديم كافة الاقتراحات المؤدية لحل الكثير من المشاكل والصعوبات التي يعاني منها المستهلكين. كما أننا لا نستغرب إذا قامت بعض الجماعات أو الأجهزة ببعض المبادرات الطبية لتأسيس جمعيات، ولجان هدفها الإشراف على مضمون البرامج التلفزيونية الموجهة لأطفال بهدف التنسيق والمتابعة والوصول إلى ما لا يتضرر الأطفال منه ومن خلال التأكد من أن ما يشاهده الأطفال منسجماً مع قيم المجتمع الأصلي ومن خلال رؤية حضارية ثقافية محددة.

الإطار المفاهيمي للجماعات المرجعية:

تستخدم الجماعات المرجعية كإطار مرجعي للأفراد قبل وأثناء وبعد اتخاذ العديد من قراراتهم السلوكية والشرائية. عملياً، يوضح هذا المفهوم تأثير الجماعات المرجعية بأنواعها المختلفة على مشاعر، معتقدات، مواقف والأنماط السلوكية للأفراد المتعلقة بالأشياء، الأفكار السلع والخدمات.

فالجماعات المرجعية تستخدم كأساس للمقارنة بين قيم الأفراد بعضهم البعض بالإضافة إلى أنها تشير إلى طبيعة تكوين الأفراد لمواقفهم وأنماطهم السلوكية. ومما يزيد من أهمية هذا المفهوم أنه لا يضع قيوداً على حجم الجماعات

أو الجماعات التي يمكن أن تكون للفرد. كما أنه لا يضع شروطاً مستحيلة على العضوية المرغوبة في هذه الجماعات أو تلك بالإضافة إلى أنه لا يتطلب تطابقاً كاملاً بين خصائص المستهلكين والجماعات التي يطمحون في الانتساب لهذه الجماعة المرجعية أو تلك.

كما تعتبر الأسرة مثالاً واضحاً على الجماعات المعيارية أو النموذجية المرجعية للطفل حيث تلعب دوراً هاماً في نمذجة (Modeling) القيم والسلوك الاستهلاكي لديه. حيث تكون أسرة الطفل النموذج أو القدوة للغذاء الذي يجب أن يتناول أو يأكل من أجل الحصول على تغذية سليمة، الملابس المناسبة له في مختلف المناسبات، ومن أين يجب أن يشتري السلع التي يريد وهكذا ...؟   أما الجماعات التي تخدم كمرجعية معينة لمواقف أو أنماط سلوكية محددة لدى الأفراد فتسمى جماعات المقارنة المرجعية والتي يمكن أن تكون أسرة معينة من الجيران لها أسلوب حياتي جدير بالإعجاب والتقدير ومن ثم التقليد من قبل الفرد أو الأسرة التي تنظر إليها بإعجاب أو تقدير. باختصار، تؤثر الجماعات المعيارية على طريقة التعبير عن مواقف أو أنماطاً سلوكية معينة لدى المستهلكين. ومن المحتمل أن تكون بعض التأثيرات المعينة لجماعات المقارنة المرجعية المعتمدة إلى حد ما مؤشراً على القيم والأنماط السلوكية الأساسية التي تم تحديدها مسبقاً في الشخصية العامة لفرد ما وأثناء مراحل تطورها المختلفة ومن خلال تأثير الجماعات المعيارية عليها.

توسيع مفهوم الجماعة المرجعية:

تطور مفهوم الجماعة المرجعية – كغيره من المفاهيم المؤثرة على السلوك – إلى الحد الذي تم استخدامه ليس فقط ليشمل تلك الجماعات المرتبطة بالأفراد بشكل مباشر – كالأسرة والأصدقاء – بل لدرجة أنه يشمل الآن تأثير الجماعات غير المباشرة – التي ليس لدى الأفراد معها اتصال مباشر – كنجوم المجتمع (نجوم

السينما والتلفزيون والاقتصاد والجماعات التطوعية) وأبطال الرياضة والقادة السياسيين وغيرهم. يضاف إلى ذلك، أن المرجعية التي يستخدمها الأفراد امتدت لتشمل أيضاً الطبقة الاجتماعية التي ينتمون إليها، الثقافة الحضارية الأصلية والفرعية بالإضافة إلى الثقافة الحضارية الخاصة بالفرد نفسه داخل المجتمع الذي يعيش فيه.

وما تجدر الإشارة إليه هنا، هو أن الجماعات المرجعية التي يستخدمها الفرد تختلف باختلاف مستواه التعليمي، نوع المهنة التي يمارسها، طموحاته المستقبلية، خلفيته العرقية بالإضافة إلى مدى اهتمامه بالهموم العامة أم لا؟

كما أمكن توسيع مفهوم الجماعة المرجعية ليشمل جماعات مرجعية أخرى كالجماعات التعاقدية وهي تلك الجماعات التي يملك الفرد العضوية فيها أو لديه اتصال منتظم معها (اتصال مباشر وجهاً لوجه) والتي يتفق مع مواقفها أو معاييرها. الأمر الذي يعني أن هذه الجماعة تؤثر تأثيراً إيجابياً على مواقفه وأنماطه السلوكية. أما الجماعة الطموحية (Aspirational Group) وهي تلك الجماعة التي ليس للأفراد عضوية فيها كما لا يوجد لديهم أي اتصال مباشر معها، ولكنهم يرغبون بأن يكونوا أعضاء فيها. لهذا فإن للجماعة الطموحية تأثير إيجابي على مواقف وأنماط السلوك للأفراد المعنيين بها. أما الجماعة التجنبية فهي الجماعة التي لا يرغب الأفراد بأية عضوية فيها بالإضافة إلى أنهم أي الأفراد غالباً ما يكونوا غير راغبين بوجود أي اتصال معها لعدم اتفاق قيمهم مع قيمها وأنماطها السلوكية بل يقومون بتجنب تبني أية مواقف مشابهة لمواقفها أو اتخاذ أنماط سلوكية مشابهة لأنماطها السلوكية من وجهة نظرهم.

كما أن هناك أنواعاً أخرى من الجماعات المرجعية وهي التي قد يملك الفرد فيها عضوية رسمية مع اتصال مباشر ومنتظم بالرغم من أنه لا يتفق مع قيم ومواقف وأنماط السلوك المعلنة لتلك الجماعة. لهذا قد يميل الفرد في هذه الحالة إلى تبني مواقف وأنماط سلوكية تتنافى مع أعراف وتقاليد تلك الجماعة.

أما بالنسبة للعوامل المخففة لتأثير الجماعات المرجعية على الأفراد فيمكن القول أن الخبرات السابقة للأفراد مع الأشياء، نوعية بعض السلع والخدمات التي تقلل الحاجة لدى الأفراد لأن يكونوا بحاجة لنصائح الآخرين بالمقارنة مع أقرانهم من الأفراد الذين ليس لديهم أية خبرات سابقة أو كافية مع السلع أو الخدمات موضوع الاهتمام. كما تعتبر درجة حداثة السلعة أو الخدمة المقدمة للمستهلكين من الأمور الهامة في إدراك النواحي الأدائية المالية والاجتماعية والنفسية من الأمور التي قد تؤدي إلى زيادة تأثير الجماعات المرجعية وكون السلعة ذات أهمية أقل من المنظومة السلعية للمستهلكين من النواحي الأدائية والمالية والمخاطرة الاجتماعية والنفسية فإنها قد تزيد الحاجة إلى تأثير الجماعات المرجعية ونصائحها بدرجة كبيرة.

الجماعات المرجعية وتعلم المستهلك:

يولي رجال التسويق اهتماماً كبيراً لتأثير الجماعات المرجعية في تعديل أو تغيير مواقف المستهلكين إيجابياً نحو ما هو مطروح من ماركات سلعية أو خدمية. ومن مظاهر اهتمام رجال التسويق بالجماعات المرجعية تصميم كافة المنبهات التسويقية والترويجية المقبولة للمستهلكين المستهدفين والتي تشجعهم على شراء تلك الماركات الأكثر مرغوبية لديهم. ولكي تكون الجماعات المرجعية قادرة على إحداث التغيير أو التعديل المطلوب في مواقف المستهلكين المستهدفين يقوم رجال التسويق بالأنشطة التالية:

أ. تقديم كافة المعلومات الدقيقة: عن الماركة السلعية أو الخدمية بهدف إعلام المستهلكين المستهدفين بالمنافع أو الفوائد التي يمكن أن يحصلوا عليها في حالة شرائهم لها.

ب. توفير مختلف الفرص: لمقارنة أسلوب تفكيراً ومواقف الأفراد مع مواقف وأنماط السلوك المألوفة للجماعة التي يتأثرون بها ومن خلال حوارات إعلانية مخططة الهدف.

ج. إقناع المستهلكين المستهدفين لتبني مواقف وأنماط سلوكية تتوافق أو تنسجم مع قيم الجماعات التي يطمحون في الانتساب إليها أو ينتسبون إليها.

د. إضفاء صبغة الشرعية أو الموافقة للقرارات السلوكية والشرائية التي يتخذها المستهلكين من قبل الجماعات المرجعية المرغوبة لديهم أو التي يطمحون في الانتساب إليها أو التي ينتسبون إليها في الأصل.

باختصار، إن الكيفية التي تؤثر بها عضوية الأفراد في جماعة مرجعية معينة على اختياراتهم السلعية أو الخدمية إنما تعتمد على الفئة السلعية موضوع الاهتمام (البيتزا، معجون الأسنان، ... الخ) وعلى التركيبة الاجتماعية للجماعة (مدى قوة الروابط الشخصية بين أفراد جماعة ما).

على سبيل المثال، أشارت دراسة ميدانية إلى أن طلاب كلية خاصة يسكنون في سكن واحد لمدة سنتين إلى أربع سنوات قد يكونون أكثر ميلاً لشراء وتفضيل ماركات متشابهة نسبياً وخاصة من فئات سلعية ذات أهميات منخفضة لديهم كالسلع الميسرة.

كما أشارت دراسة ميدانية أخرى، إلى أنه بالنسبة للسلع الخاصة نسبياً كالعطور وبعض أدوات التجميل أو حتى ماركات محددة من معاجين الأسنان يتأثر سلوك الأفراد الشرائي نحو تلك الماركات بالجماعات المرجعية المحيطة بهم وخاصة إذا كان أمام الأفراد المتأثرين بتلك الجماعات فرصة الملاحظة والمقارنة لها مع القدرات الشرائية.

الإعلان والجماعات المرجعية:

عملياً، تستخدم نداءات الجماعات المرجعية بفاعلية كبيرة من قبل المعلنين، وذلك كأسلوب مناسب لتجزئة أسواق السلع والخدمات. ذلك أن استخدام مواقف الجماعات قد يمكن المعلنين من الوصول بسهولة لتلك الأسواق الفرعية المستهدفة وبواسطة حملات إعلانية تتفق في مضمونها وشكلها وإيحاءاتها مع خصائص المستهلكين الديموغرافية النفسية. يضاف إلى ذلك، أنه يمكن استخدام قادة الرأي – كل حسب اختصاصه أو نجوم المجتمع – شخصيات علمية، اجتماعية وفنية لها أسلوب حياتي متميز يطمح لتقليده العديد من المستهلكين – أو إبراز مواقف شرائية أو استهلاكية – من خلال التركيز على إيحاءات التعاطف أو التقليد ... الخ. أو إبراز سمات التميز التي قد يحصل عليها المستهلك إذا قام بشراء ما هو معلن عنه من سلع أو خدمات.

وفي بعض الحالات فإن المستهلك المستهدف قد يفكر بطريقة مؤداها (... أنا اشتريت واستخدمت هذه الماركة من السلعة أو الخدمة لأنها جيدة ولأن من يشبهونني أو أعجب بهم يستخدمونها أيضاً).

كما أنه قد يقول (إن لدي نفس الملاحظات التي لدى هذا الشخص الذي يستخدم الماركة من السلعة أو الخدمة الآن وعلى ما يبدو فإنه يبدو راضياً عن استخدامه لها بعد تعديلها وما ينجح فيه سأنجح فيه وما هو مقبول لديه فهو مقبول لدي).

بشكل عام، هنالك ثلاثة أنواع أساسية من الإيحاءات المرتبطة بتأثير الجماعات المرجعية على المستهلكين من وجهة نظر المسوقون والمعلنون وعلى الشكل التالي:

أ. إيحاءات نجوم المجتمع المشهورين:

قد تضم قائمة نجوم المجتمع نجـوم الاقتـصاد، العمـل التطـوعي، السياسـة والفـن والصحافة وأبطال الرياضة ... الخ. كما وتعتبر إيحاءات المشاهير إيحاءات عامة علـى اعتبـار أنها مرسلة للسواد الأعظم من المشاهدين أو المستمعين.

عموماً، يتم النظر للمشاهير من قبل الجمهور العام كقدوة أو نموذج يجب الاقتـداء به. لذلك نجد رجال الإعلان على استعداد كبير لتخصيص مبالغ ضخمة مـن الأمـوال لإقنـاع أولئك المشاهير بالترويج أو الإعـلان عـن المـاركات السـلعية أو الخدميـة موضـوع الاهتمـام، وذلك على خلفية توقعاتهم التي تقول بأن الجمهور المشاهد أو القارئ سيتفاعل إيجابياً مـع العلاقة التي يتم إظهارها في الرسالة الإعلانية بين النجم المشهور والماركة المعلـن عنهـا. كمـا وجد أن هناك واحداً من كل ثلاثة إعلانات تجارية تلفازية تستخدم شخصاً مشـهوراً للـترويج عن الماركة موضوع الاهتمام من قبل المستهلكين.

وفي دراسة ميدانية عن أثر استخدام المشاهير علـى جماهـير المشاهدين في الإعـلان التلفازي تبين أن تقييم المشاهدين كـان أكـبر للإعلـان التلفـازي المسـتخدم لـنجم مشهور بالمقارنة مع نفس الإعلان الذي لم يسـتخدم أي نجـم مشـهور. ذلـك أن جماهـير المشـاهدين غالباً ما تعمم مصداقية النجم المشهور على مضمون وشكل الرسالة الإعلانية عـن السـلعة أو الخدمة موضوع الاهتمام.

أما عن الكيفية التي يتم استخدام المشاهير من قبل الشركات فتتدرج من اسـتخدام النجم المشهور لبيان رأيه عن ما هو معلن عنـه مـن خـلال مشـاركته في الإعـلان أو مباركتـه لمحتوى الرسالة الإعلانية نفسها، أو قد يكون ممثلاً وممثلة تزكي أو تشـجع علـى شراء المـاركة من السلعة أو الخدمة، أو قد يكون ناطقاً باسم الشركة المنتجة والمعلنة أو الوسيلة الإعلانيـة المرسلة - كمذيعة لبرنامج له طابع إنساني مثل جسر المحبـة أو الأوائـل وهـو أسـلوب إعـلاني مألوف في المحطات التلفزيونية العربية (مثل راديو وتلفزيون العرب ART).

عموماً، يمكن القول أن استخدام المشاهير لتقديم شهادات حول الماركة المعلن عنها من خلال ذكر المنافع والفوائد المميزة لها بالمقارنة مع الماركات الأخرى المنافسة لها والمصادقة على ما تدعيه الشركة المعلنة من منافع وفوائد في الماركة موضوع الاهتمام. كما أن التمثيل من خلال تقديم الماركة المعلن عنها كجزء من الدور الشخصي، أو التحدث عن ما هو معلن عنه من خلال خبراء مشهورين في مجال صناعة السلعة أو الخدمة قد يؤدي وبدرجة كبيرة لتعزيز وتعميق المواقف الإيجابية عن الماركة إن وجدت، كما يعمل استخدام نجوم المجتمع على تعديل أو تغيير المواقف السلبية عنها. بالإضافة إلى أن استخدام تلك الأساليب قد يساعد على تأسيس درجة مصداقية معقولة من قبل المستهلكين المستهدفين لها.

ب. مصداقية المشاهير:

من الخصائص الإيجابية للمشاهير المصداقية المدركة من قبل المشاهير. ذلك أن وجود درجة مصداقية وبدرجة عالية للمشاهير – ولأسباب تتصل بشهرتهم الواسعة أو توفر مواهب ملموسة لمن يهمه الأمر بالإضافة إلى أن درجة الجاذبية والمصداقية المدركة من قبل المشاهدين المستهدفين قد تساعد كثيراً في تحقيق الأهداف المرجوة من الرسائل الإعلانية المرسلة عن الماركات السلعية أو الخدمية. ويقصد بالمصداقية أيضاً إدراك المستهلكين لمدى خبرة النجم المشهور بمجال السلعة وما يمثله بالنسبة لهم.

عملياً، بينت دراسة ميدانية أن ترويج النجم المشهور لماركة واحدة فقط من فئة السلعة أو الخدمة قد يؤدي إلى مدركات إيجابية من قبل المستهلكين.

أما التقديم والمصادقة على ما هو معلن عنه من سلع أو خدمات من قبل بعض المشاهير أو نجوم المجتمع قد يقلل من مصداقيتهم المدركة من قبل المستهلكين المستهدفين وذلك لتوفر الحافز لدى بعض المشاهير اللذين يتم استخدامهم في الإعلان وذلك من وجهة نظر المستهلكين المستهدفين.

على سبيل المثال، قد يقول المشاهدين من المستهلكين المستهدفين إن ما قام به الفنان أو الفنانة الفلانية كان من أجل المال وليس بسبب قناعة فعلية نحو ما هو معلن عنه من ماركات سلعية أو خدمية.

كما أشارت دراسة أخرى إلى أن لجاذبية النجم المشهور – نجم المجتمع – المدركة من قبل المشاهدين من المستهلكين المستهدفين تأثير كبير في تدعيم المواقف الإيجابية نحو الماركات موضوع الاهتمام. كما أن الجاذبية التي يتصف بها نجم المجتمع سينعكس على المشاهدين المستهدفين على شكل قناعة مؤداها أن هذا الشخص لديه خبرة جديرة بالثقة.

على سبيل المثال، الإعلان عن ماركة جديدة من الكمبيوتر (IBM) قد يكون من خلال استخدام خبير متخصص ومشهور في الإعلان عن الماركة الجديدة. كما أن الإعلان عن ماركة جديدة من الآلات الطابعة قد يتم من خلال استخدام سكرتيرة تنفيذية تعمل في جهاز حكومي كبير.

ج. الشخص العادي The Common Mann:

إن ما يميز استخدام الشخص العادي في الإعلان أنه يحاول إقناع المستهلكين المستهدفين أن هناك شخصاً مثلهم تماماً يستخدم الماركة من السلعة أو الخدمة وأنه راضي تماماً عنها بعد الاستخدام. كما يستخدم الشخص العادي أيضاً في الإعلانات في السلع المرتبطة بالصحة العامة (كالحملات المتعلقة بمكافحة التدخين، ضغط الدم ... الخ) حيث أن الأغلبية الكبيرة من المستهلكين المستهدفين يميلون للتمثل بأشخاص قد يتشابهون معهم في الخصائص الديموغرافية والنفسية.

كما أن هناك عدداً من الإعلانات التلفازية وعن ماركات سلعية أو خدمية قد يتم من خلالها إظهار مشاكل أو مواقف شائعة تواجه المشاهدين المستهدفين ويتم حلها من خلال استخدام أشخاص من العامة. على سبيل المثال، قد يظهر إعلاناً تلفازياً معيناً لأم عاملة بعد عودتها من العمل – متعبة ومرهقة – وهي تتوجه نحو ثلاثة منزلها حيث تتناول منها بعض الأطعمة الجاهزة المجمدة لتحضير وجبة غذاء

سريعة لأسرتها. فإذا كان المشاهد المستهدف يمر بنفس الظروف كالتي تم تصويرها في الإعلان التلفازي المشار إليه أعلاه فإنه سيتقبل بسرور فكرة الحل التي تم طرحها بالإعلان المرسل عن ماركة غذائية محددة.

يضاف إلى ذلك، إلى أن ظهور مدير كبير في مؤسسة عامة أو خاصة في إعلان تلفازي للترويج عن ماركة سلعية أو خدمية يعتبر ذا أهمية كبيرة للمستهلكين. عموماً يشير هذا الإعلان إلى اهتمام المدير بمصلحة المستهلك كما أنه يضفي على ما هو معلن عنه بعض المصداقية والثقة في استخدامه أو استهلاكه.

كما أن استخدام بعض الشخصيات الكرتونية (ميكي ماوس، سوبر مان ... الخ) في الإعلانات التلفازية عن بعض الماركات السلعية أو الخدمية قد يعزز إمكانية قبولها أو شرائها من قبل المستهلكين المستهدفين. أخيراً، تخدم شهادات التصديق المعطاه من قبل الجمعيات المهنية المتخصصة لبعض السلع كمعاجين الأسنان أو بعض الأدوية في زيادة الثقة في استخدامها من قبل المستهلكين. وتجدر الإشارة إلى أن هناك بعض المجلات التي قد تحمل اسم المستهلك بالرغم من أنها تجارية لا يمكن أن يتم تصديق الدعاوى التي تدعيها بالنسبة لنوعية هذه الماركة السلعية أو تلك.

فوائد استخدام إيحاءات الجماعات المرجعية للمعلنين:

يمكن إيراد فوائد استخدام إيحاءات الجماعات المرجعية للمعلنين كما يلي:

أ. زيادة إدراك ومعرفة المستهلك بالماركة المعلن عنها: وذلك من خلال ما توفره مختلف الإيحاءات المقدمة من قبل الجماعات المرجعية من معلومات، نصائح، وخبرات للمشاهدين من المستهلكين المستهدفين. ذلك أن استخدام نجم مشهور له جاذبية ومصداقية معقولة وخبرة فعلية مع ما هو معلن عنه مثال تطبيقي لتنفيذ الميكانيكية الإقناعية الموجهة من قبل رجال الإعلان (جذب الانتباه، زيادة

الاهتمام، التقييم، التجربة، الشراء والتبني) إلى المستهلكين في الأسواق المستهدفة.

وما تجدر الإشارة إليه هنا أن استخدام بعض المشاهير من نجوم المجتمع في الإعلانات التلفازية الخاصة بالماركات السلعية أو الخدمية يعمل على تعزيز المكانة التنافسية للماركة موضوع الإعلان بالمقارنة مع الماركات المنافسة.

ب. تقليل درجة المخاطرة المدركة من الفوائد الأخرى التي قد يحققها استخدام المشاهير في الإعلانات التلفازية. على سبيل المثال، استخدام جماعة مرجعية (نجم كرة مشهور للإعلان عن ملابس أو أحذية رياضية، استخدام كاتب اقتصادي مرموق في الإعلان عن مجلة متخصصة في الدراسات الاقتصادية، استخدام باحث متميز في الكتابات السلوكية لإعطاء رأيه عن كتاب متخصص في حقل سلوك المستهلك ... الخ) قد يؤدي عملياً إلى تقليل درجة المخاطرة نحو ما هو معلن عنه.

ذلك أن المشاهد المستهدف سيقول لنفسه ... إن النجم الكروي قطعاً لن يقوم بالمشاركة في هذا الإعلان ما لم يكن يعتقد فعلاً بما هو معلن عنه ... أن شخص بمثل هذه الأهمية والمكانة الاقتصادية أو السياسية ليس بحاجة للمال الذي سيأخذه كأجر نتيجة ترويجه للسلعة إذا كان مقتنعاً بما يقول ... لا بد أنه يؤمن فعلاً بما هو معلن عنه ... أيضاً قد يقول المستهلك المستهدف المشاهد للإعلان لنفسه ... إذا كانت السلعة جيدة بالنسبة له فلا بد أنها جيدة بالنسبة لي ...

أما عن الخبير فقد يقول المستهلك المشاهد المستهدف ... إذا كان أحد الخبراء يستخدم السلعة فلا بد أنها جيدة بالفعل ... أما بالنسبة لاستخدام الشخص العادي في الإعلان فقد يقول المستهلك المشاهد المستهدف لنفسه ... هناك على ما يبدو أشخاص مثلي تماماً يستخدمون ما هو معلن عنه ... أو قد تقول ربة بيت ... أن لديها نفس المشكلة التي أعاني منها ... أعتقد أن الحل المقترح يناسبني تماماً ...

تأثير الجماعات المرجعية على المستهلك الأردني:

أشارت دراسة غير منشورة لتماضر الشطناوي (١٩٩٣) عـن تـأثير الجماعـات المرجعيـة عـلى المستهلك الأردني عند شراء سلع كالسيارات، الملابس والعطور باعتبارها تمثل درجات مخاطرة اجتماعية ومالية مختلفة إلى ما يلي:

أ. كانت وسائل الاتصال الشخصية ذات أهميـة خاصـة للمعلومـات التـي تـم اسـتخدامها في توجيه القرار الشرائي للمستهلك الأردني للسلع موضوع الدراسة.

ب. كان ترتيب تأثير الجماعات المرجعية على القرار الشرائي للمستهلك كما يلي: الأسرة، قادة الرأي، الأصدقاء، زملاء العمل، الجيـران، وأخـيراً الجماعـات التطلعيـة مـن نجـوم المجتمـع المشهورين.

ج. اختلاف مصادر المعلومات التي يسترشد بها المستهلك الأردني عند اتخاذه قراراته الشرائية باختلاف أنواع السلع حيث يحتل الأصدقاء المرتبة الأولى كمصدر للمعلومات عند التفكير بشراء السيارة يلي ذلـك رأي أفـراد الأسرة – الزوجـة بشـكل محـدد – بيـنما احتـل أفـراد الأسرة المرتبـة الأولى والأصـدقاء المرتبـة الثانيـة كمصـدر للمعلومـات عنـد شراء الملابس والماركات منها على وجه الخصوص.

د. زيادة الاعتماد على استشارة الجماعـات المرجعيـة بمختلف أنواعهـا عنـدما تكون الماركـة التجارية أكثر وضوحاً وشهرة.

وتجدر الإشارة إليه هنا، إن حجـم ونوعيـة تـأثير الجماعـات المرجعيـة عـلى الأفراد ستكون مختلفة خلال العشر سنوات القادمـة وذلـك لأسباب أهمهـا ثـورة المعلومـات التـي تجتـاح معظم مؤسسات المجتمع الأردني بالإضافة إلى احتمال تغير مضمون وشـكل علاقـات الأفراد الاقتصادية مع بعضهم البعض خلال هذه الفترة.

أسئلة المناقشة

١- ناقش معايير تصنيف الجماعات المرجعية.

٢- ناقش بالتفصيل مع إعطاء مثال واحد عن كل نوع من أنواع الجماعات المرجعية.

٣- بين تأثير الجماعات المرجعية الأساسية كالأسرة في تكوين القيم والأنماط السلوكية والاستهلاكية لدى الأطفال والأسرة الأردنية والعربية.

٤- بين باختصار أهم العوامل المنخفضة لتأثير الجماعات المرجعية.

٥- اشرح بالتفصيل كيف تؤثر الجماعات المرجعية في تعديل مواقف المستهلكين المستهدفين نحو ما هو مطروح من سلع أو خدمات.

٦- المطلوب إعطاء ثلاثة أمثلة عن ثلاثة إعلانات تلفازية تستخدم فيها ثلاثة أنواع من إيحاءات الجماعات المرجعية.

٧- المطلوب تحديد أنواع الجماعات المرجعية (وبالترتيب) للسلع والخدمات التالية:

أ. تركيب الأطباق اللاقطة (الستالايت).

ب. تركيب الإنترنت (جهاز الكمبيوتر).

ج. شراء شقة في منطقة عمان الغربية.

د. شراء سيارة مستعملة.

هـ اختيار طلب تخصص علمي للكلية الجامعية.

٨- المطلوب مناقشة العبارة التالية:

إن نجوم الفن في الأردن لا يمثلون جماعات مرجعية ذات أهمية كبيرة في الوقت الحالي.

٩- اشرح بالتفصيل أنواع وترتيب الجماعة المرجعية لشراء وتبني السلع والخدمات التالية:

أ. هاتف خلوي ماركة أريكسون.

ب. سيارة جديدة ماركة وطن - اقتصادية التشغيل -.

الفصل الحادي عشر

الطبقة الاجتماعية وسلوك المستهلك

* تمهيد.
* التصنيف الطبقي الاجتماعي.
* أنواع الطبقات الاجتماعية.
* خصائص الطبقات الاجتماعية.
* معايير تصنيف الطبقات الاجتماعية.
* محددات استخدام الطبقات الاجتماعية.
* أهمية الطبقة الاجتماعية لاستراتيجية التسويق.
* المضامين السلوكية الاستهلاكية للطبقات الاجتماعية.
* أسئلة المناقشة.

الفصل الحادي عشر

الطبقة الاجتماعية وسلوك المستهلك

تمهيد

أستاذ جامعي يحقق دخلاً شهرياً يزيد عن الألفي دينار، يقرأ يومياً الجوردن تايمز وتقرأ زوجته مجلات موضة متخصصة. يمارس هذا الأستاذ الجامعي الرياضة بطريقة منتظمة في مدينة الحسين للشباب، وتعمل زوجته كمحامية منذ عدة سنوات، لديهم فقط ثلاثة أطفال ولا يرغبون بإنجاب المزيد منهم. يتخذ هذان الزوجان قرارات الشراء الهامة بصورة مشتركة فيما بينهما وغالباً ما يقومان بالشراء معاً. يرغبان في تحمل مخاطر محسوبة عند شراء السلع أو الخدمات الجديدة كما تتطلع أسرة هذا الأستاذ الجامعي إلى المستقبل بأمل وتفاؤل.

على الجانب الآخر، مدير لشركة متوسطة الحجم، يبلغ من العمر أربعين عاماً، يحقق دخلاً شهرياً يصل إلى ألف دينار، يقرأ كافة الصحف اليومية والأسبوعية، يشاهد مباريات كرة القدم باستمرار. زوجة هذا المدير تعمل بوظيفة مدرسة بإحدى المدارس الحكومية. تتخذ هذه الزوجة قرارات شراء السلع الميسرة والتسويقية لأسرتها. لديها خمسة أبناء أعمارهم ٥، ٨، ١٢، ١٤، ١٦ سنة. لهذه الأسرة نمط حياتي متنوع باستمرار. لا يميل الأب والأم لشراء كل ما يطرح من سلع جديدة بسبب الإحساس بالمخاطرة المالية بدرجة كبيرة وخاصة بعد الشراء. تتطلع أسرة هذا المدير إلى الحاضر بقناعة وإلى المستقبل ولكن بحذر شديد.

هذان النموذجان يوضحان مفهوم الطبقة الاجتماعية. فالأستاذ الجامعي في هذه المرحلة قد يقع ضمن أدنى الطبقة العليا أو في وسطها، أما مدير الشركة فقد يقع ضمن أعلى الطبقة الوسطى. عملياً الطبقة الاجتماعية هي إحدى المكونات

الهامة التي على رجال التسويق التعامل معها بفهم ووعي كاملين لما لها من دلالات نفسية وسلوكية واستهلاكية. فالطبقة الاجتماعية تشير إلى مكانة رب وأفراد الأسرة ومن خلال سلم اجتماعي (Social Scale) مبني على مفاهيم وقيم عامة للمجتمع. في الأردن كغيره من بلدان العالم العربي تعتبر عوامل كالمستوى الوظيفي، الدخل والمستوى التعليمي بالإضافة إلى بعض الاعتبارات الاجتماعية والعائلية من العوامل المؤثرة على مكانة الفرد ونفوذه وبالتالي نوع طبقته الاجتماعية أو تصنيفه في السلم الاجتماعي وكل ذلك نسبي.

باختصار، إلى حد كبير تمثل الطبقات الاجتماعية مجموعات عريضة من الناس المتشابهين نسبياً في عوامل كالدخل ونوع الوظيفة والمستوى التعليمي ومنطقة السكن ونوعه بالإضافة إلى قيم وأنماط سلوكية واستهلاكية تميز كل مجموعة من الأفراد عن الأخرى.

وبالرغم من أن أفراد طبقة اجتماعية معينة قد لا يلتقون دائماً بطريقة مباشرة إلا أنهم يشتركون غالباً في قيم وأنماط سلوكية محددة بسبب تشابه خصائصهم الاجتماعية والاقتصادية والنفسية وذلك بشكل نسبي.

عموماً، يتناول هذا الفصل التصنيف الطبقي وخصائص وأنواع الطبقات الاجتماعية بالإضافة إلى قياس محددات الطبقة الاجتماعية وخصائص المستهلكين في كل طبقة اجتماعية. كما يعالج هذا الفصل أيضاً أهمية الطبقة الاجتماعية استراتيجية التسويق والمضامين السلوكية والاستهلاكية لها. أهم ما يميز هذا الفصل أنه يقدم صورة واقعية عن الممارسات الطبقية وتأثيرها على الأنماط السلوكية، الشرائية والاستهلاكية من خلال إعطاء أمثلة واقعية ترتبط بحياة الأفراد وتصنيفاتهم الطبقية.

التصنيف الطبقي الاجتماعي Social Stratification:

إن تصنيف أفراد المجتمع إلى طبقات اجتماعية عليا ومتوسطة ودنيا يتضمن أن يعطي أفراد هذا المجتمع مكانة ونفوذاً حسب محددات وعوامل خاصة بكل فئة منهم. وبالرغم من المقولات الشائعة لدى الكثير من الأفراد بأنهم متساوون إلا أنه من الناحية العملية والحياتية لا توجد أدلة عملية موثقة تشير إلى أن أفراد أي مجتمع متساوون في كل شيء.

عموماً، يمكن تعريف التصنيف الطبقي الاجتماعي كما عرفه بيريلسون ستناير (Berelsone & Steiner) بأنه "تصنيف أفراد المجتمع في مراتب أو درجات من المرتفعة إلى المتدنية وذلك من حيث المكانة والاحترام وعلى أسس متدرجة".

والسؤال الهام الذي يطرح نفسه هنا هو، ما هي المؤشرات التي يستخدمها المجتمع؟ وأي مجتمع للدلالة على الاحترام والمكانة المعطاه لهذه المجموعة من الأفراد دون الأخرى؟. ذلك أنه في المجتمع العربي والإسلامي لا يعتبر الدخل المعيار الوحيد للتصنيف الطبقي حيث كان الأستاذ الجامعي - المشار إليه في مقدمة هذا الفصل - يحقق دخلاً أعلى من دخل مدير الشركة. لذلك كان لا بد من ربط الدخل مع نوع الوظيفة والمستوى التعليمي ونوع السكن ومنطقته بالإضافة إلى عوامل اجتماعية أخرى عند تحديد الطبقة الاجتماعية. وتجدر الإشارة هنا إلى أن دراسة ميدانية أجريت في الولايات المتحدة وجدت أن الأطباء الأخصائيين وأساتذة الجامعات ورجال الحكومة من المراتب العليا والمحامين والعلماء من الأفراد المكونين للطبقة العليا بمستوياتها الفرعية الثلاثة (أعلى الطبقة العليا، وسط الطبقة العليا وأدنى الطبقة العليا). ولربما يأتي اليوم الذي يجرى فيه تنفيذ دراسة ميدانية هدفها إخراج تصنيف طبقي اجتماعي للأفراد في العالم العربي أو في هذا البلد العربي أو ذاك.

أنواع الطبقات الاجتماعية:

في البداية، لا بد من الإشارة إلى أنه لا توجد أية دراسات محلية تحدد أنواع الطبقات الاجتماعية وخصائصها في الأردن. لكن ما هو موجود في أدبيات الدراسة الاجتماعية والتسويقية الأجنبية أشار وبوضوح تام إلى وجود الطبقات الاجتماعية التالية:

١. أعلى الطبقة العليا Upper Upper Social Class :

لا تتعدى نسبة هذه الطبقة في المجموعات الغربية ١% من مجموع الأسر وتسمى هذه الطبقة بالصفوة. لدى أغلبية هذه المجموعات ثروة موروثة وبكميات كبيرة تزيد باستمرار نتيجة الاستثمار. عملياً، لا يوجد في الأردن أية معلومات موثوقة حول النسبة المئوية لهذه الفئة في المجتمع الأردني عدا أنه كلما أنفق الأغنياء من أموالهم زادت أموالهم بدرجة أكبر.

يتميز أفراد هذه الطبقة بالنشاط وخاصة أنهم المتميزون في مجالات المال والصناعة والتجارة. كما أن البعض منهم يحاول أن يكون شيئاً في مجالات الثقافة والمعرفة.٧. في الدول النامية لا يتحمل الأدعياء في هذه الطبقة أية واجبات نحو مجتمعاتهم المحلية ذلك أن كل ما يهمهم هو الحصول على المزيد من مصادر القوة المادية وليست المشاركة بهموم وقضايا المستهلك.

أما الأصلاء في هذه الطبقة فيقومون بواجباتهم نحو المجتمع الذي يعيشون فيه، كما أنهم متحفظون في ملابسهم ويظهرون غالباً بمظاهر لائقة ولا يميلون إلى الشراء لغايات التفاخر والتباهي. وكما وصفهم أحد الكتاب بأن أفراد هذه الطبقة ميالون غالباً إلى البساطة في السلوك من خلال تبنيهم لقيم سلوكية متميزة وذات طابع إنساني كما أنها مرتبطة وبدرجة كبيرة بقيم مجتمعاتهم الأصلية.

٢. وسط الطبقة العليا Middle Upper Social Class:

وتتكون هـذه الطبقـة مـن أصحـاب المهـن ورجـال الأعمـال الـذين حققـوا مكانـة اجتماعية عالية من خلال تكوين ثروات اكتسبوها نتيجة عملهم الشاق. أي أنهم يمثلون المال الجديد. من ملامح الطبقة أنهم يمتلكون بيوتاً كبيرة وسيارات حديثة وملابس غاليـة الثمن. تسويقياً، لا يمثل أفـراد هـذه الطبقـة سوقـاً يمكن استهدافها مـن خـلال استراتيجية التسويق العام التي تفترض تشابهاً نسبياً في الأذواق الاستهلاكية. بل أنه قد توجد عدة شرائح من المستهلكين وبأذواق مختلفة نسبياً. تتراوح نسبة الأسـر في هـذه الطبقـة حـوالي ٢% مـن مجمـوع الأسـر في السـوق الكـلي، لكـنهم يمثلـون أسـواقاً مسـتهدفة للماركـات السـلعية أو الخدمية الجديدة.

٣. أدنى الطبقة العليا Lower Upper Social Class:

قد تصل نسبة أعضاء هـذه الطبقـة إلى ٢% مـن مجمـوع الأسـر وهـذه المجموعـة تتكون من أفراد يحملون درجات علمية عالية (كالدكتوراه وغيرهـا) ومـن الخـريجين الجـدد والذين ليس لديهم خبرات عملية كبيرة تمكنهم بعد من الانتقال من مستوى طبقي إلى آخر.

لدى أفراد هذه الطبقة درجات معقولة من الطمـوح والمغـامرة المحسـوبة وبالتـالي فإنهم قد يعتبرون سوقاً مستهدفة ومربحة نسبياً للماركـات السـلعية أو الخدميـة الجديـدة التي تتطلب تغيراً جذرياً في أنماط التفكير والسلوك الشرائي. عملياً، معظم أساتذة الجامعـات في الدول النامية قد يقعون ضمن أفراد هذه الطبقة ولا يتحركون منها إلى أعلى وذلك بسبب شيوع العقلية الاحتكارية والانتهازية في مجتمعـاتهم والتـي أدت وتـؤدي إلى قتـل أو اغتيـال بعض شخصيات المبدعين منهم لأسباب مرضية وأنانية لا تـرى إلا مصلحتها الفرديـة والآنيـة. بالإضافة إلى سياسات عامة أو خاصة مقصودة أو غير مقصودة قد يكون هـدفها الأسـاسي اغتيال أو إحباط كل من يمتلك الرأي أو الفكر المبني والموثق علمياً وعملياً نحو مـا يحيط بهم من قضايا أو أمور.

٤. أعلى الطبقة الوسطى Upper Middle Social Class:

قد تصل نسبة أفراد هذه الطبقة إلى حوالي ٨% من مجموع الأسر وتتكون من المهنيين الناجحين ورجال الأعمال من النوع المتوسط والذين لا يملكون ثروات وإمكانات شرائية تعادل ثروات وإمكانات نظرائهم في الطبقة العليا. توجه أعضاء هذه الطبقة مهني ونحو الإنجاز. حيث يخصص العديد من أفراد هذه الطبقة جانباً كبيراً من وقتهم ومواردهم للحصول على المزيد من التعليم والتدريب بالإضافة إلى أنهم قد يكونون ميالين لإكساب أبنائهم كافة صنوف المعرفة. ولأنهم متعلمون فهم أكثر ميلاً لتقييم مختلف المعلومات عن البدائل المتاحة أمامهم حيث أنهم يركزون على الجودة في السلع المطروحة وليس على الشكل ما عدا اسم الماركة.

كما يتوجه أعضاء هذه الطبقة للظهور بمظاهر لائقة والميل إلى قضاء أوقات ممتعة لتعويض بعض الجهد المبذول من قبلهم. بالإضافة إلى ميل بعضهم لتقليد الأنماط السلوكية والاستهلاكية لأعضاء الطبقة العليا ولكن من الناحية الشكلية المكلفة مادياً واجتماعياً.

٥. وسط الطبقة الوسطى Middle Middle Social Class:

قد تصل نسبة أفراد هذه الطبقة إلى ٢٠% من مجموع الأسر في الدول النامية. يعمل أفراد هذه الطبقة في أعمال متوسطة تدر عليه دخول شهرية تكاد لا تغطي احتياجات أسرهم ذات الأعداد الكبيرة (من ٧-٨ أفراد في الأسرة الواحدة).

كما أن دخل الأسرة الفعلي المنتمية لهذه الطبقة قد يعتمد على دخل كل من الزوج والزوجة معاً. يميل أفراد هذه الطبقة إلى اقتناء السلع المعمرة كالتلفزيونات والثلاجات وباقي المستلزمات المنزلية. يعطي أفراد هذه الطبقة ما يذاع أو يشاهد في التلفاز من أخبار وكلام عناية واحترام كبيرين على اعتبار أن أفراد هذه الأسرة يرون العالم من خلال البرامج التلفزيونية التي يشاهدونها تعتبر معظمها من النوع السطحي والسخيف.

كما يميل أفراد هذه الطبقة إلى احترام معايير المجتمع الأساسية من قيم وعادات على اعتبار أنها تعطيهم مكاسب ذاتية ونفسية. يظهر نساء هذه الطبقة توجهاً أكبر نحو إنجاز المهام المنزلية وإلى التفاخر والتباهي كونهن ربات بيوت وأمهات متفرغات. لذا فإنهن أي النساء أكثر تفاخراً عند أعداد مختلف أنواع الطعام في المنزل مع إعطاء رعاية أكبر لأطفالهن من ناحية التوجيه والإرشاد بغض النظر عن النوعية.

٦. أدنى الطبقة الوسطى Lower Middle Social Class:

قد تصل نسبة الأسر في هذه الطبقة الفرعية إلى حوالي ٢٢% من مجموع الأسر في الدول النامية. يعمل أفراد هذه الطبقة غالباً في أعمال متواضعة وفي القطاعين العام والخاص لا تدر عليهم عملياً موارد كافية لأسرهم.

قد يصل عدد أفراد الأسرة في المتوسط إلى أكثر من ثمانية أفراد، الأمر الذي يجعل من الصعوبة بمكان إيجاد نمط معيشي مريح ومستقر لأفراد هذه الطبقة.

يعتبر التلفاز والراديو أهم وسائل الإعلان لدى أفراد هذه الطبقة، لذا يقوم رجال الإعلان باستخدام هذه الوسائل الإعلانية عند الترويج للسلع والخدمات التي يستخدمها أو يشتريها أفراد هذه الطبقة.

٧. أعلى الطبقة الدنيا Upper Lower Social Class:

تصل نسبة الأسر في هذه الطبقة إلى حوالي ١٥% من مجموع الأسر في مجتمعات الدول النامية. تتكون هذه الطبقة بشكل رئيسي- من عمال (Working Class) يقومون بأعمال بدنية شاقة وغير خلاقة أو روتينية مملة.

يرى أفراد هذه الطبقة في العمل اليدوي الوسيلة الوحيدة للحصول على بعض الموارد المالية من أجل إشباع الحاجات الفسيولوجية بهم. ولأن أعمال أفراد هذه الطبقة ذات بعد روتيني لا يعطي لهم فرصة التعبير عن الذات، فإنهم يلجأون إلى ذلك النمط من الشراء المحسوب غالباً والمتهور أحياناً للهروب من الروتين الممل الذي يغلف حياتهم. وبالتالي فإن لطريقة عرض السلع في المحلات الأثر الكبير في دفع

هذه الأسر للشراء وتحت مسميات واهية ... فرصة العمر تنزيلات هائلة تصل إلى ٦٠% من السعر الأصلي!! وهو ما يحدث فعلاً في أغلبية التنزيلات التي يتم الإعلان عنها في معظم دول العالم النامي.

يميل أفراد هذه الطبقة للشراء المتكرر واليومي وحسب ما يتوفر من موارد مالية لهم. كما قد تعتبر الإعلانات المثيرة وذات الطابع الخفيف من أكثر الإعلانات نجاحاً في التأثير عليهم وعلى أطفالهم الأمر الذي يستدعي إجراء دراسات متعمقة حول الأنماط السلوكية والاستهلاكية لأفراد هذه الطبقة وذلك للتعرف على أكثر العوامل المؤثرة على سلوكهم الشرائي والاستهلاكي.

٨. وسط وأدنى الطبقة الدنيا Middle & Lower Lower Social Class:

يشكل أفراد وسط الطبقة الدنيا حوالي ١٠% من مجموع الأسر في الدول النامية. يتكون أفراد هاتين الطبقتين الفرعيتين من العمال غير المهرة في المزارع والمصانع ومن ذوي المستويات التعليمية المتدنية – أقل من ثانوية عامة –. يميل أفراد هذه الطبقة أحياناً لاستهلاك التعويضي إن توفرت لديهم بعض الموارد المادية وذلك في محاولة منهم لتعويض المستقبل القاتم بمحاولة شراء واستهلاك سلع ذات أسعار أعلى مما يجب وذلك لانعدام الإحساس بالواقع الذي يعيشون بقصد أو بدون قصد، الأمر الذي يغرقهم فيما بعد بالمشاكل أو المآزق الكبيرة نتيجة سلوكهم الشرائي غير المخطط والمنسجم مع القدرات الذاتية.

يشعر أفراد أدنى الطبقة الدنيا – والذين يشكلون حوالي ٢٠% من مجموع الأسر – باليأس والغضب بسبب مكانتهم الاقتصادية التي قد تصل إلى حد الفقر المطلق.

يعيش أفراد هذه الطبقة على المعونات والمساعدات الحكومية والأهلية والتي قد توفر لهم فقط الحصول على وجبة واحدة من الطعام في اليوم في أغلب الحالات. تسويقياً، لا يعتبر أفراد هذه الطبقة سوقاً مربحة لضعف إمكانات أفرادها

(ما عدا تجار السلع المستخدمة من ملابس وأحذية وأثاث وهكذا) ولعدم جدوى التعامل معها ترويجياً وبيعياً.

خصائص الطبقات الاجتماعية:

من المعروف أن للطبقات الاجتماعية خصائص تميز كل منها عن الأخرى وكما يلي:

١. وجود مكانة محددة للطبقة الاجتماعية:

ونعني بالمكانة ذلك الترتيب النسبي لكل طبقة في السلم الاجتماعية ووفقاً لعوامل محددة ذات أهمية كبيرة من قبل أفراد المجتمع. على سبيل المثال، يذكر الكاتبان بيرويلسون وستناير (Bereiwlsone & Setiner) بعض العوامل التي يجب أن تؤخذ بعين الاعتبار عند تحديد مكانة أي مجموعة في هذه الطبقة أو تلك يمكن إيرادها كما يلي:

- درجة النفوذ الاقتصادي أو السياسي أو العسكري المتاحة لأفراد المجموعة أم لا؟
- ملكية الأموال المنقولة ومقدارها ووسائل تحقيقها.
- دخل شهري أو سنوي ثابت نسبياً متاح لرب الأسرة أو الأسرة بمجموعها.
- وظيفة ذات مرتبة يمكن تحديدها وخاصة لرب الأسرة.
- مستوى تعليمي محدد.
- أنماط سلوكية واستهلاكية يمكن تصنيفها بموضوعية من خلال باحثين سلوكيين مؤهلين.
- نمط حياتي ذو معالم محددة ويتضمن العناصر الثلاثة الأنشطة، الاهتمامات والآراء.
- شبكة من الاتصالات الجماعية المبنية على أسس صحيحة!؟

٢. تدرج الطبقات الاجتماعية:

تحتل الطبقة الاجتماعية موقعاً محدداً على السلم الاجتماعي المعترف بـه من قـبل أفراد المجتمع. كما يحتـل الفـرد أو أسرتـه موقعـه أو موقعهـا على السلم الاجتماعـي وفقاً للمقاييس أو العوامل التي تحدد المكانة الاجتماعية. عمليـاً قد لا تتفق معايير وأنماط السلوك لدى فرد ما مع معايير وسلوك الطبقة التي ينتمي إليها ولكنه مع ذلك فقد يعتبر عضواً فيهـا وفقاً للخصائص الاجتماعية والاقتصادية والسلوكية التي يتصف بها.

لـذلك فقـد يعيش شـاب في سـن المراهقـة حيـاة مريحـة كعضـو في أعلى الطبقـة الوسطى وقد يرفض القيم المادية المبالغ فيها وقد يجـنح للعيش كـما يعيش أفـراد الطبقـة العاملة ومع هذا يبقى هذا الشاب يحتل موقعاً متقدماً على السلم الاجتماعي.

٣. وجود إطار مرجعياً للطبقة Frame of Reference:

كما أن الانتماء إلى طبقة اجتماعية معينة يعني وجود معايير، قيم، مواقف وأنمـاط سـلوك محـددة للأفـراد المنتمـين لهـا. على سـبيل المثـال، الأفـراد الموجودون في أدنى السلم الاجتماعي قد يكونون أكثر ميلاً للتمسك بالقيم الاجتماعيـة التقليديـة. كـما أن أفراد هـذه الطبقة لا يخططون غالباً للوقاية من المشاكل المالية التي قد تحدث لهـم لأسبـاب قـد يبـدو معظمها غير مبرر.

لذا فهم قد يكونون أكثر ميلاً في حالة توفر الموارد المالية للإنفاق وبسرعة فائقة أما قيم الأفراد المتواجدين في أعلى السلم الاجتماعي فقد تكون أكثـر معـاصرة وواقعيـة. على سبيل المثال، يميل الأزواج في أعلى الطبقة الوسطى أو بعض فئات الطبقة العليا إلى اتخاذ قرارات شراء مشتركة وفقاً لميزانية محددة سلفاً. كما أن النهج الحيـاتي للأفراد يختلـف من طبقة اجتماعية لأخرى وذلك لاختلاف القدرات – المادية وغير المادية – وأهداف ووسائل استخدام تلك القدرات المتاحة.

على سبيل المثال، أشارت دراسات عديدة إلى أن أغلب المستهلكين في الطبقة العليا يقضون أوقات الفراغ المتاحة لديهم في قراءة المجلات المتخصصة، زيارة المعارض، لعب التنس، ممارسة الرياضة، والذهاب إلى المسرع وهكذا. في حين كان المستهلكين من أعضاء الطبقة الدنيا أكثر ميلاً إلى قضاء أوقات فراغهم في مشاهدة مباريات كرة القدم، والبرامج التلفزيونية مع ميل كبير إلى الأعمال الحرفية.

٤. ديناميكية الطبقات الاجتماعية:

من الطبيعي أن يتاح للأفراد في الطبقتين الوسطى والدنيا فرصة الانتقال من موقع طبقي إلى آخر في نفس السلم الاجتماعي. ففي بعض المجتمعات المتقدمة توجد دائماً إمكانيات كبيرة يستطيع من خلالها الأفراد القادرون الناجحون تطوير مراتبهم الاجتماعية وبدون أية عراقيل إلا أنه يمكن القول أن العكس هو الصحيح بالنسبة للأفراد في الدول النامية. باختصار شديد المقصود بديناميكة الطبقة الاجتماعية هو حرية تحرك الأفراد الناجحين إلى أعلى السلم الاجتماعية كلما كان ذلك ممكناً.

على سبيل المثال، أشارت دراسة ميدانية أجريت على عينة مكونة من (٨٠٠) ربة منزل أمريكية بأن هناك مرونة كبيرة في التحرك إلى أعلى السلم الاجتماعي. ذلك أن نفس الدراسة أشارت وبوضوح إلى أن هناك ما يقارب ثلثي عينة الدراسة يحتلون الآن مكانة اجتماعية أعلى من السابقة. بينما كانت ما نسبته (٨%) من ربات البيوت في وضع أو مكانة اجتماعية أقل مما كان عليه - أي الزوجات - في السابق. في حين كانت المكانة الاجتماعية حوالي (٢٥%) من ربات البيوت أو أزواجهن مستقرة في السلم الاجتماعي.

٥. لا تشجع الطبقة الاجتماعية العليا أفرادها للاتصال والتعايش مع أفراد الطبقة الأدنى منها:

ذلك أن أفراد طبقة اجتماعية معينة يسعون دائماً لإجراء عمليات اتصال اجتماعية مع نظرائهم من الأفراد الذين يشاركونهم نفس القيم أو الأنماط السلوكية نسبياً. ذلك أن أفراد الطبقة الاجتماعية الواحدة غالباً ما يفضلون الاتصال مع بعضهم البعض وعدم الاتصال مع أفراد آخرين من الطبقات الأخرى. ويعتقد بعض المراقبين أن الخطوط الفاصلة بين الطبقات الاجتماعية في بلدان العالم العربي قد أصبحت متشابكة ومتعارضة إلى الحد الذي لا يسمح لمعظم أفرادها بأي انتقال شكلي أو موضوعي من هذه الطبقة إلى الأخرى. أو حتى إجراء اتصالات ناجحة لعدم تشابه اللغة – المفردات والمصطلحات – والطموحات لدى الأفراد الطامحين من وإلى الطبقات.

على العموم، يعتقد المؤلف أن هناك خطوطاً تقليدية (البيت الذي نشأ في هذا أو ذاك، نوع الوظيفة التي يمتهن، الخلفية العائلية، وغيرها) ما زالت موجودة بين أفراد الطبقات الاجتماعية والتي قد لا تشجع على الاعتراف بمكانة هذا الفرد أو ذاك حتى ولو ملك من الموارد الكثير. لأن ما ينقصه – حسب الاعتقاد الشائع – الكثير الكثير والذي لا يمكن تعويضه أو توفيره بعقود من الزمن قد تصل إلى سنوات عديدة. بالرغم من توفر الإمانات المادية التي لم تستطيع لغاية الوقت تعديل القيم والتقاليد الاجتماعية والأنماط السلوكية الموجودة عبر سنوات قليلة. ذلك أن الوجود في طبقة اجتماعية معينة لهذا الفرد أو ذاك يعتمد على مجموعة من القيم التي ستؤثر في أنماطه الاستهلاكية والشرائية.

معايير تصنيف الطبقات الاجتماعية:

من المعروف أن موقع أي فرد على السلم الاجتماعي مبني على مقاييس اجتماعية واقتصادية متعددة. عملياً، ذكر وارنر (Warner, 1960)

عـدة مـؤشرات لقيـاس خصـائص المكانـة أو المنزلـة الاجتماعيـة وعـلى أسـاس الخصـائص الاجتماعية والاقتصادية وكما يلي (Warner's Index of Statys Charactiristics "ICS"):

أ. الوظيفة التي يشغلها وأعطاها وزناً يساوي أربعة نقاط.

ب. مصدر الدخل وأعطاه وزناً يساوي ثلاثة نقاط.

ج. نوع السكن (مملوك أم مستأجر) وأعطاه وزناً يساوي ثلاثة نقاط.

د. منطقة السكن وأعطاه وزناً يساوي نقطتين.

وبناء عليه تم تصنيف الأفراد حسب هذا المقياس كما هو موضح في الجدول التالي:

جدول رقم (١-١١)

معايير تصنيف الأفراد طبقياً

الوظيفة (٤ نقاط)	مصدر الدخل (٣ نقاط)	نوع المنزل (٣ نقاط)	منطقة السكن (٢ نقطة)
أ. أصحاب المهن الكبيرة.	أ. ثروته موروثة.	أ. منازل فخمة.	أ. مرتفعة القيمة الشواطئ الضواحي الجميلة.
ب. مدراء الأعمال.	ب. ثروة مكتسبة.	ب. منازل جديدة.	ب. مناطق جيدة جداً.
ج. موظفون كبار.	ج. أرباح ورسوم عالية.	ج. منازل مناسبة.	ج. مناطق فوق المتوسطة.
د. عمال مهرة.	د. رواتب جيدة.	د. بيوت مناسبة.	د. أماكن سكنية مزدحمة.
هـ مالكي الأعمال الصغيرة.	هـ رواتب ثابتة.	هـ بيوت مقبولة.	هـ دون المستوى العام.
و. عمال شبه مهرة.	و. معونات خاصة.	و. بيوت فقيرة.	و. مناطق فقيرة.
ز. عمال غير مهرة.	ز. معونات حكومية.	ز. بيوت فقيرة جداً.	ز. تجمعات الفقراء المعدمين.

وحسب الأوزان المعطاه في الجدول يتم ضرب الفئة بالوزن المعطى لها ويتم جمع حاصل الفئات الأربعة بأوزانها لتعطي مجموع النقاط (I.C.S. Score).

وبناءً على هذه القاعدة تم استخلاص سبعة طبقات اجتماعية هي (أعلى الطبقة العليا، وأدنى الطبقة العليا، وأعلى الطبقة الوسطى، وأدنى الطبقة الوسطى بالإضافة إلى الطبقة المسماه بالطبقة الدنيا وأدنى الطبقة الدنيا).

على الجانب الآخر أضاف مكتب الإحصاء الأمريكي عوامل أخرى كالوظيفة ودخل الأسرة والمستوى التعليمي إلى مقياس الطبقة الاجتماعية. كما استخدمت شركة (AT & T) للهاتف والتلغراف الأمريكي هذه الطريقة لقياس الطبقة الاجتماعية على عينة من مشتركي الهاتف. على سبيل المثال، يظهر الجدول رقم (٢-١١) فئات الدخل والوظيفة والمستوى التعليمي ومجموع النقاط لها. وكما هو موضح في الجدول فإن أي شخص يحصل على مجموع نقاط (S. E. S Score) يتراوح بين (صفر - ٤٤ نقطة) يعتبر عضواً في الطبقة الدنيا ومن يحصل على ما مجموعة (٤٥-٦٩ نقطة) يعتبر مصنفاً في الطبقة دون المتوسطة وهكذا.

جدول رقم (٢-١١)

الفئات المستخدمة من قبل شركة الهاتف والتلغراف

الأمريكية (AT & T) لتطوير مجموع نقاط الطبقة الاجتماعية

فئة الدخل	مجموع النقاط SES للدخل	فئة التعليم	مجموع النقاط SES للتعليم	فئة الوظيفة	مجموع النقاط SES للوظيفة
دون ٣٠٠٠ دولار	١٥	بعض تعليم إعدادي	١٠	عمال	٢٠
٣٠٠٠-٤٩٩٩$	٣١	تعليم إعدادي	٢٣	متقاعدين	٣٣
٥٠٠٠-٧٤٩٩$	٦٢	بعض تعليم ثانوي	٤٢	طلاب	٣٣
٧٥٠٠-٩٩٩٩$	٨٤	تعليم ثانوي	٦٧	ربات بيوت	٣٣
١٠٠٠٠-١٤٩٩٩$	٩٤	بعض تعليم جامعي	٨٦	عاطلين عن العمل	٣٣
١٥٠٠٠-١٩٩٩٩$	٩٧	شهادة جامعية	٩٣	موظف عادي	٣٤
٢٠٠٠٠-٢٩٩٩٩$	٩٩	دراسات عليا	٩٥	مهني	٤٥
أكثر من ٣٠٠٠٠$	١٠٠	ماجستير	؟	مهني كبير	٥٨
؟	؟	؟	؟	مدير	٨١
؟	؟	؟	؟	رجال أعمال	٩٠

كما توجد أيضاً عدة أساليب لقياس الطبقة الاجتماعية إلا أنه توجد تصنيفات أخرى متفق عليها للطبقة الاجتماعية إلا أن مقياس وارنر المشار إليه سابقاً هو المقياس الأكثر استخداماً وكما يلي:

يتم احتساب الوسط الحسابي لمجموع العلامات الثلاثة في الجدول المشار إليه سابقاً وذلك من أجل احتساب أو تقدير الطبقة الاجتماعية لفرد ما وكما يلي:

من خلال الوسط الحسابي لمجموع العلامات الثلاثة في الجدول المشار إليه سابقاً يمكن حساب الطبقة الاجتماعية لفرد ما كما يلي:

جدول رقم (٣-١١)

حسب مقياس SES

الطبقة الدنيا	مجموع نقاط SES
الدنيا	صفر - ٤٤
أدنى الوسط	٤٥-٦٩
أعلى الوسط	٧٠-٨٩
أعلى العليا	٩٠-١٠٠

كما قدم كولمن (Colman,١٩٨٣) مقياسه لتصنيف الأفراد في الطبقات الاجتماعية من خلال اعتماد الأسس التالية:

١. اعتبار عوامل تكوين الطبقة الاجتماعية أي فرد كعوامل متساوية في الوزن.

٢. اعتبار عوامل الدخل، مستوى التعليم، نوع الوظيفة، الثروة الموروثة ونوع السكن هي أهم العوامل التي يجب اعتبارها عند التصنيف الطبقي للأفراد.

٣. اعتماد مقياس ثابت مكون من (١٠٠) نقطة توزع بالتساوي على العوامل الخمسة المكونة للطبقة والمشار إليها في النقطة (ب).

محددات استخدام الطبقة الاجتماعية:

هنالك العديد من الاعتبارات التي تجعل رجال التسويق يتجهون نحو استخدام الطبقة الاجتماعية كأساس هام لتجزئة الأسواق المستهدفة. عموماً، يمكن تلخيص أهم محددات استخدام الطبقة الاجتماعية في سلوك المستهلك على النحو التالي:

١. ما فائدة مؤشر تركيب الطبقة الاجتماعية؟

إن استخدام مؤشر الطبقة قد لا يعطي فرصة كبيرة لاستخدام عوامل أخرى كالدخل أو الوظيفة، أو النهج الحياتي ودرجة التعليم بالرغم من سهولة استخدامها وتحديدها.

ذلك أن الدراسات الميدانية الأجنبية فقد أشارت إلى أن متغيراً واحداً كالدخل قد يكون أكثر أهمية ودلالة على السلوك الاستهلاكي المراد التنبؤ به بالمقارنة مع قدرة الطبقة الاجتماعية على ذلك. لكن الدراسات الميدانية أشارت أيضاً إلى أن الطبقة الاجتماعية قد تكون مؤشراً جيداً على تكرار استخدام الماركة السلعية. وبالتالي فإن السؤال الذي يبرز هنا هو ما هي فائدة استخدام مؤشر متعدد الأبعاد كالطبقة الاجتماعية بالمقارنة مع استخدام تصنيف بسيط ذي بعد واحد مثل الوظيفة أو الدخل.

ذلك أن استخدام مؤشراً ذي بعد واحد كالدخل قد يكون له دلالة كبيرة على إمكانية أو عدم إمكانية ذهاب أسرة معينة إلى بلد آخر من أجل السياحة. بينما قد تكون الطبقة الاجتماعية مؤشراً جيداً على مكانة السفر المفضل وعدد مرات السفر التي تقوم بها هذه الأسر أو تلك. يضاف إلى ذلك، إلى أن رجال التسويق الذين يطورون سلعاً جديدة، يعتبرون تكرار استعمال ماركة سلعية محددة أهم كثيراً من تملكها من قبل الأفراد.

على سبيل المثال، امتلاك سلع جديدة وذات أسعار عالية لا يعني كثيراً مـن الناحيـة الطبقيـة إذا لم يتم استخدامها عند الحاجة فعلاً. ذلك أن الطبقة الاجتماعية كمؤشر تعتبر مهمة فقـط عند ربطها بالتكرار في استخدام ما تم شراؤه مع اعتبار نوع الماركة المشتراه والفئة السـلعية بشكل مباشر.

٢. ما تأثير اختلاف المكانة الاجتماعية للفرد؟

يحدث التمايز الاجتماعي عندما يكون لفرد ما مكانة اجتماعية عالية وفق مقيـاس اجتماعي معين ومتدنية وفق مقياس اجتماعي آخر. عمومـاً، يـؤدي عـدم استقرار الوضـع الطبقي الاجتماعي لفرد ما إلى تشويه أو تـدمير مـؤشر الطبقـة الاجتماعيـة المسـتخدمة مـن أساسه.

على سبيل المثال، أستاذ الجامعة الذي يمثل مركزاً وظيفياً مرموقاً مع دخل متواضـع لا يتفق مع ذلك المركز قد يتم وضعه أو تصنيفه في نفس الطبقة الاجتماعية التي قد يحققها عامل غير ماهر يحقق دخلاً شهرياً أعلى من الدخل الشهري الذي يحققه أستاذ الجامعة.

وبالرغم من أن نوع الوظيفة التي يشغلها ذلك العامل غير المـاهر تعتـبر متدنيـة في سلم الوظائف الاجتماعيـة ومـع هـذا فالأستاذ الجـامعي وهـذا العامـل لا يمكـن اعتبارهما كأعضاء في طبقة اجتماعية واحدة. وبالرغم من حدوث هذه الحـالات التمايزيـة بـين الأفراد فإنه من الأفضل استخدام مقياس أو معيار واحد للتعرف على الطبقـة الاجتماعيـة (الوظيفـة مثلاً) بدلاً من استخدام مؤشر مركب مكون من أبعاد أو عوامل عديدة. وتجدر الإشارة هنـا إلى أن هناك أفراداً وبأعداد كبيرة يملكون مستويات دخل عالية لكـن لا يتمكـن تصـنيفهم في هذه الطبقة الوسطى أو العليا وذلك لسبب هام هو أن مـا يحـدد مكانـه فـرد مـا في طبقـة اجتماعية ما هو مجموعه القيم أو وزن العوامل المحددة للطبقة الاجتماعية بشكل عام.

٣. مدى وجود فروق واضحة في المكانة الاجتماعية والاقتصادية ضمن الطبقة الواحدة:

هل هناك فروق واضحة في المكانة الاجتماعية والاقتصادية ضمن الطبقة الاجتماعية الواحدة أم لا؟. على سبيل المثال، قد يكون هناك شخصان في أعلى الطبقة الوسطى (وذلك بناء على استخدام قياس اجتماعي معين) ولكن قد يكون أحدها عالم كبير في الطب أو الهندسة أو العلوم وشخص آخر عبارة عن ميكانيكي سيارات يملك كراجاً للتصليح ويحقق دخلاً شهرياً قد يكون مساوياً أو أعلى من الدخل الشهري المتاح للعالم المشار إليه سابقاً.

كما قد يكون هناك عاملان أحدهما يعمل في شركة تجارية يتقاضى منها أجراً عالياً، أما الثاني فيعمل في شركة أخرى ويتقاضى أجراً منخفضاً. وبالرغم من تساوي دخلهما فقد تكون طريقة وأسلوب الشراء لدى كل منهما مختلفة. ولحل هذه المشكلة اقترح كولمن (Coleman, 1983) اعتماد نوع الوظيفة كمقياس للطبقة الاجتماعية مع تحديد مستويات دخول الأفراد التي تزيد أو تقل عن متوسط الدخل المعروفة للطبقة الاجتماعية موضوع الاهتمام.

على سبيل المثال، تم الإشارة إلى الأفراد الذين لديهم دخول فوق متوسط دخل الطبقة بأنهم هم الأفراد الأوفر حظاً بالمقارنة مع الأقل حظاً (الذين يقل مستوى دخلهم عن متوسط دخل الطبقة أو الجماعة التي ينتمون إليها). وهكذا فإنه يمكن اعتبار العامل غير الماهر صاحب الدخل المرتفع والمحامي الناجح من الأفراد الأوفر حظاً في الطبقة الاجتماعية التي ينتمون إليها.

على سبيل المثال، نستطيع الافتراض أن المجموعة الأقل حظاً ستبادر إلى شراء السلع التي يحتاجها البيت. أما الأفراد الأكثر حظاً فقد يقومون بشراء السيارات ذات الماركة المشهورة دون النظر إلى الطبقة الاجتماعية التي ينتمون إليها. وهكذا فإن السلوك الشرائي للعامل غير الماهر قد يكون أكثر تركيزاً على اقتناء السلع المعمرة بالمقارنة مع الموظف الحكومي الذي يركز على شراء

المستلزمات المنزلية الملحة. وإذا كان هذا صحيحاً، فإن الدراسات الميدانية تقترح أن الطبقة الاجتماعية محدداً نهائياً للسلوك الاستهلاكي بالمقارنة مع الدخل أو نوع الوظيفة التي تعتبر عوامل رئيسة أرى في تصنيف الأفراد في هذه الطبقة أو تلك.

٤. أيهما أكثر أهمية وضع الطبقة الاجتماعية الحالي أم السابق؟

من المعروف أن البيئة الاجتماعية والاقتصادية المحيطة بالأفراد ومنذ الطفولة تؤثر بشكل كبير في النمط الشرائي والاستهلاكي للأفراد في الحاضر والمستقبل. على سبيل المثال، البيت الذي ينشأ فيه فرد ما هو إلا المحور الأساسي الذي يجب أن تنطلق منه كافة الدراسات الاستطلاعية حول مواقفه، قيمته الاجتماعية، والأنماط السلوكية والاستهلاكية الحالية واللاحقة. كما أن نشأة فرد ما في بيت ميسور الحال وضمن قيم اجتماعية أصلية سيؤدي إلى وجود أنماط سلوكية واستهلاكية متميزة بالمقارنة مع الأنماط السلوكية لفرد آخر نشأ في بيت ميسور، ولكن ضمن قيم اجتماعية ليس لها علاقة كبيرة بالثقافة الحضارية للمجتمع كله. لهذا فإن مقاييس الطبقة الاجتماعية يجب أن تأخذ في الاعتبار التجارب السابقة الحالية – كالأوضاع الاقتصادية والاجتماعية – لأنه في بعض الحالات تكون الخبرات السابقة مؤشرات قوية للتنبؤ بالسلوك الشرائي الممارس حالياً وبدرجة معينة على السلوك المستقبلي. وتجدر الإشارة هنا إلى أن وضع الطبقة الاجتماعية الحالي والسابق لا بد من اعتبارهما معاً عند التعرف لطبقة الفرد أو المستهلك التي تتحدد كما أشرنا من قبل بناءً على مجموعة المحددات المكونة للطبقة والتي يجري على أساسها التصنيف الطبقي للأفراد.

٥. هل دول المشرق العربي في طور التحول إلى مجتمعات تخلو من الطبقات الاجتماعية أم لا؟

من القضايا التي قد تمنع أو تعيق استخدام الطبقة الاجتماعية في دراسات سلوك المستهلك في دول المشرق العربي هي ما إذا كانت هناك حدوداً فاصلة

و فعلية بين الطبقات الاجتماعية في هذه الدول أم لا؟ يضاف إلى ذلك أن تأكل الطبقة الوسطى في مجتمعات عديدة ما زال مستمراً وتحت شعارات عديدة منها اقتصاد السوق، تحرير الأسعار وتشجيع المنافسة وزيادة الإنتاجية وخفض الاستهلاك.

ذلك أن اقتناء الأغلبية الساحقة من مواطني تلك المجتمعات لأجهزة التلفزيون تعني أن معظم الأفراد نسبياً يتعرضون إلى نفس المقادير من المعلومات بغض النظر عن مضمونها وأهدافها ودرجة تأثيرها. يضاف إلى ذلك أن التوجه الكبير من قبل معظم المستهلكين نحو شراء السلع الاستهلاكية وبكميات كبيرة وبغض النظر عن ماركاتها أو أشكالها يشير إلى شكل من أشكال الاضمحلال لهذه الطبقة الاجتماعية في الطبقة الأخرى والأدنى منها بشكل محدد. وكنتيجة لذلك، فإن العديد من الباحثين يؤمنون بأن الفروق الشاسعة بين الطبقات لم تعد موجودة، فالطبقة العاملة والطبقة المتوسطة قد أصبحت نسبياً متناقصة ومنهكة ولا يمكن وصف أحوالها بشكل دقيق. على الجانب الآخر، تشير بعض الدراسات المعاصرة إلى أن الفروق الاجتماعية الطبقية ما زالت موجودة بالرغم من النجاحات الكبيرة التي حققها بعض الأفراد من الطبقتين الوسطى والدنيا خلال العشرين أو الثلاثين سنة الماضية.

على سبيل المثال، أشارت إحدى الدراسات إلى وجود فروقات طبقية اجتماعية واضحة في سلوك الأفراد نحو مختلف الماركات والعبوات بأشكالها وأحجامها. حيث توجد على سبيل المثال، ماركات وعبوات مفضلة لهذه الطبقة دون غيرها ولسلع معمرة كالعطور، السيارات، والأجهزة الكهربائية.

كما أن هناك فروقات وظيفية واضحة بين مختلف الطبقات حول مواقف، قيم وأنماط سلوك الأفراد وبما يرتبط بها من أفراد شرائية واستهلاكية. وربما يرجع انحسار روح المساواة بين الأفراد إلى الشعور بالفردية (Me – orientation)

من قبل أولئك الأفراد الأكثر سيطرة على مجريات الحياة الاقتصادية ولأسباب غير منطقية في معظم الأوقات.

كما أن الركود الاقتصادي وعدم العدالة في توزيع الموارد بين أفراد المجتمع الواحد أدى ويؤدي إلى توسيع الفجوة بين المتعلمين وغير المتعلمين وبين من يملكون ولا يملكون. ذلك أن الطبقة الاجتماعية في دول المشرق العربي لا تزال مفهوماً يتأرجح بين النظرية وأي نظرية والتطبيقية أو الوجود بل أنها ما زالت، كياناً معقداً أو متشابكاً من الناحيتين البنائية والسلوكية. وذلك بسبب عدم وجود فلسفة واضحة لأي قطاع من قطاعات الحياة الاقتصادية والاجتماعية والتعليمية وغيرها خصوصاً في الدول العربية وبشكل عام.

أهمية الطبقة الاجتماعية لاستراتيجية التسويق:

تعتبر الطبقة الاجتماعية ذات أهمية كبيرة لرجال التسويق طالما أظهر المستهلكون المستهدفون داخل الطبقة الواحدة بعض التشابه النسبي في أنماط الشراء والاستهلاك والتسوق بالنسبة لما هو مطروح من ماركات سلعية أو خدمية.

عموماً، يمكن القول بأن للطبقة الاجتماعية تأثيراً فعالاً على استراتيجيات التسويق للمؤسسات المعاصرة وخاصة بالنسبة لبعض المفاهيم المركزية التالية:

تجزئة السوق:

يحاول رجال التسويق تحديد خصائص المستهلكين في كل طبقة اجتماعية. على سبيل المثال، أشارت إحدى الدراسات الميدانية إلى أهمية استخدام استراتيجية تجزئة السوق الكلي لخدمة بطاقات الائتمان بناء على عوامل الطبقة الاجتماعية وخصائص النهج الحياتي، حيث أظهرت نتائج الدراسة إلى أن سوق بطاقات الائتمان هم غالباً أفراد الطبقة العليا وأعلى الطبقة الوسطى. ذلك أن أفراد الطبقة العليا على سبيل المثال أكثر اهتماماً بمظهرهم، كما أنهم أكثر إنجازاً ويميلون

وبشكل كبير لأن يكونوا اجتماعيين مع رغبة كبيرة لتحمل مخاطر كبيرة وخاصة عند شراء الجديد من السلع مع أن هذا الأمر له صفة النسبية.

يلاحظ أن نتائج هذه الدراسة أكدت نتائج دراسات سابقة التي وجدت أن أعضاء الطبقة العليا والمتوسطة كانوا أكثر استخداماً لهذه البطاقات كوسيلة للراحة. أما الطبقة المتوسطة فتستخدمها كوسيلة لدفع التزاماتها الآنية وبشكل مظهري. الأمر الذي يؤكد على أن اختلاف الطبقات الاجتماعية للأفراد وهو ما يعكس نسبياً قيماً وأنماطاً سلوكية واستهلاكية مختلفة. وفي دراسة أخرى، قامت بها شركة الهاتف والتلغراف الأمريكية (AT & T) حول تجزئة السوق المحلي الأمريكي حسب الطبقة الاجتماعية وخصائص المشتركين الحاليين والمحتملين الديموغرافية والنفسية. أظهرت أن المستخدمين من ذوي الدخل المرتفع يحتفظون بأجهزتهم الهاتفية لمدد طويلة بغض النظر عن الوظائف أو المستويات التعليمية المتوفرة بالمقارنة مع نظر المستخدمين من أعضاء الطبقة الدنيا.

الإعلان:

من المعروف أن الخصائص الديموغرافية والنفسية لأفراد طبقة اجتماعية معينة تفرز مؤشرات قوية لما هو مرغوب أو مقبول في الإعلان المرئي أو المقروء. ذلك أن اللغة والإشارات المستخدمة يجب أن توجه بطريقة بحيث تفهم أو تدرك من قبل أفراد الطبقة الاجتماعية المستهدفة. على سبيل المثال، قد تستخدم الأمهات في الطبقة الوسطى كلمات مثل "كويس جداً" "رائع جداً" مع أطفالهن في حين قد تستخدم الأمهات من الطبقة الاجتماعية الدنيا كلمات مثل "المطلوب جهد أكبر" "أسكت لا تفعل هذه بل إفعل هذا".

كما أن الإعلانات المصممة لترويج ملابس الأطفال والموجهة إلى أسواق الطبقات العليا والمتوسطة قد تستخدم كلمات أو عبارات تركز على الدعابة أو الود أما الكلمات المستخدمة في الإعلانات الموجهة إلى أسواق الطبقة الدنيا فيمكن أن تركز على النظافة وطول فترة الاستخدام وهكذا.

التوزيع:

من المعروف أن لكل أفراد طبقة اجتماعية معينة مواعيد وأنماط تسويقية مختلفة عن الأخرى. على سبيل المثال، قد يميل المستهلكون من أعضاء الطبقة العليا للذهاب للمحلات ذات السمعة العالية المتواجدة في أماكن راقية، بينما أفراد الطبقة الوسطى للذهاب إلى المحلات المزدحمة بالمقارنة مع رغبة أفراد الطبقة الدنيا للذهاب للمحلات التي تمنح خصومات أو تضع تنزيلات دورية للتخلص من مخزوناتها من السلع.

أشارت دراسة ميدانية أجنبية إلى أن أفراد الطبقة العليا يميلون للشراء من محلات الموضة (High. Fashion Stores). بينما يفضل أفراد الطبقة الدنيا للتسوق من المحلات التي تعطي خصومات كبيرة في السعر. وبالمقابل يفضل المستهلكون من الطبقة الوسطى إلى التسوق من المحلات التي تركز على ترويج ماركات مشهورة ولو من الناحية الشكلية كالتقليد أو التزوير لماركات عالمية مشهورة فعلاً.

عموماً، تزود نتائج هذه الدراسات رجال التسويق بمؤشرات ذات أهمية كبيرة يمكن الاستفادة منها عند تصميم استراتيجيات التوزيع المناسبة لكل طبقة اجتماعية ولكل الماركات السلعية أو الخدمية المطروح للتداول في الأسواق المستهدفة.

على سبيل المثال، إذا كانت السوق المستهدفة من قبل رجال التسويق تقع ضمن المجموعة الاجتماعية والاقتصادية الدنيا، فيجب أن تستخدم المحلات التجارية المتجاورة وظائف التوزيع من تنسيق وتوحيد وعرض بطريقة أفضل بالمقارنة مع ما قد تفعله المحلات التجارية الكائنة في الوسط التجاري للمدينة. أما إذا كانت الجماعات المستهدفة من الطبقات المتوسطة والعليا فقد يكون التسوق غالباً من المحلات ذات الأقسام المتخصصة وذات السمعة الطيبة والموزعة في أماكن مختلفة من المدينة.

تطوير السلع:

من المعروف أن استجابة أفراد كل طبقة اجتماعية تكون مختلفة نحو ما يقدمه رجال التسويق من سلع معدلة أو جديدة. على سبيل المثال، أجرت شركة الهاتف والتلغراف الأمريكية (AT & T) دراسة لاختبار تفضيل المستهلكين لأشكال وألوان أجهزة الهاتف من خلال دراسة عينات من الأفراد ومن مجموعات أو طبقات اجتماعية مختلفة حيث وجد أن المستهلكين من الطبقة الدنيا لم يكونوا مهتمين بالهواتف المزخرفة والحديثة لأن كل ما كانوا يريدونه هو الحصول على جهاز هاتفي يعمل لا أكثر ولا أقل. أما الأفراد المنتمين للطبقة الوسطى فقد أشارت الدراسة إلى أنهم سوق مربحة للهواتف المزخرفة والحديثة.

المضامين السلوكية الاستهلاكية للطبقات الاجتماعية:

بالرغم من أن استخدام مؤشرات الطبقة الاجتماعية ما زال في مراحله الأولى. يتزايد إدراك رجال التسويق بأهمية استخدام الطبقات الاجتماعية للتنبؤ بالأنماط السلوكية والاستهلاكية لأعضاء كل منها وعلى الشكل التالي:

١. السلوك الشرائي:

أشارت دراسات ميدانية أجريت في دول متقدمة صناعياً إلى وجود فروقات ذات أهمية في السلوك الشرائي للطبقات الاجتماعية وخاصة في مجالات شراء الملابس، والأثاث، والأجهزة الكهربائية من ناحية ماركاتها وأسعارها بالإضافة إلى درجة تكرارية شراء المواد الغذائية أو استخدام أو عدم استخدام بطاقات الائتمان ودوافع استخدامها لدى طبقة معينة بالمقارنة مع طبقة أخرى.

وما تجدر الإشارة إليه هنا إلى أنه لا توجد لغاية الوقت الحالي أية دراسات محلية تشير إلى طبيعة ومستوى العوامل الديموغرافية والنفسية المكونة لكل طبقة اجتماعية في الأردن. إلا أنه يمكن القول وبالملاحظة العملية إلى أن المستهلكين من أعضاء الطبقة العليا مثلاً يميلون إلى الاهتمام بشراء الملابس ذات الموضات

العصرية. أما أعضاء الطبقة الوسطى فقد يميلون لشراء تلك الملابس ذات الماركات المعروفة والتي تباع بأسعار تتناسب وقدراتهم الشرائية. أما أعضاء الطبقة الدنيا فقد يميلون إلى اقتناء أو شراء الملابس المريحة إليهم مالياً وذلك من خلال ترددهم على الأماكن العامة في مدن المملكة لشراء ما تجلبه البالات من ملابس ذات موضات قديمة أو مستعملة تبيعها لأفراد الأسر ومن الطبقتين الوسطى والدنيا.

أما بالنسبة للأثاث فينظر أعضاء الطبقة العليا لها باعتبارها سلعة تشجيع حاجة نفسية طابعها أحياناً التفاخر وأحياناً أخرى الراحة والرمزية. أما أعضاء الطبقة الوسطى فقد يركزون على الأثاث العملي - أحجام كبيرة وألوان عديدة - والتي قد تعطيهم نوعاً من الأمل في تحسين أوضاعهم الحالية. أما بالنسبة لتفضيلات أعضاء الطبقة العليا من الأجهزة الكهربائية فتتركز على اسم الماركة واللون بينما تركز الطبقة الوسطى والدنيا عند شرائها للأجهزة الكهربائية على الناحية الأدائية لما يتم شراؤه منها كما قد يتم التركيز من قبل إعطاء الطبقة الوسطى على النواحي المظهرية لسلع كالسيارات.

أما بالنسبة لكيفية قضاء أوقات الفراغ فقد يميل أعضاء الطبقة العليا للانخراط بعضوية الأندية التي يتوفر لهم فيها ممارسة كافة أنواع الرياضة - السباحة، التنس ... الخ - أما المستهلكين من الطبقة الوسطى فقد يميلون إلى مشاهدة الأفلام التي يشترونها أو يستعيرونها من محلات الفيديو، مشاهدة مباريات كرة القدم، سلع الورق، لعب البولنغ ... الخ.

وكما ذكرنا سابقاً، فقد يميل أفراد الطبقة العليا إلى استخدام بطاقات الائتمان لشراء الكماليات وخلال رحلاتهم أو سفراتهم الداخلية والخارجية بينما يستخدم أفراد الطبقة الوسطى هذه البطاقات لشراء الكثير من السلع وخاصة الضرورية منها مع الرغبة الشديدة في التظاهر والتفاخر. كما يسعى أعضاء الطبقة الوسطى إلى فتح

حسابات الادخار في البنوك مع شراء بوالص التأمين على الحياة لإضفاء درجة من الراحة النفسية والأمان لهم وإلى أسرهم.

أما بالنسبة لمشتريات الطبقة العليا من الغذاء فيغلب عليها الرمزية والبساطة مع التركيز على المحتويات وليس الكميات. عموماً يعتبر نوع وكمية الغذاء التي يتناولها أفراد أي طبقة اجتماعية ترجمة فعلية لتقييم هذه الطبقة من النواحي السلوكية والاستهلاكية. على سبيل المثال، قد يميل أفراد الطبقة الوسطى إلى إعطاء عناية أكبر لاسم ونوع الطعام المرغوب وفي حدود السعر المعقول بينما يعطي أفراد الطبقة العليا أهمية أكبر لمكونات الغذاء الذين يأكلون ومقدار السعرات التي سيأخذونها بعد تناوله.

٢. أنماط التسوق:

من الملاحظ أن هناك ميلاً كبيراً لدى نساء الطبقة العليا للتسوق في أوقات محددة ولمرات قليلة وفي أوقات لا يكثر فيها الازدحام ومن محلات معروفة. بينما تلجأ نساء الطبقة الوسطى إلى الشراء في نهاية الأسبوع لمعظم الاحتياجات المنزلية وبكميات كبيرة نسبياً تفوق في معظم الأحيان ما تحتاجه أسرهن في الأسبوع الواحد.

أما نساء الطبقة الدنيا فيبدو أن أدوارهن ضعيفة في عملية التسوق وذلك لأسباب أهمها أن القدرات الشرائية المتوافرة لديهم ضعيفة جداً. ولهذا السبب يقوم الزواج غالباً بشراء احتياجات أسرهم المتواضعة وبشكل يومي وحسب ما يتوفر لديهم من قدرات مالية. عموماً، قد ينتظر الأفراد من الطبقتين المتوسطة والدنيا التنزيلات – الوهمية غالباً – لشراء ما يلزم أسرهم من سلع أو حاجيات وبأسعار معقولة.

باختصار، تجد نساء الطبقة العليا متعة كبيرة في عملية التسوق. الأمر الذي يؤدي بهن إلى التأني أو التريث بالنسبة لما يمكن شراؤه من ماركات سلعية. بينما يتصف شراء أفراد الطبقتين الوسطى والدنيا بالعصبية والتسرع لأسباب منها

الاقتصادي – تضاؤل الإمكانات الشرائية – والنفسيـ المرتبط بحالات مختلفة من الشعور بالحرمان لعدم القدرة على التكيف مع ما هو مطلوب مع ما هو ممكن أو متاح. بالإضافة إلى وجود نقص أو عدم دقة في المعلومات الواجب توافرها عن الخصائص الشكلية والموضوعية للسلع المعروضة. كما يميل أفراد الطبقة الوسطى للذهاب إلى المحلات الموجودة في وسط المدينة من أجل الحصول على تشكيلات أوسع بينما يميل أفراد الأسر الدنيا للذهاب إلى المحلات المجاورة حيث يشعرون بالراحة ويحظون بالترحيب.

٣. الوسيلة الترويجية:

يميل أفراد الطبقة العليا لقراءة المجلات المتخصصة ذات المصداقية الكبيرة. بينما قد يرغب المستهلكون من أعضاء الطبقة الوسطى والدنيا في قراءة الصحف اليومية والأسبوعية ذات الخبطات الصحفية وذات البعد التهويلي المعتمد على الإشاعات الكيدية أو المقصودة.؟ عملياً، يميل أفراد الطبقة العليا لاقتناء الأطباق اللاقطة وذلك لمتابعة ما يجري في العالم الخارجي من أحداث اقتصادية وسياسية وعلمية. وبالمقابل قد يقوم أفراد الطبقة الوسطى بمشاهدة البرامج العربية في المحطات العربية مع جنوح كبير لمشاهدة البرامج أو المسرحيات الهزلية المحلية. أما الأفراد من الطبقة الدنيا فقد يميلون لمشاهدة المسلسلات البدوية والمحلية والأفلام العاطفية.

٤. لغة الاتصال:

يختلف أفراد الطبقات الاجتماعية فيما بينهم في أنماط المحادثة والمفردات اللغوية المستخدمة والمفضلة لديهم. على سبيل المثال، أشارت إحدى الدراسات الأجنبية إلى أن أصوات أفراد الطبقة العليا وأنماط حديثهم تميل إلى الاتزان والهدوء والتبرير المعتمد على معلومات دقيقة نسبياً بالمقارنة مع أقرانهم من أفراد الطبقة الوسطى أو الدنيا. يضاف إلى ذلك، أن أفراد الطبقة الدنيا أكثر حساسية

وتصديقاً للإشاعات والدعايات، بينما يميل المستهلكون من أعضاء الطبقة العليا إلى استخدام الرمزية والفردية في الكلام والسلوك للتعبير عن أهدافهم وطموحاتهم.

٥. السعر:

بشكل عام، فإن مستهلكي الطبقة الدنيا لا تتوفر لديهم الخبرة أو المعرفة الكافية بأسعار السلع أو الخدمات ولأنهم يملكون معلومات قليلة عن خصائص السلع فإنه يستخدمون السعر كمؤشر على نوعية أو جودة الماركة السلعية المراد شراؤها.

أما أفراد الطبقة العليا فإنهم يفضلون الاعتماد على خبراتهم السابقة لتحليل الأسعار المفروضة على السلع التي يرغبون بشرائها.

٦. البحث عن المعلومات:

قد يلجأ المستهلكون من أعضاء الطبقة العليا للبحث عن معلومات كافية ودقيقة عن ما يحتاجونه من ماركات سلعية أو خدمية من خلال الاستعانة بكافة المصادر المعلوماتية التي قد تكون منشورة في مجلات متخصصة أو صحف متميزة ذات مصداقية عالية بالإضافة إلى أن الجماعات المرجعية التي يستعينون بها كالأصدقاء ورجال الأعمال والخبراء والمعاهد العلمية أو المتخصصة. أما أفراد أعضاء الطبقة الوسطى يكون لديهم ميلاً كبيراً للاستعانة بالجماعات المرجعية – كالأهل، الأصدقاء، زملاء العمل ... الخ – للحصول على المعلومات التي يحتاجونها عن السلع بالإضافة إلى المعلومات التي يحصلون عليها من التلفزيون. وذلك من أجل تخفيف المخاطر التي يشعرون بها قبل وبعد القرار الشرائي للسلعة أو الخدمة.

أسئلة المناقشة

١- شركتان تنتجان خطين مختلفين من الأثاث، الخط الأول موجه إلى المستهلكين من أفـراد الطبقـة العليا، والآخر موجه إلى مستهلكي الطبقة الوسطى في رأيك ما هي الفروقات التفعيلية المتوقعة بـين أفراد كل من الطبقتين بالنسبة لما يلي:

أ. نوع السلع والماركة منها.   ب. الوسيلة الترويجية المرغوبة.

ج. نظام التوزيع وبيئة المحل الداخلية.

٢- تضمن هذا الفصل رأيين مختلفين حول وضع الطبقات الاجتماعية في العـالم العـربي، الأول يقـول بأن الطبقات الاجتماعية أصبحت أقل أهمية – لاختلاط الحابل بالنابل – وأن الحدود بين الأفراد والأسر أصبحت متشابكة وقليلة إلى الحـد الـذي يعيـق عمليـة الاتصـال بـين أفـراد هـذه الأسر. والثاني يقول بأن الطبقات الاجتماعية ما زالت متمايزة وأن التواصـل الاجتماعـي بـين أفـراد كـل طبقة قوي جداً. في رأيك ما هي التوجهات التي تعتقد أنها ستسـود في الطبقـات الاجتماعيـة في العالم العربي بعد خمس سنوات أو عشر سنوات من الآن.

٣- يعتقد إحدى ناشري المجلات بأن هناك فروقاً كافية في مواقـف وأنمـاط السـلوك الشرـائي للمـرأة العاملة لتجزئة سوق المجلة نحو تقديم عدة طبقات من المجلة كل أسبوع.

أ. النوع الأول موجه إلى المرأة العاملة في الطبقة الوسطى.

ب. النوع الثاني موجه إلى المرأة العاملة في أعلى الطبقة الدنيا.

ج. النوع الثالث موجه إلى المرأة العاملة في أعلى الطبقة الدنيا.

السؤال هو، هل تتفق مع هذا الناشر؟ وبشكل محدد، كيف يختلف كل نوع من هذه المجلات من حيث المحتوى والشكل للمجلة موضوع الاهتمام؟

٤- ترغب شركة إضافة خط إنتاجي جديد للمخبز التابع لها وذلك لتسهيل عمليـة إعـداد معجنـات أكثر تفضيلاً ومرغوبية من الخبز والحلويات:

أ. هل يجب على هذه الشركة توجيه خـط إنتاجهـا إلى الطبقـة العليـا أم الطبقـة الوسـطى مـن خلال تخصيص وإنتاج أصناف معينة لكل منها.

ب. كيف ستختلف الحملات الإعلانية الموجهة لكل من هذه الطبقات المستهدفة.

ج. ما هي المضامين التسويقية والسلوكية لأفراد الطبقة الاجتماعية الوسطى نحو السلع والخدمات وتكرارية استهلاكها واستخدامها:

- الهاتف الخلوي.

- نوع وجبة الغذاء المفضلة.

- نوع المشروبات المفضلة.

- صحن فول من صنف فاخر.

٥- لقد تم الافتراض أن الطبقات الاجتماعية له توجيهات مختلفة نحو أبنائها. المطلوب توضيح هـذه التوجيهات فيما يتعلق بالتالي:

أ. درجة استجابة أمهات كل طبقة لطلبات أطفالهن الشرائية في السـوبر ماركت المجاور أو الـذي يذهبن إليه بصحبة أطفالهن.

ب. الاختلافات في تأثير البرامج التلفازية على أطفال كل طبقة اجتماعية.

٦- الاختلافات في مواقف الآباء نحو الأبناء في الطبقـات الاجتماعيـة علـى اسـتراتيجيات التسـويق لبـائعي ملابس الأطفال. في رأيك ما هي الأسـاليب التـي قـد يتبعهـا سـوق ملابس أطفال مرتفعـة الـثمن بالمقارنة مع سوق الملابس منخفضة الثمن فيما يتعلق:

أ. استخدام طفل في الإعلان عن ملابس الأطفال.

ب. استخدام أم في الإعلان عن ملابس الأطفال.

ج. الفوائد المرجوة من وراء التركيز على اسم ماركة الملابس المعلن عنها.

٧- تؤثر الاختلافات في مواقـف وطرق التسـوق المألوفـة للأفـراد في مختلـف الطبقـات الاجتماعيـة علـى سياسات محلات التجزئة.

أ. قارن بين ثلاثة محلات تجزئة موجودة في أماكن يسكنها أفراد الطبقات العليا المتوسطة والدنيا.

ب. كيف يمكن أن تؤثر اختلافات أفراد الطبقات الاجتماعية في أنماط التسوق لديهم على ما يلي:

- البيئة الداخلية للمحل.   - طريقة عرض السلع داخل المحل.

الفصل الثاني عشر

الثقافات الاصلية والفرعية وسلوك المستهلك

* تمهيد.

* ماهية وتعريف الثقافة.

* خصائص ووظائف الثقافة.

* اكتساب وتعلم الثقافة.

* السلوك الموسمي.

* المشاركة في الثقافة.

* حركة الثقافة.

* مقاييس الثقافة.

* القيم العربية الأساسية.

* الثقافات الفرعية وسلوك المستهلك.

* أسئلة المناقشة.

الفصل الثاني عشر

الثقافات الأصلية والفرعية وسلوك المستهلك

تمهيد

تشمل الثقافة الحضارية (Culture) لأي مجتمع ذلك التركيب المتشابك من المعارف، المعتقدات، الفنون، التشريعات القانونية الأساسية، القيم الأخلاقية، العادات، التقاليد وقيماً أخرى مادية وغير مادية والتي يتم إكسابها لأفراد المجتمع. كما تؤثر الثقافة الأصلية على مواقف وأنماط سلوك الأفراد بطريقة متدرجة من خلال مختلف عمليات التنشئة الاجتماعية التي تبدأ منذ مراحل الطفولة الأولى وحتى النهاية.

ولذلك فإن تساؤل الباحثين السلوكيين وغيرهم عن أسباب ما يلاحظونه أو يجربونه من أنماط سلوكية للأفراد بهذا الاتجاه أو ذاك. ويمكن الإجابة على هذا التساؤل من خلال التأكيد على تأثير الثقافة الملموس على مجمل المواقف والأنماط السلوكية التي يبرزها الأفراد المنضمين لها. وتجدر الإشارة هنا على أن قدرة الباحثين السلوكيين على التعرف على ماهية الثقافة يكون من خلال تحليل وتفسير الأنماط السلوكية بالإضافة إلى عقد المقارنات بين الأنماط السلوكية لأفراد منضمين لثقافات أخرى. أو حتى خلال ملاحظة الأنماط السلوكية لأفراد أجانب يزورون بلدان ذات ثقافات أخرى. يضاف إلى ذلك إلى أن تأثير الثقافات الفرعية سيتعرض للعديد من الهزات والتغييرات وذلك بسبب الهجمة الهائلة لما يسمى بالعولمة والتجارة الدولية والتجمعات الإقليمية الضخمة التي تزداد أهميتها يوماً بعد يوم.

ماهية وتعريف الثقافة:

تعتبر الثقافة من المفاهيم الشاملة التي تحتوي على العديد من العوامل المادية وغير المادية والتي تؤثر على طريقة تفكير الأفراد وأنماطهم السلوكية. من المعروف أن الثقافة لا تحدد عملياً طبيعة وتكرارية إشباع الحاجات الفسيولوجية كالجوع والعطش فقط. لكن تأثيرها الكبير يمكن التعرف عليه من خلال ملاحظة واستنتاج حجم ونوعية الإشباع المرغوب بين أفراد هذه الثقافة الأصلية بعضهم البعض.

كما أن الثقافة بمفاهيمها المختلفة يمكن اكتسابها وإكسابها للأفراد من خلال عمليات التطبيع الاجتماعي إلا أنها لا تتضمن استجابات موروثة ومواقف محددة مسبقاً وذلك لأسباب أهمها أن السلوك الإنساني في أغلب الحالات يتم تعلمه وبالتالي فإنه غير موروث.

يضاف إلى ذلك، أن الثقافة الحضارية نادراً ما تزود أعضاءها بتفاصيل وافية لكل سلوك مناسب من الناحية الاجتماعية وخاصة في ظل تعقد المجتمعات المعاصرة. أيضاً تزود مجتمعات الدول النامية أفرادها بحدود ما هو مسموح أو غير مسموح به من أنماط سلوكية وفي كافة مناحي الحياة.

وبناء عليه، فإنه يمكن تعريف الثقافة بأنها "تلك المجموعة من القيم - ذات الطابع المادي والمعنوي - والأفكار والمواقف والرموز التي يبرزها أفراد ثقافة ما نحو مختلف نواحي حياتهم والتي يتم تطويرها واتباعها بواسطة أفراد هذا المجتمع والتي تشكل أنماطهم السلوكية والاستهلاكية التي تميزهم عن أفراد تابعين لثقافات أخرى أصلية أو فرعية".

خصائص ووظائف الثقافة:

تلبي الثقافة حاجات الأفراد داخل المجتمع الذي يعيشون فيه. ذلك أنها تقدم نسبياً كافة الإرشادات للسلوك الذي يجب أن يكون وفي كل المجالات. بالإضافة إلى أنها تعمل على تشكيل مضمون وشكل مواقف الأفراد نحو الأشياء أو السلع أو الخدمات.

أيضاً تزودنا الثقافة بمعايير وقوانين عن ماذا نأكل وكيف وأين نأكل؟ ماذا نأكل على الإفطار، الغداء والعشاء؟ ماذا نقدم للضيوف في حفلات الغداء والعشاء وفي حفلات الزفاف وغيرها. على سبيل المثال، وفي العالم العربي يقدمون القهوة في المناسبات الاجتماعية من أي نوع مع اختلافات بسيطة هنا وهناك فيما يتعلق بطريقة التقديم. كما يتبع الأفراد تلك المعتقدات، القيم والعادات التي تنسجم مع ثقافتهم الأصلية ما دامت ترضيهم. وعندما لا يلبي معيار اجتماعي معين حاجات ورغبات أفراد المجتمع في وقت ما فإن هذا المعيار يعدل أو يبدل بحيث ينال المعيار الجديد قبول أفراد المجتمع ومما يشبع رغباتهم، لذلك فإن الثقافة تتطور تدريجياً بسبب تغير عوامل البيئة الكلية للمجتمع كله ولكن مع التمسك أو الثبات للمبادئ الأساسية للمجتمع.

تسويقياً، يتحتم على الشركات التسويقية المبادرة لتقديم حلول مقبولة على شكل سلع أو خدمات تتفق وأذواق أفراد المجتمع وفق المضمون أو الوعاء الثقافي الذي يعيشون فيه. يضاف إلى ذلك يتحتم على رجال التسويق مراقبة ومتابعة تحليل تلك القيم والعادات الأكثر تأثيراً على أنماط الشراء والاستهلاك وذلك من أجل تصميم تلك الاستراتيجيات لتسويقية والترويجية للسلع أو الخدمات التي تحاول بيعها بربحية معقولة لأفراد المجتمع المؤمنين بهذه الثقافة أو تلك.

على سبيل المثال، لاحظت بعض الشركات الأردنية اهتمام الأردنيين الكبير بالمناسف – الأكلة الشعبية السائدة – فبادرت لتقديمها حسب الأصول. عموماً يمكن القول بأن الثقافة تتصف بخصائص رئيسية هو كما يلي:

١. إشباع حاجات ورغبات الأفراد. ذلك أن الثقافة يتم إيجادها وتطويرها لإشباع الحاجات والرغبات وأي قيمة ثقافية لا تشبع حاجة إنسانية فإنها تنتهي أو تتلاشى.

٢. إمكانية تعلم الثقافة، الله سبحانه وتعالى خلق كافة البشر بخصائص فطرية عامة، يتعلم طفل ما الثقافة الأصلية أو الفرعية من عدة مصادر أهمها الأسرة، الجيران والأصدقاء، المدرسة ثم الجامعة والمجتمع الكبير وما يشمله من مؤسسات متنوعة.

٣. مشاركة الأفراد في صنع وتطوير الثقافة التي ينتمون إليها وخاصة في المجتمعات المتقدمة.

٤. حركية الثقافة أي تطور عواملها حسب المستجدات البيئية مع الحفاظ على الخصوصية المحددة لها.

عملياً، قدم علماء الاجتماع والسلوك ثلاثة أشكال لتعلم الثقافة يمكن إيجازها هنا كما يلي:

١. التعلم الرسمي؛ حيث يبدأ الصغار التعلم من الأفراد الأكبر منهم كيفية التصرف الأكل، النوم، اللبس، الكلام ... الخ.

٢. التعلم غير الرسمي؛ وفيه يتعلم الطفل عن طريق تقليد تصرفات الآخرين من الأفراد المحيطين به أو الذين يشاهدهم من خلال وسائل الإعلان المرئية.

٣. التعلم التقني؛ حيث يتعلم الطفل من خلال قيام المدرس أو المدرب بإعطاء الإرشادات وفي جو تعليمي محض عما يجب فعله، ولماذا؟

وعلى سبيل المثال، قد تأمر أم طفلها بعدم تسلق شجرة ما – تعلم رسمي –

أما إذا راقبت فتاة أمها وهي تطبخ فيعتبر ذلك نوعاً من التعلم غير الرسمي، وإذا انخرطت نفس الفتاة في تعلم دروس في الخياطة فيعتبر هذا تعلم تقني.

وبالرغم من أن إعلانات شركات تجارية قد يؤدي إلى أنواع التعلم الثلاثة المشار إليها أعلاه، إلا أنه يلاحظ أن الإعلانات التجارية في أغلبها تركز على التعلم غير الرسمي وذلك من خلال تزويد الجماهير المستهدفة من المشاهدينم بنماذج للسلوك يفضل تقليدها من وجهة نظرهم. على سبيل المثال، الإيحاء الإعلاني لمنتجات شركة ياسمين للعطور النسائية يمكن إيرادها من خلال إبراز صورة الفنانة فاتن حمامة وهي تستخدم تلك الماركة من العطر باعتبار أن هذه الفنانة المصرية الكبيرة تمثل لدى الأغلبية من السيدات نموذجاً مقبولاً للتقليد.

اكتساب وتعلم الثقافة Acculturation & Enculturation:

لمناقشة الثقافة الحضارية لا بد من التفريق بين اكتساب ثقافة جديدة وتعلم الثقافة الأصلية. عموماً يعتبر مفهوم اكتساب الثقافة ذا أهمية كبيرة للشركات التي ترغب في بيع سلعها في الأسواق ذات الجنسيات المتعددة. وفي مثل هذه الحالات يجب على رجال التسويق دراسة كافة أبعاد الثقافات الحضارية على أسواق السلع أو الخدمات المطروحة أو المراد طرحها وتأثيراتها المحتملة على قرارات الشراء لدى المستهلكين المستهدفين.

يضاف إلى ذلك أنه لاكتساب ثقافة جديدة يجب أن يكون أفراد المجتمع المعنيين قادرين على الاتصال ببعضهم البعض من خلال لغة متعارف عليها، وبدون هذه اللغة لن تكون هناك أية معاني مشتركة أو اتصال حقيقي بين الأفراد حول الأشياء أو السلع موضوع الاهتمام. وبالنسبة للاتصال يتحتم على رجال التسويق استخدام تلك الرموز اللغوية المناسبة لنقل خصائص الماركات السلعية أو الخدمية المطروحة للتداول.

عموماً، يمكن أن تكون هذه الرموز محكية (شفهية) أو غير محكية. أما الرموز المحكية فيمكن أن تتضمن الإعلانات التلفازية أو الإذاعية. أما الرموز غير المحكية فيمكن أن تكون على شكل استخدام رموز مثل أرقام، ألوان، أشكال محددة.

باختصار، الرمز هو أي شيء يقف أو يعبر عن شيء آخر، وقد يكون الرمز أي كلمة تقال هنا أو هناك وضمن حوار محدد. على سبيل المثال، كلمة إعصار (Hurricane) لا ترمز فقط إلى الرياح والأمطار الشديدة ولكنها أيضاً تظهر الإحساس بالخوف والحاجة إلى الحماية والأمن. وكلمة جاقوار (Jaguar) وهي النمر فقد تعني للبعض سيارة فارهة وقوية وللبعض الآخر قد تعني الثروة والغنى وللآخرين قد تعني ذلك الحيوان القوي في حديقة الحيوان. كما أن العقل يستطيع خلق رموز لشخص يرى إعلاناً تلفازياً لمشروب ماركة التاج الملكي بحيث يرى صورة الملك وكأنها تقوي فكرة مؤداها أن الأب يجب أن يعامل كالملك في يوم الأب.

السلوك الطقسي:

كما تتضمن الثقافة العديد من الأنماط السلوكية التي تظهر بترتيب معين والذي يتكرر نسبياً في المواعيد نفسها بمرور الزمن. بالممارسة قد يمتد السلوك الطقسي- منذ اليوم الأول لولادة فرد ما وحتى نهاية عمره. كما قد يكون السلوك الطقسي- على شكل مراسيم عامة وطنية أو دنيوية أو حتى دينية. تسويقياً، يحاول رجال التسويق إنتاج تلك الماركات السلعية التي تشبع حاجات ورغبات وأذواق أصحاب السلوك الطقسي- شجرة عيد الميلاد، حلويات الأعياد الدينية، سلع وأشياء أخرى كحفلات الزواج والتخرج.

المشاركة في الثقافة:

لأخذ الخصائص الثقافية بعين الاعتبار يجب أن يتشارك الأفراد في المجتمع – وبشكل نسبي – في الإيمان بها من جهة وممارستها سلوكياً من جهة أخرى. ومن الطبيعي مثلاً أن تعتبر اللغة المتداولة وهي المكون الثقافي الحاسم والذي يجعل عملية مشاركة أفراد المجتمع في القيم والتجارب والعادات ناجحة أو ممكنة. يضاف إلى ذلك أن القدرة على تعلم الرمزية – كظاهرة إنسانية – يجب أن ينعكس في المنبهات التسويقية والترويجية عن السلع أو الخدمات المطروحة للتداول في أسواق المستهلكين. ومما تجدر الإشارة إليه هو أن الرمز قد يعطي عدة معاني ويمكن أن تكون هذه المعاني متناقضة ذلك أنه من المهم أن يتأكد رجال التسويق من حدوث الآثار الإيجابية للرموز المرسلة بشتى الوسائل وذلك على شكل معاني مفهومة ودلالات سلوكية واستهلاكية محببة لدى المستهلكين المستهدفين.

على سبيل المثال، يجب على رجال التسويق الذين يستخدمون اللغة العامة لجذب انتباه الشباب توخي الحذر لأن اللغة العامية التي يساء استخدامها من قبل شركة ما قد تحدث معاني رمزية سيئة أو سلبية حول الأشياء أو الماركات التي استخدمت من أجل ترويجها. أيضاً، قد يستخدم السعر، قناة توزيع معينة، أسماء محلات محددة كرموز على النوعية لما يتم طرحه أو الترويج له من سلع أو خدمات.

كما أن هناك الكثير من المراكز الثقافية – كالجامعات الأردنية والمركز الثقافي الملكي ورابطة اتحاد الكتاب وغيرها الموجودة مثلاً في الأردن والتي تقوم بنقل عناصر الثقافة بين أفراد المجتمع. كما أن الوالدين يعتبران من المراكز الثقافية باعتبارهما الوكيل الرئيس والأصلي في تمرير المعلومات ذات الطابع القيمي والاعتقادي لأعضاء المجتمع وخاصة الجدد منهم.

كما تقوم الأسر بتعليم أفرادها القيمة الأساسية للنقود، أهمية الوقت وكيفية تنظيمه، قيمة العمل، عادات الوسيلة الإعلانية وذلك بالإضافة إلى المدرسة والمسجد أو الكنيسة كأدوات مركزية لتعليم المشاركة في الثقافة الأصلية من خلال نقل وتعليم مهارات ومعلومات عن تاريخ وجغرافية الأرض التي يعيش عليها أفراد المجتمع. ومن المراكز الثقافية الأخرى والخطيرة وسائل الإعلام والإعلان المتاحة أو المستخدمة في بلد ما، الأمر الذي يحتم على المسؤولين في أي بلد إعطاء الإعلام العناية الكبيرة من خلال رفده بالنوعيات المثقفة من الأفراد من جهة والإمكانيات المالية الكافية وضمن تخطيط استراتيجي طويل الأجل من جهة أخرى.

على سبيل المثال، تقع الآن مسؤولية كبيرة على الإذاعة والتلفزيون الأردني والصحف اليومية في النهوض بمسؤولياتها من خلال نشر ـ معلومات دقيقة وكافية عما يهم جماهير المشاهدين من جهة وإرشادهم - أي المشاهدين - إلى أفضل سبل الاستهلاك والادخار والاستثمار من جهة أخرى وقد يتم ذلك من خلال التقليل من تلك الفقرات التي يسمونها تسلية وترفيه وإبراز القضايا الجادة بطريقة أفضل.

باختصار شديد، للإعلام دور كبير في دعم وتأسيس القيم الثقافية الأصلية مع مساعدة المواطنين أو المستهلكين لترتيب أذواق وعادات استهلاكية إنتاجية وإنسانية إيجابية تتفق مع خصوصية الثقافة الأصلية السائدة في مجتمع ما.

حركية الثقافة:

يجب على رجال التسويق التركيز على القيم والعادات الاجتماعية عند الترويج عن سلعهم أو خدماتهم بالإضافة إلى أنهم يجب أن يضمنوا من أن ما ينتجونه من سلع تحتوي فعلاً على الفوائد أو المنافع ذات الصلة الوثيقة بعادات الاستهلاك المقبولة في المجتمعات التي يتعاملون معها.

كما أن التغيرات في جنس المستهلك - ذكر أو أنثى - نتيجة تزايد عدد النساء العاملات في معظم دول العالم فرضت على رجال التسويق ضرورة الاختيار ما بين تبني استراتيجية التسويق للمرأة فقد أم للذكور؟ أم لكلاهما معاً؟ هذا بالإضافة إلى تحديد المواعيد المفضلة للتسويق لكل منهما وعادات الوسيلة الإعلانية المرغوبة لدى كل طرف وهكذا.

ومما تجدر الإشارة إليه هنا هو أن على رجال التسويق تتبع مضمون وشكل واتجاه كافة التغيرات الاجتماعية والاقتصادية الموجودة وقابليتها من خلال تقديم ذلك المزيج التسويقي السلعي أو الخدمي المناسب لقيمها وظروفها الكلية.

مقاييس الثقافة:

عملياً، هناك عدد من المقاييس المستخدمة في التعرف على عوامل الثقافة الحضارية لأي مجتمع من المجتمعات على الشكل التالي:

١. اختبارات التنبؤ والتي تستخدم من قبل علماء النفس والسلوك للتعرف على دوافع الاستهلاك لدى أفراد مجتمع ما من جهة والقيم والعادات والتقاليد ذات الصلة بهذه الأنماط أو تلك من جهة أخرى.

٢. وسائل قيام المواقف (سبق أن أشرنا إليها في الفصل السابع من هذا الكتاب) والتي تستخدم للكشف عن مواقف الأفراد في مجتمع ما حول قيم سلوكية استهلاكية معينة كوسيلة للتعرف على القيم الكامنة وراء هذا السلوك الاستهلاكي أو الشرائي أو ذاك.

٣. تحليل المحتوى والذي يهدف إلى التعرف بدقة على كل أبعاد السلوك الذي تم ربطه بالقيمة أو القيم الثقافية ذات العلاقة. على سبيل المثال، قد يتم تحليل

محتوى رسالة إعلانية لماركة سلعية أو خدمية ما ذلك بهدف التعرف على درجة التغير الاجتماعي والثقافي في مجتمع ما.

كذلك قد يستخدم الباحثون السلوكيين تحليل المحتوى لاختبار كيف يتم تصوير الفتيات، السيدات ونجوم المجتمع في وسائل الإعلام أو الإعلان. كما قد يستخدم تحليل المستوى مثلاً لصحيفة كالدستور التي تأسست منذ أكثر من ربع قرن وذلك بهدف إظهار كيف تحولت الصحيفة من السطحية إلى التهويل ثم إلى البساطة من ناحية استخدام مساحات كافية للأبواب من جهة وإصدار ملاحق يومية متنوعة ومجانية ذات فائدة ثقافية كبيرة تعكس التغيير الكبير الذي حصل فعلاً على أذواق القراء المستهدفين للصحف بشكل عام من جهة أخرى.

٤. أبحاث المستهلك والتي قد تتم من خلال أخذ عينة من المستهلكين المستهدفين في مجتمع ما وملاحظة سلوكه وعلى أساس نتائج تلك الملاحظة يستطيع الباحثون السلوكيين رسم صورة دقيقة لتأثير قيم، عادات، معتقدات وتقاليد مجتمع ما على أنماط السلوك لدى الأفراد فيه.

ومن الشروط الأساسية لإجراء مثل هذه الأبحاث هو أن تتم في بيئة طبيعية مع عناية وحذر للسلوك الذي ستتم ملاحظته لدى الأفراد موضوع العينة. ويفضل في هذه الحالة أن تكون منطقة المراقبة أو الملاحظة السلوكية داخل محلات البيع المعنية مع تركيز أقل على الاستهلاك والتحضير داخل البيوت. وفي بعض الحالات فإنه يتوجب على الملاحظين إبداء نوعاً من المشاركة في المحيط الذي يلاحظونه على سبيل المثال قد يأخذ الباحث دور البائع في محل تجاري من أجل معرفة الكيفية التي تختار فيها سيدة الملابس التي تريد.

يضاف إلى ذلك، أن هذا النوع من الأبحاث بالإضافة إلى وسائل أخرى كالمقابلات المعمقة وجلسات التركيز تزود رجال التسويق بالمعلومات الأولية

والتي يمكن أن يبني عليها وصولاً إلى تحديد درجة التغير الاجتماعي التي حدثت في مجتمع ما وبأي اتجاه نحو السلع، الأشياء، الخدمات والمفاهيم. ٥. مسح القيم والذي قد يتم إنجازه من خلال ملاحظة سلوك أعضاء مجتمع ما من أجل استنتاج المنظومة القيمية المسيطرة فيه وبالنظر إلى النهج الحياتي لأفراده ومن كل الطبقات.   في السنوات الأخيرة كان هناك تحولاً كبيراً لقياس المنظومة القيمية بأساليب مباشرة – كطريقة توجيه أسئلة -. على سبيل المثال، يقوم الباحثون باستخدام أدوات (Value Instruments) لقياس القيم بطريقة مباشرة من خلال سؤال عينة من الأفراد حول مواقفهم نحو مفاهيم كالشخصية بأنماطها المختلفة، الحرية، الراحة، الأمن الوطني والسلام.

ومن الأدوات الأخرى التي استخدمت في دراسات سلوك المستهلك بهذا الصدد مقياس مسح روكيه للقيم (Rokeach Value Survey) والذي يتضمن عملياً جزئين، الجزء الأول ويقيس مجموعة من القيم (١٨ فقرة) وهذا المقياس مصمم لقياس الأهمية النسبية للأهداف الشخصية. أما الجزء الثاني من المقياس ويتألف من ١٨ فقرة أو قيمة مساعدة والتي تساعد الأفراد الوصول إلى القيم النهائية.

عموماً، الفقرات في الجزء الأول من القياس المشار إليه أعلاه تتعامل مع النتائج أما الجزء الثاني من المقياس فيهتم بالطرق. على سبيل المثال، أشارت دراسة أجنبية إلى أن ٢٤ فقرة من ٣٦ فقرة كانت مناسبة للسلع الاستهلاكية بشكل عام، يفيد هذا المقياس في تجزئة أسواق السلع وحسب قيم اجتماعية محددة من جهة بالإضافة إلى أن نتائج استخدام هذا المقياس تساعد رجال التسويق في تطوير ماركات سلعية أو خدمية جديدة تشبع حاجات ورغبات الأسواق الفرعية والجديدة التي ظهرت نتيجة المسح القيمي من جهة أخرى.

القيم العربية الأصلية:

من المعروف أن مصادر الثقافة العربية هي القرآن والسنة والمعتقدات الدينية الأخرى مع باقي القيم العربية القديمة. وبالرغم من احتواء بلدان العالم العربي لأقليات عرقية عديدة لها قيمها الثقافية المتميزة، فإن الثقافة العربية تهتم بالفرد اهتمامها بالجماعة سواء بسواء.

وعليه، فإن هذه الخصوصية للثقافة العربية في التركيز على المبادرة ينبع من لب وجوهر الثقافة العربية الذي يتركز على التوازن بين القيم المادية والمعنوية من جهة وتغليب مصلحة الجماعة على مصلحة الفرد إن تجاوز الفرد في طموحاته ومصالحه على مصالح المجتمع الكلي من جهة أخرى.

كما تنظر الثقافة العربية إلى كافة أعضاء المجتمع باعتبارهم متكافلين متضامنين ومتساوين في الحقوق والواجبات ولكن هذا الأمر هذه الأيام ما زال نظرياً.

تقليدياً، من القيم العربية الأصلية: الفردية، التنقل، حرية الاختيار، الإنجاز والنجاح وهو قيمة عربية إسلامية ذات جذور تاريخية يمكن إرجاعها إلى المعتقدات الدينية ضرورة إتقان العمل ... الخ.

لكن الإنجاز حسب الثقافة العربية منوط تقليدياً بالرجال أكثر من النساء. كما أن الإنجاز والنجاح يؤثران على نوعية وكمية ما يستهلك أو يستخدم من سلع أو خدمات.

سلوكياً، يلاحظ أن العديد من القيم العربية الأصلية لا يوجد لها أيضاً مضمون لدى الأغلبية الساحقة من الأفراد. على سبيل المثال، منتهى التناقض عندما تشاهد فرداً ما يركب سيارة ثمنها أكثر من مائة ألف دينار وليس لديه أدنى ثقافة من جهة فإن هذا يكشف لك مدى التناقض الحاصل .

لذلك فالعبارات أو الإيحاءات الإعلانية التي تقول "أنت تستحق الأفضل" لقد حصلت على ما خططت وعملت من أجله "أنت مدين لنفسك" وغيرها العبارات ليس لها أي محتوى مادي إذا قيست بما تم إنجازه من قبل بعض الأفراد على أرض الواقع. عملياً، تعتبر الأغلبية الساحقة من الأفراد في العالم العربي غير منتجة لذلك فمعيار البقاء أيضاً معيار آخر اسمه معيار الشمولية والمتمثل بقبول والتزام أغلبية الأفراد بقيمة اجتماعية كدليل على مواقفهم وتصرفاتهم. إلا أن ذلك على ما يبدو غير ممكن والدليل على ذلك تلك الفجوة الواسعة بين مواقف الأفراد نحو الأشياء، المفاهيم، السلع والخدمات من جهة وأنماطهم السلوكية نحوها من جهة أخرى. ولربما يرجع ذلك إلى أن المنظومة القيمية الحالية للأغلبية من أفراد العالم العربي إما أنها أكبر من اللازم أو أنها أقل من اللازم. أو أنها – أي المنظومة – تضم في الغالب قيماً ليس لها علاقة قوية مع المنظومة القيمية الأصلية للثقافة العربية وهذا هو الأرجح.

استهلاكياً، يلاحظ الآن وخاصة في المدن العربية الميل المتزايد نحو محلات بيع الطعام الجاهز بالرغم من أن الوقت المتاح أمام الأغلبية من الأفراد كاف لتحضير وجبات طعام صحية ومغذية واقتصادية.   كما يبدو أن الأغلبية الساحقة من الأفراد الآن – سلوكياً – غير فعالين لذلك فهم لا يعملون كثيراً لإنتاج أشياء توفر الوقت والجهد، ولكنهم يرغبون فعلاً في اقتناء الأشياء التي توفر الوقت والجهد.   عموماً، يميل الكثير من الأفراد في هذا الجزء من العالم إلى الاعتقاد بأن الوقت في انتظارهم والقلة القليلة التي تؤمن منهم بأن الوقت لا ينتظر أحداً.

هذا الاعتقاد بالطبع ينعكس في نظامهم الإدراكي ومما يؤدي به لأن يكونوا غالباً منتظرين غير مستعدين وقد يكون هذا واضحاً بسرعة القرارات التي تتخذ هنا وهناك. وحتى بالتدقيق ببعض الإعلانات التلفازية لبعض الخدمات "شركة النسر

للطيران هي رمز حديث لقيمة الوصول (عفواً لقيمة التأخير) ورمزاً لقيمة الوصول في الوقت المناسب لأن الإقلاع كان في الوقت المناسب أيضاً؟! نجد الفجوة الواسعة بين الادعاء والسلوك. إن قيمة الوقت هي النقود وتضييع الوقت يبدو الشائع لدى الأفراد في الدول النامية أما تكرار النظر إلى الساعة من قبل العديد من الأفراد يبدو وكأنه لا يعكس اهتماماً بالوقت ذلك أنه قد يعكس الضجر أو الملل من حديث عقلاني يثير المشاكل ويحددها من أجل التفكير بإيجاد الحلول الواقعية لحلها إلى الرغبة الجامحة للمشاركة في أحاديث طابعها استهلاك الكلام ليس إلا.

على الجانب الآخر، في مجتمع موجه نحو الاستهلاك فقد قد تعني قيمة التقدم لدى الأفراد شراء المزيد والمزيد من السلع أو الخدمات وذلك لإشباع حاجات ورغبات لا تستهلك العقل فقط بل أنها قد تعمل على تدمير الصحة.

ويبدو أن الحياة المريحة لدى بعض الأفراد في هذا الجزء من العالم تتضمن في رأيهم الحصول على كافة متطلبات الحياة العصرية ولكن دون بذل أي جهد مواز في مجالات الإنتاج والنجاح من أجل امتلاكها بحرية ودونما أي مساس بالكرامة والوجود الفعلي التي ما زالوا يعيشون عليها لغاية الوقت الحالي.

كما يعتقد العديد من المهتمين في العالم العربي بأن الحصول على كافة متطلبات الراحة دون عناء كبير يولد مشاعر طابعها القلق والخوف الدائم من فقدانها الأمر الذي يؤدي بالأفراد إلى نوع من أنواع عدم التوازن النفسي.

على سبيل المثال، إعلانات الشركة الأمريكية المسماة بروكتر وجمبل (P & G) عن فوط الأطفال لا تركز في إيحاءاتها الإعلانية على درجة الراحة التي تجنيها الأم الأمريكية عند استخدامها للفوط لكنها فقد تركز - أي الإعلانات - كم هي ناعمة وجافة ومريحة للطفل والعكس هو الصحيح بالنسبة للإعلانات التي

ترسل في أجهزة الإرسال التلفازي في العالم العربي، حيث يتم التركيز في مثل هذا النوع من الإعلانات على راحة الأم والطفل معاً في أحسن الحالات.

أما القيمة المسماة بالفردية والتي ترتبط في الاعتماد على النفس والثقة أو الاهتمام بالنفس فيعتبر إحدى القيم الشائعة وبدرجات مختلفة في مجتمعات عديدة. والنضال من أجل الفردية يبدو وكأنه مرتبط بمعارضة الاعتماد على الغير - الأخذ فقد دون بذل أي جهد للحصول على شيء -.

تسويقياً، يحاول رجال التسويق تصميم استراتيجيات التجزئة التي تساعدهم في توضيح الشعور بالفردية لدى الأفراد من خلال تقسيم أفراد المجتمع إما إلى فردين أو عكسهم أو معتمدين بمقابلة مستقلين.

على سبيل المثال، قد تركز الإعلانات التلفازية حول ماركات نسائية أو رجالية من الملابس على شخصيات المشترين المحتملين وتحاول إشعارهم بالتميز في حالة الشراء والاستخدام.

كما أن الإعلانات عن نوادي اللياقة البدنية تركز على العلاج الفردي وذلك بالإيحاء للأفراد المستهدفين بأن كل فرد له جسم يختلف عن الآخرين لذلك فإنهم - أي أصحاب تلك النوادي - يقومون بتصميم تلك البرامج المناسبة لكل فرد. ومما تجدر الإشارة إليه هنا هو أن المعلنين المحليين لا يملكون فعلاً أية دراسات ميدانية عن الشخصية الأردنية أو العربية حتى يكونوا بوضع يمكنهم من تصميم البرامج المناسبة.

أما قيمة الحرية فلها عملياً جذور تاريخية وقوية في الثقافة العربية والإسلامية. عموماً، يمكن التعبير عن قيمة الحرية بحرية التعبير، الصحافة، والعبادة. وكنتيجة لهذه المعتقدات حول الحرية فإن لدى بعض الأفراد على ما يبدو

تفضيل قوي للتعبير عن النفس وعن النفس فقط ودونما أي مراعاة لشعور ومشاعر الآخرين؟؟.

على سبيل المثال، في الممارسات التسويقية نلاحظ وباستمرار ميل بعض الأفراد لاحتكار الحقيقة حول كل شيء للحصول على كل شيء ... الخ. أيضاً في الإعلانات التلفازية عن بعض ماركات السيارات نقرأ الشعار الإعلاني القائل - أنها ليست مجرد سيارة إنها حريتك - وذلك بهدف تحديد أهمية هذه السيارة والدور الذي تلعبه في حرية الأفراد المشترين لها.

يضاف إلى ذلك، يميل العديد من المستهلكين المستهدفين لإظهار حاجة قوية ممارسة حرية الاختبار ومن بين عدة بدائل سلعية أو خدمية وهو ما نلاحظه في هذا التواجد الضخم من المحلات التي تعرض ماركات عديدة من كل سلعة على رفوفها بهدف تحقيق حرية الاختبار للمستهلكين المستهدفين وهو ما يعتبر حقاً من حقوق المستهلك في أي مكان.

أما عن قيمة الكرم فتعتبر قيمة أصلية في الثقافة العربية قبل وبعد دخول الإسلام. وقيمة الكرم تتجلى في إكرام الضيف ودعم المحتاجين وتعاطي أعمال الخير من خلال تقديم كافة المساعدات للمحتاجين أو الأفراد الأقل حظاً. تسويقياً، يمكن استخدام هذه القيمة عند الترويج عن الحلويات في مناسبات الأعياد، عند المبادرة لجمع التبرعات للفقراء في أوقات الشتاء أو أيام رمضان وهو ما يقوم به صندوق الملكة علياء خصوصاً حملة البر والإحسان التي تقوم سمو الأميرة بسمة المعظمة بإدارتها من خلال الصندوق لمساعدة الفقراء في مختلف مناطق المملكة - جزاها الله كل خير -. أيضاً يمكن استخدام هذه القيمة في الترويج عند تصميم الحملات الإعلانية للسلع التي يتم شراؤها واستخدامها غالباً كهدايا شخصية يتم تبادلها بين الأفراد في مناسبات عديدة.

وتجدر الإشارة هنا إلى أن الثقافة العربية تعطي قيمة كبيرة للشباب أو الشبوبية خاصة أن أكثر من ٣٥% من سكان العالم العربي الآن من الشباب. والشبوبية هنا يجب أن لا تفهم بأنها تنطبق على صغار السن بل على ربط مقدار الإنجاز ومستوى الأداء مع السن. فالشبوبية بالنسبة للثقافة العربية هي حالة عقلية ونفسية معاً وغالباً يمكن التعبير عنه بعبارات مختصرة مثل صاحب القلب الكبير، الروح الصافية، النشاط الدائم. تسويقياً، تركز الكثير من الإعلانات عن السلع والخدمات – مراكز اللياقة البدنية – على ضرورة الاحتفاظ بالشبوبية والابتعاد عن الهرم من خلال الاستخدام الأمثل للأشياء والوقت. كما أن الاهتمام بالصحة واللياقة من القيم العربية الأصلية التي لا تلاقي الآن الرعاية الكافية من قبل الأغلبية الساحقة من أفراد الثقافة العربية. ذلك أن عدد المجلات المتخصصة بشؤون الشباب والرياضة والصحة في العالم العربي ما زال دون الحد الأدنى وبالتالي فإن ما ينفق للترويج على قيمة اللياقة البدنية والصحية يبدو منخفضاً بالمقارنة مع دول أخرى كالولايات المتحدة – حوالي ٤٥ بليون دولار سنوياً – والتي يوجد فيها الآن أكثر من ١٠٠.٠٠٠ نادي صحي.

الثقافات الفرعية وسلوك المستهلك:

يمكن تعريف الثقافات الفرعية بأنها "تلك الثقافات التي دخلت وتعايشت مع ثقافة المجتمع الأصلية لأسباب منها الهجرة أو العمل المؤقت والتي يكون لأفرادها قيم، معتقدات وأنماط سلوكية تميزهم نسبياً عن أفراد الثقافة الأصلية". وما تجدر الإشارة إليه هنا، هو أنه بمرور الوقت يقوم العديد من أفراد الثقافات الفرعية باكتساب جوانب ومرتكزات عديدة من أفراد الثقافة الأصلية الذين يعيشون معهم تسويقياً، أصبحت الثقافة الفرعية ذات أهمية كبيرة لرجال التسويق لما لها من

تأثير على النهج الحياتي – الأنشطة، الاهتمامات، الأداء – لأفرادها المنضمين لها من جهة وعلى أنماطهم الشرائية والاستهلاكية من جهة أخرى.

عملياً، حتى يكون لأصحاب الثقافة الفرعية قيمة تسويقية لا بـد أن تتوافر فيهم معايير تجزئة السوق من حيث وجود العدد الكافي منهم في السوق الكلي، إمكانية تحديد خصائصهم الديموغرافية والنفسية للتعرف على أذواقهم وإمكاناتهم، إمكانية الوصول إليهم بمزيج تسويقي وترويجي فعال، وأن يمنح التعامل معهم مردود كافياً يزيد عـن تكـاليف الاتصال بهم. بالإضافة إلى تحديد درجة الثبات النسبي في خصائصهم الديموغرافية والنفسية وأذواقهم نحو السلع والخدمات المطروحة للتداول في الأسواق التي يرتادون.

ومن أهم العوامل التي تـؤدي إلى وجود ثقافات فرعية عديـدة داخل المجتمـع الواحد الخلفيـات العرقيـة للأفـراد – شركسيـ شيشـاني، أرمني ودرزي – الـدين – مسلم أو مسيحي – أو المنطقة الجغرافية التي جاء منها أصحاب الثقافة الفرعيـة – تركيـا، إيران، المغرب العربي، الأفارقة من وسط وجنوب إفريقيا وهكذا –. بشكل عام، هـذه العوامـل التـي تجعل أفراد الثقافات الفرعية في مجتمع ما متميـز عن غـيرهم بالمقارنـة مع نظـرائهم مـن أصحاب الثقافات الأصلية، من حيث الأنماط السلوكية، الشرائية والاستهلاكية.

يضاف إلى ذلـك، أن مواعيـد وأمـاكن التسويق المفضـلة ونوع الوسـائل الإعلانيـة المرغوبة من قبل أفراد الثقافة الفرعية قد تكون مختلفة بالمقارنة مع نظـرائهم مـن أفراد الثقافات الأصلية. على سبيل المثال، يعتبر الشراكسـة الأردنيـون مـن أهـم أصحاب الثقافات الفرعية في الأردن، من ناحية تميزهم السلوكي والاستهلاكي الملحوظ مـن جهة وبالإضافة إلى أنهم أكبر أقلية ثقافية من الناحية العددية والتأثير الاجتماعي من جهة أخرى.

بشكل عام، يقوم رجال التسويق بتقسيم المجتمع الكبير إلى مجتمعات ثقافية فرعية بحيث يكون في كل سوق ذلك العدد الكافي من المستهلكين من أصحاب ثقافة فرعية معينة لتوجيه المزيج التسويقي السلعي أو الخدمي المتميز لها. وما تجدر الإشارة إليها هنا هو أنه خلال تجزئة أسواق المجتمع الكلي، حسب الثقافة أصلية كانت أم فرعية، فقد تم اكتشاف فرص تسويقية يمكن تحويلها أو ترجمتها فيما بعد إما إلى سلع أو خدمات تجارية جديدة لم تطرح من قبل أو تعديل بعض الماركات الحالية من كليهما وبما يشبع حاجات ورغبات المستهلكين المتجددة نسبياً في كل سوق فرعية.

يضاف إلى ذلك، أن العضوية في ثقافة فرعية ما يعمل على تزويد أعضائها بمجموعة من القيمة والمبادئ الخاصة بها. على سبيل المثال، يشعر الشراكسة أو الشيشان بالفخر عند إعداد الأطعمة التي تنبع من ثقافتهم العرقية وتراهم يفتخرون بالكلام عن الوطن الأم والسفر إليه لشراء الأشياء التي تعكس تراثهم الثقافي كالملابس والتحف والأطعمة وهكذا. أما عن الدين في الأردن فيبدو أنه لا يمثل أي ثقافة فرعية ذات تأثير، ذلك أن الأغلبية الساحقة من الاخوة المسيحيين هم أصلاً من القبائل العربية ذات العادات والتقاليد الموروثة وبالتالي فإنهم من الناحية القيمية والسلوكية مشاركون أصلاً في بناء الثقافة الأم.

كما أن العالم العربي - والحمد لله - كيان واسع يتمتع بعدد من الظروف المناخية والجغرافية المختلفة وبناء على هذه التقسيمات فمن الطبيعي أن تحس كل مجموعة سكانية تعيش بهذا القطر أو ذاك بهوية جغرافية وسياسية معينة واستخدام هذه الهويات لوصف الفرد كالقول بأن هذا مصري وهذا سوري وذاك أردني وآخر خليجي يعني سلوكياً واستهلاكياً أن هناك عملياً عدة أسواق فرعية لكل منها خصائصها وإمكانياتها المالية والسلوكية المتميزة نسبياً في بعض الجوانب المتشابهة في معظم الجوانب وضمن الإطار العام للثقافة الأم.

على سبيل المثال، تفضيلات شرب القهوة في بلدان العالم الغربي مختلفة نسبياً وذلك لاختلاف الأذواق الاستهلاكية للأفراد نحوها نتيجة تنوع المناخات الجوية في هذا البلدان أو ذاك. يضاف إلى ذلك أن تفضيلات سكان هذه المنطقة أو تلك من الملابس قد تكون مختلفة نسبياً - ملابس العرب من أهل الخليج تختلف عن ملابس العرب من أهل الشام أو السودان أو دول شمال إفريقيا وهكذا - وما ينطبق على الملابس والقهوة قد ينطبق على أنواع الأطعمة الرئيسية المفضلة ومواعيد التسوق وكمياته المفضلة هنا أو هناك. كما قد تعتبر فئات العمر للأفراد ثقافات فرعية لا بد من الاهتمام بدلالاتها السلوكية باعتبار أن الأنماط السلوكية لكل فئة عمرية قد تختلف عن الأخرى وخاصة لأولئك الأفراد في مرحلتي الطفولة والكهولة. على سبيل المثال، يمثل الأطفال - تحت السادسة عشرة - سوقاً كبيرة للسلع والخدمات التي تعتبر ذات ربحية كبيرة للمؤسسات التسويقية. ذلك أن سوق الأطفال أكثر تميزاً ووضوحاً وتجدداً في طلباتها وأذواقها من جهة بالإضافة إلى ضخامة الأموال التي تنفق فيها من جهة أخرى. والجدير بالذكر أن سوق الأطفال تصل في بلد كالأردن أكثر من ٢٥% من مجموع السوق المحلي.

على الجانب الآخر، تظهر الأهمية الكبيرة لسوق الكبار والذين تبلغ أعمارهم ٦٥ سنة فما فوق. محلياً، يلاحظ أن رجال التسويق يميلون لإهمال هذه السوق ذات الإمكانيات المالية المعقولة وذلك لاعتقادهم أنه ليس لدى أفراد هذه السوق الكثير مما قد تنفقه على السلع والخدمات التي يمكن تقديمها لتسهيل حياة كبار السن في الأردن وبربحية معقولة.

كما تتصف سوق الكبار بالتجانس ذلك أن الكهول أكثر تنوعاً في الاهتمامات، الأنشطة والآراء نسبياً بالمقارنة مع الأسواق الأخرى. وبالرغم من ذلك فإنه يمكن تقسيم سوق الكبار إلى صغار الكبار - ٦٠-٦٩ سنة - وسط الكبار

– ٧٠-٧٩ سنة – وكبار الكبار – ٨٠ فما فوق-. تسويقياً، صغار الكبار قد يكون لديهم بعض من الصحة مع بعض الإمكانيات المالية. أما وسط الكبار فقد يعانون من مشاكل صحية خطيرة وبذلك فهم قد يحتاجون إلى خدمات طبية بأسعار معقولة وخدمات ترفيهية تتناسب وميولهم أما كبار الكبار فيمثلون مشكلة اجتماعية وإنسانية كبيرة في معظم المجتمعات وذلك للإهمال المقصود أو غير المقصود لشئونهم. كما يمكن تجزئة سوق الكبار حسب الدوافع أو الصحة إلى:

أ. ذوي الصحة الجيدة.

ب. ذوي الصحة المقبولة.

ج. ذوي الصحة غير الجيدة.

ومن الملاحظات العديدة، يبدو أن الكبار - كجماعة ذات ثقافة فرعية - لا يتم تمثيلهم كما يجب في وسائل الإعلام لذلك يجب أن يكون المسوقون أكثر انتباهاً لأن تكون رسائلهم الإعلانية محتوية على مفاهيم إيجابية نحوهم باعتبارهم - أي الكبار - يمضون أوقاتاً طويلة في مشاهدة التلفاز وقراءة الصحف والمجلات بالمقارنة مع الأطفال.

أسئلة المناقشة

١- بين مع إعطاء مثال واحد - وظائف الثقافة.

٢- اشرح بالتفصيل كيفية تعلم الثقافة في المجتمع العربي.

٣- ما هو المقصود بتعلم الثقافة واكتساب الثقافة مع إعطاء أمثلة من الواقع المحلي.

٤- ما هو المقصود بالتالي:

أ. السلوك الطقسي.   ب. المشاركة في الثقافة.

ج. حركية الثقافة.

٥- بين اختصار المقاييس المستخدمة للدلالة على ثقافة مجموعة من الأفراد.

٦- بين أهم القيم العربية الأصلية وأين تقع الآن من الناحية السلوكية.

٧- ما هو المقصود بالثقافات الفرعية؟

٨- بين مع إعطاء مثال واحد فقط العوامل التي تميز الأنماط السلوكية والاستهلاكية لأفراد المجتمع والتي قد تؤدي إلى ثقافات فرعية مبنية على عوامل مختلفة.

٩- المطلوب وضع تصور لما يمكن أن تكون عليه القيم السلوكية والاستهلاكية للأفراد في المجتمع الغربي عشرة سنوات من الآن إذا بقيت الأمور كما هي الآن في عام ١٩٩٩.

الفصل الثالث عشر

قادة الرأي وسلوك المستهلك

* تمهيد

* ديناميكية قادة الرأي

* التعرف على قادة الرأي.

* خصائص قادة الرأي

* البينة الموقفية لقادة الرأي.

* نظريات الاتصال وقادة الرأي.

* قادة الرأي واستراتيجية الترويج.

* محددات استخدام كلمة الفم المنطوقة.

* اسئلة للمناقشة.

الفصل الثالث عشر

قادة الرأي وسلوك المستهلك

تمهيد

يتأثر المستهلكون عند اختيار السلع والخدمات بالنصائح والإرشادات التي يتلقونها بطريق مباشرة او غير مباشرة من الأفراد المحيطين بهم. وكما تقول إحدى وكالات اعلان الرائدة في العالم فإن قوة وأهمية التأثير الشخصي اليوم وصلت الى الحد الذي نجد أن اكثر من(٨٠%) من قرارات الشراء للسلع التي يتخذها الأفراد انما ان سببها تأثرهم بمختلف وسائل الاتصال الشخصي وغيرها.

كما أن التأثر بآراء الآخرين يمتد ليشمل المطعم الذي يجب أن نأكل فيه إلى المكتب العقاري الذي نتصل فيه من اجل شراء شقة او قطعة ارض نبني عليها.

وتشمل قيادة الرأي كافة الأساليب المباشرة للاتصال الشخصي وغير الشخصي- وعبر كلمة الفم المنطوقة التي ينطلق منها ذلك السيل المتدفق من المعلومات المتنوعة للأفراد المحيطين بقادة الرأي ولكل فئة سلعية أو خدمية.

بشكل عام ركزت الدراسات حول تأثير قادة الرأي على ذلك المضمون الإيجابي أو السلبي لكلمة الفم بين المستهلكين المستهدفين من قادة الرأي والأسباب التي تدعو البعض لأن يقوموا بتقديم النصيحة إلى المستهلكين والدوافع التي تحفزهم لقبولها. يتناول هذا الفصل ديناميكية قادة الرأي وخصائصهم والعوامل المؤثرة عليهم بالإضافة إلى نظريات الاتصال والمضامين التسويقية والترويجية قادة الرأي.

قادة الرأي والاتصال الاجتماعي:

يمكن تعريف قيادة الرأي بأنها" كافة الاجراءات التي يتبعها شخص ما- قائد الـرأي-للتأثير غير الرسمي على اعمال ومواقف الاخرين".

عموما يمكن ان يكون الاخرون- حسب هذا التعريف- جميع الأفراد الذين يسـعون للحصول على رأي ما حول مفهوم سلعة أو خدمة ما. وقد يكون هـذا التـأثير غـير الرسمي لفظيا يتم دعمه من خلال متابعة أو ملاحظة اعمال وتصرفات الاخرين. ويشـار الى التـدفق المعلوماتي غير الرسمي بين شخصين الى كلمة الفم المنقولة التي يمكن ان تـدور حـول مـاركـة سلعية او خدمية ما. كما تتضمن كلمة الفم ايضا اية اتصالات رسمية قد تتم وجها لوجـه او مـن خـلال التلفـون، وقـد يكـون قائـد الرأي مسـتقبل للرأي في سـلعية أو خدميـة معينـة ومستقبلا للرأي لفئات سلعية اخرى.

أما الاشخاص الذين يسعون للمعلومات والنصائح حول السلع او الخـدمات فيطلـق عليهم غالبا لفظ الساعين للرأي(Opinion Seekers).

بشكل عام، يمارس قائد الرأي تأثيره على الأشخاص المعنيـين بـه ولماركـات سـلعية او خدمية محددة وقد يكون متأثرا من غيره عنـد شراء فئـات سـلعية أو خدميـة أخـرى. لـذلك فإنه يمكن القول أن قيادة الرأي إنما هي نماذج شخصية متكاملـة لأنهـا محصـورة في مواقف سلوكية واستهلاكية محددة.

على سبيل المثال، قد يكون شخص مـا خبيرا وقائـد رأي في شراء أجهـزة الكمبيـوتر لكنه قد يكون ساعيا للمعلومات وللخبرات التي قد تكون لدى أشخاص اخرين عـن ماركـات سلعية كالسيارات أو الأدوات الكهربائية.

ديناميكية قيادة الرأي:

تتميـز قيـادة الـرأي بالديناميكيـة الكبيـرة التـي تجعـل منهـا ذات أهميـة كبـيرة للمستهلكين المستهدفين من السلع او الخدمات المطروحة للتداول وعلى النحو التالي:

١. الاقناعية المرتفعة لقادة الرأي:

لقادة الرأي - كمصادر اتصالية غير رسمية- فعالية كبيرة في التأثير على قرارات شراء المستهلكين للسلع أو اقتناء الخدمات وذلك بسبب درجة المصداقية العالية التـي يتمتعون بها. ذلك أنه قد يتم ادراكهم من قبل المستهلكين بأنهم محايدون فيما يعطون من معلومات او ارشادات حول الماركات السلعية او الخدمية. كمـا ان نواياهم تصب في مصلحة متلقـي النصيحة. خاصة انهم لا يحصلون على اية مكاسب مادية مقابل ما يقومون بـه مـن نصائح وخبرات تعمل علـى انقـاص درجة المخـاطرة الكامنـة(ذات الاسعار العاليـة) لـدى المتلقين لنصائحهم من المستهلكين المستهدفين.

وما يزيد من مصداقية قادة الـرأي انهـم يقومـون بتزويد المستهلكين المستهدفين بكافة انواع المعلومات الايجابيـة والسـلبية عـن الماركة بعكـس رجـال التسـويق الـذين قـد يقومون بإبراز الجوانب الايجابية للماركة وذلك من خلال التركيز على المنافع او الفوائد التـي قد يحصل عليها المستهلك بعد الاستهلاك او الاستخدام.

كما يقوم قادة الرأي وهم مصدر المعلومات الاساسية والنصيحة المرغوبـة وبطريقـة مبسطة بنقل خبراتهم السارة او السلبية عن الماركة السلعية او الخدمية الأمـر الـذي يجنـب المستهلكين شراء تلك الماركات التي قيل عنها كلام سلبي نتيجـة تجربـة قـادة الـرأي السـلبية معها.

على سبيل المثال، يزود قادة الـرأي المسـتهلكين المتلقيـن بالمعلومـات والخـبرات وعـن افضـل الماركات التي يمكن ان تشتري او يوصى بشرائها، كيفية الاستخدام الامثل للماركـة السـلعية، افضل محلات التوزيع الممكن التعامل معها، افضل المحلات التي تبيـع الماركـة مـن السـلعة والتي تقدم افضل خدمات الصيانة وقطع الغيار.

وتجدر الاشارة هنا، الى انه ليس هناك قادة الرأي لكل الفئات السـلعية وانمـا هنـاك فقط قادة رأي لهذه الفئة السلعية او تلك. على سبيل المثال، الشخص الـذي قـد يعتـبر قائـد رأي في الاجهزة الكهربائية قد يكون متلقيا او باحثا عن رأي حول نوعية الملابس او السيارات التي يمكن شراؤها. وبالتالي فإن قيادة الرأي تعتبر شارع بمسربين. كـما قـد يتـأثر قـادة الـرأي بالمستهلك او المستخدم المتلقي للمعلومات منه وذلك اثناء الكلام معه عن الماركـة السـلعية او الخدمية موضوع الاهتمام.

٢. دوافع قيادة الرأي:

لفهم اعمق لظاهرة قيادة الرأي من المفيد الكشف عن دوافع مقدمي ومستقبلي الارشادات او النصائح والمعلومات عن الماركة موضوع الاهتمام. وبالتـالي، فـان التعـرف عـلى الاسباب التي تدفع شخص ما للتحدث عن ماركة سلعية او خدميـة مـن الامـور التـي يجـب ادراكها من قبل رجال التسـويق والمتلقيـن باعتبار ان قـادة الـرأي عنـدما يقومـون بإعطـاء النصائح والمعلومات عن ماركة ما انما يكون بهدف إشباع حاجات ورغبـات لـديهم وقـد لا يكونون مدركين لها في بعض الاحيان. كما يقال ان قـادة الـرأي إنمـا يقومـون بـذلك لانقـاص مشاعر التعارض التي قد يتعرضون لها بعد شراءهم للماركات السلعية موضوع الاهتمام.

على سبيل المثال، الشخص الذي اشترى سيارة جديدة وهو غير متأكد حول نتيجة و دقة قرار الشراء الذي اتخذه فان كان قراره سليما فإنه سيحاول تأكيد ذلك لنفسه اولا وذلك من خلال التحدث للاخرين حول مزايا السيارة التي اشتراها.

وهو بهذه الطريقة يتخلص تدريجيا من الشعور بعدم التوازن. كما انه في نفس الوقت يحاول اقناع صديق أو جار له بشراء نفس الماركة من السيارة وذلك من أجل تأكيد قراره إذا كان اشترى فعلاً، الأمر الذي قد يؤدي إلى انقاص درجة التعارض والتناقض في المشاعر بعد عملية الشراء التي اجراها بل ان يقدم نصيحته للاتباع من حوله.

يضاف الى ذلك الى ان المعلومات التي تأتي على شكل نصائح من قبل قادة الرأي الى المتلقين قد تعطيهم- أي قادة الرأي- المزيد من الانتباه والاهتمام الذي قد يرتب لهم بعض الاهمية والتقدير من قبل المتلقين لنصائحهم وارشاداتهم.

كما ان قادة الرأي المتحمسين للماركة نفسها(قد يكونون أما مسرورين أو غير مسرورين بعد استخدامها) كما انهم قد يكونون أكثر ميلا للتحدث عن خبراتهم مع الآخرين ومشاركتهم فيما يمتلكون من خبرات أو معلومات باعتبار انهم اما اصدقاء لهم او جيران. وتجدر الإشارة هنا، إلى أن الإعلان المرئي او المطبوع يعمل ايضا على دفع المشاهدين إلى مناقشة ما شاهدوه من إيحاءات إعلانية حول الماركة من السلعة أو خدمة مع المتلقين من المستهلكين والمتأثرين بهم.

على الجانب الآخر، يقوم المتلقين للنصائح والإرشادات التي يرسلها اليهم قادة الرأي بإشباع عدد من الحاجات أهمها انهم- أي المتلقون- يحصلون على معلومات جديدة عن ماركة سلعية او خدمية جديدة. بالإضافة انهم قد يتلقون معلومات مفصلة عن كيفية الاستخدام الأمثل لها، الأمر الذي قد يخفض من درجة عدم التأكد الكامنة في أي ماركة سلعية جديدة ومما يقلل من اية مخاطر مالية، ادائية او اجتماعية في الماركة التي يشترونها نتيجة النصيحة او المعلومات التي تلقوها من قادة الرأي. كما انهم بهذه الطريقة قد يقللون من الوقت الذي يمكن انفاقه للبحث عن خصائص مواصفات الماركة الجيدة موضوع الاهتمام.

التعرف على قادة الرأي:

يبدي الباحثون في حقل سلوك المستهلك اهتماما كبيرا لتحديد تأثير قيادة الرأي على السلوك الاستهلاكي للأفراد والأسر. ولقياس تأثير قيادة الرأي يقوم الباحثون باختيار احدى الطرق التالية:-

١. المقياس الاجتماعي الاقتصادي: يتم وفق هذا المقياس توجيه مجموعة من الأسئلة لعينة من الافراد للكشف عن تلك الفئة من الأشخاص الـذين يطلبـون المسـاعدة أو النصـيحة حول ماركة سلعية أو خدمية. أو حتى سؤالهم عن رأيهم حول مفهوم أو فكرة مـا بالإضـافة إلى تحديد شبكة الاتصالات المفضلة لديهم. على سبيل المثال، دراسـة كـولمن (١٩٥٦) حـددت شبكة الاتصالات المفضلة- ومن خلال كلمة الفم- لتسعة اطباء وكما يلي:

شكل رقم (١٣-١)

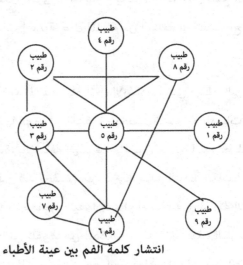

انتشار كلمة الفم بين عينة الأطباء

Source: Coleman James" Social Processes in Physicians Adoption of A New Durg", Joutnal of Chronic Diseases, 9, 1959, pp.19.

يوضح الشكل السابق أن الدكتور رقم(٥)يعتبر قائد الرأي لزملائه الآخرين الذين يسعون (كما هو ملاحظ من الشكل) الى أخذ النصيحة منه بالإضافة إلى أنه - أي الدكتور رقم ٥- كان المتبني الاول، للدواء الجديد بالمقارنة مع أقرانه من الأطباء السبعة.

ومما تجدر الإشارة هنا هو أن هذا المقياس يقيس الاتصال الاجتماعي المباشر(وجها لوجه) بين المستهلكين فيما يتعلق بالسلع وفئاتها. يضاف الى ذلك ان لهذا المقياس أهمية أخرى تتلخص في سؤال من يتم تسميتهم كقادة رأي بوساطة الأفراد موضوع العينة لسؤالهم حول نوع المعلومات والنصائح التي أعطوها فعلاً للمتلقين وفيما إذا كانوا يتذكرون اسماء المتلقين وأية معلومات ديمغرافية ونفسية عنهم.

على سبيل المثال، إذا تلقت سيدة معينة معلومات عن عطر نسائي محدد من سيدة أخرى فيجب على السيدة الثانية ان تعترف أو تتذكر إنها أعطت معلومات عن ذلك العطر للسيدة الأولى وذلك حتى يمكن تحديد قائد الرأي ومتلقي الرأي في هذه الحالة.

٢. طريقة المخبر الرئيسي(Key Information Method):

طبقا لهذه الطريقة يتم الاستعانة بعدد من الأفراد الذين يتوفر لديهم معرفة كبيرة فيما يجري من إحداث وتفاعلات حول موضوعات محددة. يتم سؤال الخبير في هذه الحالة لتحديد الأفراد الأكثر تأثيرا وتفاعلا بالمقارنة مع غيرهم من أفراد المجموعة باعتبارهم قادة رأي. لا يشترط ان يكون المخبر احد افراد المجموعة تحت الدراسة. تعتبر هذه الطريقة غير مكفلة لاعتمادها على شخص واحد فقط في معظم الحالات، بينما يتطلب الطرق الأخرى في التعرف وتحديد قادة الرأي أخذ عينة ممثلة عن موضوع الدراسة. أما ما يعيب هذه الطريقة، أنها غير مستخدمة بشكل كبير من قبل رجال التسويق لافتقارها لصفة الموضوعية في التعريف وتحديد قادة الرأي الفعليين في جماعة معينة ونحو فئة سلعية أو خدمية .

ومما تجدر الإشارة إليه هنا هو ان هذه الطريقة مناسبة وشائعة لتحديد قادة الرأي في المؤسسات الصناعية والعامة. على سبيل المثال، يعتبر رجال البيع في مؤسسة ما من افضل المصادر البشرية لتحديد ذلك النفر من العملاء الأكثر تأثيرا في قرارات الشراء لما تطرحه من فئات سلعية أو خدمية.

كما قد يكون وكيل الشراء في مؤسسة معينة من المصادر الناجحة لتزويد رجال البيع بقائمة محددة تضم اسماء اشخاص لهم تأثير كبير على قرارات الشراء لمؤسساتهم.

٣. الطريقة الموضوعية:

تشبه هذه الطريقة اية تجربة محكمة التصميم. ذلك انها تفترض اعطاء الأفراد في مجموعة بشرية محددة عدد من وحدات الماركة السلعية الجديدة ومراقبة ردود افعالهم نحوها والتعرف على أكثر الأفراد في تلك المجموعة تأثيرا على غيرهم باعتبارهم قادة رأي. أما اهم ما يعيب هذه الطريقة انها تتطلب اعداد تصميم محكم للتجربة المراد انجازها مع امكانية تاثر الأفراد تحت التجربة بعوامل شخصية وخارجية قد تخرج التجربة عن مجالها واهدافها أو موضوعيتها.

٤. طريقة التقدير الذاتي:

طبقا لهذه الطريقة يتم سؤال عينة من المستهلكين لابداء ارائهم نحو ماركة سلعية أو خدمية وذلك من خلال اجابتهم على مجموعة من الأسئلة وذلك لتحديد درجة ادراك الشخص لنفسه او لنفسها كقائد أو قادة رأي. وبناء على الإجابات التي يتم الحصول عليها يقوم الباحثون بتطوير معيار فردي لتصنيف الأفراد المستجدين أما كقادة رأي او اتباع او بين بين. اما استخدام وتوجيه الأسئلة ثنائية الأبعاد فالهدف منه مساعدة الباحثين لتحديد من هم قادة الرأي وذلك باستخدام مجموعة من الجمل والعبارات المترابطة. ووفقاً لهذه الطريقة يتم تقسيم الأفراد إلى قادة الرأي وإتباع. تسويقيا استخدمت معظم الدراسات السلوكية هذه الطريقة في التعرف على

قادة الرأي بالإضافة إلى كشف الحوافز والدوافع الكامنة المحركة لقادة الرأي وتحديد مواقفهم نحو الماركات السلعية موضوع الاهتمام.

خصائص قادة الرأي:

بشكل عام، يتصف قادة الرأي بمجموعة من الخصائص النفسية والديموغرافية والترويجية نوردها على النحو التالي:

١. المعرفة والاهتمام:

يتميز قادة الرأي بمستوى عال من المعرفة والاهتمام في فئة السلعة او الخدمة. الأمر الذي يمكنهم من تقديم مجموعة من النصائح والمعلومات حولها. وبسبب معرفتهم الكبيرة فيما يتعلق بفئة السلعة فإن الاخرون من حولهم يرنون اليها كلما احتاجوا اية معلومات ترتبط بها. لذا فيمكن القول بأن قادة الرأي غالبا ما يكونون اكثر ميلا لقراءة اية معلومات منشورة حول الماركات الجديدة من فئة السلعة أو الخدمة، بالإضافة إلى أنهم قد يكونون أكثر رغبة للمشاركة في الأحاديث عن ايجابياتها وسلبياتها.

على سبيل المثال، قد يكون قادة الرأي في الشؤون المالية والاستثمارية في الأردن اكثر ميلا لمراقبة انشطة سوق عمان المالي بالمقارنة مع غيرهم من الأتباع. يضاف الى ذلك ان قادة الرأي قد يكونون اكثر ميلا لقراءة كافة التحليلات المالية من خبراء والصحافة حول قضايا الاستثمار والمال.

٢. الابتكار:

يميل قادة الرأي الى ان يكونوا مبتكرين أو مجددين إلى جانب ميلهم الجامح نحو تجربة الماركات الجديدة من السلع او الخدمات. كما انهم عندما يتحدثون عن أي شيء يحيط بفئة السلعة أو الخدمة فانهم يقولونه بقوة تدل على تمكنهم وإلمامهم حول الموضوعات التي يقدمون آراء ونصائح أو إرشادات. كما أشارت بعض

الدراسات الميدانية ان المستهلكين المبتكرين غالباً ما يكونون قادة الرأي وخاصة بالنسبة للأجهزة الكهربائية وباقي السلع التسويقية والخاصة إلى حد ما.

٣. عادات الوسيلة الترويجية:

كما يميل قادة الرأي الى قراءة المطبوعات والمجلات المتخصصة التي تركز في تحقيقاتها على فئة او فئات او الخدمات ذات الاهتمام الخاص بهم. على سبيل المثال، يمثل العاملين والخبراء في الشؤون الاستهلاكية قادة الرأي الذين يلجأ اليهم المستهلكون كلما احتاجوا اية نصائح او ارشادات حول استخدام او استهلاك هذه الخدمة او السلعة بالإضافة إلى آرائهم حول قضايا تعويم الأسعار والخصخصة وغيرها.

٤. الخصائص الشخصية:

كما يميل قادة الرأي لفئة سلعية او خدمية ما لان يكونوا متشابهين نسبيا في الخصائص الشخصية والديموغرافية بالإضافة الى امكانية كبيرة في ان يكونوا من طبقة اجتماعية معينة وكما يلي:-

أ. خصائص الشخصية:

قد تتناسب او تتوافق بعض الخصائص الهامة لقادة الرأي مع الفوائد والمنافع الكامنة في المزيج التسويقي لسلعة او خدمة ما. ومن خصائص الشخصية التي تعطي اهمية في هذا المجال خاصية الثقة بالنفس او درجة التقبل الاجتماعي وهما الخاصيتين الأساسيتين اللاتي يعتبرن ذات أهمية كبيرة في تقديم النصح مع جانب قائد الرأي.

كما يتصف قادة الرأي بميل كبير لتكوين الصداقات والتمتع بصحبة الاخرين مع قدرة عالية على التعبير عن النفس والاشياء موضوع الاهتمام.

ب. خصائص المكانة الاجتماعية:

اشارت الدراسات التسويقية الى ان قادة الرأي في موضوع ما قد ينتمون الى نفس الشريحة الاجتماعية والاقتصادية التي يوجد فيها المتلقون للنصيحة. ذلك

ان هذه النتيجة الطبيعية ترجع إلى أن الأفراد من قادة الرأي يميلون لاعطاء نصائحهم للاشخاص القريبين والمرغوبين منهم ومن نفس الطبقة الاجتماعية التي ينتمون اليها.

على سبيل المثال، يميل قادة الرأي من أساتذة الجامعة الأردنية الى اعطاء النصح والارشاد الى زملائهم من الأساتذة من أصحاب الخبرات القليلة في العمل الأكاديمي في الجامعات الرسمية والخاصة وكليات المجتمع الاخرى في المملكة .

جـ. خصائص الديموغرافية:

يميل المستهلكون للحصول على المعرفة والنصيحة من الأفراد المدركين من قبلهم بأنهم ذوو ثقافة عالية ولديهم معلومات متجددة عن السلع او الخدمات او الاشياء الى تهمهم.

على سبيل المثال، يدرك الأفراد الأطباء الأكبر سنا على أنهم اكثر خبرة ومعرفة بشؤون تخصصاتهم الطبية. وبالنسبة لسلع الموضة تم ادراك الأفراد الأصغر سنا والأكثر دخلا كمصادر غنية بالمعلومات حول موضوعات الملابس الرجالة والنسائية ذات الموضات العصرية.

باختصار، يتصف قادة الرأي لمختلف الفئات السلعية او الخدمية لان يكونوا (وبشكل نسبي) مبتكرين مع ثقة عالية بالنفس، قدرة كبيرة للتعبير عما يجول في خاطرهم، درجة عالية من المخاطرة، سيل كبير لتجربة كل ما هو جديد، رغبة قوية في البحث عن المعلومات- مهما كان نوعها - او ارتباطها بالسلع او الخدمات. ومع ميل كبير لقراءة ومشاهدة تلك المطبوعات والوسائل الإعلانية المرئية بالاضافة الى انهم قد ينتمون الى نفس الطبقة الاجتماعية وفئة السن بالمقارنة مع اتباعهم من المستهلكين المتلقين.

تكرارية وتداخل قيادة الرأي:

اشارت الدراسات الميدانية حول قيادة الرأي الى ان حوالي ثلث الافراد المبحوثين كانوا قادة رأي لهذه الفئة السلعية الخدمية او تلك. وبالرغم من ذلك فإن هناك بعض التساؤلات الهامة التي ما زالت تبحث عن اجابات مرضية لها على سبيل المثال، هل قيادة الرأي ظاهرة سلوكية يمكن تعميمها ام لا؟ وهل قادة الرأي في فئة سلعية او خدمية ما يمكن ان يكونوا كذلك لفئات سلعية او خدمية اخرى وهكذا.

عمليا، يبدو من الواضح ان قيادة الرأي تميل للتداخل مع المجموعات او التركيبات المختلفة وذات الصلة بحياة المستهلكين. على سبيل المثال هناك تداخل بدرجة عالية بين الفئات السلعية التي تعطي نسبيا منافع وفوائد متشابهة(مثل الادوات الكهربائية المنزلية وادوات التجميل، المنظفات والمهرات بالاضافة الى معظم السلع الغذائية المعلبة) ويبين قيادة الرأي لهذه الفئة السلعية او تلك.

ويعني هذا ان قادة الرأي في مجال الثلاجات قد يكونون قادة رأي في مجال كافة الادوات الكهربائية المنزلية. كما ان قادة الرأي في مجال اداة من ادوات التجميل قد يكون قادة رأي لكافة الماركات من ادوات التجميل بحكم الخبرة والتخصص والاهتمام الكبير.

البيئة الموقفية لقيادة الرأي:

لا يتم الاتصال الاجتماعي الذي يتم بين فردين في فراغ وانما من خلال مواقف معينة مقصودة او غير مقصودة. على سبيل المثال، قد يسألك صديقك ماذا ستلبس لحفلة يوم الخميس القادم؟ عموما الحوار الذي سيدور بين الشخصين ستكون نتيجته توجيه سؤال آخر ماذا تنصح ان ألبس؟ وفي هذه الحالة او الموقف، سيقوم قائد الرأي بتزويد الشخص المتلقي بكافة المعلومات التي تساعده في اتخاذ القرار

الذي يشعر انه مناسب للموقف الذي سيواجهه في حفلة يوم الخميس. وليس من الغريب ان تكتشف ان يكون كل من قائد الرأي المتلقي اصدقاء، جيران او زملاء عمل. ذلك ان هذه الاشكال من العلاقة بين الأفراد تفرض اشكال متعددة من الاتصالات الدورية او المستمرة التي تؤدي الى تبادل الاحاديث والنصائح حول مختلف الاشياء السلع والخدمات.

على سبيل المثال، اشارة دراسة ميدانية الى ان (٨١%) من مرات تبادل المعلومات والنصائح تتم بين اشخاص يعيشون او يعملون في اماكن واحدة او متجاورة. تسويقياً قيادة الرأي التي تعتمد التجاور المادي او السكني تعتبر ذات اهمية كبيرة لرجال التسويق خاصة في حالات البيع الشخصي وبالتحديد اثناء الحفلات بالإضافة الى استخدام اسلوب التسويق المباشر المعتمد على التركيز على مناطق أو طبقات اجتماعية معينة.

نظريات الاتصال وقيادة الرأي:

ترى عدة نظريات اتصالية في قادة الرأي على انهم حلقة الوصل الحيوية لتمرير المعلومات عن الاشياء السلع والافكار الى المتلقين وكما يلي:

١. نظرية الاتصال المكونة من خطوتين:

اشارت دراسة ميدانية قديمة حول السلوك الانتخابي الى ان الافكار ذات الأهمية حول موضوع الانتخابات غالبا ما تنتقل من خلال بعض وسائل الاعلان الراديو او الصحف الى قادة الرأي ومنهم الى السواد الاعظم من الجمهور. كما ترى هذه النظرية في قادة الرأي كمستقبلين مباشرين للمعلومات الواردة من المصادر غير الشخصية لتحويلها وتفسيرها لمن حولهم من الافراد.

عمليا، ترى هذه النظرية قادة الرأي وسطاء فعالين بين وسائل غير شخصية - وسائل الاعلان- باقي افراد المجتمع. من أهم مساهمات هذه النظرية

انها أكدت على أهمية التفاعل الاجتماعي بين الأفراد كمبدأ او ركيزة أساسية لتمرير المعلومات من وإلى الأفراد المعنيين بها مما يساعد فيما بعد في تشكيل مواقفهم ويحفزهم للسلوك بهذا الاتجاه وذاك. كما ترفض هذه النظرية المقولة التي تقول بأن الوسائل الاعلانية العامة فقط هي التي تؤثر في بيع السلع وترويج افكار السياسيين إلى السواد الأعظم من المستهلكين المستهدفين.

شكل رقم(١٣-٢)

نظرية الاتصال ذات الخطوتين

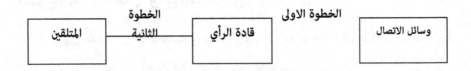

Cited From: Schiffman G. Leon & Kaunk Lazar Leslie , Consumer Behavior, Fourth Edition , 1995, P. 502.

أهم ما يميز هذه النظرية انها توضح كيفية حصول الأفراد على المعلومات ذات الفائدة ولما يهمهم من أشياء. لكنها عمليا، لا توضح بشكل محدد كيفية تدفق المعلومات أو حدوثها ونوعية التأثير الذي حصل بين المرسل والمستقبل. لذا كانت وما زالت هناك حاجة كبيرة لتعديل ركائز هذه النظرية بالاعتماد على بعض الملاحظات التالية:

أ. ان الوسيلة الاعلانية العامة قد تزود كل من قادة الرأي والمتلقين بالمعلومات في نفس الوقت، لكن ما يجب ملاحظته ان المتلقين غالبا ما يكونون اكثر ميلاً للتأثر بقادة الرأي اكثر من تأثرهم بالوسيلة الاعلانية.

ب. أنه ليس صحيحا أن كـل عمليـات الإتصال التبـادلي تحـدث نتيجـة مبـادرة قـادة الـرأي بالتوجه مباشرة الى المتلقين إذ قد يبادر المتلقين لسؤال قادة الرأي عـن معلومـات معينـة حول ما يهمهم من اشياء، سلع وافكار.

ج. قد يقوم الذين يتلقون المعلومات والنصائح- المتلقين- بتقديمها للآخرين من الافراد ومـن ضمنهم قادة الرأي.

د. يسعى قادة الرأي غالبا للحصول على المعلومات والنصائح مـن الآخرين بينما لا يسـعى الإتباع للحصول على المعلومات والنصائح بنفس الدرجة.

٢. نظرية الاتصال متعددة الخطوات:

يؤخذ نموذج الاتصال متعدد الخطوات في الاعتبـار الحقيقـة القائلـة بـأن اجراءات التأثر وتمرير المعلومات عبارة عن شرح باتجاهين يؤثر ويتأثر من خلاله قادة الرأي بالمتلقين من ناحية المتلقين بقادة الرأي من ناحية أخرى. عموما يلخص الشكل التـالي خطوات هـذه النظرية في الاتصال وكما يلي:

الشكل رقم(٣-١٣)

نموذج نظرية الاتصال متعددة الخطوات

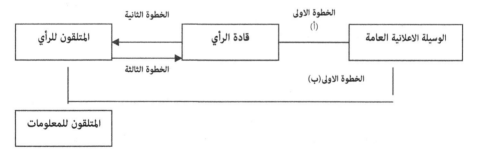

Cited from: Ibid. P.503.

وتعني الخطوة الأولى (أ و ب) بتدقيق المعلومات من الوسيلة الإعلانية العامة لقادة الرأي ولمتلقي الرأي ومتلقي المعلومات(لا يؤثرون ولا يتأثرون) أما الخطوة الثانية فتشير إلى تمرير المعلومات والتأثير من قادة الرأي إلى المتلقين المتأثرين بالرأي. أما الخطوة الثالثة فتعكس تحويل المعلومات والتأثير من متلقي الرأي إلى قادة الرأي.

أخيرا، يحاول الباحثون السلوكيون توحيد مقاييس قيادة الرأي ومتلقيه من أجل إيجاد صورة حية لمراحل التدفق الاتصالي التي تحدث في المجتمع وليس فقط اختبار ميكانيكية الاتصال. وبناء عليه فلقد اقترح بعض الباحثين تصنيفاً للأفراد نورده هنا على شكل التالي:

١. المتكاملون اجتماعيا (Socially Integrated):

وهم اولئك الافراد الذين يتصفون بدرجات عالية من المبادرة والتقبل الاجتماعي والثقة كقادة رأي وباحثين عن الرأي.

٢. المستقلون اجتماعيا (Socially Independent):

وهم اولئك الافراد الذي يتصفون او يملكون درجات عالية من الخصائص كقادة رأي ودرجات منخفضة كباحثين عن الرأي.

٣. المعتمدون اجتماعيا (Socially Dependent):

وهم اولئك الافراد الذين يملكون درجات منخفضة من الخصائص كقادة رأي ودرجات عالية من الخصائص كباحثين عن الرأي.

٤. المعزولون اجتماعيا (Socially Isolated):

وهم اولئك الافراد الذين يملكون درجات منخفضة في خصائص قيادة الرأي والسعي للحصول عليه .

بشكل عام، يمتاز المستهلكين المتكاملين اجتماعيا بالخصائص التالية:

* انهم من الفئات العمرية الصغرى ويأكلون مرات عديدة خارج البيت.

* انهم يدركون انفسهم كمغامرين ولا يرغبون كثيرا في مشاهدة برامج التلفاز.

* يرغبون في قراءة الروايات الرومانسية.

* يسعون للحصول على النصائح من الاخرين بالنسبة لمختلف السلع والخدمات.

وفيما يلي الشكل رقم(١٣-٤) الذي يوضح نتائج الدراسة التي اجرها شفمن وزميله(١٩٨٠).

شكل رقم(١٣-٤)

	مرتفع	منخفض
مرتفع	المتكاملون اجتماعيا	المستقلون اجتماعيا
منخفض	المنعزلون اجتماعيا	المعتمدون اجتماعيا

Source: Leon G. Schiffman & Steven P. Schnnars", The consumption of Historcal Romance Novels: Consumer Aesthetics in Popular Literature, Association for consumer Research, 1980, P. 50.

قيادة الرأي واستراتيجية الترويج:

ادرك رجال التسويق الأهمية الكبيرة لقادة الرأي في توجيه السلوك الاستهلاكي لذلك فلقد حاولوا تشجيع كلمة الفم وكافة صور الاتصالات الشفوية

المرتبطة بالسلع والخدمات التي يحاولون تسويقها باعتبار ان مصداقية وتأثير الاتصالات غير الرسمية اعلى بكثير من مصداقية الاتصالات الرسمية.

يضاف الى ذلك الى ان العمل للحصول على معلومات أكثر ونصائح واضحة لما يجب ان يتم شراؤها ومتى ومن اين؟ يساعد كثيرا في تخفيض درجات عدم التأكد او المخاطرة التي يواجهها المستهلكون عند الشراء او الاستخدام للماركات السلعية او الخدمية.

على سبيل المثال، يستثمر مصمموا الأزياء الحديثة للملابس النسائية او الرجالية الفعالية الكبيرة لكلمة الفم المنطوقة في الترويج للأزياء الجديدة من الملابس التي ينتجونها ومن سنة لاخرى. ذلك ان الزي الجديد يجب ان يحفز قادة الرأي للكلام عنه ايجابياً.

عمليا هناك الكثير من السلع التي حصلت على حصص سوقية عالية لان المستهلكين هم الذين كانوا يسوقونها لبعضهم البعض(كتاب سلوك المستهلك للمؤلف، صوبات رومو من علاء الدين، اكوابكس، بويلرات شابية الفرنسية، ومنتجات رم وهكذا).

وفي بعض الحالات التي تنجح المؤسسات التسويقية في إحداث ونشر- كلمة الفم حول مدى المنافع والفوائد التي تؤديها ماركة سلعية او خدمية ما يحاول رجال التسويق حفز قادة الرأي للكلام وتقديم النصيحة وكما يلي:

تصميم اعلانات لحفز قادة الرأي:

يقوم رجال الترويج بتصميم تلك الاعلانات التجارية من أجل حفز واقناع المشاهدين من المستهلكين المحتملين لبدء الكلام عن الماركة السلعية موضوع الاعلان.

على سبيل المثال، نشاهد من وقت لاخر الاعلانات التلفازية حول ماركات سلعية استهلاكية(برافو، فاين، بيبسي كولا.... الخ) التي في رأينا تثير الكثير من

الكلام والنقاش الجدلي حول مضمونها وخصائصها الفعلية المدركة من قبل المشاهدين لها في الاردن.

الاعلانات المستخدمة لنجوم المجتمع:

كما يتم تصميم بعض الاعلانات الهادفة لحفز المشاهدين للكلام حولها من خلال تصوير او استخدام بعض نجوم المجتمع في الحوار الاعلاني المصمم لها وخاصة لسلع ميسرة كالمنظفات، المطهرات، الشامبو وبعض ادوات التجميل الشعبية، عموما مثل هذه الاعلانات المصممة بهذا الشكل قد تقلل حاجة المستهلكين المشاهدين للسعي للحصول على معلومات او نصائح حول ما هو معلن عنه من الاخرين.

على سبيل المثال، تستخدم شركة الكوكا كولا اعلاناتها بعض نجوم السينما الامريكية المشهورين لحفز المشاهدين للكلام عن مزايا دايت كوكا كولا بالمقارنة مع دايت بيبسي ومن خلال تقديم بعض الجوائز والخصومات لمن يشتري ويستهلك دايت كوكا كولا بدرجة كبيرة بالمقارنة مع الماركات الأخرى ولتشجيع التجربة والاستهلاك من قبل المستهلكين المستهدفين.

محددات استخدام كلمة الفم المنطوقة:

بالرغم من قناعة الاغلبية الساحقة من رجال التسويق بأهمية وفعالية كلمة الفم المنطوقة في التأثير والاقناع، الا انها بالرغم من ذلك قد تؤدي الى عدة مشاكل اهمها ما يلي:-

أ. صعوبة السيطرة على كلمة الفم المنطوقة حال انتشارها:

ذلك ان انتشار التعليقات السلبية حول ماركة سلعية او خدمية او حتى شخص ما والتي قد تجيء على شكل اشاعة أو كذبة قد يؤدي الى مسح كامل لكافة

المواقف الايجابية نحو الشخص، السلعة او الشيء الذي انتشرت حوله كلمة الفم السلبية التي قد تكون صحيحة أو كاذبة.

على سبيل المثال، نسمع من وقت لاخر ان بعض المعلبات تحتوي على مواد مسرطنة، ان بعض انواع الشراب تحتوي على مواد تسبب امراض او حساسية في المعدة. ان بعض الادوية تؤدي الى قرحة في الاثنى عشر، ان بعض ملابس الاطفال قد تؤدي الى حساسية في الجلد وهكذا. ولكن ما تجدر الاشارة اليه هنا هو انه ومع مرور الوقت قد تختفي التأثيرات السلبية لكلمة الفم السلبية وخاصة اذا لم يتم الرد عليها بطريقة انفعالية غير مدروسة.

ب. صعوبة تحديد المصادر التي ارسلت او نشرت كلمة الفم السلبية:

على سبيل المثال، واجهت بعض الشركات الأجنبية- جنرال فورد، ماكدونالز وبروكتر اند جمبل- العديد من الاشاعات السلبية حول بعض ماركاتها السلعية والتي لم تستطيع تجاهلها أو تحدد المصادر التي قامت بنشرها مما دفعها- أي الشركات- الى عقد مؤتمرات صحفية مخططة بشكل جيد بالإضافة إلى تصميم ذلك المزيج الإعلاني المتميز للتخفيف من وطأة ما تناقلته الألسن من كلام سلبي حول ماركاتها السلعية.

جـ. صعوبة تحديد قادة الرأي المقبولين المرغوبين من قبل المستهلكين المحتملين لكل فئة سلعية او خدمية:

ذلك أنه حتى يحدد رجال التسويق قادة الرأي لا بد من إجراء دراسات ميدانية مكثفة وباستخدام خبراء مؤهلين في حقل سلوك المستهلك بالإضافة إلى تخصيص الأموال اللازمة لإجراء تلك الدراسات التي قد تعطي نتائجها فكرة مقبولة عن خصائص قادة الرأي المقبولين لهذه الفئة السلعية او الخدمية.

ومما تجدر الإشارة إليه هنا، هو أن بعض رجال التسـويق والـترويج احيانـاً يلجـأون إلى خلق قادة رأي لسلعهم أو خدماتهم وذلك توفيرا للوقت والتكلفة على سـبيل المثـال، قـد تلجا شركة معينة إلى الإستعانة بالطلبة المتفوقون بأقسام التسويق وعلم الإجتماع في الكليات الجامعية لتدريبهم لأن يكونوا قادة رأي للتأثير على المشترين المحتملين للملابس أو الأحذيـة الرياضية المخصصة للشباب.

أسئلة المناقشة

١. ناقش دور الديناميكية التي يتمتع بها قادة الرأي في التأثير على من حولهم من المستهلكين المستهدفين للسلع أو الخدمات.

٢. وضح مع إعطاء مثال واحد المقاييس المتبعة لتحديد قادة الرأي.

٣. اشرح مع إعطاء مثال واحد خصائص قادة الرأي في الأردن لسلع كأجهزة الكمبيوتر، السيارات والعطور.

٤. ما هو المقصود بالآتي:

أ. نظرية الاتصال المكونة من خطوتين.

ب. نظرية الاتصال متعدد الخطوات.

٥. المطلوب اعطاء مثال واحد لقادة الرأي الذين تم استخدامهم في الاعلانات التلفازية في الأردن مبينا رأيك فيما شاهدت وهل إستخدام قائد رأي في الإعلان التلفازي الذي شاهدت أثر فيك ايجابيا ولماذا؟

٦. اشرح بالتفصيل محددات استخدام كلمة الفم المنطوقة.

٧. المطلوب تحديد قادة الرأي للسلع والخدمات التالية:

أ. الاطباق اللاقطة التلفزيونية.

ب. الهواتف النقالة.

جـ العطر النسائي ماركة" فرح".

د. الاستشارات التسويقية المتخصصة.

هـ مفهوم حماية المستهلك.

و. المفهوم التسويقي الحديث.

ز. المختبرات الطبية.

ح. ضريبة المبيعات.

ط. ضريبة الدخل.

الفصل الرابع عشر

نشر الابتكارات السلعية وسلوك المستهلك

* تمهيد

* تعريف نشر الابتكارات

* عناصر نشر الابتكارات

- الابتكار   - قنوات الابتكار

- النظام الاجتماعي   - الوقت

* خصائص الابتكارات السلعية

* مقاومة الابتكار

* مراحل التبني

* محددات مراحل التبني

* مراحل قرار الابتكار

* خصائص المستهلك المبتكر

* الاهتمام بفئة السلعة

* المبتكر... كقائد رأي.

* الخصائص الشخصية للمبتكر

* الشراء وخصائص الاستهلاك

* عادات الوسيلة الاعلانة العامة

* الخصائص الاجتماعية

* الخصائص الديموغرافية

* أسئلة للمناقشة.

٤٢١

الفصل الرابع عشر

نشر الابتكارات السلعية وسلوك المستهلك

تمهيد

يمثل تقديم السلع والخدمات الجديدة نقلة نوعية في مسيرة كل من المؤسسات الانتاجية والتسويقية بالإضافة إلى تأثيرها على الأنماط الحياتية للمستهلكين المستهدفين. فبالنسبة للمؤسسات الإنتاجية والتسويقية يمثل تقديم الجديد من السلع والخدمات ضمانة كبيرة لتقدم المؤسسات الصناعية والتجارية. أما بالنسبة للمستهلكين فيمثل تقديم تلك السلع أو الخدمات الجديدة اشباعاً متزايدا لحاجاتهم الشخصية والإجتماعية وتجديدا نوعيا في أنماطهم المعيشية التي تتغير بسبب المستجدات البيئية المتلاحقة من حولهم.

بشكل عام، ينصب اهتمام الباحثين السلوكيين المتخصصين في نشر الابتكارات هذه الأيام على فهم كيفية انتشار السلع الجديدة في الأسواق المستهدفة بالإضافة إلى تحليل مراحل القرار التي يتبعها المستهلكون لقبول او رفض ماركة سلعة جديدة. يتناول هذا الفصل بالمعالجة والتحليل مراحل تشير الابتكارات وخطوات التبني للسلع الجديدة.

باختصار يعني نشر الابتكارات على المستوى الكلي نشر فكرة الماركة السلعية أو الخدمية الجديدة من مصدرها- المنتج- الى المستهلكين المستهدفين. على الجانب الآخر، يعتبر التبني من المفاهيم التي تركز على الإجراءات أو المراحل التي يمر بها المستهلك الفرد لقبول أو الماركة الجديدة.

كما سيناقش هذا الفصل الخصائص النفسية والديموغرافية للمستهلك للمبتكر بالإضافة إلى الأنشطة التي يقوم بها رجال التسويق للتعرف على تلك

الفئات من المستهلكين الأكثر تأثيرا في نجاح أو فشل تقديم السلع أو الخدمات الجديدة.

تعريف نشر الابتكارات:

يرتبط نشر الابتكارات بكيفية انتشار السلع أو الخدمات داخل الاسواق المستهدفة منها بالإضافة إلى الأسباب التي تعمل على تسريع او إبطاء نشرها. وعليه فإنه يمكن تعريف نشر الابتكارات " بأنه الاجراءات المؤدية إلى قبول الشيء المبتكر(سلعة جديدة أو خدمة أو فكرة أو ممارسة جديدة) من خلال استخدام وسائل اتصالية- شخصية كرجال البيع وغير شخصية كوسائل الاعلان العامة مع كلمة الفم- الى اعضاء النظام الاجتماعي او المستهلكين المستهدفين وخلال فترة زمنية".

عمليا، يتضمن هذا التعريف اربعة عناصر رئيسة لمراحل نشر الابتكارات نشرحها بالتفصيل تحت عنوان نشر الابتكارات التالية:

عناصر نشر الابتكارات:

الحقيقة انه ليس هناك تعريف محدد للسلعة او الخدمة الجديدة المبتكرة. لكن ما قام به الباحثون السلوكيون في التسويق كان من خلال اتباع أساليب متنوعة لتعريف السلعة أو الخدمة الجديدة والتي يمكن تصنيفها على الشكل التالي:

أ. المدخل المؤسسي:

وبناء عليه تعتبر السلعة جديدة إذا كانت المؤسسات المعنية تقوم بإنتاجها أو تسويقها لأول مرة. لكن هذه النظرة تهمل فيما اذا كانت السلعة المبتكرة جديدة في الأسواق المحلية أو الدولية؟ أو أنها جديدة من جهة نظر المنافسين الرئيسيين أو المستهلكين المحتملين. وإنسجاما مع هذه النظرة يعتبر أي تقليد أو تعديل لسلع المنافسين من قبل مؤسسة ما وكأنه سلعة جديدة.

وتجدر الإشارة هنا إلى أنه بالرغم من أهمية هـذا المـدخل في تحديـد تـأثير السـلع الجديدة على إستراتيجيات المؤسسات إلا انه قـد يكـون غـير مفيـدا ومـؤثرا اذا كـان الهـدف الاساسي من قبل رجال التسويق ينصب اصلا عـلى فهـم كيفيـة انتشـار السـلع او الخـدمات الجديدة بين المستهلكين الحاليين او المحتملين.

ب. المدخل السلعي:

يركـز هـذا المـدخل عـلى الخصـائص الموروثـة بالسـلعة الجديـدة نفسـها وتأثيراتهـا المحتملة على الأنماط الاستهلاكية المألوفة للمستهلكين المستهدفين. كما يتضـمن الإطـار العـام لهذا المدخل السلعي بالتحليل مقدار التأثير المطلوب احداثه في اذواق المستهلكين لمستهدفين نتيجة استهلاكهم او استخدامهم للسلعة الجديدة . وبناء عليه فإن يمكن تحديد ثلاثـة انـواع من الابتكارات السلعية الجديدة وكما يلي:-

* **الابتكار المستمر:** يتصف هذا النوع من الابتكارات بأنه يحـدث اقـل التغيـيرات في الانمـاط السلوكية للمستهلكين المسـتهدفين. ذلـك ان الابتكـار المسـتمر يتضـمن باسـتمرار تقـديم ماركات معدلة من فئة السـلعة ولـيس فئـة سـلعية جديـدة(عـلى سـبيل المثـال تقـديم موديلات جديدة من السيارات التلفزيونات، الغسالات، الخ).
* **الابتكار الديناميكي المستمر:** ويتصـف هـذا النـوع مـن الابتكـارات بأنـه يحـدث تغيـيرات ملموسة في الأنماط السلوكية والاستهلاكية للمستهلكين المسـتهدفين. لكنـه قـد لا يعمـل - أي هـذا النـوع مـن الابتكـارات- عـلى أحـداث تغـيرات جذريـة في الـنمط السـلوكي للمستهلكين. ومما تجدر الإشارة إليه هنا هو ان هذا النوع من الابتكارات يتضمن تقديم ماركات جديـدة أو تعـديل الماركـات الحاليـة- دسـكات اجهـزة الكمبيـوتر، عبـوات حـبر الأقلام،.... الخ.
* **الابتكار غير المستمر:** ويتصف هـذا النـوع مـن الابتكـارات تبنـي انمـاط سـلوكية جديـدة- اجهزة الكمبيوتر المنزلية ادوات الفحص الطبية الشخصية،... الخ، يضاف إلى ذلك، إلى انه يمكن قياس درجة الحداثة في سلعة جديدة من خلال مقدار ما تحدثه خصائصـها الماديـة على المستهلكين المستهدفين من مشاعر طابعها

الرضا او عدم الرضا. لذلك فكلما زادت درجة الرضا التي يحصل عليها المستهلكين المستهدفين من السلعة الجديدة كلما زادت احتمالية تصنيفها كسلعة جديدة وبدرجة حداثة عالية. وبناء عليه فإن فهم فكرة الحداثة بهذا الشكل قد يقود الى تصنيف السلع الى سلع ذات حداثة مصطنعة واخرى ذات حداثة جدية اصلية. والحداثة الاصلية هي تلك الحداثة التي يمكن وصفها بأن خصائص أو مواصفات السلعة الجديدة تشبع حاجات ورغبات المستهلكين بطريقة مختلفة تماما عما تقوم به السلع القديمة.

ج. المدخل السوقي:

ووفقا لهذا المدخل تتحدد درجة الحداثة في السلعة بمقدار معرفة المستهلكين المستهدفين له. وبناء عليه فيتم اعتبار سلعة ما جديدة اذا تم شراؤها بواسطة نسبة مئوية محددة من المستهلكين(المجددون غالبا) مع مضي وقت قصير ومحدد على وجودها في الأسواق المستهدفة. أي أن إطلاق سماء جديدة يتم بناء على معيار وجوده لأول مرة في هذا السوق.

د. المدخل الإدراكي:

بناء على هذا المدخل تعتبر سلعة ما جديدة إذا تم إدراكها كذلك من قبل المستهلكين المستهدفين منها وليس بناء على خصائصها المادية الملموسة او كونها جديدة في الأسواق. يضاف الى ذلك، يعتبر هذا المدخل ذا أهمية كبيرة للممارسين التسويقيين والعاملين في مجالات الإعلان بالإضافة إلى أهميته الكبيرة للباحثين في مجال سلوك المستهلك.

٢. قنوات الاتصال:

تعتمد سرعة انتشار السلع الجديدة في الأسواق المستهدفة على سهولة وفاعلية نظام الاتصال الموجهة الى المستهلكين وتأثيرهم وتأثرهم بعضهم البعض.

وبناء عليه فإن نوعية وعدد قنوات الاتصال المستخدمة بالإضافة إلى مضمون الرسائل الاتصالية من وإلى المستهلكين يعتبر من الركائز الاساسية في

قبول او رفض ما يطرح في الأسواق من ماركات او سلع جديدة. كما يؤثر نوع الاتصال فيما اذا كان شخصي يتم من خلال رجال البيع او قادة الرأي أو اذا كان غير شخصي- ويتم من خلال الرسائل الاعلانية المرئية والمطبوعة على مدى وسرعة نشر الماركات السلعية الجديدة.

٣. النظام الاجتماعي:

من المعروف ان نشر- الابتكارات السلعية او الخدمية يحدث من خلال تفاعل مختلف عوامل النظام الاجتماعي كلها- الاجتماعية، الاقتصادية، الثقافية وغيرها- مع افراد المجتمع. على سبيل المثال، يمثل النظام الاجتماعي مختلف الوحدات والشرائح المكونة له ولسلع جديدة كالسماد الذي يستخدم لكافة المزارع ولدواء جديد للقرحة المعدية لكافة المصابين حاليا بالقرحة، ولمشروب غازي جديد والموجه لكافة شاربي المشروبات الغازية الحاليين والمستهدفين.

وعليه فإن النظام الاجتماعي يمثل الحدود القصوى التي يمكن ان ينتشر من خلالها المبتكر السلعي او الخدمي ومن خلال قيم، أعراف وتقاليد اجتماعية تؤثر بالقطع في قبول او رفض ما هو مطروح للتداول. وإذا كان النظام الاجتماعي عصريا فإن قبول السلع الجديدة سيكون اسرع وبدرجة كبيرة، بالمقابل فإذا كانت طبيعة النظام الاجتماعي بما يمكن وصفه بالتقليدي فإن ادراك ومشاعر المستهلكين المستهدفين نحو الابتكارات الجديدة سيكون غالبا سلبيا كون هذه المبتكرات تمثل في رأيهم خروجا عن الأنماط السلوكية والاستهلاكية المألوفة لذا فلا بد من رفضها وتجنب استخدامها حسب وجهة نظرهم. بشكل عام، يمكن ايراد بعض خصائص الانظمة الاجتماعية المعاصرة وكما يلي(٢) :

* مواقف ايجابية نحو التغيير والتكنولوجيا الجديدة وفي مختلف المجالات .

* احترام كبير للعلماء والمثقفين.

* التركيز على الحوار العقلاني الموضوعي وعدم احترام الفوضى والعنترية والشللية بكافة وجودها والوانها عند مناقشة الأمور والقضايا ذات الأهمية لمجموع المواطنين ومن مختلف الشرائح.

* احتكاك كبير مع أفراد أنظمة إجتماعية وثقافية أخرى من أجل الحصول على أفكار جديدة.

* شعور أفراد الانظمة الإجتماعية المعاصرة انهم قادرون على ممارسة الأدوار التي يرون انها تتفق مع قدراتهم العقلية.

تسويقياً، على رجال التسويق في أي نظام اجتماعي فهم وتحليل الأركان الاساسية للمجتمع الذي يعيشون فيه ويمارسون من خلاله كافة أنشطتهم التسويقية. وذلك بهدف تصميم وتنفيذ تلك الاستراتيجيات التسويقية المتفقة مع طبيعة وفلسفة النظام الاجتماعي الذي يعاملون معه وبما يضمن تحقيق اهداف استراتيجياتهم التسويقية دونما اية عراقيل اجتماعية.

٤. الوقت:

يعتبر الوقت العمود الفقري الذي من خلاله يتحدد طول وعدد المراحل التي تمر بها ماركة سلعية جديدة من لحظة انتاجها وتقديمها لأول مرة إلى سوقها المستهدفة- المبتكرون- وحتى وصولها إلى كافة المستهلكين المستهدفين منها.

بشكل عام، يرتبط بالوقت ثلاثة عوامل رئيسية يمكن إجمالها هنا كما يلي:-

وقت الشراء:

ويرتبط هذا العامل بمقدار الوقت المتفق بين ادراك المستهلكين المستهدفين الأولي بالماركة أو السلعة الجديدة والنقطة أو المرحلة التي يقررون- أي المستهلكين- شراءها أو رفضها . على سبيل المثال اقتراح شفمن وكنك(١٩٩٥) المراحل المختلفة للقرار الشرائي المرتبط بجهاز كمبيوتر منزلي وكما هو موضح بالجدول رقم(١-١٤) التالي:

الجدول رقم(١-١٤)

الجدول الزمني لمراحل شراء كمبيوتر منزلي

الاسبوع	الاستراتيجية المتبعة كل فترة زمنية
صفر	ترويج السلعة للمدراء الميدانيين مع تقديم معلومات مكثفة حول سبل استخدام الماركة الجديدة من الكمبيوتر.
الاسبوع ١	بروز الحاجة للتعلم من أجل إستخدام امثل للسلعة، التعبير عن القلق من أن الجهاز القديم لا يفي بالحاجات الحالية للمستهلكين المستهدفين.
الاسبوع ٢	استخدام قادة الرأي لاعطاء مزيد من المعلومات حول السلعة الجديدة او الماركة الجديدة من الكمبيوتر.
الاسبوع ٣	الحصول على معلومات عن الماركة من المجلات المتخصصة مع زيادة المعارض التي تعرض الماركة الجديدة.
الاسبوع ٤	اتاحة الفرصة لتجربة الماركة الجديدة
	من الاسبوع ٥ الى الاسبوع ١٦
	جمع معلومات مكثفة عن الماركة وتحليلها بعمق قبل الشراء.
	الاسبوع ١٧ الى الاسبوع٢٤
	دراسة اتخاذ قرار شراء الماركة من السلعة الجديدة وحسب المعايير التي يضعها المستهلك المستهدف.
الاسبوع ٢٥	اتخاذ قرار شراء الماركة من السلعة الجديدة دون الأخرى.
الاسبوع ٢٦	اتخاذ قرار شراء الماركة ذات المواصفات المحددة من السلعة الجديدة
الاسبوع ٢٧	دراسة المحلات التي يتم شراء الماركة الجديدة من احداها.
الاسبوع ٢٨	شراء الماركة الجديدة من محل محدد.

يوضح الجدول السابق المصادر المختلفة للحصول على المعلومات الضرورية عن الماركة الجديده من السلعة باعتبارها احدى المراحل الهامة في نشر الابتكارات. يضاف الى ذلك الى ان وقت الشراء القصير يعني ان معدل نشر الماركة الجديدة سيكون سريعا بالمقارنة مع الوقت الطويل الذي يأخذه المستهلك المستهدف قبل شراء ماركة جديدة أخرى. وكما هو الحال بالنسبة لشراء الكمبيوتر المنزلي والذي استغرق قرار شرائه حوالي ثمانية وعشرين اسبوعا وكما تم توضيحه في الجدول رقم(١-١٤) السابق الاشارة اليه.

فئات المتبنين(Adpoters Categories):

من المعروف أن المستهلكين المحتملين يتبنون بمعدلات او خلال فترات زمنية متساوية. فالبعض منهم مخاطر بطبعه ويشعر بالمتعة لاقتناء السلعة الجديدة قبل غيره. أما البعض الآخر فقد لا يشتري الجديد من الأشياء، والسلع والخدمات الا اذا تم شراؤها وتجربتها من قبل افراد اخرين يعتبرهم القدوة او المثال الذي يجب الاقتداء به، عموما ، يمكن تصنيف فئات المتبنين كما يلي[٣] :

المجددون(Innovators):

ويتصفون بالمغامرة والميل الشديد لتجربة الافكار، السلع والخدمات الجديدة كما انهم اجتماعيون بطبعهم ويميلون الى التفاعل مع الآخرين لارشادهم والحصول على افكار جديدة منهم حول مختلف الأمور والقضايا الحياتية. ولا يشكل المجددون في أي مجتمع اكثر من ٢.٥% من مجموع المستهلكين المحتملين للفئة من السلعة والخدمة ولكن هذه النسبة تختلف من مجتمع لآخر.

المجددون الأوائل(Early Adpoters):

ويتصفون بدرجات مغامرة اقل بالمقارنة مع المجددين، اجتماعيون ومحترمون من أغلبية أفراد المجتمع الذي يعيشون به. ويحاول قادة الرأي ايصال

نصائحهم الى المستهلكين ويشكلون حوالي ١٣.٥% من أفراد المجتمع أو المستهلكين المحتملين لهذه الفئة السلعية او تلك.

الاغلبية المبكرة(Early Majority):

تمثل هذه الفئة حوالي ٣٤% من المجموع الكلي للمستهلكين المستهدفين من فئة السلعة. ينتظرون اوقاتا ليست بالطويلة لتجربة الجديد من السلع والخدمات يتصفون بخصائص ديموغرافية(دخل متوسط، وظائف متوسطة، مستويات تعليمية متوسطة.... الخ) ونفسية متوسطة(درجة ابتكار ومخاطرة ومتوسطة) وهكذا يقومون بتجربة السلع الجديدة بعد ان يقوم اصدقاؤهم بشرائها. ذلك انهم ينظرون الى كل ما هو جديد نظرة الحذر والحرص لاسباب اهمها اقتصادية واجتماعية ونفسية.

الاغلبية المتأخرة (Late Majority):

وتمثل هذه الفئة وسط الطبقة الوسطى وحتى أعلى الطبقة الدنيا. الاوضاع الاقتصادية والاجتماعية السيئة تجعل اعضاء هذه الفئة اكثر حذرا في قبول ما هو جديد الا بعد مضي فترات زمنية طويلة لاحظوا خلالها تجارب الآخرين(مما سبقوهم في المكانة الاجتماعية) مع ما هو مطروح من أفكار أو سلع جديدة. تمثل هذه الفئة ما نسبته(٣٤%) من المجموع الكلي للافراد والمستهلكين المستهدفين في المجتمع كله.

المتقاعسون(Laggards):

تمثل هذه الفئة من الافراد او المستهلكين حوالي(١٦%) من المجموع الكلي لافراد المجتمع. تعتبر هذه الفئة من اعضاء الطبقة الدنيا الفقيرة وكما يوضح الشكل (٢-١٤) التالي:

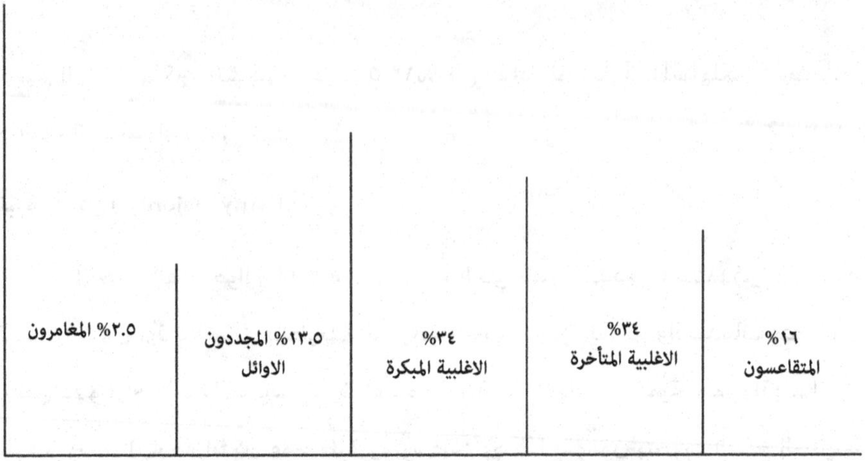

%١٦ المتقاعسون	%٣٤ الاغلبية المتأخرة	%٣٤ الاغلبية المبكرة	%١٣.٥ المجددون الاوائل	٢.٥% المغامرون

Soure: Everett M. Rogers "Diffusion of Innovation" Free Press, 1983, p. 247.

ومما تجد الإشارة إليه، هو انه ليس صحيحا ان كل أفراد المجتمع سيقومون بتبني السلعة او الخدمة او الفكرة الجديدة. ذلك ان بعضهم لن يقوم بتبني ما يطرح مـن أشياء جديدة في الأسواق مهما طال الزمن. لذلك اقترح البعض اضافة فئة جديدة للرسم المشار سابقاً بحيث يضم غير المتبنين(Nonadopters) والذين قد لا يشترون السلعة الجديدة عـلى الإطلاق. ومما يؤكد هذا الاقتراح نتائج دراسة ديكرسون وجنتري(١٩٨٣) التي اقترحت ثـلاث فئات من المتبنين هم المجربون المتأخرون وغير المجربين.

معدل التبني(Rate of Adoption):

ويقصد بمعدل التبني المقدار الذي يستغرقه تبني سلعة أو خدمة جديدة مـن قبـل المستهلكين المستهدفين منها. تشير الدراسات الميدانيـة الى أهميـة الوقت المنفـق عـلى تبنـي السلع أو الخدمات الجديدة، يحـاول رجـال التسويق عند تسويق الجديد مـن السلـع او الخدمات تحقيق قبول واسع لما هو مطروح وبأقصى سرعة ممكنة. ذلك ان محـاولات رجـال التسويق هذه تنبع مـن رغبـتهم الجامحـة لاكتسـاح الاسـواق المستهدفة ولتحقيق حصص سوقية عالية او مراكز قيادية مرموقة في مجال تسويق الماركات الجديدة قبل دخول ماركات اخرى منافسة. وما تجدر

الإشارة اليه هو ان سياسة الاكتساح المتبعة من قبل الشركات غالبا ما يرافقها اتباع سياسة تسعير طابعها فرض سعر منخفض من أجل عدم تشجيع المنافسين لسوق السلعة او الخدمة الجديدة على الدخول في سوق انتاج وتسويق ماركات سلعية منافسة.

على الجانب الآخر، قد يلجأ رجال التسويق الى ابطاء عملية تبني السلعة الجديدة من خلال فرض سياسة سعرية عالية(Skimming policy) وذلك بهدف استرجاع كافة التكاليف التي انفقتها المؤسسات المعنية اثناء عمليات تطوير وتقديم الجديد من السلع للاسواق المستهدفة. لذلك فقد يلجأ- أي رجال التسويق- الى فرض اسعار عالية للمطروح الجديد خاصة في مرحلة تقديمه وخفض تلك الاسعار العالية تدريجيا من أجل اجتذاب اسواق فرعية اخرى تتصف بخصائص ديموغرافية ونفسية مختلفة في المراحل اللاحقة وبالتدريج.

خصائص الابتكارات السلعية:

من المعروف ان معدلات قبول او نشر- الماركات السلعية الجديدة في الاسواق المستهدفة تختلف باختلاف الفئات السلعية حيث يتم قبول بعض الفئات بسرعة كبيرة وفئات اخرى بسرعة متوسطة واخرى قد تأخذ اوقاتا طويلة. عمليا، لا توجد معادلات او نماذج محددة سلفا يمكن اتباعها من قبل رجال التسويق ولكن ما يحدد معدلات القبول لها مجموعة من الخصائص نوردها هنا كما يلي:

١. الميزة النسبية:

وترتبط الميزة النسبية بالكيفية التي يدركها المستهلكون المستهدفون للماركة من السلعة الجديدة كونها متفوقة على غيرها من الماركات المنافسة الحالية او بدائلها المتاحة ومن فئات سلعية اخرى. ومن أفضل الامثلة على الميزة النسبية للسلع الجديدة ما توفره الان اجهزة الفاكس المنتشرة بالإضافة إلى تأثير الحملات

الترويجية الكبير- العينات المجانية، التنزيلات، الخدمات الاخرى المرافقة- في تدعيم الميزة التنافسية النسبية للسلع الجديدة.

كما قد تكون الميزة النسبية للسلعة الجدية على شكل تخفيض معقول في سعرها بالمقارنة مع اسعار مثيلاتها المنافسة، او تميزها في منافذ التوزيع او حتى حجم، لون وشكل العبوة المخصصة لها. لكن ما تجدر الاشارة اليه هنا هو درجة النجاح التي يحققها رجال التسويق في الميزة النسبية للمستهلكين المستهدفين قد تكمن في تقديم الجديد من السلع والخدمات وفي الاوقات والاوضاع المناسبة.

٢. التجانس:

يقصد بهذه التخاصية مدى توافق ما تتضمنه الماركة السلعية الجديدة من منافع او فوائد مع حاجات، اذواق وقيم المستهلكين المستهدفين منها، ذلك ان نجاح تسويق او استخدام ماركة جديدة من سلعة أو خدمة يتطلب احيانا تغيير(سابقا او لاحقا) في اذواق المستهلكين المستهدفين منها. وبناء عليه فإنه ليس من المستغرب ان نلاحظ الميل الكبير للمستهلكين الرجال نحو ماركة شفرات الحلاقة التي تؤدي الغرض منها بسرعة وبدون اية مشاكل في بشرة الوجه.

٣. درجة التعقيد الفني او التكنولوجي:

المقصود بدرجة التعقيد هو مدى الصعوبة الكامنة في فهم او استخدام الماركة الجديدة من السلعة من وجهة نظر المستهلكين المستهدفين. لذا فكلما كانت الماركة او السلعة الجديدة سهلة الاستخدام او الفهم لخصائصها وفوائدها من قبل المستهلك او المستخدم كلما كانت اسرع في الانتشار في الاسواق المستهدفة لها. وبناء على هذا الفهم تم انتشار العديد من ماركات السلع الغذائية المعلبة في الاسواق المستهدفة في البلدان الصناعية. يضاف الى ذلك، يتحتم على رجال التسويق تصميم ذلك المزيج التسويقي للماركة او السلعة الجديدة- شكل ولون وحجم العبوات،

والتعليمات المكتوبة على العبوة- الذي يساعد في انتشارها في الأسواق المستهدفة منها.

٤. إمكانية التجزئة:

والمقصود بإمكانية التجربة الدرجة او المدى المتاح للمستهلكين المستهدفين لتجربة ماركة او السلعة الجديدة خلال فترة زمنية محددة وقواعد معروفة. ذلك فكلما كان هناك فرص اكبر لتجربة الجديد من الماركات او السلع كما كان من الاسهل على المستهلكين المستهدفين لتقييم ايجابيتها او سلبياتها بشكل اكبر . وبناء عليه تقوم المؤسسات التسويقية بتوزيع العينات المجانية، وتنظيم المسابقات والجوائز، مع اتاحة التجربة لعدد من قادة الرأي او غيرهم للماركة او السلعة الجديدة. ذلك ان هذه الوسائل في تنشيط المبيعات تعمل على انقاص درجة المخاطرة الكامنة لدى المستهلكين المحتملين بالإضافة الى تزويدهم بكافة المعلومات العملية ونوعية الاداء المتوقع لها.

٥. سهولة الاتصال:

والمقصود بسهولة الاتصال قدرة المؤسسات التسويقية على إيصال المنافع والفوائد والخصائص المرتبطة بالسلعة الجديدة الى المستهلكين المستهدفين بشكل ملموس وخاصة للمبتكرين منهم. على سبيل المثال، يلاحظ ان الماركات السلعية الجديدة ذات الدرجة العالية من القبول الاجتماعي اسرع انتشار بالمقارنة مع تلك الماركات الجديدة التي تستهلك على نطاق ضيق(سلع الموضة بالمقارنة مع ماركة خاصة من معاجين الاسنان). كما ان السلع اسرع في الانتشار من الخدمات ولاسباب منها ان تسويق اخذ شوطاً بعيداً بالمقارنة مع الخبرات التسويقية المتاحة في مجال تسويق الخدمات.

ومما تجدر الاشارة اليه هنا، هو ان خصائص المبتكرات او السلع الجديدة تعتمد على المدركات الحسية للمستهلكين. على سبيل المثال، الماركة الجديدة التي تدرك من قبل المستهلكين بأنها تتمتع بميزة نسبية قوية، تشبع حاجات ورغبات حالية، وسهلة الاستخدام او التجربة، ومن السهل فهم خصائصها ورؤيتها بشكل ملموس ستكون اكثر انتشارا بين المستهلكين المستهدفين منها بالمقارنة مع ماركة جديدة أخرى لا تتمتع بهذه الخصائص.

مقاومة الابتكار:

يثير الباحثون السلوكيون من وقت لاخر بعض الاسئلة التي تدور حول الاسباب الكامنة وراء انتشار ونجاح بعض المبتكرات الجديدة وفشل البعض الاخر. للاجابة على هذه الاسئلة تم تطوير نموذج مقاومة الابتكار في محاولة اولية هدفها الحصول على المزيد من المعلومات حول مراحل التبني ونشر الابتكارات . وبشكل عام، يتضمن النموذج المقترح خصائص ومواصفات السلعة المبتكرة التي تساعد في تحديد مدى درجة المقاومة لها والتي تتأثر بما يلي:-

* درجة ادراك منخفضة للميزة النسبية الكامنة فيها من وجهة نظر المستهلكين المستهدفين.
* درجة ادراك منخفضة لصفة التجانس المتوفرة فيها م وجهة نظر المستهلكين المستهدفين.
* امكانية ضعيفة لتجربتها وحسب قواعد محددة من وجهة نظر المستهلكين المستهدفين.
* امكانية ضعيفة لايصال ما فيها من منافع او فوائد للمستهلكين المستهدفين منها. درجة تعقيد عالية عند استخدامها وخاصة في المراحل الاولى.

بشكل عام ، يوضح نموذج مقاومة الابتكار العوامل الثقافية، الاجتماعية والموقفية التي قد تؤثر سلبا ام ايجابيا على سرعة انتشار الابتكارات من سلع او خدمات بالاضافة الى الاستراتيجيات التسويقية التي يمكن استخدامها للتغلب على مقاومة المستهلكين المستهدفين للابتكارات الجديدة وكما يلي[٧]:

شكل مقاومة الابتكار

شكل رقم(٢-١٤)

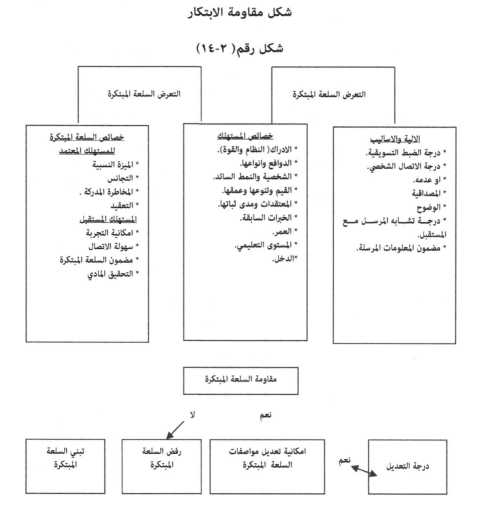

Source: S. Ram, A Model of Innovation Resistance in M. Wallenderf, P. F. Andreson, eds. ACR, 14, 1987, P. 209.

أما الاستراتيجيات التسويقية المقترحة للتغلب على مقاومة المستهلكين للابتكارات السلعية فكانت كما أوردها رام وعلى النحو التالي:

جدول رقم (٢-١٤)

الاستراتيجيات التسويقية المقترحة للتغلب على مقاومة المستهلكين للابتكارات السلعية

مصدر المقاومة أو العراقيل	الاستراتيجية السلعية	الاستراتيجية الاتصالية	الاستراتيجية السعرية	الاستراتيجية السوقية	اخرى
أ. عراقيل ترتبط بالاداء * صعوبة الاستخدام	- تطوير عبوة مناسبة لاستخدام المستهلك المستهدف	/	/	العمل على تطوير اسواق جديدة	/
ب. صعوبة ترتبط بقيمة السلعة	تطوير اداء السلعة من خلال تعديلها لتناسب اذواق المستهلكين	/	اعمل على تخفيض السعر من خلال خفض التكلفة	/	/
ج. صعوبة ترتبط بدرجة المخاطرة	استخدام اسم ماركة مشهورة	استخدام بعض نجوم المجتمع او الخبراء في اعلاناتها	/	تسهيل امكانية تجربة السلعة الجديدة	/
د. صعوبات نفسية	- استعارة اسم ماركة مشهورة	- نوعية افضل للمستهلكين	/	/	المطلوب فهم واحترام للتقاليد
-صعوبات ترتبط بالتقاليد		- استخدام موزعين جدد			
- صعوبات ترتبط بسمعة الشركة		- اعمل على خلق ذاتية جديدة			

مراحل التبني The Adoption Stages:

تعتبر مراحل التبني من المفاهيم المركزية في نشر الجديد من الافكار، السلع والخدمات. ذلك ان هذه المراحل تتدرج وتتداخل لدى المستهلكين في الأسواق المستهدفة ولا تتم دفعه او مرة واحدة انما بشكل تدريجي وخلال فترات زمنية متداخلة وحسب الماركة الجديدة من السلعة أو الخدمة.

١. **مرحلة الانتباه(Awareness Stage):** في هذه المرحلة يتعرض المستهلكون المحتملون الى السلعة الجدية. قد يكون التعرض حيادياً لانهم- أي المستهلكين - قد يكونون غير مهتمين بالحصول على معلومات اضافية عن موضوع المنبه الاصلي المرتبطة بالماركة او السلعة الجديدة. كما قد يكون التعرض مقصوداً.

٢. **مرحلة الاهتمام(Interest Stage):** حيث يبدأ المستهلكون المستهدفون بتطوير نوع من الاهتمام بالسلعة موضوع المنبه من خلال البحث عن الفوائد والفوائد التي يمكن ان تعطيها السلعة الجديدة او الماركة منها.

٣. **مرحلة التقييم(Evaluation Stage):** يقوم المستهلكون بالاعتماد على المعلومات التي تم تجميعها لديهم بتحليل ايجابيات وسلبيات المنبه السلعي. وقد تكون نتيجة التحليل مرضية، الامر الذي قد يدفعهم لتجربة السلعة الجديدة او غير مرضية مما يؤدي الى رفض السلعة الجديدة.

٤. **التجربة(Trial):** يلجأ المستهلكون الى تجربة الماركة السلعية الجديدة وعلى اسس ضيقة فيقومون نتيجة التحليل التي اجريت ايجابية. واذا كانت التجربة مرضية فيقومون بشرائها اما اذا كانت نتيجة التجربة غير مرضية فقد يرفضونها تماماً.

٥. التبني(Adoption): يعتمد تبني او عدم تبني الماركة او السلعة الجديدة على نتائج التقييم- المرحلة الثالثة والتجربة- المرحلة الرابعة- فإذا كانت نتائج المرحلتين الثالثة والرابعة ايجابية فقد يتم تبني المطروح الجديد من السلع او الخدمات.

يضاف الى ذلك، وكما اشارت احدى الدراسات الحديثة الى انه من الضروري اضافة مرحلتين اخرين وخاصة بين مرحلتي التجربة التبني تسمى الاولى منها الخبرة المباشرة مع السلعة الجديدة والثانية تسمى تقييم السلع او الاقرار بأهميتها.

بشكل عام، يوضح الشكل رقم(٣-١٤) نموذج معدل لمراحل التبني والتجربة للسلع الجديدة وكما يلي:-

شكل رقم (٣-١٤)

نموذج معدل لمراحل التبني والتجربة للسلع الجديدة

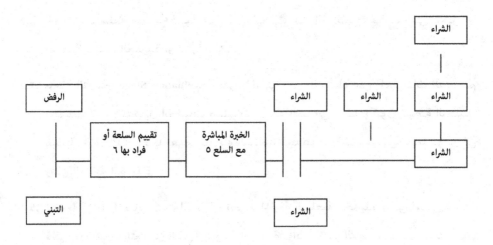

Source: John Antil, " New Product or Service Adoption When Does it Happen ", Journal of Consumer Marketing, 5, Spring, 1988,P.9.

يضاف الى ذلك ان تبني السلع الجديدة قد يكون له بعض النتائج البسيطة بينما قد يقود تبني سلع جديدة الى تغييرات جذرية في الأنماط السلوكية (سيارات جديدة تعمل بالطاقة الشمسية... الخ).

محددات مراحل التبني:

لقد تم انتقاد مراحل التبني المشار اليها سابقا على اعتبار انها- أي المراحل - تعاني مما يلي:

١. ان هذه المراحل لا تكشف عن الحاجة والمشكلة التي تدفع المستهلك للانتباه لاول مرة للمنبه المرسل- بقصد او بدون قصد- عن الماركة او السلعة الجديدة.

٢. ان المستهلك قد يرفض الماركة السلعية الجديدة حتى بدون تجربتها.

٣. ان مراحل التبني لا تعترف بأن العديد من المستهلكين قد يقومون باجراء التقييم عن الماركة او السلعة الجديدة موضوع الاهتمام من خلال كافة مراحل التبني وليس فقط اثناء مرحلة التقييم فقط.

٤. ان هذه المراحل الخمسة للتبني قد لا تحدث في نفس الترتيب والنظام اذ ان بعضها قد يحدث قبل البعض الاخر، كما ان عددها- أي المراحل- قد لا يكون واحدا لكافة الفئات السلعية الجديدة بالاضافة على ان بعض المراحل قد يتم من خلال حذفها او عدم اعتبارها اصلا وخاصة في حالات السلع الاستهلاكية الميسرة الجديدة.

٥. ان هذه المراحل للتبني لم تتضمن او تشمل مرحلة تقييم ما بعد الشراء (Postpurchase Evaluation) والتي قد تقود أما الى تقوية الالتزام بشراء السلعة الجديدة أو عدم الاستمرار في شرائها.

يضاف الى ذلك الى ان الدراسات المستقبلية في موضوع التبني يجب ان تركز على تحليل الاستخدام الحالي للماركات او السلع الجديدة من قبل المستهلك، توقعات الاستخدام المستقبلية بالإضافة إلى مستوى الرضا وعدم الرضا عن استخدام ما تم شراؤه من ماركات سلعية جديدة.

مراحل قرار الابتكار:

لقد تم تحديث نموذج التبني التقليدي للابتكارات الجديدة من السلع وذلك من أجل التغلب على المحددات التي ذكرناها آنفا كما يلي:

١. مرحلة المعرفة والتي من خلالها يتم تعريض المستهلكين المستهدفين الى الماركة او السلعة المبتكرة مع اعطاء بعض المعرفة والمعلومات عن وظائفها وكيفية ادائها لتلك الوظائف التي تم الترويج لها.

٢. مرحلة الاقناع والتي من خلالها يتم تكوين المواقف والمشاعر الايجابية او السلبية نحو الماركة او السلعة الجديدة.

٣. مرحلة القرار والتي تتضمن كافة الانشطة التي يقوم بها الافراد او المستهلكون التي تقودهم اما الى تبني او رفض الماركة او السلعة المبتكرة.

٤. مرحلة التنفيذ والتي تتضمن استخدام المستهلكين للماركة او السلعة المبتكرة التي تم شراؤها.

٥. مرحلة التأكيد والتي قد تتضمن تعزيز القرار الشرائي الذي تم اتخاذه من قبل المستهلكين نحو الماركة او السلعة المبتكرة.

خصائص المستهلك المبتكر:

يمكن تعريف المستهلكين المبتكرين أو المجددين بأنهم" تلك المجموعة الصغيرة نسبياً من المستهلكين الذين يقومون بشراء الماركة او السلعة الجديدة قبل غيرهم." أما علماء الاجتماع فقد عرفوا المستهلكين المبتكرين بأنهم تلك النسبة

المئوية(٢.٥%) من أفراد المجتمع الذين يتبنون شراء الماركات أو السلع الجديدة. أما رجال التسويق فقد اعتبروا المستهلكين للماركات او السلع الجديدة بأنهم ذلك العدد من المشترين لتلك السلع الجديدة خلال الثلاثة أشهر الاولى من تقديمها لأول مرة في الأسواق المستهدفة منها.

يضاف الى ذلك، يعتقد الباحثين التسويقيين بأنه يمكن اعتبار المشتري كمبتكر اذا قام بشراء الحد الأدنى من الكميات من السلعة الجديدة المطروحة في الأسواق. وبالتالي فإن المستهلكين الذين يشترون أعلى من الحد الأدنى من السلعة الجديدة فإنهم أكثر ابتكارا. كما ان المستهلكين الذين لا يشترون اية كميات من السلعة الجديدة خلال فترة زمنية(٢-٤) سنوات حيث لا يمكن اعتبارهم بالمستهلكين المبتكرين. بشكل عام اشارت بعض الدراسات الاجنبية الى مجموعة من الخصائص الديموغرافية والنفسية التي يتصف بها المستهلكون المبتكرون على النحو التالي:

١. الاهتمام بفئة السلعة:

ليس من المستغرب ان يميل المستهلكون المبتكرون الى إبراز اهتمامات اكبر بالمقارنة مع اهتمامات المبتكرين الاوائل وغير المبتكرين بفئة السلعة. على سبيل المثال، أظهرت دراسة ميدانية ان المشترين الاوائل لسيارة (مازاد) كانوا أكثر اهتماما بالسيارات بشكل عام بالإضافة الى انهم يقرأون باستمرار المجلات المتخصصة بشؤون السيارات بالمقارنة مع المشترين للسيارات الصغيرة في نفس الفترة الزمنية.

كما أشارت دراسة أخرى حول المبتكرين من الرجال لسلع الموضة الخاصة بالملابس كما ان الرجال المبتكرين كان لديهم اهتماماً كبيرا بأية تطورات تحدث في سلع الموضة- كالملابس- يضاف الى ذلك، الى ان المستهلكين المبتكرين كانوا اكثر ميلا بالمقارنة مع غير المبتكرين للحصول على المعلومات

ومن مختلف المصادر الرسمية وغير الرسمية الخاصة بفئة السلعة موضوع الاهتمام.

٢. المبتكر... كقائد رأي:

بينا في الفصل الثالث عشر ان اهم خصائص قادة الرأي انهم مبتكرون. يضاف الى ذلك الى ان العديد من الدراسات الميدانية التي اجريت حول موضوع نشر ـ الابتكارات وجدت ان المبتكرين او المحددين كانوا أكثر ميلا لتزويد الفئات الاخرى من المستهلكين بالمعلومات والنصائح حول السلع الجديدة وكيفية استخدامها وبالتالي فإنهم أي المبتكرون غالباً ما يؤثرون على قبول ورفض السلع الجديدة من قبل المستهلكين في الاسواق المستهدفة. والملاحظ انه اذا كان لدى المبتكرين حماسا او اندفاعا حول السلعة الجديدة فإنهم سيقومون بتشجيع الاخرين لتجربتها الامر الذي قد يؤدي الى توسيع شريحة المستهلكين الذين قد يتبنوا شراؤها وتسريع تبنيها من قبل الفئات المستهدفة.

واذا لم يظهر المبتكرون أي حماسة أو اندفاعا نحو السلعة الجديدة فإنها قد تلاقي قبولا ضعيفا ولفترة محددة. كما ان السلع الجديدة التي لا تخلق او تؤدي الى انطباعات ملموسة لدى قادة الرأي فإن عبئا كبيرا في تسويقها سيقع على رجال التسويق والترويج الذين عليهم استخدام كافة ادوات الترويج الشخصية وغير الشخصية لضمان حد ادنى من التبني لها من قبل المستهلكين في الأسواق المستهدفة.

٣. الخصائص الشخصية للمبتكر:

اشارت الدراسات الميدانية المرتبطة بالشخصية والسلوك الى عدد من النتائج نوردها هنا بايجاز وكما يلي:

أ. لقد اشارت الدراسات الى ان المستهلكين المبتكرين اقل تصلبا (Less Dogmatic) بالمقارنة مع الفئات الأخرى من المستهلكين. ذلك ان المستهلكين المبتكرين اكثر انفتاحا وتقبلا واستماعا للافكار، والآراء الجديدة حول أي موضوع يطرح امامهم بالمقارنة مع الفئات الأخرى من المستهلكين غير المبتكرين الذين يعتبرون الافكار الجديدة تهديدا واضحا لما لديهم من أفكار مشوشة كما   أنهم يفضلون تأجيل الشراء الى ما بعد نجاح وانتشار السلعة الجديدة لكافة الفئات.

ب. وانسجاما مع انفتاح المبتكرين من المستهدفين من الناحية العقلية فإن المبتكرين يتصفون بالتوجه الداخلي (Inner- Directed): أي أنهم يعتمدون على أنفسهم ويتمتعون بالاستقلالية في الرأي كونهم منفتحين على كافة مصادر المعلومات المتاحة حول السلع الجديدة. بالمقابل يلاحظ ان المستهلكين من الشرائح الأخرى سيكونون اكثر ميلا للاعتماد (Other- Directed) على الاخرين لاخذ النصيحة والأرشاد فيما يخص شئونهم الحياتية بدلا من الاعتماد على أنفسهم.

ج. البحث في التنوع: بينت الدراسة ميدانية قام بها (واين واخرون، ١٩٨٤) الى أن المستهلكين الباحثين عن التنوع اكثر ميلا للتحول من ماركة لأخرى ومن أوائل المشترين للسلع والخدمات الجديدة.

كما أشارت نفس الدراسة ايضا الى بعض الخصائص الشخصية للباحثين عن التنوع الانفتاح على الأفكار الجديدة، تصلب أقل في مناقشة أية أفكار أنهم أقل تطرفا وأكثر تحررا لتجربة أية أفكار او سلع جديدة مع قدرة كبيرة للتعامل مع المنبهات المعقدة والغامضة.

بإيجاز، يتصف المستهلك المبتكر بالايجابية نحو الأشياء، الأفكار والسلع غير المألوفة، كما انه أكثر ثقة واعتمادا على قيم ومعايير موضوعية للحكم على

الامور والاشياء المطروحة بالإضافة إلى رغبة في المخاطرة اكثر عند شراء سلعة متواضعة في مواصفاتها.

كما يميل المستهلكون المبتكرون الى التفاعل الايجابي مع تلك الرسائل الاعلانية ذات المضمون المعلوماتي التي تحاول احداث التأثير الاقناعي المنسجم مع اهتماماتهم القوية بفئة السلعة موضوع الاهتمام. أما للمستهلكين- غير المبتكرين - من الشرائح الأخرى فقد يكون من المناسب استخدام الجماعات المرجعية الملائمة والمقبولة منهم للاتصال معهم مع الاستعانة بالخبراء ونجوم المجتمع الاكثر مصداقية من وجهة نظرهم.

د. التقبل الاجتماعي: يميل المستهلكون المبتكرون للسلع الجديدة لأن يكونوا من ذوي التقبل الاجتماعي الواسع للمقارنة مع المستهلكين من الشرائح الأخرى من ذوي التقبل الاجتماعي المحدود. يضاف الى ذلك الى ان المستهلكين من ذوي التقبل الاجتماعي المحدود غالبا ما يكونون مترددين في تجربة السلع الجديدة.

هـ. درجة المخاطرة المدركة: يميل المستهلكون المبتكرون لان يكونوا اكثر تقبلا للمخاطرة واقل احساسا بالمخاطرة عند تجربة او تبني السلع الجديدة. لذلك فالمستهلكون الذين يدركون درجة المخاطرة قليلة في شراء سلعة جديدة سيكونون اكثر استعدادا لشراء السلعة الجديدة بالمقارنة مع المستهلكين الذين يدركون درجة مخاطرة عالية(High- Risk- Perceiver). بإختصار، ادراك درجة مخاطرة قليلة (Low- Risk Perceiver) من قبل المستهلكين المستهدفين يزيد من انتشار وتبني السلع الجديدة بينما ادراك درجة مخاطرة عالية (High- Risk Perceiver) تقلل او تحد بدرجة كبيرة من انتشار وتبني السلع الجديدة.

٤. الشراء وخصائص الاستهلاك:

يمتاز المستهلكون المبتكرون بالمقارنة مع نظرائهم مـن غـير المبتكرين بخصـائص شرائية واستخدامية محددة، على سبيل المثال، يميل المستهلكون المبتكرون لاظهار ولاء أقل للماركة مع استعداد كبير لشراء كميـات كبـيرة مـن الماركـات السلعية الجديـدة، انتهـاز كـل الفرص المتاحـة للاسـتفادة مـن وسـائل تنشيط المبيعـات المستخدمة كالعينـات المجانيـة والمسابقات. بالإضافة إلى أنهم قد يكونون من المستخدمين بكثافة لفئة السلعة التي يكونون فيها مبتكرين. باختصار يتبين ان هناك علاقة ايجابيـة بـين السـلوك الابتكـاري والاستخدام الكثيف للسلع او الماركات الجديدة.

٥. عادات الوسيلة الاعلانية العامة:

يميل المستهلكون المبتكرون بالمقارنة مع غيرهم الى تعريض انفسهم وبدرجات عالية الى وسائل اعلانية عامة كالمجلات المتخصصة بالمبتكرات السلعية ولفئات عديـدة منهـا تبـدأ من سلع الموضة الى سلع معمرة كالسيارات.

على سبيل المثال، النساء المبتكرات اكثر ميلا لقراءة المجلات النسائية كالشرقية وسيدتي بالمقارنة مع غير المبتكرات من النساء. بالمقابل يتبين وبالملاحظة الى ان المستهلكين المبتكرين اقل مشاهدة للبرامج التلفزيونيـة والاذاعيـة بالمقارنـة مـع الشرائح التي تنتمي للطبقتين الوسطى والدنيا.

٦. الخصائص الاجتماعية:

ايضا يمتاز المستهلكون المبتكرون بالمقارنة مـع غـيرهم مـن الشرائح الأخـرى بـأنهم مقبولين اجتماعيا وبدرجات عالية ذلك أنهم- أي المبتكرون- يتفاعلون مع غيرهم مـن أفـراد طبقتهم الاجتماعية كأفراد يقدمون النصيحة والـرأي السـديد فيمـا يتعلـق بالأفكـار، السـلع والخدمات الجديدة.

٧. الخصائص الديموغرافية:

من المنطقي ان لعمر المستهلك علاقـة معينـة مـع قبـول فئـة سـلعية جديـدة دون غيرها. لكن ما يمكن قوله وبدرجة تأكد بأن المستهلكين من فئات العمر الصغرى قد يكونـون اكثر قبولا للسلع الجديدة بالمقارنة مع نظرائهم من فئات العمر المتقدمة إذا توافرت لـديهم الامكانات الشرائية اللازمة.

يتصف المستهلكون المبتكرون بمستويات تعليميـة عاليـة نسبيا، وبمسـتويات دخـل عالية نسبيا، بالإضافة الى كون معظمهم من شاغلي الوظائف العليا ومن ينتمون الى طبقـات اجتماعية أعلى بالمقارنة مع غيرهم من الشرائح الاخرى.

باختصار يمكن التمييز بين المستهلكين المبتكرين مع نظـرائهم مـن الشـرائح الأخـرى من غير المبتكرين من خلال من اورد في الجدول التالي:

الجدول رقم (٣-١٤)

مقارنة بين المبتكرين وغير المبتكرين من المستهلكين

الخاصية	المستهلك المبتكر	المستهلك غير المبتكر
١. قيادة الرأي	- قائد الرأي	- متلقي الرأي غالبا
٢. خصائص الشخصية		
* درجة التصلب او المرونة	- عقل منفتح على المبتكرات والافكار الجديدة	- عقل منغلق على المبتكرات والافكار الجديدة.
* التقبل الاجتماعي	- مستقل ويعتمد على نفسه في ادارة شؤونه	- معتمد على غيره في إدارة شؤونه
*عرض الفئة	- يختار من قائمة طويلة او كبيرة من البدائل	- يختار من قائمة محددة وضيقة
* المغامرة	-درجة مغامرة عالية	روح المغامرة ضعيفة ان لم تكن معدومة.
٣. الولاء للماركة	- الولاء للماركة ضعيف	- الولاء للماركة قوي
٤. التعامل مع وسائل تنشيط المبيعات	- يستفيد من كل الفرص التسويقية والترويجية المتاحة	- لا يستفيد من الفرص التسويقية والترويجية المتاحة
٥. معدل الاستخدام	- معدل الاستخدام كبير	- معدل الاستخدام منخفض
٦. عادات الوسائل	- استخدام كبير للمجلات المتخصصة	-استخدام ضعيف للمحلات المتخصصة
	تعرض منخفض للبرامج التلفزيونية والاذاعية	- تعريض كبير للبرامج التلفزيونية والاذاعية
٧. الخصائص الاجتماعية		
* درجة التكامل الاجتماعي	- كبيرة	- منخفضة
* درجة الحركة الاجتماعية	- عالية	-منخفضة
* العضوية الاجتماعية	-كثيفة وفي نوادي ذات مستوى عالي	- منخفضة
٨. الخصائص الديموغرافية		
* فئات العمر	- فئات العمر الصغرى	-فئات الكبرى
* مستوى الدخل	- عالي	- منخفض
* المستوى التعليمي	- عالي نسبيا	- منخفضة نسبيا
* المكانة الوظيفية	- عالية	- منخفضة.

أسئلة المناقشة

١. ناقش بالتفصيل عناصر نشر الابتكارات السلعية مع اعطاء مثال واحد على كل منها.

٢.اشرح كيف يساعد النظام الاجتماعي الموجود في مجتمع معين على نشر وتسريع تبني الابتكارات الجديدة من السلع او الخدمات.

٣. ما هو المقصود بما يلي:

* وقت الشراء   * معدل التبني   * المتقاعسون

* الابتكار المستمر

٤. بين بالتفصيل خصائص الابتكارات السلعية مع اعطاء مثال واحد على كل خاصية.

٥. في رأيك ما هي الاسباب التي تدعو العديد من المستهلكين الاردنيين لمقاومة الابتكارات السلعية في مجال السلع المعمرة والخدمية(في مجالات تلك الخدمات الجديدة المرتبطة بوسائل الاتصال العامة).

٦. اشرح الاستراتيجيات التسويقية للتغلب على مقاومة المستهلكين للابتكارات.

٧. تتبع مراحل التبني المتوقعة لسلعة جديدة تسويقية- نوع من الملابس النسائية ذات الموضة الحديثة- تم طرحها مؤخرا في الاسواق الاردنية.

٨. ناقش بالتفصيل خصائص المبتكرين لسلع التالية:

أ. الاطباق اللاقطة التلفزيونية.   ب. الهاتف الخلوي.

١٠. اشرح بالتفصيل خصائص المبتكرين للخدمات التالية:

أ. خدمة الانترنت.

ب. جمعيات خيرية هدفها إسداء النصيحة والإرشاد النفسي.

المراجع

1- Schiffman G. leon & Kanuk Lazer, Consumer Behavior, Fourth Edition, Prentic Hall, NJ, 1994.

2- Solomon r. Michael," Consumer Behavior". Allyn & Bacon , 1992.

3- Hawkins L. Del, Best L. Roger & Coney A. Kenneth , Consumer Behavior, Fifth edition , Richard D. Irwin , INC., `1992.

4- Howard, A. John & Sheth N. Joadish, The Theory of Buyer Behavior(New York: John wiley & Sons, 1989).

5- Engel F. James, Kollat T, David & Blackwell D. Roger, Consumer Behavior 7th ed. Englewood Cliffs, NJ: Prentice Hall, 1994.

6- Kotler philip, Marketing Management: Analysis, Planning and Control 7th ed, Englewood Cliffs, NJ: Prentice Hall, 1994.

7- Canning J. Gordan," Improving Marketing Effectiveness, Marketing Review, 1988, PP. 24-25.

8- Sherman Elaine & Mc Crohan Kevin and Smith D. James, Informal Retailing and analysis of Producte, Attitudes and Expectataions in Ellzabeth C. Hirchman and Morris B. Holbrook, eds, Advances in Consmer 12, 1985, P. 206.

9- Aisop Ronld " Agencies Scrutinize Their Ads for Psychological Symbolism " Wall Street Joural, June,1987,P.27.

10- Foror M. Eugene & Smith Terry , The Power Motive as an Influence on Group Decision Marketing", Social Psychology, 42, 1982, PP. 178-185.

11- Mc Cletand C. David, " Studies in Motivation" New York: Appleton-Century- Croft 1986, PP. 185-189.

12- Rogers C. John, Slama Mark & Williams G. terrell, An Exploratory study of Luscher Color Test Predicted Personality Types and Psychographic Shopping Profiles, In AMA Educator's Proceedings, Chicago American Marketing Association, 1983, P.30.

13- Standard Rate & Data Service, INC., The life style Market Analyst, 1989.

14- Veriter J. John & Schiffmon G. Leon, Fifteen Years of Consumer life style and Value Research at At & , In Robert E. pitts, Jr and Arch.

15- Rydhoim Koseph " Sementation Study Determines Greyhound Ridership, Quirkls Marketing Research Review, 1989,p.39-40.

16- Holman Behavior", In Robert E . Pitts, Jr. and Arch G. Woodside, Personal Values a Consumer Psychology Lexington, MA, Lexington Books, 1984, pp.35-54.

17- Derbaix C.," Perceived Risk & Risk Rellevers: An Empirical Investigation Journal of Economic Psychology, 3, 1983, PP9-38.

18- Mittae Banwari," A Framework for Relating Consumer Involvement to Leteral Brain Functioning", In M. Wallendorf & P.F. Anderson, eds., Advances in Consumer Research 14, 1987, P. 44.

19- Edell A. & Buke Martin, The Power of Feelings in Understanding Advertising Effects", Journal of Consumer Research, 14,1987,P431.

20- Rossister R. John" The Increase in Magazine Ad Readership", Jornal of Advetising Research 28, 1988.

21- Self R. Donald, Ingram L. Jerry & Mckinney Roger, " Direct Response Advetising as an Element in the Promotional Mix", Journal of Direct Marketing ,1987.

22- Atkin Charios & Block Martin " Effectiveness of Celebrity Endorses " Jornal of Adverting Res Earch, 1983, PP. 57-61.

23- Murphy E. Patrick & Staples A. William, " A modernized Family life Cycle", Journal of Consumer Research, 1979, P.14.

24- Blackburn L. Mckinley & Bloom E. David, What's Happening to the middle class American Demographics, 1985, 21.

25- Coleman P. Richard, The Continuing Sigificance of Social Class to Marketing, Journal of Consumer Research, 1983, P. 268.

26- Trieman J. Donald " Occupational Prestige in Comparative Perspective, New York, Academin Press, 1977, PP. 306-15.

27- The Yankelovich Monitor, 1988 Yankelovich Shlly & White Cancy Shulman, INC. PP.57-66.